普通高等教育会计专业精品课程系列教材

高级财务会计

（第二版）

张 倩 ◎ 主 编

邓 芬 胡诗偲 凌 雁 ◎ 副主编

Advanced Financial Accounting

上海财经大学出版社
SHANGHAI UNIVERSITY OF FINANCE & ECONOMICS PRESS
上海学术·经济学出版中心

图书在版编目(CIP)数据

高级财务会计 / 张倩主编. —2 版. —上海：上海财经大学出版社，2024.7
普通高等教育会计专业精品课程系列教材
ISBN 978-7-5642-4391-3/F·4391

Ⅰ. ①高… Ⅱ. ①张… Ⅲ. ①财务会计—高等学校—教材 Ⅳ. ①F234.4

中国国家版本馆 CIP 数据核字(2024)第 096138 号

□ 责任编辑　李嘉毅
□ 封面设计　贺加贝

高级财务会计
（第二版）
张　倩　主　编
邓　芬　胡诗偲　凌　雁　副主编

上海财经大学出版社出版发行
（上海市中山北一路 369 号　邮编 200083）
网　　址：http://www.sufep.com
电子邮箱：webmaster @ sufep.com
全国新华书店经销
江苏省句容市排印厂印刷装订
2024 年 7 月第 2 版　2024 年 7 月第 1 次印刷

787mm×1092mm　1/16　14.75 印张　378 千字
（练习册　6.5 印张　166 千字）
印数：3001—6000　定价：65.00 元

（本教材赠送练习册，请向售书单位索取）

前言
PREFACE

本书是《中级财务会计》的后续教材。通过学习本书，学生能够掌握企业合并与合并财务报表编制的基本方法，以及其他特殊业务的会计处理技能，为进行其他财经类课程的学习奠定基础。本书分为两册，包括主教材及其练习册。

编写主线

本书依据我国财政部和我国立法机构最新颁布实施的一系列会计规范性文件和法律、条例编写。本书以简明易懂的文字，阐述了企业合并会计核算的基本概念、企业合并财务报表编制的基本方法；阐述了上市公司信息披露规则、公允价值会计、租赁会计、企业财务困境会计处理方法、外币交易会计及其报表编制。通过学习，学生能够初步掌握企业合并会计报告的基本框架、会计处理以及其他特殊业务的会计处理与分析。

编写特点

为了便于学生在学习各章之前对讲授内容有大致了解，本书在各章之首，阐述了每章的学习目标，提纲挈领地让学生了解每章的内容，并在各章之末，对每章的重点部分设计了复习思考题，以便学生课后重点复习与领会。

本书以简洁明了、通俗易懂的方式为会计专业的初学者设计了“知识链接”“本章案例及延伸阅读”栏目。“知识链接”栏目主要是为了扩展学生的知识面，提高学生的学习热情；“本章案例及延伸阅读”栏目主要是使学生在正确理解各章节知识点的基础上融会贯通，培养学生勤于思考、善于思考的能力。

为方便教师教学与学生自学，与本书配套的练习册阐述了各章节的教学重点与难点，并设计了丰富的练习题。

各章作者

本书由上海财经大学浙江学院会计系张倩任主编，邓芬、胡诗偲、凌雁任副主编。上海财经大学会计学院王霞负责全书提纲的拟订以及全书定稿前的修改、补充和总纂，上海财经大学浙江学院会计系教师负责具体编写：第一章～第三章及第九章由张倩执笔，第四章～第六章由胡诗偲执笔，第七章由王嘉瑶执笔，第八章、第十章、第十一章由邓芬执笔，第十二章和第十三章由凌雁、王霞、徐斌执笔。

随着现代企业制度的建立与不断完善，我国会计法规、制度也在不断地更新与改革，在此期间，将有许多会计处理方法需要修订。我们认为，会计是一种国际商业语言，记录着每一项交易的来龙去脉，但是，现实的经济生活已经超过了这一商业语言本身涵盖的范围，它涉及许多相关的“知识链接”。这些“知识链接”除会计之外，更多的是法律和经济学方面的，甚至包括伦理学、心理学等相关内容。由于篇幅和编写水平有限，本书不可能面面俱到，疏漏在所难免，恳请会计同仁多多赐教，以修正不足之处。

编　者

2024 年 6 月

目　录

CONTENTS

第一篇　企业合并与合并财务报表

第二篇　其他特殊业务会计

第一篇

企业合并与合并财务报表

第一章 企业合并会计概述

学习目标

熟悉企业合并的概念、企业合并的方式与类型，掌握购买法和权益结合法的基本原理，了解企业合并的会计信息披露。

素养目标

增强学生顺应经济全球化潮流的判断力和执行力，让学生在推动构建新发展格局的历史方位上，树立全球视野，增强中国特色社会主义制度自信，坚定文化自信，促进人类命运共同体建设，展现中国奋斗者的责任担当。

第一节　企业合并的定义与范围

企业合并是企业谋求规模快速扩张的重要方式之一。宏观经济环境的改变会促使一家企业采用合并这种方式进行快速发展，以保持与市场环境步调一致。为了进入一个新兴市场领域、提升技术创新能力、实现资源互补、降低生产成本、形成垄断等，均可能成为企业进行合并的原因。因此，企业合并在经济快速发展时期较为常见。

一、企业合并的定义

对于企业合并的定义，《国际财务报告准则第 3 号——企业合并》中的规定如下：将单独的主体或业务集合为一个报告主体。美国财务会计准则委员会颁布的《财务会计准则委员会第 141 号公告》对企业合并的会计概念定义如下：企业合并是购买方取得对一家或更多企业控制的交易或事项，这些交易有时被称为真实兼并或者等同兼并。我国《企业会计准则第 20 号——企业合并》中规定：企业合并，是指将两家或两家以上单独的企业（主体）合并形成一个报告主体的交易或事项。

上述有关企业合并的会计概念强调单一主体及其参与合并前的独立性。虽然参与合并的企业中可能有一家或数家丧失其法人资格，但是，从会计上看，法人资格的消失并不是企业合并的必要条件。只要以前彼此独立的企业合并成一个会计主体，它们的经济资源和经营活动处于单一的管理机构控制下，就完成了企业合并。合并的实质是控制，而不是法律主体的解散。所以,是否形成合并,关键要看有关交易或事项发生前后,是否因为控制权的变化而引起了报告主体的变化。

企业合并的结果通常是一家企业取得了对一项或多项业务的控制权,即要形成会计意义上的"企业合并",前提是被购买的资产或资产负债组合要形成"业务"。如果一家企业取得了对另一家企业或多家企业的控制权,而被购买方(或被合并方)并不构成业务,则该交易或事项不形成企业合并。业务是指企业内部某些生产经营活动或资产负债的组合,该组合具有投入、加工处理过程和产出能力,能够独立计算其成本费用或所产生的收入。要构成业务,不需要有关资产、负债的组合一定构成一家企业,或是具有某一具体法律形式。实务中,虽然也有企业只经营单一业务,但是一般情况下企业的分公司、独立的生产车间、不具有独立法人资格的分部等也会构成业务。例如,2008 年中国电信以 1 100 亿元人民币的价格只是购买了中国联通的 CDMA 网络及全部业务,而不是购买了中国联通,但这仍属于企业合并。

综上所述,构成企业合并主要关注两个方面:一是被合并方是否构成业务,二是交易发生前后是否涉及对标的业务控制权的转移。

二、不包括在企业合并准则范围内的交易或事项

在实务中,有一些交易或事项虽然符合我国《企业会计准则第 20 号——企业合并》的定义,但是因为交易条件等各方面的限制,并不包括在企业合并准则的范围内,主要有以下两种情况:

(一) 购买子公司的少数股权

购买子公司的少数股权,是指一家企业已经能够对另一家企业实施控制,双方已经是母子公司的关系,但是为了增加持股比例,母公司自子公司的少数股东处购买少数股东持有的对该子公司全部或部分股权。根据企业合并的定义,该交易或事项发生前后,不涉及控制权的转移,报告主体没有发生变化,因此不属于企业合并。

(二) 其他不属于企业合并准则规范的情况

两方或多方形成合营企业的情况,主要是指合营方将其拥有的资产、负债等投入所成立的合营企业,按照合营企业章程或合营合同、协议的规定,在合营企业成立以后,由合营各方对其生产经营活动实施共同控制。在这种情况下,因为合营企业的各合营方中,并不存在发挥主导作用的控制方,所以也不属于企业合并。

第二节 企业合并的方式与类型

企业合并的方式多种多样,可按不同的标准加以分类,最常见的分类方法是按照法律形式和合并类型进行分类。

一、企业合并的方式

企业合并按照其法律形式,可以分为吸收合并、新设合并和控股合并。

(一) 吸收合并

吸收合并也称兼并,是指一家企业通过支付现金或其他资产、发行股票或债券等方式取得另一家或几家企业的全部净资产。参与合并的企业中,只有一家继续存在,其余企业都丧失其法律地位。丧失法律地位的企业,其经营活动可能继续进行,但是只能作为合并方(或购买方)企业的一部分而存在。吸收合并的过程可用公式表示如下:

A 企业＋B 企业＝A 企业

（二）新设合并

新设合并是指参与合并的各方在企业合并后法人资格均被注销，重新注册成立一家新的企业，由新注册成立的企业持有参与合并各企业的资产、负债，并在新的基础上经营。新设合并的过程可用公式表示如下：

A 企业＋B 企业＝C 企业

（三）控股合并

控股合并是指一家企业通过支付现金或其他资产、发行股票或债券等方式取得另一家企业的全部或部分有表决权的股份，从而达到能够对被投资企业实施控制的程度，而参与合并的两家企业在合并前后仍然保留其法律地位。控股合并的过程可用公式表示如下：

A 企业＋B 企业＝A 企业＋B 企业

在控股合并中，因合并方（或购买方）通过企业合并交易或事项取得了对被合并方（或被购买方）的控制权，被合并方（或被购买方）成为其子公司，在企业合并发生后，被合并方（或被购买方）应当纳入合并方（或购买方）合并财务报表的编制范围，因此，从合并财务报表的角度看，报告主体发生了变化。这一过程可用公式表示如下：

A 企业的财务报表＋B 企业的财务报表＝A 企业、B 企业的合并财务报表

依据法律形式对企业合并进行分类，是传统上讨论企业合并会计问题时采用的主要分类方法。吸收合并和新设合并的结果是形成单一的法律主体，不存在编制合并财务报表的问题。而控股合并后，合并企业与被合并企业仍然是两个独立的法律主体和会计主体。从经济学角度看，由于控股事实的存在，两者在合并后已经构成了一个经济实体，为了综合、全面地反映这一经济实体的财务状况和经营成果，因此有必要将母公司和子公司组成的整个企业集团视为单一的会计主体，编制集团的财务报表，反映集团整体的财务状况、经营成果和现金流量情况。编制合并财务报表也是实质重于形式的会计信息质量要求的体现。

二、企业合并的类型

我国企业合并准则中将企业合并按照参与合并的企业在合并前后是否受同一方或相同的多方最终控制，分为同一控制下的企业合并和非同一控制下的企业合并。

（一）同一控制下的企业合并

同一控制下的企业合并，是指参与合并的企业在合并前后均受同一方或相同的多方最终控制，且该控制并非暂时性的。同一方，是指对参与合并的企业在合并前后均实施最终控制的投资者，如企业集团的母公司。相同的多方，通常是指根据投资者之间的合同或协议约定，拥有最终决定参与合并企业的财务和经营政策，并从中获取利益的投资者群体。控制并非暂时性，是指参与合并的各方在合并前后较长的时间内受同一方或相同的多方最终控制，具体是指在企业合并前（合并日前），参与合并各方受最终控制方的控制时间在 1 年以上（含 1 年），企业合并后所形成的报告主体受最终控制方的控制时间也应达到 1 年以上（含 1 年）。

如图 1－1 所示，B 公司、C 公司均为 A 公司的子公司，D 公司、E 公司均为 B 公司的子公司，则 B 公司、C 公司、D 公司、E 公司均受 A 公司最终控制。假设该控制不是暂时性的，那么 B 公司、C 公司、D 公司、E 公司中任意两家或多家公司的合并就是同一控制下的企业合并。

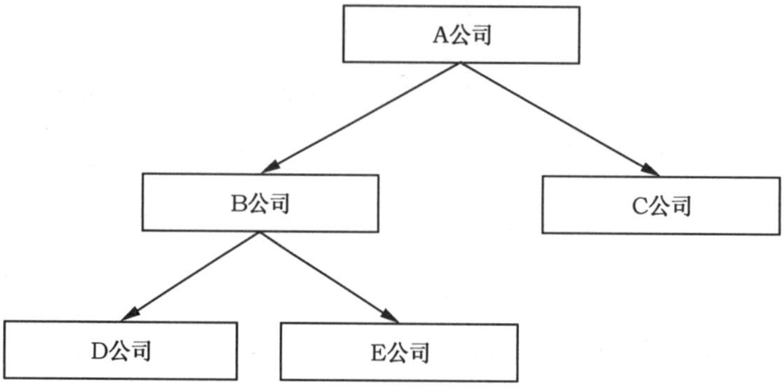

图 1-1　受同一方最终控制

如图 1-2 所示，F 公司和 G 公司均受 M 公司和 N 公司的共同控制，如果 F 公司和 G 公司合并后仍然受 M 公司和 N 公司的共同控制，并且该控制不是暂时性的，F 公司和 G 公司的合并就是同一控制下的企业合并。

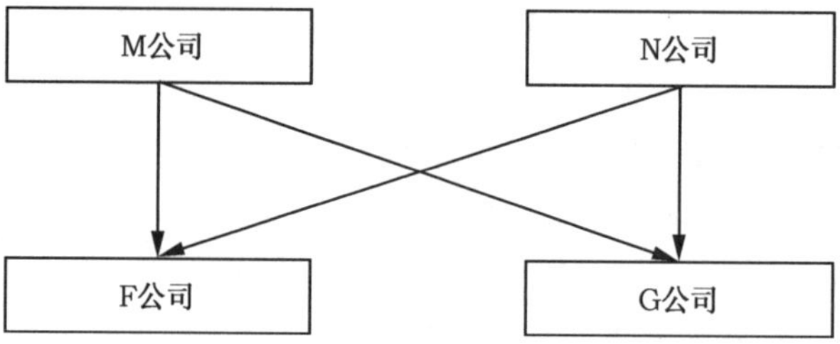

图 1-2　受相同多方最终控制

企业之间的合并是否属于同一控制下的企业合并，应综合构成企业合并交易的各方面情况，按照实质重于形式的原则进行判断。一般情况下，同一控制下的企业合并是指发生在同一企业集团内部企业之间的合并。结合我国国情，我国虽然有很多国有企业，但是同受国家控制的企业之间发生的合并，不应仅仅因为参与合并各方在合并前后均受国家控制而将其作为同一控制下的企业合并。

知识链接

(二) 非同一控制下的企业合并

非同一控制下的企业合并，是指参与合并的各方在合并前后不受同一方或相同的多方最终控制，或者虽然受同一方或相同的多方最终控制，但这种控制是暂时性的。

第三节　企业合并的会计处理方法

企业合并的类型划分不同，所遵循的会计处理原则也不同。企业合并的会计处理是会计理论界与实务界最热门且具有争议的话题之一。企业合并会影响整个企业的命运，同时涉及巨额交易，而每一个企业合并又有其自身的特点。因此，企业合并的会计处理是整个财务会计的重点和难点。

企业合并的会计处理方法受到了社会各界的关注。然而，各利益主体关注的焦点不同。要全面、深入地理解企业合并的会计处理方法，首先要充分认识企业合并所带来的会计问题。

一、企业合并带来的会计问题

(一) 会计上如何看待企业合并

企业合并会计以反映企业合并的经济实质为目标。关于企业合并的经济实质，有三种不同的观点：

1. 购买观

购买观认为，企业合并是一家企业购买另一家或几家企业的购买行为。基于购买观采用的企业合并会计方法，称为购买法。

2. 权益结合观

权益结合观认为，企业合并是参与合并的各企业的原有权益的简单结合。基于权益结合观采用的企业合并会计方法，称为权益结合法。

3. 新实体观

新实体观认为，企业合并是所有参与合并的企业重新组成新的实体的行为。基于新实体观采用的企业合并会计方法，称为新实体法，或称新主体法、新起点法。

(二) 可辨认资产与负债的计价

在具体会计处理层次上，企业合并带来的首要会计问题是，参与合并的企业的可辨认资产与负债在合并后企业的报表上如何反映。解决这一问题的方法主要有以下三种：

(1) 对于主合并方和被合并方的资产与负债的计价采用不同的处理方法，主合并方不改变其计价基础，其资产、负债都按原来的账面价值计价；而被合并方要改变其计价基础，资产、负债按合并日的公允价值计价。这是购买法的主要特点。

(2) 参与合并的所有企业都不改变其计价基础，所有资产、负债都按原来的账面价值计价。这是权益结合法的主要特点。

(3) 参与合并的所有企业都改变其计价基础，所有资产、负债都按其合并日的公允价值计价，这是新实体法的主要特点。

(三) 企业合并带来的其他会计问题

1. 企业合并中发生的有关费用的处理

为进行企业合并而支付的审计费用、进行资产评估的费用以及有关的法律咨询费用等，列入当期的管理费用。以发行债券方式进行的企业合并，与发行债券相关的佣金、手续费等应计入负债的初始计量金额，其中：折价发行的，应增加折价的金额；溢价发行的，应减少溢价的金额。以发行权益性证券作为合并对价的，与所发行权益性证券相关的佣金、手续费等应自溢价手续费中扣除，在权益性证券发行无溢价或溢价金额不足以扣减的情况下，应当冲减盈余公积和未分配利润；常设的并购部门的日常管理费用不属于合并直接费用，发生时计入当期损益。

2. 被合并方期初至合并日的损益的处理

企业合并有可能不是在期初或期末完成，而是在会计期间中间的某一天完成的，于是就产生了被合并方期初至合并日的损益的处理问题——合并后企业的当期(特别是当年)利润表中是否应该包括被合并方期初至合并日的损益。购买法下不应包括该损益，权益结合法下则应包括该损益。

3. 被合并方的留存收益是否保留

对于被合并方的留存收益，购买法下不予保留，权益结合法下则应保留。

二、购买法

购买法将企业合并视为一家企业购买另一家或几家企业的行为。它要求购买企业对被购买企业的可辨认净资产和负债进行重新估价,按照购买日的公允价值入账或反映在购买日的合并资产负债表中。也就是说,与一般购买交易一样,买方对所取得的资产或承担的负债均以取得的成本入账,各项资产、负债的取得成本为其在合并日的公允价值。如果总的购买成本大于所取得的全部可辨认净资产的公允价值,就将其差额确认为商誉;反之,就将其差额确认为负商誉。

(一) 购买法的特点

第一,将企业合并视为一种净资产和控制权的买卖交易。吸收合并是并购方一揽子买进被并购企业的全部资产,并承担其全部负债;控股合并则是母公司购买子公司净资产的控制权,子公司置于母公司的控制下,因而其股权发生了实质性的变化。

第二,有新的计价基础,在购买日对被并购企业的可辨认资产和负债按公允价值计量。购买方取得被购买方并入的可辨认净资产,应按评估后的公允价值计量。

第三,需要确定和分配合并成本。

第四,可能产生商誉或负商誉。当合并成本大于所取得的被并购企业可辨认净资产的公允价值时,就产生商誉;当合并成本小于所取得的被并购企业可辨认净资产的公允价值时,就产生负商誉。

第五,合并后企业的当期收益不包括被并购企业期初至并购日所实现的收益。

第六,不需要保留被并购企业的留存收益。

第七,不需要对参与合并的其他企业的会计记录加以调整,因为它们的资产和负债已按公允价值计量。

以上讨论主要是相对于权益结合法而言的。

(二) 合并成本的确定

在购买法下,为了如实反映购买交易的财务影响,需要单独确定合并成本,并将合并成本进行适当的分配。主并企业所支付的对价是合并成本的必然组成部分,如果合并方采取支付非现金资产或发行债券、权益性证券的方式支付对价,就应当基于所支付非现金资产或所发行债券、权益性证券的公允价值确定合并成本。

购买法下确定合并成本时,还需要考虑的一个问题是,企业合并中发生的直接相关费用是应当计入合并成本还是应当计入当期损益。计入合并成本的好处是,能够全面反映合并成本的内容,因为企业合并中发生的直接相关费用也是并购方所付出的代价。但是,将直接相关费用计入合并成本会影响合并商誉的计量,而直接相关费用显然与被并购企业的商誉毫无关系。

(三) 合并商誉的确认与计量

关于合并商誉,涉及两个层面的问题:一是要不要确认商誉;二是如果要确认商誉,应该如何确认和计量。

商誉是企业不可单独辨认的资产,它不能单独在市场上销售或交换,而只能与企业整体一起确认或转让。它表现为一家企业的盈利能力超过本行业平均水平或正常的投资回报率。商誉的形成通常源于企业卓越的管理队伍、优越的地理位置、良好的社会声誉等。

商誉按其来源,可以分为自创商誉和外购商誉。自创商誉一般不予确认,外购商誉大多予以确认。会计上一般采用间接计量的方法,将合并成本超过所获得的被并购企业可辨认净资产公允价值份额的差额作为外购商誉的价值。目前对正商誉的确认和计量,国际上较为通行的方法是将其确认为资产，不予分期摊销，只进行定期的减值测试；负商誉一般直接计入当期损益。

（四）对购买法的评价

1. 购买法的优点

购买法最大的优点是坚持了资产购置的传统会计处理原则。因为在合并谈判的过程中，合并双方是以有关资产和负债的公允价值而不是以其账面价值为基础进行讨价还价的，所以，企业合并实质上是独立主体之间讨价还价的一种公平交易行为，购买法体现了这种交易的实质。它将企业合并视为收购方获得对另一家企业资产的控制权，并以公允价值对所取得的被并购企业的资产和负债计价，从而坚持了资产购置的传统会计处理原则。

2. 购买法的缺点

（1）公允价值往往难以确定

在购买法下，要对被购买方的资产和负债按公允价值重新计量，而要客观确定这些资产和负债的公允价值，往往存在困难。

（2）购买方与被购买方的计量基础不一致

购买法要求按公允价值对被购买方的资产和负债计价，购买方原来的资产和负债仍然按历史成本记录，这就必然导致合并后企业的财务报表成为新旧价格混杂的产物。

（3）对商誉的确认和计量存在争议

采用购买法会涉及对商誉如何确认和计量的问题，目前对商誉的确认和计量仍然存在争议。

（4）购买方有时难以确定

购买法假定可以将参与合并的一方确定为购买企业，其他方则为被购买企业。然而，在实际交易中，有时很难确定谁是购买者，谁是被购买者。例如，一个合并实体的公允价值大大超过另一个合并实体的公允价值，则公允价值较大的实体可能是购买企业；又如，企业合并通过以普通权益工具换取现金或其他资产的交易方式实现，则放弃现金或其他资产的实体可能是购买企业。但对于具有股权连续性和规模类似性的企业合并来说，购买方与被购买方的区分有时是很困难的。

三、权益结合法

权益结合法，是将企业合并视为参与合并的企业的股东为了继续对合并后的实体分享利益和分担风险而联合控制它们的全部或实际上是全部的净资产和经营活动的行为的一种企业合并的会计处理方法。

（一）权益结合法的特点

第一，将合并视为股权联合的行为，而不是资产交易。权益结合法的实质是将企业合并视为原有的股东权益在新的会计主体的联合和继续，而不是企业之间发生的一种取得资产或筹集资本的交易。

第二，没有新的计价基础，参与合并企业的资产、负债均按其原来的账面价值计价。在权益结合法下，参与合并的企业各自的资产和负债项目均保持原来的账面价值。

第三，不需要单独确定和分配合并成本。

第四，不存在商誉或负商誉问题。

第五，不论合并发生在会计期间内的哪个时点，参与合并的企业自期初至合并日的损益都要包括在合并后企业的利润表中。

第六，需要尽可能保留被合并企业的留存收益。

第七,如果参与合并企业的会计方法不一致,就应追溯调整,并重新编制前期财务报表。

(二) 对权益结合法的评价

1. 权益结合法的优点

(1) 有利于促进企业合并的进行

权益结合法允许合并企业在当年的合并财务报表中将其净利润予以合并,合并当年合并实体的利润会比较可观,这样可避免合并当年合并实体净资产收益率、每股收益率等指标的大幅下降,从而能给企业合并带来有利的影响。

(2) 符合持续经营假设

权益结合法是以合并后各家参与合并企业的股权及经营活动的持续为前提,以原有资产、负债的历史数据为基础,合并前后的数据延续连贯,可以更好地反映参与合并企业股权的集合和存续,从而符合持续经营假设,也有利于对企业未来经营状况进行预测分析。

(3) 方法简单,便于操作

对报告主体而言,运用权益结合法的成本低,它保留了参与合并企业所有资产和负债的账面价值,无须确认、计量和报告参与合并企业原来尚未确认的资产和负债及其公允价值,而且合并双方的账面价值仅简单相加,大大节省了操作成本。权益结合法所追求的是反映合并主体各方的连续性,其会计处理相对简单。

2. 权益结合法的缺点

(1) 不能准确反映企业合并的经济实质

企业并购作为产权交易,其本身也是一种资源,其可能使合并方受益于被合并方所具有的获取超额收益的能力,也可能通过合并产生协同效应,从而为参与合并的企业带来一定的价值。在权益结合法下,合并后企业的财务报表不反映合并协议对资产、负债的影响,而只反映基于历史成本计量的原账面价值,这种做法显然不符合真实性这一会计信息质量要求。

(2) 不利于社会资源的优化配置

由于采用权益结合法的企业的现金流量与采用购买法的企业无差异,经济实质无差别,因此,财务报告中显示的盈余差异完全是会计处理的结果。但是在市场经济条件下,资源配置往往偏向于那些报告收益较高的企业,从而可能导致社会资源配置实质上的不合理,这不但会损害其他企业的利益,而且会对整个资本市场造成不良影响。

(3) 对实施合并企业的财务报表产生较大影响

由于在被合并方可辨认净资产的公允价值高于账面价值的情况下,权益结合法有可能避免较高的固定资产折旧和无形资产摊销,并可避免确认商誉,也可避免因资产价值重估所引起的每股收益的稀释,因此,合并后各期收益往往比购买法下的收益高,这就容易给报表使用者造成企业收益增长的错觉。

知识链接

第四节 企业合并的会计信息披露

一、同一控制下企业合并有关信息的披露

《企业会计准则第 20 号——企业合并》规定,合并方应当在合并当期的附注中披露与同一控制下企业合并有关的下列信息:

（1）参与合并企业的基本情况。

（2）属于同一控制下企业合并的判断依据。

（3）合并日的确定依据。

（4）以支付现金、转让非现金资产以及承担债务作为合并对价的，所支付对价在合并日的账面价值；以发行权益性证券作为合并对价的，合并中发行权益性证券的数量及定价原则，以及参与合并各方交换有表决权股份的比例。

（5）被合并方的资产、负债在上一会计期间资产负债表日及合并日的账面价值，被合并方自合并当期期初至合并日的收入、净利润、现金流量等情况。

（6）合并合同或协议约定将承担被合并方或有负债的情况。

（7）被合并方采用的会计政策与合并方不一致所做调整情况的说明。

（8）合并后已处置或准备处置的被合并方资产、负债的账面价值、处置价格等。

二、非同一控制下企业合并有关信息的披露

《企业会计准则第 20 号——企业合并》规定，购买方应当在合并当期的附注中披露与非同一控制下企业合并有关的下列信息：

（1）参与合并企业的基本情况。

（2）购买日的确定依据。

（3）合并成本的构成及其账面价值、公允价值以及公允价值的确定方法。

（4）被购买方各项可辨认资产、负债在上一会计期间资产负债表日及购买日的账面价值和公允价值。

（5）合并合同或协议约定将承担被购买方或有负债的情况。

（6）被购买方自购买日起至报告期期末的收入、净利润和现金流量等情况。

（7）商誉的金额及其确定方法。

（8）因合并成本小于合并中取得的被购买方可辨认净资产公允价值的份额而计入当期损益的金额。

（9）合并后已处置或准备处置的被购买方资产、负债的账面价值、处置价格等。

案例分析及延伸阅读

为加深对本章内容的理解，本章案例侧重于企业合并会计处理等内容的延伸，并结合中国企业“走出去”等相关案例进行分析探讨。

案例分析

中企出海进入新阶段，2023 年海外并购大额交易明显增多[①]

【适用本章知识点与范围】

企业海外投资和并购问题。

---

① 经济观察网.安永：中企出海进入新阶段，2023 年海外并购大额交易明显增多[EB/OL].(2024-02-05)[2024-02-23].http://www.eeo.com.cn/2024/0205/635306.shtml.

【案例内容】

2024 年 2 月 5 日,安永大中华区发布《2023 年中国海外投资概览》。该报告显示,2023 年中国全行业对外直接投资 1 478.5 亿美元,同比增长 0.9%(以人民币计为 10 418.5 亿元,同比增长 5.7%)。其中非金融类对外直接投资 1 301.3 亿美元,同比增长 11.4%(以人民币计为 9 169.9亿元,同比增长 16.7%),对"一带一路"共建国家非金融类直接投资 318 亿美元,同比增长 22.6%(以人民币计为 2 240.9 亿元,同比增长 28.4%),占同期总额的近 1/4。

报告同时指出,2023 年,中企宣布的海外并购总额为 398.3 亿美元,同比增长 20.3%,已连续三个季度实现环比增长;宣布的并购数量为 457 宗,同比下降 16.3%。值得注意的是,2023 年大额交易较上年明显增多,2023 年交易金额超过 5 亿美元的海外并购达 21 笔,比 2022 年多 13 笔。中企在"一带一路"共建国家宣布的并购总额为 173.4 亿美元,同比增长 32.4%,高于整体增速;宣布的并购数量为 185 笔,同比下降 2.6%,降幅低于整体降幅。中企在"一带一路"共建国家并购的占比较上年同期增长四个百分点,达 44%。

报告强调,2023 年,按并购金额计,中企海外并购前三大热门行业为 TMT、先进制造与运输业、医疗与生命科学行业,共占总并购额的 53%;除金融服务业外,其他行业宣布的并购额均有不同程度的增长,其中油气和消费品行业增幅较大。按并购数量计,前三大热门行业为 TMT、先进制造与运输、金融服务业,共占总量的 55%。在"一带一路"共建国家,中企并购则主要聚焦先进制造与运输、电力与公用事业、TMT 行业,合计占中企在"一带一路"共建国家并购总额的 62%。

报告还显示,2023 年,中企海外并购目标行业有较明显的区域分布特点。TMT、医疗与生命科学行业均是北美洲和欧洲"二分天下";电力与公用事业行业的海外并购中 84%集中于拉丁美洲,并且过去五年(2019—2023 年),该行业近六成的海外并购在拉丁美洲;石油与天然气行业在过去五年首个超过 15 亿美元的大型交易为中企收购巴基斯坦某炼油公司。

【案例思考题】

该案例反映了中国经济发展水平和企业实力的什么特点?简要评价案例中显现的中国企业家精神。如果你是政府决策者,你会如何继续支持中企"走出去"?

延伸阅读

复习思考题

1. 企业合并的方式和类型有哪些?
2. 企业合并的会计处理主要涉及哪些问题?
3. 比较权益结合法与购买法的特点。
4. 同一控制下企业合并与非同一控制下企业合并的会计信息披露要求有什么不同?为什么?

第二章 同一控制下的企业合并

学习目标

理解同一控制下企业合并的处理原则，掌握同一控制下企业合并的会计处理方法。

素养目标

国企改革是推进国家现代化进程的重要举措。结合案例分析，启发学生认识到改革对优化资源配置、提升企业效率和国际竞争力的重大意义以及中国特色社会主义制度的优越性，激发学生树立历史责任感，坚定中国特色社会主义道路自信。

第一节 同一控制下企业合并的会计处理原则

参与合并的企业在合并前后均受同一方或相同的多方最终控制且该控制并非暂时性的，为同一控制下的企业合并。我国《企业会计准则第 20 号——企业合并》对同一控制下企业合并的确认和计量进行了详细的规范，要求采用的会计处理方法类似于权益结合法。

一、合并方与被合并方的认定

同一控制下的企业合并，在合并日取得对其他参与合并企业控制权的一方为合并方，参与合并的其他企业为被合并方。其中，合并日是指合并方实际取得对被合并方控制权的日期。

同时满足以下条件的，可认定为实现了控制权的转移：

(1) 企业合并合同或协议已获股东大会通过。

(2) 企业合并事项需要经过国家有关主管部门审批的，已获批准。

(3) 参与合并各方已办理了必要的财产交接手续。

(4) 合并方或购买方已支付了合并价款的大部分(一般应超过 50%)，并且有能力、有计划支付剩余款项。

(5) 合并方或购买方实际上已经控制了被合并方或被购买方的财务和经营政策，并享有相应的利益，承担相应的风险。

二、同一控制下企业合并的处理原则

同一控制下的企业合并，合并方应遵循以下原则进行相关的处理：

第一,合并方在合并中确认取得的被合并方的资产和负债仅限于被合并方账面上原已确认的资产和负债,合并中不产生新的资产和负债。

同一控制下的企业合并,从最终控制方的角度来看,其在企业合并发生前后能够控制的净资产价值量并没有发生变化。因此,合并中不产生新的资产,但被合并方在企业合并前账面上原已确认的商誉应作为合并中取得的资产予以确认。

第二,合并方在合并中取得的被合并方各项资产和负债应维持其在被合并方的原账面价值不变。

合并方在同一控制下企业合并中取得的有关资产和负债不应因该项合并而改记其账面价值,从最终控制方的角度,其在企业合并交易或事项发生前控制的资产和负债,在该交易或事项发生后仍在其控制下。因此,该交易或事项原则上不应引起所涉及资产和负债的计价基础的变化。

在确定合并中取得的各项资产和负债的入账价值时,应予注意的是,被合并方在企业合并前采用的会计政策与合并方不一致的,应基于重要性原则,首先统一会计政策,即合并方应当按照本企业会计政策对被合并方资产和负债的账面价值进行调整,并以调整后的账面价值作为有关资产和负债的入账价值。

第三,合并方在合并中取得的净资产的入账价值与为进行企业合并而支付的对价的账面价值之间的差额,不作为资产的处置损益,不影响合并当期利润表,有关差额应调整所有者权益相关项目。合并方在企业合并中取得的价值量与所放弃价值量之间存在差额的,应当调整所有者权益。在根据合并差额调整合并方的所有者权益时,应首先调整资本公积(资本溢价或股本溢价);资本公积(资本溢价或股本溢价)的余额不足以冲减的,应冲减留存收益。

第四,对同一控制下的控股合并,合并方在编制合并财务报表时,应视同合并后形成的报告主体自最终控制方开始实施控制时一直是一体化存续下来的,参与合并各方在合并以前期间实现的留存收益应体现为合并财务报表中的留存收益。在合并财务报表中,应以合并方的资本公积(或经调整后的资本公积中的资本溢价部分)为限,在所有者权益内部进行调整,将被合并方在合并日以前实现的留存收益中按照持股比例计算归属于合并方的部分自资本公积转入留存收益。

三、合并方为进行企业合并而发生的有关费用的处理

第一,为进行企业合并而支付的审计费用、进行资产评估的费用以及有关的法律咨询费用等增量费用,应当列入当期的管理费用。

第二,以发行债券方式进行的企业合并,与发行债券相关的佣金、手续费等,应计入负债的初始计量金额。其中,折价发行的,应增加折价的金额;溢价发行的,应减少溢价的金额。

第三,发行权益性证券作为合并对价的,与所发行权益性证券相关的佣金、手续费等应自溢价收入中扣除;在权益性证券发行无溢价或溢价金额不足以扣减的情况下,应当冲减盈余公积和未分配利润。

第二节 同一控制下非控股合并方式企业合并的核算

同一控制下非控股合并方式企业合并主要是指同一控制下的吸收合并或新设合并。在同一控制下,这两种合并业务的核算方式基本相同。

一、同一控制下的吸收合并

在同一控制下的吸收合并中，合并方主要涉及合并日取得被合并方资产和负债入账价值的确定，以及对合并中取得有关净资产的入账价值与支付的合并对价账面价值的差额的处理。

（一）合并中取得资产和负债入账价值的确定

合并方对同一控制下吸收合并中取得的资产和负债，应当按照相关资产和负债在被合并方的原账面价值入账。其中，合并方与被合并方在企业合并前采用的会计政策不同的，在将被合并方的相关资产和负债并入合并方的账簿和报表进行核算前，应基于重要性原则，统一合并方与被合并方的会计政策，即应当按照合并方的会计政策对被合并方的有关资产和负债的账面价值进行调整，以调整后的账面价值确认。

（二）合并差额的处理

合并方在确认了合并中取得的被合并方的资产和负债的入账价值后，以发行权益性证券方式进行的该类合并，所确认的净资产入账价值与发行股份面值总额的差额，应计入资本公积（资本溢价或股本溢价），资本公积（资本溢价或股本溢价）的余额不足以冲减的，相应冲减盈余公积和未分配利润；以支付现金、非现金资产方式进行的该类合并，所确认的净资产入账价值与支付的现金、非现金资产账面价值的差额，相应调整资本公积（资本溢价或股本溢价），资本公积（资本溢价或股本溢价）的余额不足以冲减的，应依次冲减盈余公积和未分配利润。

【例 2－1】 20×0 年 9 月 30 日，P 公司向 S 公司的股东定向增发 1 000 万股普通股（每股面值为 1 元，市价为 10.85 元）对 S 公司进行吸收合并，并于当日取得 S 公司净资产。不考虑相关税费及其他因素。当日，S 公司的资产负债情况如表 2－1 所示。

表 2－1　　P 公司与 S 公司个别资产负债表（合并前）

20×0 年 9 月 30 日　　单位：万元

项　　目	P 公司	S 公司	合　　计
货币资金	2 500	1 570	4 070
应收账款	3 200	2 260	5 460
存货	4 500	3 290	7 790
长期股权投资	1 500	1 000	2 500
固定资产	6 000	4 000	10 000
无形资产	1 000	500	1 500
资产总计	18 700	12 620	31 320
短期借款	3 000	2 500	5 500
应付账款	5 100	3 420	8 520
长期借款	2 300	1 400	3 700
负债合计	10 400	7 320	17 720

续 表

项　　目	P公司	S公司	合　　计
实收资本(或股本)	5 400	2 000	7 400
资本公积	300	1 300	1 600
盈余公积	1 600	1 000	2 600
未分配利润	1 000	1 000	2 000
所有者权益(或股东权益)合计	8 300	5 300	13 600

假设P公司和S公司为同一集团内两家子公司,合并前其共同的母公司为A公司,合并前和合并后P公司和S公司均受A公司的最终控制,为同一控制下的企业合并。自20×0年9月30日开始,P公司能够对S公司的净资产实施控制,该日即合并日。P公司还支付了股票发行费用50万元和审计、法律服务等直接合并费用20万元。

因合并后S公司失去其法人资格,所以P公司应确认合并中取得的S公司的各项资产和负债。假定P公司与S公司在合并前采用的会计政策相同。

P公司对该项合并应进行的会计处理如下:

(1) 按账面价值记录取得的S公司资产和负债,以及支付的合并对价,两者的差额调整资本公积。

借:货币资金　　15 700 000
　　应收账款　　22 600 000
　　存货　　32 900 000
　　长期股权投资　　10 000 000
　　固定资产　　40 000 000
　　无形资产　　5 000 000
　　贷:短期借款　　25 000 000
　　　　应付账款　　34 200 000
　　　　长期借款　　14 000 000
　　　　股本　　10 000 000
　　　　资本公积——股本溢价　　43 000 000

(2) 支付的股票发行费用冲减资本公积。

借:资本公积——股本溢价　　500 000
　　贷:银行存款　　500 000

(3) 支付的直接合并费用计入管理费用。

借:管理费用　　200 000
　　贷:银行存款　　200 000

(4) 被合并方原来的盈余公积和未分配利润在合并方资本公积范围内转回。

借:资本公积——股本溢价　　2 000 000
　　贷:盈余公积　　1 000 000
　　　　利润分配——未分配利润　　1 000 000

课堂思考

假设将上述例题中P公司发行的普通股1 000万股改为6 000万股，则P公司应如何进行会计处理？如果P公司不是以发行股票的方式吸收合并S公司，而是支付现金2 000万元给B公司股东作为合并对价，则P公司又应如何进行会计处理？

二、同一控制下的新设合并

【例2-2】 承例2-1，假设P公司和S公司宣告撤销，共同组建一家A公司。A公司发行每股面值1元的普通股5 000万股，换取P公司和S公司股东持有的全部股权。A公司另外支付股票发行费用50万元和审计、法律服务等直接合并费用20万元。其他资料不变。

A公司在合并日的账务处理如下：

(1) 按账面价值记录取得的P公司和S公司的资产、负债，以及支付的合并对价，两者的差额调整资本公积。

	借方	贷方
借：货币资金	40 700 000	
应收账款	54 600 000	
存货	77 900 000	
长期股权投资	25 000 000	
固定资产	100 000 000	
无形资产	15 000 000	
贷：短期借款		55 000 000
应付账款		85 200 000
长期借款		37 000 000
股本		50 000 000
资本公积——股本溢价		86 000 000

(2) 支付的股票发行费用冲减资本公积。

	借方	贷方
借：资本公积——股本溢价	500 000	
贷：银行存款		500 000

(3) 支付的直接合并费用计入管理费用。

	借方	贷方
借：管理费用	200 000	
贷：银行存款		200 000

(4) 被合并方原来的盈余公积和未分配利润在合并方资本公积范围内转回。

	借方	贷方
借：资本公积——股本溢价	4 600 000	
贷：盈余公积		2 600 000
利润分配——未分配利润		2 000 000

知识链接

第三节　同一控制下控股合并的核算

控股合并方式下的企业合并业务，应通过“长期股权投资”账户进行核算。按照《企业会计准则第 2 号——长期股权投资》的规定，形成同一控制下企业合并的长期股权投资，合并方应以合并日应享有的被合并方账面所有者权益的份额作为长期股权投资的初始投资成本，借记“长期股权投资”科目；按享有被投资单位已宣告但尚未发放的现金股利或利润，借记“应收股利”科目；按支付的合并对价的账面价值，贷记有关资产或借记有关负债科目。

以支付现金、非现金资产方式进行的，该初始投资成本与支付的现金、非现金资产的差额相应调整资本公积(资本溢价或股本溢价)，资本公积(资本溢价或股本溢价)的余额不足以冲减的，依次冲减盈余公积和未分配利润。

以发行权益性证券方式进行的，长期股权投资的初始投资成本与所发行股份的面值总额的差额相应调整资本公积(资本溢价或股本溢价)，资本公积(资本溢价或股本溢价)的余额不足以冲减的，依次冲减盈余公积和未分配利润。

一、以现金作为合并对价的核算

【例 2-3】 P 公司支付现金 2 000 000 元，取得 S 公司 60%的股权(P 公司和 S 公司受同一方控制)，投资时 S 公司所有者权益的账面价值为 3 000 000 元。P 公司与 S 公司的会计年度和采用的会计政策相同，则 P 公司在取得长期股权投资时的会计分录如下：

借：长期股权投资	1 800 000	
资本公积	200 000	
贷：银行存款		2 000 000

二、以转让的非现金资产作为合并对价的核算

【例 2-4】 20×0 年 6 月 8 日，P 公司以账面原价 700 万元、累计摊销 300 万元、减值准备 30 万元、公允价值 1 000 万元的一项土地使用权作为对价，自同一集团内 A 公司手中取得 S 公司 60%的股权。P 公司为增值税一般纳税人，土地使用权适用的增值税税率为 9%。合并日 S 公司所有者权益的账面价值为 500 万元。合并当日 P 公司“资本公积——股本溢价”的账户余额为 65 万元，“盈余公积”的账户余额为 50 万元，“利润分配——未分配利润”的账户余额为 80 万元。P 公司与 S 公司的会计年度和采用的会计政策相同，则合并日 P 公司的会计分录如下：

借：长期股权投资	3 000 000	
资本公积——股本溢价	650 000	
盈余公积	500 000	
利润分配——未分配利润	450 000	
累计摊销	3 000 000	
无形资产减值准备	300 000	
贷：无形资产		7 000 000
应交税费——应交增值税(销项税额)		900 000

三、以发行的权益性证券作为合并对价的核算

【例 2－5】 甲、乙、丙三家公司同属一个集团，丙公司持有乙公司 60％的股权，甲公司发行 600 万股普通股（每股面值 1 元）作为对价自丙公司手中取得乙公司 60％的股权，每股的公允价值为 10 元。甲公司为此支付给券商的发行费用为 10 万元。合并日乙公司所有者权益的账面价值为 1 500 万元。甲公司与乙公司的会计年度和采用的会计政策相同，则甲公司应编制会计分录如下：

（1）甲公司发行股票时：

借：长期股权投资　　9 000 000

　　贷：股本　　6 000 000

　　　　资本公积——股本溢价　　3 000 000

（2）甲公司支付发行费用时：

借：资本公积——股本溢价　　100 000

　　贷：银行存款　　100 000

案例分析及延伸阅读

为加深对本章内容的理解，本章案例侧重于同一控制下企业合并等内容的延伸，并结合国企改革相关案例进行分析探讨。

案例分析

基于效率标准的横向并购反垄断控制效果事后评估
——以中国南车和中国北车合并案为例①

【适用本章知识点与范围】

同一控制下的企业合并。

【案例内容】

1. 南北车合并增强国际竞争力，开拓国际市场

中国中车在国际市场不断扩大业务范围，海外业务和出口业务在数量、质量和模式上都实现明显改进。中国中车 2015 年和 2016 年年度报告显示，2015 年中国中车国际营业收入占总营业收入的比重超过 10％，比 2014 年增加了 106 亿元，增长 66％。中国中车国际业务签约额从 2012 年的 36 亿美元增长到 2016 年的 81 亿美元，增长 125％，其中 2016 年同比增长 40％。中国中车的产品已经出口到全球六大洲 104 个国家和地区，83％拥有铁路的国家使用了中国中车的产品。除了量上的快速增长，中国中车海外业务在质的方面也发生跨越：动车组产品首次进入欧洲市场；拿下美国芝加哥 846 辆地铁车辆的订单；货车首次进入世界火车的故乡——英国；在庞巴迪大本营战胜庞巴迪，获得加拿大大都会交通局新列车的订单；此外，还有来自波士顿、洛杉矶、费

---

① 节选自：王燕，臧旭恒，刘龙花．基于效率标准的横向并购反垄断控制效果事后评估——以中国南车和中国北车合并案为例[J]．财经问题研究，2018(05)：35－43.

城和蒙特利尔等国际高端市场的订单。中国中车经过发展实现了由简单的产品输出向“产品+技术+服务+投资”组合出口的转变,推动了中国装备出口走向中高端,国际化持续推进。

2. 南北车合并实现技术互补,促进技术进步

南北车合并后,技术创新步伐不断加快。2017 年 9 月 21 日,完全具有自主知识产权、达到世界先进水平的中国标准动车组“复兴号”以 350 千米的时速开始在京沪线运行。“复兴号”涉及的高速动车组 254 项重要标准中,中国标准占 84%,标志着中国轨道交通装备技术创新达到全面自动化、标准化的新阶段。南北车合并实现了双方核心技术的优势互补,避免了研发支出的重复投资:中国南车在超高速动车组、大功率电力机车、关键零部件和关键系统等方面的技术优势较强;中国北车在大功率内燃机车、高寒动车组和重载货车等方面的技术优势较强。中国南车有抗湿热大功率机车的核心生产技术和 CRH380A 动车组专利;中国北车有抗高寒特点的 MVBC 芯片、IGBT 核心部件和 NECT 专利。合并使双方可以共享专利成果,创新能力明显提高。中国中车的核心技术优势不断增强,在产业供应链各个环节具备较强的实力,成为全球首个能够提供全面可持续公共交通解决方案的企业。

3. 南北车合并优化国内外资源配置,规范市场竞争秩序

世界轨道交通装备的各种标准主要由法国、德国、日本等主导和垄断,南北车合并后可以推出完整的、被认可的技术标准体系,争取话语权,不仅让中国的产品和技术“走出去”,而且让中国的标准“走出去”,这是开拓国际市场的重要一步。合并前,中国南车和中国北车的业务及产品高度重合,存在重复开发和建设的情况,造成很大的资源浪费。合并后,中国中车把规范市场竞争秩序作为首要任务,成立半个月后就推出了一系列规范市场行为的措施,对集团内部投资项目进行全面清理,所有投资都要获得总部批准,盲目投资和重复投资得到遏制。同样,人员整合、部门精简和融资成本降低等也显著降低了企业成本,2015 年上半年中国中车财务费用支出比上年同期降低 72%。

【案例思考题】

结合相关数据,分析南北车合并如何提高了中国中车的市场拓展能力和技术创新能力。南北车合并后,中国中车采取了哪些措施来规范市场竞争秩序?这些举措对优化资源配置有何意义?

延伸阅读

复习思考题

1. 什么是同一控制下的企业合并?
2. 同一控制下企业合并会计处理的要点有哪些?
3. 对同一控制下的企业合并,控股方式和非控股方式的会计处理有何不同?

第三章 非同一控制下的企业合并

学习目标

理解非同一控制下企业合并的处理原则，掌握非同一控制下企业合并的会计处理方法。

素养目标

借力“一带一路”，推进中华民族伟大复兴；借力“一带一路”，推动构建人类命运共同体。结合案例，使学生了解基于“一带一路”视角，政府在中国企业跨国并购中的作用，强化学生的合作共赢理念，增进家国情怀。

第一节　非同一控制下企业合并的会计处理原则

非同一控制下的企业合并，是参与合并的一方购买另一方或多方的交易，基本处理原则是购买法。

一、确定购买方

采用购买法核算企业合并的前提是确定购买方。购买方是指在企业合并中取得对另一方或多方控制权的一方。合并中一方取得了另一方半数以上有表决权股份的，除非有明确的证据表明该股份不能形成控制，一般认为取得控股权的一方为购买方。某些情况下，即使一方没有取得另一方半数以上有表决权股份，当存在以下情况时，一般也可认为其获得了对另一方的控制权：

(1) 通过与其他投资者签订协议，实质上拥有被购买企业半数以上表决权。

(2) 按照协议规定，具有主导被购买企业财务和经营决策的权力。

(3) 有权任免被购买企业董事会或类似权力机构的绝大多数成员。

(4) 在被购买企业董事会或类似权力机构具有绝大多数投票权。

二、确定购买日

购买日是购买方获得对被购买方控制权的日期，即企业合并交易进行过程中，发生控制权转移的日期。当同时满足以下条件时，一般可认为实现了控制权的转移，形成购买日：

(1) 企业合并合同或协议已获股东大会等内部权力机构通过。

(2) 按照规定,合并事项需要经过国家有关主管部门审批的,已获得相关部门的批准。

(3) 参与合并各方已办理必要的财产权交接手续。

(4) 购买方已支付购买价款的大部分(一般应超过 50%),并且有能力支付剩余款项。

(5) 购买方实际上已经控制被购买方的财务和经营政策,并享有相应的收益和风险。

企业合并涉及一次以上交换交易的,企业应于每一交易日确认对被投资企业的各单项投资。"交易日"是指合并方或购买方在自身的账簿和报表中确认对被投资单位投资的日期。在分步实现的企业合并中,购买日是指按照有关标准判断购买方最终取得对被购买企业控制权的日期。

三、确定企业合并成本

企业合并成本包括购买方为进行企业合并而支付的现金或非现金资产、发行或承担的债务、发行的权益性证券等在购买日的公允价值。

非同一控制下企业合并中发生的与企业合并直接相关的费用,包括为进行合并而发生的会计审计费用、法律服务费用、咨询费用等,应当计入管理费用。以发行债券方式进行的企业合并,与发行债券相关的佣金、手续费等应计入负债的初始计量金额,其中,折价发行的,应增加折价的金额;溢价发行的,应减少溢价的金额。发行权益性证券作为合并对价的,与所发行权益性证券相关的佣金、手续费等应从溢价收入中扣除,在权益性证券发行无溢价或溢价金额不足以扣减的情况下,应当冲减盈余公积和未分配利润。

通过多次交换交易分步实现的企业合并,在购买方的个别报表中,应当以购买日之前所持被购买方的股权投资的账面价值与购买日新增投资成本之和,作为该项投资的初始投资成本;在合并财务报表中,以购买日前所持被购买方股权于购买日的公允价值与购买日支付对价的公允价值之和作为合并成本。

四、企业合并成本在取得的可辨认资产和负债之间的分配

购买方在企业合并中取得的被购买方各项可辨认资产和负债,要作为本企业的资产、负债(或合并财务报表中的资产、负债)进行确认,在购买日,应当满足资产、负债的确认条件,包括:

(1) 合并中取得的被购买方的各项资产(无形资产除外),其所带来的未来经济利益预期能够流入企业且公允价值能够可靠计量的,应单独作为资产确认。

(2) 合并中取得的被购买方的各项负债(或有负债除外),履行有关的义务预期会导致经济利益流出企业且公允价值能够可靠计量的,应单独作为负债确认。

企业合并中取得的无形资产在其公允价值能够可靠计量的情况下,应单独予以确认。

对购买方在企业合并时可能需要代被购买方承担的或有负债,在其公允价值能够可靠计量的情况下,应作为合并中取得的负债单独确认。

企业合并中取得的资产、负债在满足确认条件后,应以其公允价值计量。

知识链接

五、企业合并成本与合并中取得的被购买方可辨认净资产公允价值份额差额的处理

购买方对企业合并成本与确认的可辨认净资产公允价值份额的差额,应视以下情况分别处理:

(1) 企业合并成本大于合并中取得的被购买方可辨认净资产公允价值份额的部分,应确认为商誉。

(2) 企业合并成本小于合并中取得的被购买方可辨认净资产公允价值份额的部分，应计入合并当期损益。

第二节 非同一控制下非控股合并方式企业合并的核算

一、非同一控制下吸收合并的核算

【例3-1】 20×0年9月30日，P公司向S公司的股东定向增发1 000万股普通股(每股面值为1元，市价为9元)对S公司进行吸收合并，并于当日取得S公司净资产。该合并为非同一控制下的企业合并。不考虑相关税费及其他因素。当日，P公司和S公司的资产负债情况如表3-1所示。

表3-1　　P公司和S公司个别资产负债表(合并前)

20×0年9月30日　　单位：万元

项　目	P公司		S公司	
	账面价值	公允价值	账面价值	公允价值
货币资金	2 500	2 500	1 570	1 570
应收账款	3 200	3 500	2 260	2 260
存货	4 500	4 500	3 290	5 000
长期股权投资	1 500	1 500	1 000	1 000
固定资产	6 000	6 500	4 000	5 000
无形资产	1 000	1 000	500	700
资产总计	18 700	19 500	12 620	15 530
短期借款	3 000	3 000	2 500	2 500
应付账款	5 100	5 100	3 420	3 420
长期借款	2 300	2 300	1 400	1 400
负债合计	10 400	10 400	7 320	7 320
实收资本(或股本)	5 400	5 400	2 000	2 000
资本公积	300	1 100	1 300	4 210
盈余公积	1 600	1 600	1 000	1 000
未分配利润	1 000	1 000	1 000	1 000
所有者权益(或股东权益)合计	8 300	9 100	5 300	8 210

P公司在购买日的账务处理如下：

(1) 按公允价值确定合并成本。

借：长期股权投资	90 000 000	
贷：股本		10 000 000
资本公积——股本溢价		80 000 000

(2) 按公允价值记录吸收的S公司的资产、负债，确认合并商誉，结转“长期股权投资”科目。

借：货币资金	15 700 000	
应收账款	22 600 000	
存货	50 000 000	
长期股权投资	10 000 000	
固定资产	50 000 000	
无形资产	7 000 000	
商誉	7 900 000	
贷：短期借款		25 000 000
应付账款		34 200 000
长期借款		14 000 000
长期股权投资		90 000 000

如果该例中P公司发行的普通股的市场价格为5元/股，则P公司的会计分录如下：

(1) 按公允价值确定合并成本。

借：长期股权投资	50 000 000	
贷：股本		10 000 000
资本公积——股本溢价		40 000 000

(2) 按公允价值记录吸收的S公司的资产、负债，确认合并商誉，结转“长期股权投资”科目。

借：货币资金	15 700 000	
应收账款	22 600 000	
存货	50 000 000	
长期股权投资	10 000 000	
固定资产	50 000 000	
无形资产	7 000 000	
贷：短期借款		25 000 000
应付账款		34 200 000
长期借款		14 000 000
长期股权投资		50 000 000
营业外收入		32 100 000

二、非同一控制下新设合并的核算

【例3-2】 承例3-1，假设P公司和S公司宣告撤销，共同组建一家新公司——A公司。A公司发行每股面值1元、市价6元的普通股5 000万股，换取P公司和S公司股东持有的全部股权。A公司另外支付股票发行费用50万元和审计费用、法律服务费用等直接合并费用20万元。其他资料不变。

A公司在合并日的账务处理如下：

(1) 借：长期股权投资　　300 000 000

　　贷：股本　　50 000 000

　　　　资本公积——股本溢价　　250 000 000

(2) 借：货币资金　　40 700 000

　　应收账款　　57 600 000

　　存货　　95 000 000

　　长期股权投资　　25 000 000

　　固定资产　　115 000 000

　　无形资产　　17 000 000

　　商誉　　126 900 000

　　贷：短期借款　　55 000 000

　　　　应付账款　　85 200 000

　　　　长期借款　　37 000 000

　　　　长期股权投资　　300 000 000

(3) 支付股票发行费用时：

借：资本公积——股本溢价　　500 000

　　贷：银行存款　　500 000

(4) 支付直接合并费用时：

借：管理费用　　200 000

　　贷：银行存款　　200 000

第三节 非同一控制下控股合并的核算

一、以支付的现金作为合并对价的核算

【例3-3】 P公司支付现金2 000 000元取得S公司60%的股权，该合并为非同一控制下的控股合并。P公司与S公司的会计年度和采用的会计政策相同，则P公司在取得长期股权投资时的会计分录如下：

借：长期股权投资　　2 000 000

　　贷：银行存款　　2 000 000

二、以转让的非现金资产作为合并对价的核算

【例3-4】 20×0年6月8日，P公司以账面原价700万元、累计摊销300万元、减值准备30万元、公允价值1 000万元的一项土地使用权作为对价，自A公司手中取得S公司60%的股权。该合并为非同一控制下的企业合并。P公司为增值税一般纳税人，土地使用权适用的增值税税率为9%。P公司与S公司的会计年度和采用的会计政策相同，则合并日P公司的会计分录如下：

借：长期股权投资　　10 900 000
　　累计摊销　　3 000 000
　　无形资产减值准备　　300 000
　　贷：无形资产　　7 000 000
　　　　应交税费——应交增值税(销项税额)　　900 000
　　　　资产处置损益　　6 300 000

三、以发行的权益性证券作为合并对价的核算

【例 3－5】 甲、乙、丙三家公司并不同属一个集团，丙公司持有乙公司 60%的股权，甲公司发行 600 万股普通股(每股面值 1 元)作为对价自丙公司手中取得乙公司 60%的股权，每股市价为 10 元。甲公司为此支付给券商的发行费用为 10 万元。甲公司与乙公司的会计年度和采用的会计政策相同。

(1) 甲公司发行股票时：

借：长期股权投资　　60 000 000
　　贷：股本　　6 000 000
　　　　资本公积——股本溢价　　54 000 000

(2) 甲公司支付发行费用时：

借：资本公积——股本溢价　　100 000
　　贷：银行存款　　100 000

案例分析及延伸阅读

为加深对本章内容的理解，本章案例侧重于中国企业跨国并购等内容的延伸，并结合"一带一路"背景下政府在中国企业跨国并购中的作用，以及推动"一带一路"高质量发展的相关举措等内容进行探讨。

案例分析

政府在中国企业跨国并购中的作用分析：基于"一带一路"的视角①

【适用本章知识点与范围】

非同一控制下企业合并的政策背景。

【案例内容】

一、政府政策对中国企业跨国并购的影响

跨国并购是中国企业对外直接投资最主要的方式。中国企业的跨国并购发展历程与政府对外直接投资的政策密切相关，政府政策引导并推动了中国企业跨国并购的整个发展历程。

(一) 早期不稳定的政策对中国企业跨国并购的影响

2000 年以前，中国政府的对外投资政策并不稳定，政府的主要政策表现为对外开放、吸引

① 节选自：张娟.政府在中国企业跨国并购中的作用分析：基于"一带一路"的视角[J].国际贸易，2017(02)：49－52.

外资，对中国企业“走出去”的约束较多。汤姆逊金融并购数据库（SDC）的数据表明，1982 年至 1991 年，中国企业发起的海外并购的数量总共为 34 例，在全世界占比不到 1%。1992 年，邓小平南方谈话清晰表明了政府对改革开放的态度，即在继续重视对内直接投资的同时，开始意识到对外直接投资是中国企业走向国际化、融入世界经济的重要方式。但 1992—2000 年是中国政府对外直接投资政策最不稳定的阶段，这一点从中国企业跨国并购的数量变化中可以看出（如图 3－1 所示）。

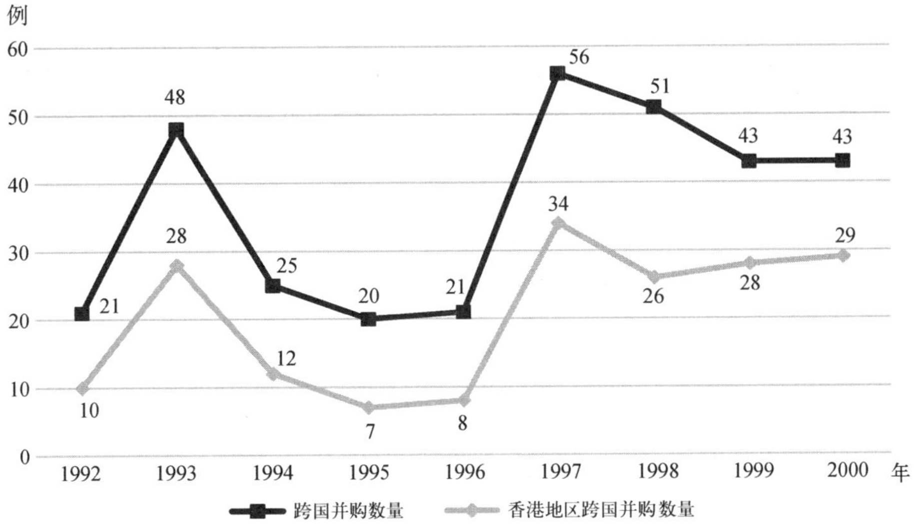

图 3－1　1992—2000 年中国企业跨国并购的数量变动

数据来源：根据汤姆逊金融并购数据库（SDC）整理得出。

从企业跨国并购的区域来看，该阶段中国企业海外并购的区域比较集中，多为香港地区，香港地区海外并购的数量占总数的 55.5%。政府在对外投资上的政策并不稳定，从鼓励到收紧，企业无法做出准确判断，从而限制了企业的对外投资行为。从以上分析可以看出，2000 年以前，中国政府对中国企业的跨国并购承担的多为“监管者”职能，中国政府对跨国并购的严格监管阻碍了中国企业的跨国并购行为。

（二）“走出去”战略推动了中国企业跨国并购的飞速发展

中国企业开始大规模对外直接投资受到 2000 年中国政府提出的“走出去”战略的影响。2000 年 10 月公布的第十个“五年计划”提出要实施“走出去”战略，代表着中国政府从重视对内投资到利用国内外两种资源、开发两个市场的战略转变。这一阶段，中国政府出台或颁布的政策多体现了中国政府对中国企业对外投资行为的支持，如出台了《关于成立境外中资企业商（协）会的暂行规定》《商务部办公厅关于在驻外经商机构子站上建立驻在国（地区）投资项目招商信息库栏目的通知》《国别投资经营障碍报告制度》等，从政策和政府机构两个方面为中国企业的对外投资活动提供支持。这一阶段也出台了一些对对外投资活动进行监管的政策，如《关于境外投资开办企业核准事项的规定》《对外经济技术合作专项资金管理办法》等。

随着一系列促进政策的颁布，中国企业积极地参与国际经济活动。2001—2009 年，中国对外直接投资的年平均增长速度高达 60%，中国企业跨国并购数量的年平均增长速度高达 30%，尤其是 2007 年以后，虽然全球金融危机爆发，但中国的跨国并购数量逆势上扬，并将并购区域由原来的以发展中国家为主扩展到欧美发达国家；同时，受政府政策的影响，对外直接投资的企业主体由原来的以中央企业为主扩展到地方国企,部分民营企业也开始加入对外直接投资的队伍,但还不占主导地位。

(三) 政府关于企业跨国并购的政策逐渐完善

2010 年以后,中国政府在对外投资政策的制定上逐渐趋于成熟,考虑问题更加完善,不仅考虑了国家战略和企业利益,而且从员工和东道国的角度出台了一系列政策,对境外工作人员派出的标准和培训、境外人员的雇用、境外劳资纠纷的处理等做出了具体规定,同时考虑了境外企业的企业文化建设,填补了之前中国企业对外投资只关注经济利益而忽视企业核心价值的空缺。2013 年 2 月,商务部、原环境保护部印发了《对外投资合作环境保护指南》,从对东道国的环境保护的角度规范中国企业的跨国投资行为。正是由于中国政府的这种积极引导,2011—2013 年,中国企业的跨国并购不仅数量上稳定增长,而且在并购金额和并购成功率方面取得了突破。由图 3-2 可以看出,中国企业的海外并购数量和交易金额在 2013 年达到高峰,2013 年海外并购的成功率为 57%,远高于中国企业跨国并购的平均成功率。这说明,在国家政策逐渐完善的背景下,中国企业积累了丰富的跨国投资和并购经验,并能恰当地应用到企业跨国并购行为中,从而提升了跨国并购的成功率。

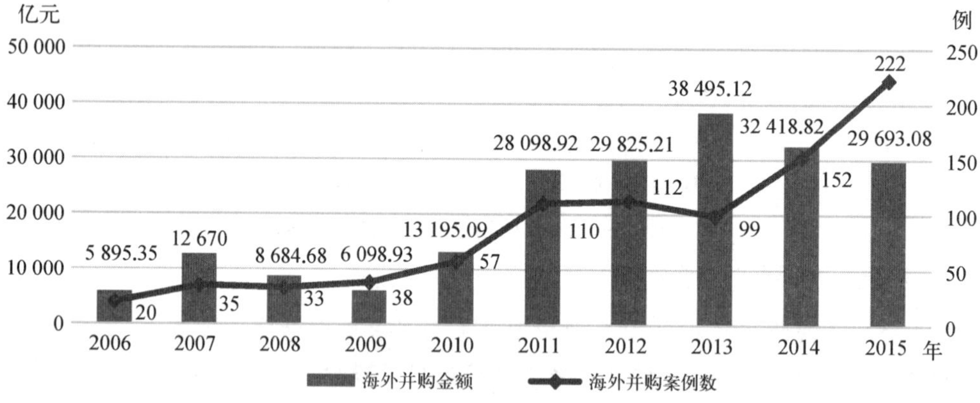

图 3-2 2006—2015 年中国企业海外并购变化趋势

数据来源:根据清科研究中心中国市场并购研究报告整理所得。

从以上分析可以看出,中国企业跨国并购的整个发展历程与中国政府的对外直接投资政策密切相关,中国政府在中国企业"走出去"过程中同时担任着"监管者"和"推动者"两个角色。前期的政策更多地倾向于管控和限制,后期的政策则转向推动和服务。随着政府职能的变化,中国企业的跨国并购行为也慢慢趋于成熟,从数量、金额到成功率都稳步提升。

二、"一带一路"倡议对中国企业跨国并购的影响

"一带一路"倡议的提出标志着中国企业的对外直接投资行为进入了一个新阶段。这一阶段中国政府政策的主要表现是进一步"简政放权",对外直接投资管理方式改为以备案为主、核准为辅,将对外投资自主权更多地下放到企业或个人手里,政府的主要任务是解决投资贸易便利化问题、消除投资和贸易壁垒、拓展相互投资领域等,弱化了政府的监管职能,提升了政府的服务职能。

(一) 推动中国企业在"一带一路"沿线国家的跨国并购

表 3-2 展示了过去 10 年中国企业在"一带一路"沿线国家的跨国并购变化情况。从跨国并购的数量变化可以看出,2015 年和 2016 年两年完成的跨国并购的数量超过了过去 8 年的

总和，说明中国政府提出的“一带一路”倡议推动了中国企业在“一带一路”沿线国家的对外直接投资。受中国政府“一带一路”倡议的影响，中国企业在阿联酋、爱沙尼亚、巴基斯坦、哈萨克斯坦、吉尔吉斯斯坦、柬埔寨、罗马尼亚等十余个国家完成了首次成功的跨国并购。虽然俄罗斯、印度、哈萨克斯坦等国家是中国的近邻，但在“一带一路”倡议提出前，中国企业在这些国家发起的跨国并购很少，且成功率低。2014 年中国政府正式提出“一带一路”倡议，对中国企业在“一带一路”沿线国家的对外直接投资提供资金、政策等多方面支持，中国企业在这些国家完成的跨国并购数量有大幅度增长。

表 3－2　2007—2016 年“一带一路”沿线国家跨国并购数量的变化

国　家	2007	2008	2009	2010	2011	2012	2013	2014	2015	2016
“一带一路”沿线国家合计	4	1	3	2	1	2	4	6	14	13
俄罗斯	0	0	0	1	0	1	4	4	1	2
哈萨克斯坦	0	0	1	0	0	0	0	0	1	1
吉尔吉斯斯坦	0	0	0	0	0	0	0	0	1	0
捷克	0	0	0	0	1	1	0	0	5	3
印度	1	0	1	1	0	0	0	0	2	2
印度尼西亚	1	1	1	0	0	0	0	0	2	2
阿联酋	0	0	0	0	0	0	0	0	2	1
巴基斯坦	2	0	0	0	0	0	0	1	0	2

数据来源：根据 Zephyr 数据库整理所得。

（二）推动中国在“一带一路”沿线国家跨国并购的行业分布更加多元化

“一带一路”倡议提出后，中国跨国并购的行业更加多元化，从原来的 7 个行业扩展到 9 个行业，去除农、林、牧、渔业，增加了零售业，教育、医疗和法律业以及房地产和酒店业。2013 年以前，“一带一路”沿线国家跨国并购最主要的行业为制造业和采矿业，分别占比 39.80％和 16.33％。2013 年以后，随着“一带一路”倡议的提出和实施，采矿业不再是中国企业跨国并购的主要目标行业，服务业超过制造业成为中国企业在“一带一路”沿线国家跨国并购的主要行业，占比高达 39.13％。金融业和保险业飞速增长，占比高达 14.49％，在服务业和制造业之后排在第三位。教育、医疗和法律及房地产和酒店业占比虽然较低，但是最具发展潜力的行业。

【案例思考题】

从“走出去”战略到“一带一路”倡议的实施，中国政府在企业跨国并购中的职能由监管转向服务，政府的政策从宏观上影响着企业的跨国并购行为。随着“一带一路”倡议引起的中国企业跨国并购的飞速发展，针对跨国并购过程中不断出现的新情况和新问题，思考并讨论政府应该如何进一步调整职能,推动“一带一路”沿线国家跨国并购的稳定发展。

延伸阅读

复习思考题

1. 如何理解非同一控制下企业合并的会计处理原则?
2. 企业合并产生的合并商誉与合并差额有什么区别和联系?
3. 比较非同一控制下企业合并与同一控制下企业合并在核算上的异同。

第四章 合并财务报表概述

学习目标

理解合并财务报表的意义，掌握合并财务报表的合并范围和操作标准、合并财务报表的编制程序和编制方法。

素养目标

我们要善于通过历史看现实，透过现象看本质，把握好主要矛盾和次要矛盾的关系。判断企业合并范围时，要深入理解控制权的经济实质，坚持实质重于形式原则，培养学生的辩证思维。

第一节　合并财务报表的概念和内容

一、合并财务报表的概念

合并财务报表，是指反映母公司及其全部子公司形成的企业集团的整体财务状况、经营成果和现金流量的财务报表。

在吸收合并、新设合并和控股合并三种企业合并方式中，吸收合并完成后，被合并企业全部解散，只有一家企业存续；新设合并完成后，被合并企业全部解散，所有参与合并的企业重新组成一家新企业。因此，吸收合并和新设合并的结果都是一个统一的法律主体和会计主体，合并后财务报表的编制与一般企业相同。

但是，控股合并有所不同。企业实现控股合并后，母公司和子公司各自仍然是独立的法律主体和会计主体。无论是母公司还是子公司，它们各自的会计问题仍然属于传统的财务会计范畴。但是，站在母公司和子公司组成的企业集团的角度来看，会计核算对象的空间范围发生了变化，会计不仅要以每一个独立的企业为单位进行核算并编制个别企业的财务报表，而且要以整个企业集团为服务对象，编制反映整个企业集团财务情况的财务报表。因此，合并财务报表只有在企业发生控股合并时才会编制。

编制合并财务报表体现了实质重于形式的会计信息质量要求。虽然从法律形式看，合并主体并不是一个统一的法律主体，但是从经济实质看，它是一个统一的经济实体。现行会计实务并不为合并主体进行日常的会计核算，也不为其设置账簿体系，因此，合并主体并不是记账主体。因为要为合并主体编制合并财务报表,所以将其视为一个报告主体。

二、合并财务报表的内容

合并财务报表是由母公司编制的,它可以为会计报表的使用者提供对决策有用的会计信息,弥补母公司和子公司个别财务报表的不足。因此,合并财务报表包括以下内容:

(一) 合并资产负债表

合并资产负债表是以母公司和属于合并范围的子公司的个别资产负债表为基础编制的,反映母公司和子公司形成的企业集团在某一特定日期财务状况的财务报表。

(二) 合并利润表

合并利润表是以母公司和属于合并范围的子公司的个别利润表为基础编制的,反映母公司和子公司形成的企业集团在一定时期经营成果的财务报表。

(三) 合并现金流量表

合并现金流量表是以母公司和属于合并范围的子公司的个别现金流量表为基础编制的,反映母公司和子公司形成的企业集团在一定时期经营活动、投资活动和筹资活动产生的现金流量和现金等价物的财务报表。

(四) 合并所有者权益变动表

合并所有者权益变动表是以母公司和属于合并范围的子公司的个别所有者权益变动表为基础编制的,反映母公司和子公司形成的企业集团在一定时期所有者权益变动情况的财务报表。

(五) 附注

附注是对在合并资产负债表、合并利润表、合并现金流量表和合并所有者权益变动表等报表中列示项目的文字描述或明细资料,以及对未能在这些报表中列示项目的说明。

第二节 合并财务报表的编制理论

编制合并财务报表要以一定的理论为依据。所谓"合并理论",是指认识合并财务报表的观点或看问题的角度,即如何看待由母公司与其子公司所组成的企业集团(合并主体)及其内部联系。合并理论主要有母公司理论、实体理论和所有权理论。

一、母公司理论

母公司理论是一种站在母公司股东的角度来看待母公司与其子公司之间的控股合并关系的合并理论。这种理论强调母公司股东的利益,它不将子公司视为独立的法人,而是将其视为母公司的附属机构。依据这一理论编制的合并财务报表,不仅要反映母公司股东在母公司的利益,而且要反映他们在子公司净资产中的利益。当母公司并不拥有子公司100%的股权时,要将子公司的少数股东权益视为集团外的利益群体,将这部分股东所持有的权益(少数股东权益)视为整个集团的负债。

二、实体理论

实体理论是一种站在由母公司及其子公司组成的统一实体的角度来看待母公司与子公司之间的控股合并关系的合并理论。根据这一理论,编制合并财务报表的目的在于提供由不同法律实体组成的企业集团作为一个统一的合并主体进行经营的信息。因此，母公司及其子公司的资产、负债、收入和费用，也就是合并主体的资产、负债、收入和费用。依据实体理论编制合并财务报表时，如果母公司未能持有子公司100%的股权，就要将子公司净资产区分为控股权益与少数股东权益。尽管少数股东权益只与少数股东持有股份的子公司有关，但在依据实体理论编制合并财务报表时，少数股东权益与控股权益一样，也属于合并主体的所有者权益的一部分。合并利润表的合并净利润中，包括子公司少数股东所持有的子公司净利润的份额。

知识链接

三、所有权理论

所有权理论也称业主权理论，是一种着眼于母公司在子公司所持有股权的合并理论。依据这一理论，编制合并财务报表时，对子公司的资产和负债，只按母公司持有股权的份额记入合并资产负债表；对子公司的收入、费用和利润，也只按母公司持有股权的份额记入合并利润表。

第三节　合并财务报表的合并范围

一、合并范围的确认原则

合并财务报表的合并范围应当以控制为基础予以确定。

控制，是指投资方拥有对被投资方的权力，通过参与被投资方的相关活动而享有可变回报，并且有能力运用对被投资方的权力影响其回报金额。控制的定义包含三个基本要素：一是投资方拥有对被投资方的权力，二是因参与被投资方的相关活动而享有可变回报，三是有能力运用对被投资方的权力影响其回报金额。在判断投资方是否能够控制被投资方时，当且仅当投资方具备上述三个要素时，才表明投资方能够控制被投资方。

2014年新修订的《企业会计准则第33号——合并财务报表》明确了根据控制原则确认子公司的条件，要求母公司将其全部子公司纳入合并财务报表的合并范围，并且规定，虽然某一方没有控制权，但是根据公司章程的规定，在对投资对象具有实际控制权且能取得相应控制利益的情况下，也应纳入合并范围。这表明，无论是小规模公司还是经营业务性质特殊的子公司，都应纳入合并范围，从而使合并财务报表做到对由母公司和子公司所构成的企业集团经营成果和财务状况的真实反映。

二、具体操作标准

（一）投资方拥有对被投资方的权力

投资方拥有对被投资方的权力是判断控制的第一个基本要素，这要求投资方识别和评估被投资方的设立目的、识别被投资方的相关活动以及对相关活动进行决策的机制、确定投资方和涉及被投资方的其他方拥有的与被投资方相关的权力等，以确定投资方当前是否有能力主导被投资方的相关活动。具体来讲，包括以下几点：

（1）识别和评估被投资方的设立目的。

（2）识别被投资方的相关活动及其决策机制。

（3）确定投资方拥有的与被投资方相关的权力。

(二) 因参与被投资方的相关活动而享有可变回报

判断投资方是否控制被投资方的第二个基本要素是,因参与被投资方的相关活动而享有可变回报。可变回报是不固定的并可能随被投资方业绩而变动,其可能是正数,也可能是负数,或者有正有负。

投资方在判断其享有被投资方的回报是否变动以及如何变动时,应当根据合同安排的实质,而不是法律形式。例如,投资方持有固定利率的交易性债券投资时,虽然利率是固定的,但该利率取决于债券违约风险及债券发行方的信用风险,因此,固定利率也可能属于可变回报。

(三) 有能力运用对被投资方的权力影响其回报金额

判断控制的第三个基本要素是,有能力运用对被投资方的权力来影响其回报金额。只有当投资方不仅拥有对被投资方的权力、通过参与被投资方的相关活动而享有可变回报,而且有能力运用对被投资方的权力来影响其回报的金额时,投资方才控制被投资方。

(四) 对被投资方可分割部分的控制

投资方通常应当对是否控制被投资方整体进行判断。但在少数情况下,有确凿证据表明同时满足下列条件并且符合相关法律法规规定的,投资方应当将被投资方的一部分视为被投资方可分割部分,进而判断是否控制该部分:

(1) 该部分的资产是偿付该部分负债或该部分其他权益的唯一来源,不能用于偿还该部分以外的被投资方的其他负债。

(2) 除与该部分相关的各方外,其他方不享有与该部分资产相关的权利,也不享有与该部分资产剩余现金流量相关的权利。

实质上该部分的所有资产、负债及相关权益均与被投资方的其他部分相隔离,即该部分的资产产生的回报不能由该部分以外的被投资方其他部分使用,该部分的负债也不能用该部分以外的被投资方资产偿还。

(五) 控制的持续评估

控制的评估是持续的,当环境或情况发生变化时,投资方需要评估控制的三个基本要素中的一个或多个是否发生了变化。如果有任何事实或情况表明控制的三个基本要素中的一个或多个发生了变化,投资方就应重新评估是否控制被投资方。

(六) 投资性主体

当母公司同时满足下列条件时,该母公司属于投资性主体:

(1) 该公司是以向投资者提供投资管理服务为目的,从一个或多个投资者处获取资金。

(2) 该公司的唯一经营目的,是通过资本增值、投资收益或两者兼有而让投资者获得回报。

(3) 该公司按照公允价值对几乎所有投资的业绩进行考量和评价。

母公司应当将其全部子公司(包括母公司所控制的被投资单位可分割部分、结构化主体)纳入合并范围。如果母公司是投资性主体,就应将那些为投资性主体的投资活动提供相关服务的子公司纳入合并范围,其他子公司不应予以合并,应按照公允价值计量且其变动计入当期损益。

知识链接

一个投资性主体的母公司如果不是投资性主体,就应当将其控制的全部主体,包括投资性主体和通过投资性主体间接控制的主体,纳入合并财务报表范围。

第四节 合并财务报表的编制

一、合并财务报表的编制原则

合并财务报表作为财务报表，必须符合财务报表编制的一般原则和基本要求。这些基本要求包括真实可靠、内容完整。与个别财务报表相比，合并财务报表又具有下列特点：

(1) 反映的对象是由母公司及其全部子公司组成的会计主体。

(2) 编制者是母公司，但所对应的会计主体是由母公司及其控制的所有子公司构成的企业集团。

(3) 站在合并财务报表主体的立场上，以纳入合并范围的企业个别财务报表为基础，根据其他有关资料，抵销母公司与子公司、子公司相互之间发生的内部交易，考虑了特殊交易事项对合并财务报表的影响后编制，旨在反映合并财务报表主体作为一个整体的财务状况、经营成果和现金流量。

合并财务报表的编制除了遵循财务报表编制的一般原则和要求外，还应当遵循以下原则和要求：

(一) 以个别财务报表为基础

合并财务报表并不是直接根据母公司和子公司的账簿编制的，而是利用母公司和子公司编制的反映各自财务状况和经营成果的财务报表提供的数据，通过合并财务报表的特有方法进行编制。以纳入合并范围的个别财务报表为基础可以说是客观性原则在合并财务报表编制时的具体体现。

(二) 一体性原则

合并财务报表反映的是企业集团的财务状况和经营成果，反映的是由多家法人企业组成的一个会计主体的财务状况，在编制合并财务报表时应当将母公司和所有子公司作为整体来看待，视为一个会计主体，母公司和子公司发生的经营活动都应当从企业集团这一整体角度进行考虑。因此，在编制合并财务报表时，对母公司与子公司、子公司相互之间发生的经济业务，应当视为同一会计主体的内部业务来处理。

(三) 重要性原则

与个别财务报表相比，合并财务报表涉及多个法人主体，涉及的经营活动范围很广，母公司与子公司的经营活动往往跨越不同行业界限，有时母公司与子公司的经营活动甚至相差很大。合并财务报表要综合反映这样的会计主体的财务情况，就必然涉及重要性的判断。特别是在拥有众多子公司的情况下，更是如此。

在编制合并财务报表时，特别强调重要性原则的运用。例如，对一些项目在企业集团中的某一企业具有重要性，但对整个企业集团则不一定具有重要性，在这种情况下，根据重要性的要求对财务报表项目进行取舍则具有重要意义。此外，当母公司与子公司、子公司相互之间发生的经济业务，对整个企业集团财务状况和经营成果影响不大时，为简化合并手续，也应根据重要性原则进行取舍，可以不编制抵销分录而直接编制合并财务报表。

二、合并财务报表编制的前期准备事项

合并财务报表的编制涉及多家子公司，有的合并财务报表的合并范围甚至包括数百家子

公司。为了使编制的合并财务报表准确、全面地反映企业集团的真实情况,必须做好一系列前期准备事项。这些前期准备事项主要包括:

(1) 统一母公司和子公司的会计政策。

(2) 统一母公司和子公司的资产负债表日及会计期间。

(3) 对子公司以外币表示的财务报表进行折算。

(4) 收集编制合并财务报表的相关资料。

三、合并财务报表的编制程序

(一) 设置合并工作底稿

合并工作底稿的作用是为合并财务报表的编制提供基础。在合并工作底稿中,对母公司和纳入合并范围的子公司的个别财务报表各项目的数据进行汇总、调整和抵销,最终计算得出合并财务报表各项目的合并数。

(二) 将个别财务报表的数据过入合并工作底稿

将母公司和纳入合并范围的子公司的个别资产负债表、个别利润表、个别现金流量表及个别所有者权益变动表各项目的数据过入合并工作底稿,并在合并工作底稿中对母公司和子公司个别财务报表各项目的数据进行加总,计算得出个别资产负债表、个别利润表、个别现金流量表及个别所有者权益变动表各项目的合计数额。

(三) 编制调整分录和抵销分录

进行调整和抵销处理是合并财务报表编制的关键和主要内容,其目的在于调整会计政策及计量基础的差异对个别财务报表的影响,将个别财务报表各项目的加总数据中重复的因素予以抵销或调整等。

(四) 计算合并财务报表各项目的合并金额

在母公司和纳入合并范围的子公司个别财务报表项目加总金额的基础上,分别结算合并财务报表中各资产项目、负债项目、所有者权益项目、收入项目和费用项目等的合并金额。

(五) 填列合并财务报表

根据合并工作底稿中计算出的资产、负债、所有者权益、收入、成本、费用以及现金流量表中各项目的合并金额,填列生成正式的合并财务报表。

四、合并财务报表的格式

合并财务报表的格式通常是在个别财务报表基础上增加下列项目:

(一) 合并资产负债表

在所有者权益项目下增加“归属于母公司所有者权益(或股东权益)合计”,用于反映企业集团的所有者权益中归属于母公司所有者权益的部分,包括实收资本(或股本)、其他权益工具、资本公积、库存股、其他综合收益、专项储备、盈余公积、一般风险准备、未分配利润、其他等项目的金额。

在所有者权益项目下增加“少数股东权益”项目,用于反映非全资子公司的所有者权益中不属于母公司的份额。

具体格式参见表4-1。

表 4－1　　**合并资产负债表**

编制单位：××公司　　20×1 年 12 月 31 日　　单位：万元

资　　产	期末余额	年初余额	负债和所有者权益（或股东权益）	期末余额	年初余额
流动资产：			流动负债：		
货币资金			短期借款		
交易性金融资产			交易性金融负债		
衍生金融资产			衍生金融负债		
应收票据			应付票据		
应收账款			应付账款		
应收款项融资			预收款项		
预付款项			合同负债		
其他应收款			应付职工薪酬		
存货			应交税费		
合同资产			其他应付款		
持有待售资产			持有待售负债		
一年内到期的非流动资产			一年内到期的非流动负债		
其他流动资产			其他流动负债		
流动资产合计			流动负债合计		
非流动资产：			非流动负债：		
债权投资			长期借款		
其他债权投资			应付债券		
长期应收款			其中：优先股		
长期股权投资			永续债		
其他权益工具投资			租赁负债		
其他非流动金融资产			长期应付款		
投资性房地产			预计负债		

续 表

资　　产	期末余额	年初余额	负债和所有者权益(或股东权益)	期末余额	年初余额
固定资产			递延收益		
在建工程			递延所得税负债		
生产性生物资产			其他非流动负债		
油气资产			非流动负债合计		
使用权资产			负债合计		
无形资产			所有者权益(或股东权益):		
开发支出			实收资本(或股本)		
商誉			其他权益工具		
长期待摊费用			其中:优先股		
递延所得税资产			永续债		
其他非流动资产			资本公积		
非流动资产合计			减:库存股		
			其他综合收益		
			专项储备		
			盈余公积		
			未分配利润		
			归属于母公司所有者权益(或股东权益)合计		
			少数股东权益		
			所有者权益(或股东权益)合计		
资产总计			负债和所有者权益(或股东权益)总计		

(二) 合并利润表

在“净利润”项目下增加“少数股东损益”和“归属于母公司股东的净利润”两个项目,分别反映净利润中由母公司所有者享有的份额和非全资子公司当期实现的净利润中归属于少数股东的份额。

同一控制下企业合并增加子公司的，当期合并利润表中还应在“净利润”项目下增加“其中：被合并方在合并前实现的净利润”项目，用于反映同一控制下企业合并中取得的被合并方在合并日前实现的净利润。

在“综合收益总额”项目下增加“归属于母公司所有者的综合收益总额”和“归属于少数股东的综合收益总额”两个项目，分别反映综合收益总额中由母公司所有者享有的份额和非全资子公司当期综合收益总额中归属于少数股东的份额。

具体格式参见表4-2。

表4-2　　**合并利润表**

编制单位：××公司　　20×1年度　　单位：万元

项　　目	本期金额	上期金额
一、营业收入		
减：营业成本		
税金及附加		
销售费用		
管理费用		
研发费用		
财务费用		
其中：利息费用		
利息收入		
加：其他收益		
投资收益(损失以“－”号填列)		
其中：对联营企业和合营企业投资收益		
以摊余成本计量的金融资产终止确认收益(损失以“－”号填列)		
净敞口套期收益(损失以“－”号填列)		
公允价值变动收益(损失以“－”号填列)		
信用减值损失(损失以“－”号填列)		
资产减值损失(损失以“－”号填列)		
资产处置收益(损失以“－”号填列)		

续 表

项　　目	本期金额	上期金额
二、营业利润(亏损以"—"号填列)		
加:营业外收入		
减:营业外支出		
三、利润总额(亏损总额以"—"号填列)		
减:所得税费用		
四、净利润(净亏损以"—"号填列)		
少数股东损益		
归属于母公司股东的净利润		
五、其他综合收益的税后净额		
(一)归属于母公司所有者的其他综合收益的税后净额		
1. 不能重分类进损益的其他综合收益		
2. 将重分类进损益的其他综合收益		
(二)归属于少数股东的其他综合收益的税后净额		
六、综合收益总额		
(一)归属于母公司所有者的综合收益总额		
(二)归属于少数股东的综合收益总额		
七、每股收益		
(一)基本每股收益		
(二)稀释每股收益		

(三)合并现金流量表

合并现金流量表的格式与《企业会计准则第31号——现金流量表》应用指南(2006)中现金流量报表的格式基本相同。

(四)合并所有者权益变动表

应增加"少数股东权益"栏目以反映少数股东权益的变动情况。另外,参照合并资产负债表中"实收资本""资本公积""其他权益工具""其他综合收益""专项储备"等项目的列示,合并所有者权益变动表中应单列上述各栏目反映。

具体格式参见表4-3。

表 4－3

合并所有者权益变动表

20×1 年度

编制单位：××公司　　　　单位：万元

项目	本年金额													上年金额
	归属于母公司所有者权益											少数股东权益	所有者权益合计	略
	实收资本（或股本）	其他权益工具			资本公积	减：库存股	其他综合收益	专项储备	盈余公积	未分配利润	小计			
		优先股	永续债	其他										
一、上年年末余额														
加：会计政策变更														
前期差错更正														
二、本年年初余额														
三、本年增减变动金额（减少以“－”号填列）														
（一）综合收益总额														
（二）所有者投入和减少资本														
1. 所有者投入的普通股														
2. 其他权益工具持有者投入资本														
3. 股份支付计入所有者权益的金额														
4. 其他														
（三）利润分配														
1. 提取盈余公积														
2. 对所有者（或股东）的分配														
3. 其他														
（四）所有者权益内部结转														
四、本年年末余额														

案例分析及延伸阅读

为加深对本章内容的理解,本章案例侧重于控制权与合并范围等内容的延伸,并结合万科控制权之争引发的合并财务报表问题进行分析探讨。

案例分析

万科控制权之争引发的合并财务报表问题①

【适用本章知识点与范围】

控制权与合并范围。

【案例内容】

万科的控制权之争在资本市场掀起了一股又一股风波,是上市公司控制权争夺事件中引起反响最大的案例之一。本文从合并财务报表角度对控制权争夺原因进行探讨,希望有助于改善当前上市公司控制权争夺不断的现状。

一、万科控制权之争

万科的控制权之争引起了社会公众对万科发展前景及其核心竞争力能否持续的担忧,其股价随之下跌,万科内部也人心惶惶。万科的控制权之争主要经历了两个阶段。

(一) 宝能系与万科管理层的控制权之争

2015 年 7 月 10 日,宝能系第一次举牌万科,之后不断在二级市场收购万科股票。截至 2016 年 5 月 31 日,宝能系及其一致行动人持股数占万科总股本的 24.29%,取代华润成为万科第一大股东。在宝能系增持万科股票期间,华润与万科管理层对宝能系的增持都表示抵制,华润也在二级市场收购万科股票以阻止宝能系成为万科的第一大股东,但未能抵挡住宝能系的强劲攻势。迫于宝能系不断举牌的巨大压力,万科于 2015 年 12 月 18 日发布公告——停牌筹划资产重组,“宝万之争”被强行暂停。

(二) 华润与万科管理层的控制权之争

万科的停牌重组持续了 3 个月之久,2016 年 3 月 13 日,万科公告称将以换股的方式获取深圳地铁 600 亿元的资产注入。如果万科以换股方式完成这一重组,深圳地铁就将因获得万科 20.65%的股权而成为万科的第一大股东。华润此时表示反对万科管理层引入深圳地铁的决定,万科的控制权之争出现了新的变故——原来和万科管理层一致对抗宝能系的华润,面对万科管理层拟引入深圳地铁这一大股东的行为,表达了对万科管理层的强烈不满,“宝万之争”进一步发酵为“华万之争”。

对引入深圳地铁,华润表示不反对万科管理层以借债的方式收购深圳地铁前海国际发展有限公司的股权,但若是以股权重组的方式来实现收购,则不会同意。可见,华润在意的并不是万科管理层引入深圳地铁这一决定的正确与否,而是其在万科的第一大股东的地位。

二、控制权之争引发的思考与启示

合并财务报表越来越受到重视,使企业能通过合并子公司财务报表的方式来提升自己的

---

① 节选自:莫冬燕,张颖.万科控制权之争引发的合并财务报表问题思考[J].财务与会计,2017,538(10):62-63.

业绩表现,因而合并业绩优秀的上市公司成为很多公司迅速提升业绩、营收规模等的不二之选,为企业进行盈余操纵提供了合法机会。

然而,合并财务报表存在的一些固有局限还未得到解决,甚至在扩大。当前的合并财务报表编制理论还不能解决合并财务报表存在的编制理论不统一、掩盖个别企业经营业绩等问题,进而易沦为企业盈余操纵的工具。同时,随着经济全球化、资本全球化和跨国公司的不断涌现,合并财务报表的编制将更加困难,汇率对价格的影响也会使企业的利润状况因合并财务报表的编制而产生较大差异。此外,随着股权结构越来越向分散化发展,合并财务报表的杠杆作用越来越大,而持股比例的倒数是杠杆的倍数,利用这一杠杆,母公司可以迅速扩张其资产规模,但只能获取其所控制的子公司资产的很小部分的剩余利益,当控制权与现金流权的分离程度越来越高时,仍将子公司的全部资产并入合并财务报表的合理性就面临质疑。

欲阻止恶性控制权争夺事件的发生,比较行之有效的方法是从其压力产生的源头予以解决:第一,在政策方面,真正将企业的"做强"放在首位,重视企业的发展潜力、内部实力,而不是只关注企业的营收规模、排名等;第二,不要过于看重合并财务报表的地位,合并财务报表和母公司财务报表互为补充,分工协作,共同决定母公司的财务状况。

这样一来,合并财务报表的编制难题就迎刃而解了。合并财务报表的编制一直是财务会计的一大难题,对合并财务报表到底应如何编制有大量专家学者进行了研究,但是至今未能得出一致的结论。如果合并财务报表不再处于那么重要的位置,究竟采用哪种理论来编制合并财务报表这一问题就不再那么重要,合并财务报表的编制难题也就得以解决。

【案例思考题】

根据上述资料,思考如何判断母公司是否掌握对子公司的控制权,以及当存在控制权纷争时,怎样确定合并财务报表的合并范围。

延伸阅读

复习思考题

1. 什么是合并财务报表?编制合并财务报表的目的是什么?
2. 合并财务报表的范围应如何确定?
3. 合并财务报表的基本理论有哪些?
4. 合并财务报表的基本编制程序是什么?

第五章 并购日合并财务报表的编制

学习目标

掌握同一控制下和非同一控制下并购日合并财务报表的编制方法。

素养目标

新发展阶段，需要不断完善社会主义市场经济体制，健全现代产权制度。企业合并处理方法中的现行机制尚存在信息披露质量参差不齐的问题，由此启发学生深入研究相关制度建设，以解决实践中的问题，培养其实践精神与责任担当，并激励学生在未来工作中为完善市场经济治理贡献智慧，推动各领域制度更加科学化。

第一节 并购日合并财务报表概述

按照我国《企业会计准则第 20 号——企业合并》的规定，无论是同一控制下的企业合并，还是非同一控制下的企业合并，只要形成母公司和子公司，就都要编制并购日的合并财务报表。

同一控制下的企业合并采用权益结合法处理。母公司应当编制并购日的合并资产负债表、合并利润表和合并现金流量表。在权益结合法下确认初始投资成本时以子公司净资产的账面价值入账，在编制合并财务报表时也是按子公司净资产的账面价值合并，既不用考虑母公司支付对价的公允价值，也不用考虑子公司净资产的公允价值。因此，在同一控制下采用权益结合法编制的合并财务报表不会产生商誉，合并业务比较简单。

非同一控制下的企业合并采用购买法处理，由于在编制并购日合并财务报表时只涉及股权的取得，不存在集团内部交易，因此，母公司只编制并购日的合并资产负债表，不需要编制合并利润表和合并现金流量表。在并购日编制合并资产负债表时，先要统一子公司的会计政策和会计期间，使子公司与母公司的会计政策和会计期间保持一致；然后确认子公司在并购日净资产的公允价值；最后编制相关抵销分录，消除母公司与子公司之间重复计算的部分。由于是并购日企业合并初期，因此抵销分录比较简单，主要涉及的是长期股权投资与净资产之间的抵销。

同一控制下企业合并和非同一控制下企业合并的不同主要表现在以下两个方面：

(1) 在确认初始投资成本和编制合并财务报表时，非同一控制下的企业合并采用购买法，是以公允价值为基础计量的；而同一控制下的企业合并采用权益结合法，是以账面价值为基础计量的。

(2) 在并购日编制合并财务报表时，非同一控制下的企业合并只需要编制合并资产负债表；而同一控制下的企业合并需要编制三张合并财务报表，即合并资产负债表、合并利润表和合并现金流量表。

第二节　同一控制下并购日合并财务报表的编制

同一控制下的企业合并中，合并方在合并后取得对被合并方生产经营决策的控制权，并且被合并方在企业合并后继续经营，合并方在并购日涉及两个方面的问题：一是因该项企业合并而形成的对被合并方的长期股权投资的确认和计量问题，二是并购日合并财务报表的编制问题。长期股权投资的确认和计量问题在《中级财务会计》相关章节已经介绍，此处不再赘述，下面重点介绍并购日合并财务报表的编制。编制的并购日合并财务报表一般包括合并资产负债表、合并利润表及合并现金流量表。

在并购日，被合并方的有关资产、负债应当以其账面价值（合并方与被合并方采用的会计政策、会计期间不同，按照合并方的会计政策、会计期间，对被合并方有关资产、负债进行调整后的账面价值）并入合并财务报表。需要注意的是，这里的账面价值是指被合并方的资产、负债在最终控制方财务报表中的账面价值。合并方与被合并方在并购日及以前期间发生的交易，应作为内部交易进行抵销。

同一控制下企业合并的基本处理原则是视同合并后形成的报告主体在并购日及以前期间一直存在，在合并资产负债表中，对被合并方在企业合并前实现的留存收益（盈余公积与未分配利润之和）中归属于合并方的部分，应按以下规定，自合并方的资本公积转入留存收益：

(1) 确认形成控股合并的长期股权投资后，合并方账面资本公积（资本溢价或股本溢价）的贷方余额大于被合并方在合并前实现的留存收益中归属于合并方的部分的，在合并资产负债表中，应将被合并方在合并前实现的留存收益中归属于合并方的部分自“资本公积”项目转入“盈余公积”和“未分配利润”项目。在合并工作底稿中，借记“资本公积”项目，贷记“盈余公积”和“未分配利润”项目。

(2) 确认形成控股合并的长期股权投资后，合并方账面资本公积（资本溢价或股本溢价）的贷方余额小于被合并方在合并前实现的留存收益中归属于合并方的部分的，在合并资产负债表中，应以合并方资本公积（资本溢价或股本溢价）的贷方余额为限，将被合并方在企业合并前实现的留存收益中归属于合并方的部分自“资本公积”项目转入“盈余公积”和“未分配利润”项目。在合并工作底稿中，借记“资本公积”项目，贷记“盈余公积”和“未分配利润”项目。

因合并方的资本公积（资本溢价或股本溢价）余额不足，被合并方在合并前实现的留存收益在合并资产负债表中未予全额恢复的，合并方应当在会计报表附注中对这一情况进行说明。

一、同一控制下并购日合并资产负债表的编制

(一) 母公司拥有子公司全部股权

【例 5－1】 P公司和S公司是同一母公司下的两家子公司。20×1年1月1日，合并前

两家公司的资产负债表如表5-1所示。

表5-1　　P公司和S公司合并前资产负债表

20×1年1月1日　　单位：元

项　　目	P公司	S公司
货币资金	350 000	280 000
应收账款	600 000	480 000
存货	550 000	440 000
固定资产	700 000	560 000
资产总计	2 200 000	1 760 000
短期借款	300 000	240 000
应付账款	400 000	320 000
应交税费	70 000	56 000
长期借款	400 000	320 000
股本	600 000	480 000
资本公积	200 000	160 000
盈余公积	160 000	128 000
未分配利润	70 000	56 000
负债和所有者权益（或股东权益）总计	2 200 000	1 760 000

假设20×1年1月1日，P公司发行200 000股普通股，每股面值为1元，以换取S公司的全部股权，则：

(1) P公司将投资入账时，编制会计分录如下：

借：长期股权投资——S公司　　824 000
　　贷：股本　　200 000
　　　　资本公积　　624 000

(2) 将母公司的长期股权投资与子公司的所有者权益相抵销，应在合并财务报表工作底稿中编制抵销分录如下：

借：股本　　480 000
　　资本公积　　160 000
　　盈余公积　　128 000
　　未分配利润　　56 000
　　贷：长期股权投资——S公司　　824 000

(3) 恢复子公司留存收益中属于母公司的份额：

借：资本公积　184 000

　　贷：盈余公积　128 000

　　　　未分配利润　56 000

P公司合并财务报表工作底稿如表5-2所示。

表5-2　　P公司合并财务报表工作底稿

20×1年1月1日　　单位：元

项　目	P公司	S公司	抵销分录		合并资产负债表
			借　方	贷　方	
货币资金	350 000	280 000			630 000
应收账款	600 000	480 000			1 080 000
存货	550 000	440 000			990 000
长期股权投资——S公司	824 000			824 000	
固定资产	700 000	560 000			1 260 000
资产总计	3 024 000	1 760 000			3 960 000
短期借款	300 000	240 000			540 000
应付账款	400 000	320 000			720 000
应交税费	70 000	56 000			126 000
长期借款	400 000	320 000			720 000
股本	800 000	480 000	480 000		800 000
资本公积	824 000	160 000	344 000		640 000
盈余公积	160 000	128 000	128 000	128 000	288 000
未分配利润	70 000	56 000	56 000	56 000	126 000
负债和所有者权益(或股东权益)总计	3 024 000	1 760 000			3 960 000

(二) 母公司拥有子公司部分股权

【例5-2】 承例5-1，假设20×1年1月1日，P公司发行200 000股普通股，每股面值为1元，以换取S公司90%的股权，则：

(1) P公司将投资入账时，编制会计分录如下：

借：长期股权投资——S公司　741 600

　　贷：股本　200 000

　　　　资本公积　541 600

(2) 将母公司的长期股权投资与子公司的所有者权益相抵销，应在合并财务报表工作底稿中编制抵销分录如下：

借：股本	480 000	
资本公积	160 000	
盈余公积	128 000	
未分配利润	56 000	
贷：长期股权投资——S公司		741 600
少数股东权益		82 400

(3) 恢复子公司留存收益中属于母公司的份额：

借：资本公积	165 600	
贷：盈余公积(128 000×90%)		115 200
未分配利润(56 000×90%)		50 400

P公司合并财务报表工作底稿如表5-3所示。

表5-3　　P公司合并财务报表工作底稿

20×1年1月1日　　单位：元

项　目	P公司	S公司	抵销分录		合并资产负债表
			借　方	贷　方	
货币资金	350 000	280 000			630 000
应收账款	600 000	480 000			1 080 000
存货	550 000	440 000			990 000
长期股权投资——S公司	741 600			741 600	
固定资产	700 000	560 000			1 260 000
资产总计	2 941 600	1 760 000			3 960 000
短期借款	300 000	240 000			540 000
应付账款	400 000	320 000			720 000
应交税费	70 000	56 000			126 000
长期借款	400 000	320 000			720 000
股本	800 000	480 000	480 000		800 000
资本公积	741 600	160 000	325 600		576 000
盈余公积	160 000	128 000	128 000	115 200	275 200
未分配利润	70 000	56 000	56 000	50 400	120 400
少数股东权益				82 400	82 400
负债和所有者权益(或股东权益)总计	2 941 600	1 760 000			3 960 000

二、同一控制下并购日合并利润表的编制

合并利润表应当包括参与合并各方自合并当期期初至并购日所发生的收入、费用和利润。被合并方在合并前实现的净利润，应当在合并利润表中单列项目反映（在“净利润”项目下单列“其中：被合并方在合并前实现的净利润”项目）。

三、同一控制下并购日合并现金流量表的编制

在编制同一控制下并购日的合并现金流量表时，如果不涉及合并双方当期发生内部交易产生的现金流量，就只需要将合并双方的对应项目金额直接相加，与并购日的合并利润表的编制是一样的；如果涉及合并双方当期发生的内部交易产生的现金流量，就应按照合并财务报表准则规定的有关原则进行抵销。

第三节　非同一控制下并购日合并财务报表的编制

在运用购买法编制合并财务报表的情况下，控制权取得日常常被称为购买日。按照我国现行会计准则的规定，对非同一控制下的控股合并，要采用购买法编制合并财务报表。

一、投资成本等于子公司可辨认净资产公允价值的份额

【例 5-3】 P公司和S公司进行非同一控制下的控股合并，合并前P公司和S公司的资产负债表如表5-1所示。假设20×1年1月1日，P公司发行200 000股普通股，每股面值为1元，市价为3.708元，以换取S公司90%的股权，S公司各项资产与负债的账面价值和公允价值相同，则：

(1) P公司投资入账时，编制会计分录如下：

借：长期股权投资——S公司　741 600
　　贷：股本　200 000
　　　　资本公积　541 600

(2) 将母公司的长期股权投资与子公司的所有者权益相抵销，应在合并财务报表工作底稿中编制抵销分录如下：

借：股本　480 000
　　资本公积　160 000
　　盈余公积　128 000
　　未分配利润　56 000
　　贷：长期股权投资——S公司　741 600
　　　　少数股东权益　82 400

P公司合并财务报表工作底稿如表5-4所示。

表 5-4 **P公司合并财务报表工作底稿**

20×1年1月1日 单位：元

项　目	P公司	S公司	抵销分录		合并资产负债表
			借　方	贷　方	
货币资金	350 000	280 000			630 000
应收账款	600 000	480 000			1 080 000
存货	550 000	440 000			990 000
长期股权投资——S公司	741 600			741 600	
固定资产	700 000	560 000			1 260 000
资产总计	2 941 600	1 760 000			3 960 000
短期借款	300 000	240 000			540 000
应付账款	400 000	320 000			720 000
应交税费	70 000	56 000			126 000
长期借款	400 000	320 000			720 000
股本	800 000	480 000	480 000		800 000
资本公积	741 600	160 000	160 000		741 600
盈余公积	160 000	128 000	128 000		160 000
未分配利润	70 000	56 000	56 000		70 000
少数股东权益				82 400	82 400
负债和所有者权益(或股东权益)总计	2 941 600	1 760 000			3 960 000

二、投资成本大于子公司可辨认净资产公允价值的份额

【例 5-4】 P公司和S公司进行非同一控制下的控股合并，合并前P公司和S公司的资产负债表如表 5-5 所示。

表 5-5 **P公司和S公司合并前资产负债表**

20×1年1月1日 单位：元

项　目	P公司(账面)	S公司(账面)	S公司(公允)
货币资金	350 000	280 000	280 000
应收账款	600 000	480 000	480 000
存货	550 000	440 000	440 000

续　表

项　　目	P公司(账面)	S公司(账面)	S公司(公允)
固定资产	700 000	560 000	700 000
资产总计	2 200 000	1 760 000	1 900 000
短期借款	300 000	240 000	240 000
应付账款	400 000	320 000	320 000
应交税费	70 000	56 000	56 000
长期借款	400 000	320 000	320 000
负债合计	1 170 000	936 000	936 000
股本	600 000	480 000	480 000
资本公积	200 000	160 000	300 000
盈余公积	160 000	128 000	128 000
未分配利润	70 000	56 000	56 000
所有者权益(或股东权益)合计	1 030 000	824 000	964 000
负债和所有者权益(或股东权益)总计	2 200 000	1 760 000	1 900 000

假设20×1年1月1日,P公司发行200 000股普通股,每股面值为1元,市价为4.5元,以换取S公司90%的股权,则:

(1) P公司投资入账时,编制会计分录如下:

借:长期股权投资——S公司　900 000

　贷:股本　200 000

　　资本公积　700 000

(2) 在合并工作底稿中,应将子公司高估或低估的资产、负债项目调整至公允价值,因此,本例的工作底稿中应有如下一笔调整分录、一笔抵销分录:

调整分录:

借:固定资产　140 000

　贷:资本公积　140 000

抵销分录:

借:股本　480 000

　资本公积(160 000+140 000)　300 000

　盈余公积　128 000

　未分配利润　56 000

　商誉　32 400

　贷:长期股权投资——S公司　900 000

　　少数股东权益　96 400

其中：

少数股东权益＝S公司可辨认净资产公允价值×少数股东权益持股比例

＝964 000×10%

＝96 400(元)

商誉＝企业合并成本－合并中取得的被购买方可辨认净资产公允价值份额

＝900 000－964 000×90%

＝32 400(元)

P公司合并财务报表工作底稿如表5－6所示。

表5－6　　P公司合并财务报表工作底稿

20×1年1月1日　　单位：元

项　目	P公司	S公司	调整与抵销分录		合并资产负债表
			借　方	贷　方	
货币资金	350 000	280 000			630 000
应收账款	600 000	480 000			1 080 000
存货	550 000	440 000			990 000
长期股权投资——S公司	900 000			900 000	
固定资产	700 000	560 000	140 000		1 400 000
商誉			32 400		32 400
资产总计	3 100 000	1 760 000			4 132 400
短期借款	300 000	240 000			540 000
应付账款	400 000	320 000			720 000
应交税费	70 000	56 000			126 000
长期借款	400 000	320 000			720 000
股本	800 000	480 000	480 000		800 000
资本公积	900 000	160 000	300 000	140 000	900 000
盈余公积	160 000	128 000	128 000		160 000
未分配利润	70 000	56 000	56 000		70 000
少数股东权益				96 400	96 400
负债和所有者权益(或股东权益)总计	3 100 000	1 760 000			4 132 400

三、投资成本小于子公司可辨认净资产公允价值的份额

【例5-5】 P公司和S公司进行非同一控制下的控股合并,合并前P公司和S公司的资产负债表如表5-5所示。假设20×1年1月1日,P公司发行200 000股普通股,每股面值为1元,市价为3.5元,以换取S公司90%的股权,则:

(1) P公司投资入账时,编制会计分录如下:

借:长期股权投资——S公司 700 000
　　贷:股本 200 000
　　　　资本公积 500 000

(2) 在合并工作底稿中,应将子公司高估或低估的资产、负债项目调整至公允价值,因此,本例的工作底稿中应有如下一笔调整分录、一笔抵销分录:

调整分录:

借:固定资产 140 000
　　贷:资本公积 140 000

合并成本700 000元小于合并中取得的S公司可辨认净资产公允价值份额867 600元(964 000×90%),假设两家公司均按照净利润的10%提取盈余公积,则差额167 600元应按10%和90%的比例调整盈余公积和未分配利润。

抵销分录:

借:股本 480 000
　　资本公积(160 000+140 000) 300 000
　　盈余公积 128 000
　　未分配利润 56 000
　　贷:长期股权投资——S公司 700 000
　　　　少数股东权益 96 400
　　　　盈余公积 16 760
　　　　未分配利润 150 840

其中:

少数股东权益=S公司可辨认净资产公允价值×少数股东权益持股比例
　　　　　　=964 000×10%
　　　　　　=96 400(元)

P公司合并财务报表工作底稿如表5-7所示。

表5-7　　P公司合并财务报表工作底稿

20×1年1月1日　　单位:元

项　目	P公司	S公司	调整与抵销分录		合并资产负债表
			借　方	贷　方	
货币资金	350 000	280 000			630 000
应收账款	600 000	480 000			1 080 000

续 表

项　　目	P公司	S公司	调整与抵销分录		合并资产负债表
			借　方	贷　方	
存货	550 000	440 000			990 000
长期股权投资——S公司	700 000			700 000	
固定资产	700 000	560 000	140 000		1 400 000
资产总计	2 900 000	1 760 000			4 100 000
短期借款	300 000	240 000			540 000
应付账款	400 000	320 000			720 000
应交税费	70 000	56 000			126 000
长期借款	400 000	320 000			720 000
股本	800 000	480 000	480 000		800 000
资本公积	700 000	160 000	300 000	140 000	700 000
盈余公积	160 000	128 000	128 000	16 760	176 760
未分配利润	70 000	56 000	56 000	150 840	220 840
少数股东权益				96 400	96 400
负债和所有者权益(或股东权益)总计	2 900 000	1 760 000			4 100 000

案例分析及延伸阅读

为加深对本章内容的理解，本章案例侧重于权益结合法和购买法等内容的延伸，并结合友谊股份合并百联股份相关案例进行分析探讨。

案例分析

从友谊股份合并百联股份来看权益结合法与购买法①

【适用本章知识点与范围】

权益结合法与购买法。

【案例内容】

一、合并双方的背景及合并过程介绍

合并双方的最终控制方——百联集团有限公司(以下简称“百联集团”)是上海市国资委在

① 节选自：李越冬，李健，张海娟.同一控制下的企业合并会计处理方式探析[J].财会月刊，2021，901(09)：75-81.

2003年成立的以商贸流通为主营业务的企业集团，其注册资本为10亿元。目前，其资产总额超过300亿元，是我国规模最大、网点最多的商贸流通企业集团，在2019年的“中国500强”企业中位列第一百八十六名。合并前合并双方的股权结构如图5-1所示。

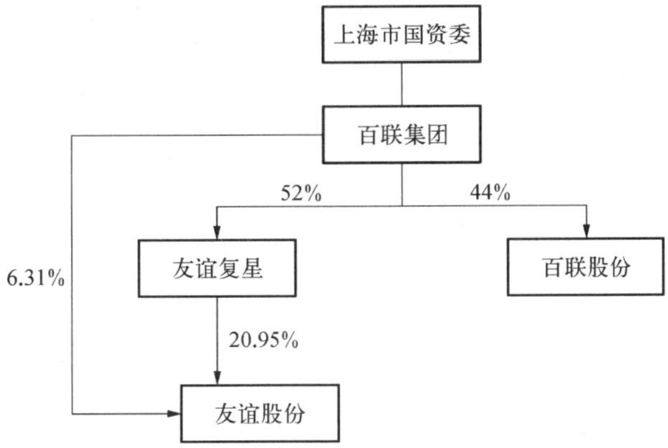

图5-1　合并前的股权结构

合并方——上海友谊集团股份有限公司(以下简称“友谊股份”)成立于1952年，1993年成功改制并作为股份有限公司上市，是上海有名的零售业公司。在友谊股份的股权结构中，上海友谊复星(控股)有限公司(以下简称“友谊复星”)持股20.95%，百联集团持股6.31%。百联集团同时持有友谊复星52%的股权，因此百联集团总共持有友谊股份27.26%的股权，对友谊股份形成控制。被合并方——上海百联集团股份有限公司(以下简称“百联股份”)于1992年成立，1993年成功上市。作为百联集团控制的核心企业，百联股份以百货和购物中心为经营重点，持有旗下主要商场——八佰伴64%的股权，并且在商场百货以外持有较多金融业公司的股权，投资范围广泛。合并前，百联集团分别持有友谊股份和百联股份27.26%和44%的股权，并对两家公司形成控制。

友谊股份通过两个阶段实现了对百联股份的并购。首先，友谊股份通过增发股票获得百联股份100%的股权，之后百联股份退市；然后，友谊股份向百联集团增发股份，收购百联股份持有的八佰伴36%的股权和上海百联投资管理有限公司(以下简称“百联投资公司”)100%的股权。2011年8月31日，友谊股份取得对百联股份的控制权，宣告合并成功，百联集团则以49.24%的持股比例成为友谊股份(新)的大股东，此时的股权结构如图5-2所示。

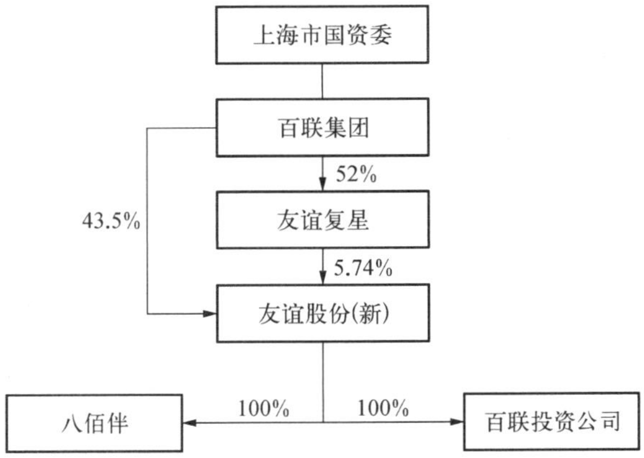

图5-2　合并后的股权结构

合并后,友谊股份获得了百联优质的品牌资源,通过资源整合提升了自身的竞争力,解决了集团内部的同业竞争问题,百联集团也实现了对友谊股份的直接控股,达到了战略"双赢"。

二、合并时点采用权益结合法的会计处理结果

由于友谊股份与百联股份的最终控制方均为百联集团,因此这笔交易为同一控制下的企业合并,按照准则规定,应当采用权益结合法进行会计处理。合并时点——2011 年 8 月 31 日个别财务报表与合并财务报表的财务数据、财务指标的对比情况如表 5-8 和表 5-9 所示。

表 5-8　　权益结合法下合并前后友谊股份的财务数据对比

项　　目	友谊股份	百联股份	合并财务报表	变化比率
总资产	2 749 489.01	769 506.97	3 518 995.98	27.99%
总负债	1 500 000.00	678 619.22	2 178 619.22	45.24%
所有者权益	1 249 489.01	90 887.75	1 340 376.76	7.27%
主营业务收入	1 660 000.00	769 550.84	2 429 550.84	46.36%
主营业务成本	1 300 000.00	711 503.83	2 011 503.83	54.73%
营业利润	72 100.00	92 513.91	164 613.91	128.31%
净利润	23 600.00	71 182.34	94 782.34	301.62%

表 5-9　　权益结合法下合并前后友谊股份的财务指标对比

项　　目	友谊股份	合并财务报表	变化比率
资产负债率	54.56%	61.91%	13.47%
权益乘数	2.20	2.63	19.55%
净资产收益率	1.89%	7.07%	274.07%
总资产报酬率	2.62%	4.68%	78.63%
总资产周转率	60.37%	69.04%	14.36%
营业净利率	32.73%	57.58%	75.92%
每股收益(元)	0.50	2.01	302.00%
每股净资产(元)	2 647.00	2 839.00	7.25%

从财务数据来看,使用权益结合法进行企业合并会计处理后,友谊股份的报表数据并入了原百联股份的资产、负债和利润,因而友谊股份合并财务报表中的资产、负债、所有者权益,以及收入、成本、利润均较个别财务报表有了很大的增长。较为明显的增长体现在资产和负债上,分别较友谊股份个别财务报表增长了 27.99%和 45.24%。在利润方面,营业利润和净利润因并入了百联股份 2011 年度合并前的所有利润而分别增长了 128.31%和 301.62%,涨幅明显。

从财务指标来看，因为采用权益结合法核算后，资产和负债均有提升，所以友谊股份的资产负债率提升了13.47%，权益乘数提升了19.55%。此外，权益结合法要求将百联股份在合并时点前的年度利润全部并入合并财务报表，导致合并财务报表中的年度利润出现了极大的增长，使得每股收益、净资产收益率和总资产报酬率这三个指标有很大幅度的提升，增幅分别达到302%、274.07%和78.63%，营业净利率也提升了75.92%。可见，合并行为极大地美化了公司经营方面的指标。

此外，2011年度友谊股份通过处置子公司及其他营业单位，共取得5 029万元收益。但是在相邻的2009年、2010年和2012年，此项目收益均为0。根据报表披露的信息，友谊股份2011年并未出售子公司及其他营业单位，因此可以推测，友谊股份通过出售被合并方——百联股份的增值资产，利用这部分资产的公允价值比账面价值高的优势，获取了超额利润，以粉饰报表。

三、合并时点采用购买法的会计处理结果

假设此次合并属于购买法的范畴，即友谊股份购买了百联股份的净资产和经营权，则此交易应当以公允价值进行计量，合并对价与被合并方的可辨认净资产公允价值之差计入商誉或负商誉，期末合并财务报表只需要纳入百联股份在合并后取得的利润。

在该企业合并案例中，友谊股份发行新股302 394 810股，合同规定的发行股价为15.57元/股。企业合并获得的资产的账面价值为90 887.75万元，经第三方评估，其公允价值为470 828.72万元，增值379 940.97万元。经计算，本次合并中股票价格与发行股票数量的乘积减去被合并方可辨认净资产公允价值后恰好为0，此次合并未产生商誉。如果采用购买法进行会计处理，在合并时点，个别财务报表与合并财务报表的财务数据、财务指标的对比情况如表5-10和表5-11所示。

表5-10　　购买法下合并前后友谊股份的财务数据对比

项　　目	友谊股份	百联股份	合并财务报表	变化比率
总资产	2 749 489.01	1 149 447.95	3 898 936.96	41.81%
总负债	1 500 000.00	678 619.22	2 178 619.22	45.24%
所有者权益	1 249 489.01	470 828.73	1 720 317.74	37.68%
主营业务收入	1 660 000.00	769 550.84	1 660 000.00	0
主营业务成本	1 300 000.00	711 503.83	1 300 000.00	0
营业利润	72 100.00	92 513.91	72 100.00	0
净利润	23 600.00	71 182.34	23 600.00	0

表5-11　　购买法下合并前后友谊股份的财务指标对比

项　　目	友谊股份	合并财务报表	变化比率
资产负债率	54.56%	55.88%	2.42%
权益乘数	2.20	2.27	3.18%

续 表

项　　目	友谊股份	合并财务报表	变化比率
净资产收益率	1.89%	1.37%	−27.51%
总资产报酬率	2.62%	1.85%	−29.39%
总资产周转率	60.37%	42.58%	−29.47%
营业净利率	32.73%	32.73%	0
每股收益(元)	0.50	0.50	0
每股净资产(元)	2 647.00	3 643.00	37.63%

从财务数据来看,采用购买法进行会计处理后,友谊股份合并财务报表相比个别财务报表,并入了百联股份在合并时点的资产、负债和所有者权益,因此合并财务报表的总资产和总负债较个别财务报表分别提升了41.81%和45.24%。因为购买法下存在合并资产,所以总资产价值比权益结合法下的账面价值高。购买法下合并财务报表不并入百联股份在合并前取得的净利润,因而合并时点友谊股份合并财务报表中的利润与个别财务报表没有差异。

从财务指标来看,因为加入了百联股份的资产和负债,所以友谊股份合并财务报表的资产负债率和权益乘数相比个别财务报表各有2.42%和3.18%的提升。同时,因为利润等反映经营成果的项目未并入百联股份在合并时点前取得的利润,所以净资产收益率和总资产报酬率的合并财务报表数据较个别财务报表数据分别下降了27.51%和29.39%。因为购买法不影响本期利润项目,所以合并前后营业净利率无变化。

此外,使用购买法还可能存在合并对价的问题。友谊股份和百联股份通过换股交易的方式实施合并,按照换股合并协议,友谊股份发行947 984 500股A股股票,与百联股份的1 101 027 295股A股股票进行交换,换股价格为公告日前20个交易日的A股平均交易价格,友谊股份与百联股份的换股股价分别为15.57元/股和13.41元/股。如果采用购买法进行处理,则合并成本即每股股价乘以股数,其与公允价值的差额计入营业外收入。在合并时点,友谊股份的股价已经涨至18.67元/股,公允价值与账面价值的差额计入营业外收入,虚增了本期利润。同时,百联股份在合并日的股价上涨至19.5元/股,与协议约定股价的价差为6.09元/股,这使得采用购买法核算的百联股份价值高于采用权益结合法核算的百联股份价值。而被合并方的协议约定股价与实际股价的差异很大程度上归因于合并方的信息公布,合并方通过这种方式操纵股价是证券市场的常见行为,其在为自己谋利的同时,极大地损害了会计信息的可靠性。

四、两种会计处理方式的差异分析

权益结合法与购买法的计量方式不同,导致处理后的财务指标存在差异。此差异在合并时点附近更为明显,因此本文选取合并时点——2011年8月31日的财务指标数据进行对比分析。

对比表5-9与表5-11"合并财务报表"列的数据可知,在反映企业财务状况的指标上,权益结合法下的资产负债率和权益乘数均略高于购买法下的数据。其原因在于,购买法下的被合并方资产采用公允价值计量,当此部分资产发生评估增值时,购买法下的合并方总资产价值就高于权益结合法下的合并方总资产价值，从而导致两种处理方式下资产负债率和权益乘数的差异。

在反映企业经营状况的指标上，权益结合法下的每股收益、净资产收益率、总资产报酬率和总资产周转率均明显高于购买法下的数据。其原因在于，权益结合法下合并财务报表层面并入了被合并方在合并年度的全年利润，而购买法下并不将这部分利润并入合并财务报表，导致两种处理方式下的年度利润产生巨大差异，也导致相关财务指标的巨大差异，此差异在合并时点前后更为明显。另外，权益结合法的处理方式导致总股数增加，使每股净资产低于购买法下的数值。但总体而言，权益结合法提升了合并财务报表中经营状况相关指标的值，起到了美化财务报表的作用。

五、案例启示

对同一控制下的企业合并，两种会计处理方式各有优势。权益结合法采用账面价值进行核算，有助于企业所有者评价经营者的经营效果，并且可以防止经营者通过操纵公允价值来改变利润，提供的信息更可靠；而采用公允价值计量的购买法能够提供更相关的价值信息，提升信息对投资者的决策有用性。此外，购买法增加了合并资产的总价值，权益结合法则增加了本期利润，使本期的盈利指标膨胀。

两种会计处理方法也都存在漏洞。采用权益结合法对企业合并交易进行处理时，合并方可以通过调整合并时点和出售评估增值的资产来增加企业当期利润，这种潜在的操纵利润的可能性是权益结合法最大的缺点。在此方面，购买法有一定的优势，但合并方易于操纵利润以及公允价值评估的不准确性是其最大的缺点。现有相关研究的重点仍为如何改进同一控制下企业合并的会计处理方法，以提升企业合并中会计信息的可靠性和可比性。

【案例思考题】

根据上述资料，请思考权益结合法与购买法的区别，以及两种会计处理方式带来的经济后果的差异。对同一控制下的企业合并，你认为选择哪种会计处理方法更合理？

延伸阅读

复习思考题

1. 同一控制下企业合并和非同一控制下企业合并，母公司在并购日编制的合并财务报表分别包括哪些报表？

2. 同一控制下企业合并和非同一控制下企业合并，合并资产负债表中被并购方的资产和负债应分别用什么价值计量？

3. 在非同一控制下，如何处理初始投资成本与子公司净资产公允价值之间的差额？

第六章 并购日后合并财务报表的编制

学习目标

理解同一控制下和非同一控制下并购日后合并财务报表编制的基本原理，掌握同一控制下和非同一控制下并购日后合并财务报表编制的方法。

素养目标

会计理论的发展必须同中国具体实际相结合。基于案例，引导学生深入思考同一控制下的合并财务报表中两类调整、抵销分录的原理，培养学生将理论运用于实践、以实践推动理论创新的意识，进而推动会计高质量发展。

第一节 同一控制下并购日后合并财务报表的编制

一、合并当年合并财务报表的编制

对权益结合法下股权取得日后合并财务报表的编制，母公司和子公司的各资产与负债项目继续按原来的账面价值计价，不必考虑资产和负债的公允价值与账面价值的差异，这样就不存在商誉的确认与计量问题。

在股权取得日，母公司长期股权投资的入账金额代表母公司占子公司净资产账面价值的份额。由于权益结合法将参与合并的企业视为成立时就是一体的，因此，在股权取得日以后编制合并财务报表时，仍然要尽可能保留母公司所占子公司盈余公积与未分配利润的份额。

编制并购日后合并财务报表时，首先，将母公司对子公司的长期股权投资由成本法核算的结果调整为权益法核算的结果，使母公司对子公司的长期股权投资项目反映其在子公司所有者权益中所拥有权益的变动情况；接着，将母公司对子公司的长期股权投资项目与子公司所有者权益项目等内部交易相关的项目进行抵销，将内部交易对个别财务报表的影响予以抵销；最后，在编制并购日合并工作底稿的基础上，编制合并财务报表。

【例 6-1】 承例 5-2，S 公司在 20×1 年全年实现净利润 100 000 元，提取盈余公积 10 000元，当年没有分配股利，则 P 公司于 20×1 年 12 月 31 日在编制合并财务报表工作底稿时，应编制以下 4 笔调整与抵销分录：

(1) 按照权益法调整P公司对S公司的长期股权投资,调整金额如下:

100 000×90%=90 000(元)

调整的会计分录如下:

借:长期股权投资——S公司　　90 000

　贷:投资收益　　90 000

经过上述调整分录,P公司对S公司的长期股权投资的账面价值为831 600元(741 600+90 000),正好与20×1年12月31日P公司在S公司的所有者权益中所占的份额相等。此时:

少数股东损益=100 000×10%=10 000(元)

少数股东权益=82 400+10 000=92 400(元)

(2) 将母公司的长期股权投资与子公司的所有者权益相抵销,应在合并财务报表工作底稿中编制抵销分录如下:

借:股本　　480 000

　资本公积　　160 000

　盈余公积(128 000+10 000)　　138 000

　未分配利润——年末(56 000+90 000)　　146 000

　贷:长期股权投资——S公司　　831 600

　　少数股东权益　　92 400

(3) 将母公司对子公司的投资收益与子公司当年的利润分配相抵销,抵销分录如下:

借:投资收益　　90 000

　少数股东损益　　10 000

　未分配利润——年初　　56 000

　贷:提取盈余公积　　10 000

　　未分配利润——年末　　146 000

(4) 恢复合并前子公司留存收益中属于母公司的份额:

借:资本公积　　165 600

　贷:盈余公积(128 000×90%)　　115 200

　　未分配利润——年初(56 000×90%)　　50 400

P公司和S公司20×1年12月31日的资产负债表和利润表如表6-1和表6-2所示。

表6-1　　P公司和S公司资产负债表

20×1年12月31日　　单位:元

项　　目	P公司	S公司
货币资金	500 000	300 000
应收账款	900 000	500 000
存货	650 000	550 000
长期股权投资——S公司	741 600	

续 表

项　目	P公司	S公司
固定资产	800 000	600 000
资产总计	3 591 600	1 950 000
短期借款	450 000	300 000
应付账款	500 000	270 000
应交税费	100 000	76 000
长期借款	490 000	380 000
股本	800 000	480 000
资本公积	741 600	160 000
盈余公积	188 000	138 000
未分配利润	322 000	146 000
负债和所有者权益(或股东权益)总计	3 591 600	1 950 000

表 6-2　　P公司和S公司利润表

20×1 年度　　单位：元

项　目	P公司	S公司
一、营业收入	900 000	700 000
减：营业成本	400 000	400 000
税金及附加	50 000	30 000
销售费用	40 000	30 000
管理费用	60 000	40 000
财务费用	20 000	10 000
加：投资收益	10 000	20 000
减：资产减值损失	10 000	10 000
二、营业利润	330 000	200 000
加：营业外收入	20 000	10 000
减：营业外支出	10 000	40 000
三、利润总额	340 000	170 000

续 表

项 目	P公司	S公司
减：所得税费用	60 000	70 000
四、净利润	280 000	100 000
五、其他综合收益的税后净额	0	0
六、综合收益总额	280 000	100 000

P公司合并财务报表工作底稿如表6－3所示。

表6－3　P公司合并财务报表工作底稿

20×1年12月31日　单位：元

项 目	P公司	S公司	合计金额	调整分录		抵销分录		少数股东权益	合并金额
				借方	贷方	借方	贷方		
利润表项目									
营业收入	900 000	700 000	1 600 000						1 600 000
营业成本	400 000	400 000	800 000						800 000
税金及附加	50 000	30 000	80 000						80 000
销售费用	40 000	30 000	70 000						70 000
管理费用	60 000	40 000	100 000						100 000
财务费用	20 000	10 000	30 000						30 000
投资收益	10 000	20 000	30 000		90 000	90 000			30 000
资产减值损失	10 000	10 000	20 000						20 000
营业利润	330 000	200 000	530 000		90 000	90 000			530 000
营业外收入	20 000	10 000	30 000						30 000
营业外支出	10 000	40 000	50 000						50 000
利润总额	340 000	170 000	510 000		90 000	90 000			510 000
所得税费用	60 000	70 000	130 000						130 000
净利润	280 000	100 000	380 000		90 000	90 000			380 000
少数股东损益						10 000		10 000	10 000
归属于母公司股东的净利润	280 000	100 000	380 000		90 000	100 000			370 000

续 表

项　目	P公司	S公司	合计金额	调整分录		抵销分录		少数股东权益	合并金额
				借方	贷方	借方	贷方		
综合收益总额	280 000	100 000	380 000						370 000
所有者权益变动表项目									
年初未分配利润	70 000	56 000	126 000		50 400	56 000			120 400
本期未分配利润	252 000	90 000	342 000						342 000
其中：归属于母公司股东的净利润	280 000	100 000	380 000		90 000	100 000			370 000
提取盈余公积	−28 000	−10 000	−38 000				10 000		−28 000
对股东的分配									
年末未分配利润(转下)	322 000	146 000	468 000		140 400	146 000 302 000	146 000 156 000		462 400
资产负债表项目									
货币资金	500 000	300 000	800 000						800 000
应收账款	900 000	500 000	1 400 000						1 400 000
存货	650 000	550 000	1 200 000						1 200 000
长期股权投资——S公司	741 600		741 600	90 000			831 600		0
固定资产	800 000	600 000	1 400 000						1 400 000
资产总计	3 591 600	1 950 000	5 541 600	90 000			831 600		4 800 000
短期借款	450 000	300 000	750 000						750 000
应付账款	500 000	270 000	770 000						770 000
应交税费	100 000	76 000	176 000						176 000
长期借款	490 000	380 000	870 000						870 000
负债合计	1 540 000	1 026 000	2 566 000						2 566 000
股本	800 000	480 000	1 280 000			480 000			800 000
资本公积	741 600	160 000	901 600	165 600		160 000			576 000
盈余公积	188 000	138 000	326 000		115 200	138 000			303 200
年末未分配利润(承上)	322 000	146 000	468 000		140 400	302 000	156 000		462 400

续　表

项　　目	P公司	S公司	合计金额	调整分录		抵销分录		少数股东权益	合并金额
				借方	贷方	借方	贷方		
归属于母公司所有者权益合计									2 141 600
少数股东权益							92 400		92 400
所有者权益合计	2 051 600	924 000	2 975 600	165 600	255 600	1 080 000	248 400		2 234 000
负债和所有者权益(或股东权益)总计	3 591 600	1 950 000	5 541 600						4 800 000

二、以后各期合并财务报表的编制

同一控制下，母公司对子公司长期股权的处理采用成本法，虽然在控制权取得日长期股权投资的入账金额与母公司占子公司净资产账面价值的份额一致，但从第二年开始，各期间长期股权投资的余额往往不等于母公司所占子公司净资产价值的份额。因此，需要调整长期股权投资的年初余额，使其与母公司占子公司净资产账面价值的份额相等，这样才能编制抵销分录。

【例6-2】 承例6-1，假定20×1年1月1日，P公司取得S公司90%的股权后，S公司于20×2年5月3日发放现金股利50 000元，S公司于20×2年实现净利润200 000元，提取盈余公积20 000元。

(1) 20×2年度P公司长期股权投资的处理。

P公司对S公司的投资采用成本法核算，20×2年5月3日，P公司记录S公司发放的现金股利45 000元(50 000×90%)，确认为投资收益。

借：银行存款　　45 000

　　贷：投资收益　　45 000

(2) 20×2年年末，成本法下P公司对S公司实现的净利润不做账务处理。

(3) 将成本法转换为权益法，相关调整分录如下：

① 抵销上年度方法转换时产生的影响：

借：长期股权投资——S公司　　90 000

　　贷：未分配利润——年初　　90 000

② 抵销本年度方法转换时产生的影响：

借：长期股权投资——S公司(200 000×90%)　　180 000

　　贷：投资收益　　180 000

借：投资收益　　45 000

　　贷：长期股权投资——S公司　　45 000

经过上述调整分录，P公司对S公司的长期股权投资的账面价值为966 600元(741 600+90 000+180 000−45 000)。P公司对S公司的长期股权投资的账面价值刚好与母公司在子公司所有者权益中所拥有的份额相等。

少数股东损益=200 000×10%=20 000(元)

少数股东权益＝92 400＋20 000－50 000×10%＝107 400(元)

(4) 长期股权投资与子公司所有者权益相抵销，抵销分录如下：

借：股本	480 000	
资本公积	160 000	
盈余公积(138 000＋20 000)	158 000	
未分配利润——年末(146 000＋130 000)	276 000	
贷：长期股权投资——S公司		966 600
少数股东权益		107 400

(5) 将母公司对子公司的投资收益与子公司当年利润分配相抵销，抵销分录如下：

借：投资收益	180 000	
少数股东损益	20 000	
未分配利润——年初	146 000	
贷：提取盈余公积		20 000
向股东分派股利		50 000
未分配利润——年末		276 000

(6) 恢复合并前子公司留存收益中属于母公司的份额：

借：资本公积	165 600	
贷：盈余公积(128 000×90%)		115 200
未分配利润——年初(56 000×90%)		50 400

相关合并财务报表的编制同前面的示例，这里不再赘述。

第二节 非同一控制下并购日后合并财务报表的编制

一、合并当年合并财务报表的编制

当母公司拥有子公司部分股权时，应当将调整后母公司对子公司的权益性投资的数额与子公司所有者权益中属于母公司的数额相抵销，子公司所有者权益中属于少数股东的份额作为“少数股东权益”单独反映。

【例6-3】 承例5-4，S公司20×1年全年实现净利润200 000元，提取盈余公积20 000元，当年没有分配股利。P公司于20×1年年末对购买S公司所记录的商誉进行了减值测试，发现没有减值。

P公司和S公司合并价差的分配与摊销如表6-4所示。

表6-4　　P公司和S公司合并价差的分配与摊销

单位：元

项　目	假　设	总　额	第一年	第二年	剩余每年
固定资产(低估)	10年，直线法折旧	140 000	14 000	14 000	14 000
商誉	年度减值测试				
合　计			14 000	14 000	14 000

(1) P公司20×1年年末编制合并财务报表时，相关项目计算如下：

S公司调整后本年净利润＝200 000－14 000(因购买日固定资产公允价值增值计算的折旧而调增折旧费用)＝186 000(元)

S公司调整后本年年末未分配利润＝56 000＋186 000－20 000＝222 000(元)

权益法下P公司对S公司投资的投资收益＝186 000×90％＝167 400(元)

权益法下P公司长期股权投资本年年末余额＝900 000＋167 400＝1 067 400(元)

少数股东损益＝186 000×10％＝18 600(元)

购买日S公司可辨认净资产公允价值为964 000元，P公司由于此次合并产生的合并商誉为32 400元(900 000－964 000×90％)。

少数股东权益的年末余额＝964 000×10％＋18 600＝115 000(元)

(2) P公司20×1年编制合并财务报表时，应进行以下抵销处理的调整：

① 按公允价值对S公司财务报表项目进行调整。根据购买日S公司资产、负债的公允价值与账面价值的差额，调整S公司相关公允价值变动的资产、负债及资本公积项目。在合并工作底稿中，其调整分录如下：

借：固定资产	140 000	
贷：资本公积		140 000

基于购买日S公司资产和负债的公允价值与账面价值的差额对S公司本年净利润的影响，调整S公司的相关项目。

之所以进行这一调整，是因为子公司个别财务报表的编制基础是其资产和负债的原账面价值，其当期净利润也是以其资产、负债的原账面价值为基础进行计算的结果，而公允价值与原账面价值存在差额的资产或负债，在经营过程中使用、销售或偿付而实现其公允价值，其实现的公允价值对子公司当期净利润的影响需要在净利润计算中予以反映。

在合并工作底稿中，其调整分录如下：

借：管理费用	14 000	
贷：固定资产		14 000

② 按权益法对P公司财务报表项目进行调整。一方面，需要计算因购买日S公司资产和负债的公允价值与账面价值的差额对S公司本年净利润的影响；另一方面，P公司对S公司的长期股权投资采用成本法核算，需要对成本法核算的结果按权益法核算的要求，对长期股权投资及相关项目进行调整。在合并工作底稿中，其调整分录如下：

借：长期股权投资	167 400	
贷：投资收益		167 400

③ 长期股权投资与所有者权益的抵销。将P公司对S公司的长期股权投资与其在S公司股东权益中拥有的份额相抵销。在合并工作底稿中，其抵销分录如下：

借：股本	480 000	
资本公积(160 000＋140 000)	300 000	
盈余公积	148 000	
未分配利润——年末	222 000	
商誉	32 400	
贷：长期股权投资——S公司		1 067 400
少数股东权益		115 000

④ 投资收益与子公司利润分配等项目的抵销。将P公司对S公司的投资收益与S公司

本年利润分配有关项目的金额相抵销。在合并工作底稿中,其抵销分录如下:

借:投资收益　167 400
　少数股东损益　18 600
　未分配利润——年初　56 000
　贷:提取盈余公积　20 000
　　未分配利润——年末　222 000

相关合并财务报表的编制同前面的例子,这里不再赘述。

二、以后各期合并财务报表的编制

【例6-4】 承例6-3,假设S公司于20×2年3月5日发放现金股利30 000元,20×2年实现净利润300 000元,提取盈余公积30 000元。根据已知条件,S公司20×1年年末未分配利润为236 000元(56 000+200 000−20 000)。

(1) P公司20×2年年末编制合并财务报表时,相关项目计算如下:

S公司调整后本年净利润=300 000−14 000(因购买日固定资产公允价值增值计算的折旧而调增折旧费用)=286 000(元)

S公司调整后本年年初未分配利润=236 000−14 000=222 000(元)

S公司调整后本年年末未分配利润=222 000+286 000−30 000−30 000=448 000(元)

权益法下P公司对S公司投资的投资收益=286 000×90%=257 400(元)

权益法下P公司长期股权投资的本年年末余额=1 067 400+257 400−30 000×90%=1 297 800(元)

少数股东损益=286 000×10%=28 600(元)

少数股东权益=115 000+28 600−30 000×10%=140 600(元)

(2) P公司20×2年编制合并财务报表时,应进行以下抵销处理的调整:

① 按公允价值对S公司财务报表项目进行调整,根据购买日S公司资产、负债的公允价值与账面价值的差额,调整S公司相关项目。在合并工作底稿中,其调整分录如下:

借:固定资产　140 000
　贷:资本公积　140 000

因购买日S公司资产和负债的公允价值与账面价值的差额对S公司上年净利润的影响,调整S公司的年初未分配利润及相关项目。在合并工作底稿中,其调整分录如下:

借:未分配利润——年初　14 000
　贷:固定资产　14 000

因购买日S公司资产和负债的公允价值与账面价值的差额对S公司本年净利润的影响,调整S公司与固定资产折旧相关的项目及累计折旧。在合并工作底稿中,其调整分录如下:

借:管理费用　14 000
　贷:固定资产　14 000

② 按权益法对P公司财务报表项目进行调整。需要计算因购买日S公司资产和负债的公允价值与账面价值的差额对S公司上年净利润的影响,进而确定P公司对S公司长期股权投资权益法核算的影响,并调整P公司对S公司的长期股权投资及相关项目。在合并工作底稿中,其调整分录如下:

借：长期股权投资　　167 400

　　贷：未分配利润——年初　　167 400

P公司对S公司的长期股权投资由成本法核算的结果转换为权益法核算的结果，即根据调整后S公司本年实现的净利润以及本年分派现金股利中所拥有的份额，调整本年P公司对S公司的长期股权投资。在合并工作底稿中，其调整分录如下：

借：长期股权投资(286 000×90%)　　257 400

　　投资收益(30 000×90%)　　27 000

　　贷：投资收益　　257 400

　　　　长期股权投资　　27 000

③ 长期股权投资与所有者权益的抵销。将P公司对S公司的长期股权投资与其在S公司股东权益中拥有的份额相抵销。在合并工作底稿中，其抵销分录如下：

借：股本　　480 000

　　资本公积　　300 000

　　盈余公积(148 000+30 000)　　178 000

　　年末未分配利润　　448 000

　　商誉　　32 400

　　贷：长期股权投资　　1 297 800

　　　　少数股东权益　　140 600

④ 投资收益与子公司利润分配等项目的抵销。将P公司对S公司的投资收益与S公司本年利润分配有关项目的金额相抵销。在合并工作底稿中，其抵销分录如下：

借：投资收益　　257 400

　　少数股东损益　　28 600

　　未分配利润——年初　　222 000

　　贷：提取盈余公积　　30 000

　　　　向股东分配利润　　30 000

　　　　未分配利润——年末　　448 000

第三节　合并现金流量表的编制

合并现金流量表应当以母公司和子公司的现金流量表为基础，在抵销母公司与子公司、子公司相互之间发生的内部交易对合并现金流量表的影响后，由母公司合并编制。

根据我国《企业会计准则第33号——合并财务报表》的规定，编制合并现金流量表时，应该抵销以下相关项目：

(1) 母公司与子公司、子公司相互之间当期以现金投资或收购股权增加的投资产生的现金流量。抵销分录如下：

借：投资活动现金流量——投资支付的现金

　　贷：筹资活动现金流量——吸收投资收到的现金

(2) 母公司与子公司、子公司相互之间当期取得投资收益、利息收入收到的现金，分配股利、利润或偿付利息支付的现金。抵销分录如下：

借：筹资活动现金流量——分配股利、利润或偿付利息支付的现金

　　贷：投资活动现金流量——分得投资收益收到的现金

(3) 母公司与子公司、子公司相互之间以现金结算债权债务产生的现金流量。抵销分录如下：

借：经营活动现金流量——购买商品、接受劳务支付的现金

　　贷：经营活动现金流量——销售商品、提供劳务收到的现金

(4) 母公司与子公司、子公司相互之间当期销售商品产生的现金流量。抵销分录如下：

借：经营活动现金流量——购买商品、接受劳务支出的现金

　　贷：经营活动现金流量——销售商品、提供劳务收到的现金

(5) 母公司与子公司、子公司相互之间处置固定资产、无形资产和其他长期资产收回的现金净额，购建固定资产、无形资产和其他长期资产支付的现金流量。抵销分录如下：

借：投资活动现金流量——购建固定资产等长期资产支付的现金

　　贷：投资活动现金流量——处置固定资产等长期资产收到的现金净额

(6) 母公司与子公司、子公司相互之间当期发生的其他内部交易产生的现金流量。抵销分录如下：

借：经营活动现金流量——支付的其他与经营活动有关的现金

　　贷：经营活动现金流量——收到的其他与经营活动有关的现金

案例分析及延伸阅读

为加深对本章内容的理解，本章案例侧重于同一控制下企业合并和并购商誉等内容的延伸，并结合美年大健康并购慈铭体检相关案例进行分析探讨。

案例分析

同一控制下企业合并的并购商誉之惑①

【适用本章知识点与范围】

并购商誉。

【案例内容】

美年大健康自其借壳上市后不断加快并购步伐，在前后不到 4 年时间内新增并购商誉近 50 亿元，占其净资产、总资产的比例分别达 65%、29%。然而，其在 2017 年年报中披露“其并购慈铭体检为同一控制下企业合并，却新增了 28.6 亿元商誉”，这一“违反常规会计准则”的现象，无疑为研究同一控制下企业合并提供了极佳的案例样本。

一、美年大健康“曲折”并购慈铭体检

2014 年 12 月，美年大健康瞅准慈铭体检几次 IPO 未果的时机，指定深圳前海瑞联二号(以下简称“瑞联二号”)先以 10.295 亿元购得慈铭体检 27.78%的股份，助其略微缓解 PE 在慈铭体检的退出压力。2015 年 2 月，美年大健康再以 10.295 亿元从瑞联二号手中购得其持有的慈铭体检 27.78%的股权。

① 节选自：缪艳娟.同一控制下企业合并的并购商誉之惑——以美年大健康并购慈铭体检为例[J].管理案例研究与评论，2023，16(01)：81-91.

慈铭体检在放弃独自IPO的同时，其实在谋求与美年大健康联手上市以解PE退出之急。为提高“联姻”成功的概率，2015年11月，双方约定先由天亿资管①以24.62亿元受让14名股东持有慈铭体检68.4%的股权，原有14名股东全部退出，从而将股东数大幅减少为5名，并将公司由股份有限公司改制为有限责任公司。至此，天亿资管成为慈铭体检的控股股东。2016年4月，慈铭体检召开临时股东会议，同意天亿资管将其持有的慈铭体检36.11%的股权转让给维途投资②。这样，维途投资、天亿资管、美年大健康就成为慈铭体检的前三大股东，共拥有股权的比例达96.18%。

正当慈铭体检着力为与美年大健康联手上市积极准备之时，美年大健康却以迅雷不及掩耳之势，于2015年7月成功借壳“江苏三友”登陆A股资本市场。2016年4月初，美年大健康发布公告，拟向慈铭体检其余4名(后变成5名)股东非公开发行股份以购买剩余全部股份的72.22%，但被实名举报，被指控并购交易涉嫌垄断，并购只得搁浅。美年大健康于2017年4月28日收到《商务部行政处罚告知书》(商法函〔2017〕193号)，商务部认定美年大健康购买慈铭体检股权不构成垄断但申报不规范。原来，在健康体检市场被各界看好时，公立医院大多“腾笼换鸟”，纷纷成立体检中心，并很快占据健康体检市场大部分份额，美年大健康、慈铭体检占据了民营健康体检的大部分市场。

美年大健康向证监会申请恢复重组审查，并很快获得通过，随即发布并购公告，拟以非公开发行股票及现金方式购买慈铭体检。此次并购交易以中联资产评估机构(以下简称“中联评估”)出具的评估报告为依据，其分别采用现金流折现法、可比公司法对慈铭体检全部股东权益进行估值，最终确定以现金流折现法估值结果作为交易定价依据，经交易各方友好协商确认，慈铭体检100%股权的交易对价为37.35亿元，对应本次交易标的——慈铭体检72.22%股权的交易作价为26.97亿元，股权交割很快办理妥当。至此，慈铭体检成为美年大健康的全资子公司。

二、同一控制下企业合并与非同一控制下企业合并的定性问题

美年大健康分两步获得慈铭体检100%的股权，后者成为其全资控股子公司。那么，该控股合并究竟是同一控制下企业合并还是非同一控制下企业合并呢？按照企业合并准则(CAS20)的定义，关键得看慈铭体检合并前后是否与美年大健康为同一方或相同的多方最终控制。

慈铭体检的股权结构在2015年至2016年前后不到1年的时间内有两次变化，第一次是天亿资管取代健之康业成为其第一大股东，拥有绝对控股权；第二次是天亿资管向维途投资转让其持有的慈铭体检的部分股权，退居为第二大股东，但前三位股东持有股权的比例差异并不大，故此时仅从股权比例角度已难以判断，在被并购前夕，谁是慈铭体检的控股股东。因此，要判断美年大健康并购慈铭体检是同一控制下企业合并还是非同一控制下企业合并，关键在于分析美年大健康与维途投资、天亿资管之间是否为关联方，是否为同一或相同多方最终控制。这要从分析这三者的股权结构及最终控制人来获得答案：

结合维途投资和天亿资管的股权结构，美年大健康的股权虽较为分散，但在并购前后，俞熔均为上市公司——美年大健康的实际控制人。

由此可见，根据相关法律、法规及上市规则等相关规定，维途投资、天亿资管均为美年大健

---

① 天亿资管全称为上海天亿资产管理有限公司，于2006年8月成立，公司经营范围包括资产管理、投资管理、企业形象策划等。俞熔直接(70%)和间接(28%)拥有公司98%的股权，为公司实际控制人。

② 维途投资全称为上海维途投资中心(有限合伙)，于2015年9月由徐可、陈毅龙出资设立，次年3月俞熔对其增资后即成为控股股东(拥有98.15%的股权)，公司主要经营范围为投资管理、资产管理、创业投资、咨询等。

康的关联方,慈铭体检在被美年大健康合并前后被相同的多方控制,其实际控制人和最终控制人均为俞熔,按照CAS20的定义,显然该合并属于同一控制下企业合并。

三、同一控制下企业合并能"反常"确认合并商誉的原因

根据上述分析可知,该合并为同一控制下企业合并,在美年大健康年报及并购公告中也的确称该并购为同一控制下企业合并。按照企业合并准则,同一控制下企业合并不应确认合并商誉,但美年大健康此次并购公告及2017年年报均披露:此次并购为同一控制下的企业合并,应确认商誉。前者指出本次交易预计新增商誉28.77亿元,后者披露与之相关的并购商誉为28.63亿元。

令人费解的是,如此与现行会计准则相背地确认巨额并购商誉,为何能得到各相关监管部门的"默认"?唯一可能的依据是6号解释,其除了对企业合并准则中同一控制下企业合并的定义进行了补充和修正外,还对合并方在特定情况下编制合并财务报表进行了修改。若以此为依据,上市公司在并购公告和年报中为何只字不提6号解释呢?

为探究其中缘由,不妨对照6号解释追寻该并购交易中令人费解的"最终控制方和第三方",因为合并方与被合并方在此并购案例中是毫无异议的。

慈铭体检的控制权转移存在几个关键时间节点:首先是2016年2月14名股东将68.40%的股权转让给天亿资管;其次是2016年4月天亿资管转让持有的慈铭体检36.11%的股权给维途投资;最后是2017年6月天亿资管、维途投资等股东将持有慈铭体检72.22%的股权转让给美年大健康。因为第二个时间节点完全是两个关联方之间的股权转让,对分析第三方和最终控制方的意义不大,所以可以先予以忽略。

在该合并中,对第三方和最终控制方的确定,根据其路径可以有两种理解:其一,最终控制方是自然人俞熔,第三方为天亿资管、维途投资、东胜康业、韩小红和李世海;其二,最终控制方是天亿资管,第三方为最初转让68.40%股权给天亿资管的慈铭体检的14名股东。

若按照第一种理解,对照6号解释,在美年大健康合并财务报表中反映的被合并方——慈铭体检的资产、负债(包括最终控制方收购被合并方而形成的商誉)应以在最终控制方(俞熔)财务报表中的账面价值为基础,可俞熔是自然人,其无须编制财务报表,并购商誉又从何而来?

若按照第二种理解,美年大健康在编制合并财务报表时,应以慈铭体检在最终控制方(天亿资管)财务报表中的账面价值为基础,包括天亿资管收购慈铭体检而形成的商誉。

相比较而言,第二种理解更符合6号解释的逻辑。但其也存在以下困境:一是天亿资管不是上市公司,其无须对外披露年报,其并购形成的商誉是多少,公众无从知晓。二是天亿资管是否为"投资性主体"?对照现有会计准则对投资性主体的界定,结合天亿资管的实际经营业务,两者之间的界限较为模糊。若是投资性主体,则其并购慈铭体检不应确认商誉。三是天亿资管将其持有的慈铭体检36.11%的股权在4个月左右的时间内转让给维途投资,用意何在?若其先前确认了并购商誉,此时是否应同比例转让给维途投资?所有这些都难以为美年大健康并购慈铭体检确认并购商誉找到充分、合理的依据,让28.63亿元的商誉入账之初就充满了"迷雾"。

四、拨开"迷雾"看真相:此并购实乃"过桥"收购

仔细梳理美年大健康自首次购得慈铭体检27.78%的股权至获得其全部剩余股权的关键事件、时间节点和整个过程,不难发现,其中发挥关键作用的是天亿资管。其与美年大健康由俞熔于同年设立,从经营范围和特性来看,专事"投资与管理",自其成立之日起即扮演为美年大健康服务的角色。

天亿资管在美年大健康收购慈铭体检股权的过程中主要发挥搭建资金桥梁的作用,即俗

称的提供“过桥”资金的作用。因此，就本质而言，美年大健康是从非同一控制方的股东手中分两次收购慈铭体检 100%的股权，也就是说，天亿资管在整个并购过程中既有别于 6 号解释中的“第三方”，也非真正意义上的企业并购方，因为就并购市场服务于实体经济的本质而言，并购方至少应当对并购标的通过输入经济资源、管理理念等“发生化学反应”发挥双向协同效应，而非仅起到买进、卖出的“过手”作用。

既然是非同一控制下分步控股并购，就应按会计准则的要求于取得控制权时一次确定合并商誉。但从目前公开披露的信息来看，并购公告与年报均称之为“同一控制下”的并购，但又确认并购商誉，且没有清晰列示相关并购商誉确认的来龙去脉和依据，其只是在 2017 年年报中“年初数”栏列示并购慈铭体检的相应商誉为 28.63 亿元，该数据不仅与 2016 年年报“年末数”没有丝毫对应，而且与 2017 年年报中“同一控制下企业合并”部分所列示的合并成本账面价值及被合并方净资产账面价值之差 28.23 亿元之间缺乏完全对应关系。

总之，美年大健康并购慈铭体检所形成的商誉，无论在确认、计量、列报环节，还是逻辑、依据等方面均存在浓浓的“迷雾”。通过对此并购过程关键时间节点的梳理及事件经济实质的推敲和挖掘，可以对该并购交易的性质有较为清晰的认知和把握，其属于典型的“名为同一控制下企业合并，实为非同一控制下企业合并”，现实中却将其认定为同一控制下企业合并，还“徒增”商誉超过 28 亿元，既与 CAS20 相违背，也与 6 号解释的要求不符，这不得不令人深思和关注：这徒增的并购商誉是否物有所值？若后续发生商誉减值，该减值损失的责任应由谁来承担？会影响哪些利益相关者的利益？显然，这些问题既是会计问题，又绝不仅仅是会计问题，其既可能影响资本市场资源配置的效率和公平，又关系到中小股东利益保护和利益分配的公正。因此，我国在修订与企业合并相关的会计准则时，必须与时俱进地针对现实经济活动中出现的新现象、新问题，并且从有助于促进并购市场服务于实体经济的转型升级角度进行完善。

【案例思考题】

根据上述资料，请思考对同一控制下企业合并和非同一控制下企业合并应如何判断，是基于经济实质还是法律形式，并购商誉是如何形成的。

延伸阅读

复习思考题

1. 并购日后第一年和第二年的合并抵销分录有何不同？

2. 同一控制下的企业合并与非同一控制下的企业合并，母公司对子公司长期股权投资的抵销分录处理有何不同？

3. 同一控制下的企业合并与非同一控制下的企业合并，控股权取得日后每个会计期末少数股东权益的计算有何不同？

第七章 集团公司内部交易事项的处理

学习目标

掌握合并工作底稿中集团内部的产品或商品销售业务、固定资产业务、债务投资业务等内部往来业务的抵销方法。

素养目标

健全自我监督、相互监督、舆论监督、权力监督体系，增强监督合力。集团内部交易正是亟待披露监督的事项。结合实际案例，帮助学生理解信息披露的重要性，引导学生理解市场经济环境下诚信和互信是建立在准确、可靠、及时、多元化、融合性的会计信息以及充分的会计信息披露基础上的。

第一节　集团内部交易事项概述

一、集团内部交易事项的含义

集团内部交易事项是指集团公司内部母公司与其所属子公司之间以及各子公司之间发生的除股权投资以外的其他各种往来业务及交易事项。

母公司与子公司之间除了股权投资及其因投资所引起的利润分配外，还有可能发生各种涉及损益或不涉及损益的内部交易事项，这些事项发生后，会分别反映在母公司或子公司的个别财务报表中。由于编制合并财务报表的目的在于反映母公司和各子公司作为经济实体的经济活动，因此，集团内部公司之间的所有交易或往来业务都应抵销，以便使合并财务报表只反映集团与其外部有关方面发生的经济活动，避免虚增资产、负债和利润。

二、集团内部交易事项的类型

（一）按内部交易事项是否涉及损益分类

1. 不涉及损益的内部交易事项

不涉及损益的内部交易事项是指集团内部母公司与子公司之间以及子公司之间发生的，只与资产负债表有关，与各公司的损益确定无关的事项。例如，集团内部的债权、债务等。

2. 涉及损益的内部交易事项

涉及损益的内部交易事项是指集团内部母公司与子公司之间以及子公司之间发生的与损益有关的内部交易事项。例如，母公司将其生产的产品出售给子公司。

(二) 按内部交易事项的具体内容分类

1. 内部存货交易

集团内部涉及存货的交易实质上只是将存货转移了储存地点，因此，需要将内部交易产生的未实现损益进行抵销。

2. 内部债权债务交易

母公司与子公司之间以及子公司之间发生的债权债务项目，包括应收票据与应付票据、应收账款与应付账款、预付账款与预收账款、其他应收款与其他应付款等。

3. 内部固定资产交易

内部固定资产交易只是集团内部交易的某一方发生了与固定资产有关的购销业务。

4. 内部无形资产交易

内部无形资产交易是指集团内部交易的某一方发生了与无形资产有关的交易。

5. 其他内部交易

其他内部交易是指集团内部交易中除了存货、债权债务、固定资产、无形资产以外的交易。

第二节　内部存货交易的抵销

母公司与子公司、子公司相互之间发生的内部存货交易主要是指商品或产品的购销业务。对发生在企业集团内部的购销业务，购销双方均以独立的会计主体身份进行核算。销售方将其销售收入和销售成本计入当期损益。对购买方来说，购进的产品或商品可能出现三种情况：(1) 当期全部对集团外销售；(2) 当期全部未售出而形成期末存货；(3) 部分售出，部分形成期末存货。在(2)和(3)的情况下，内部购货所形成的购货方期末存货成为下一期的期初存货，从而影响下一期合并财务报表的编制。因此，在编制合并财务报表时，应当区分不同情况，将内部销售收入、内部销售成本及可能存在的未实现内部销售利润予以抵销。

一、当期内部存货交易的抵销

(一) 内部购买的存货全部实现对外销售

《企业会计准则第33号——合并财务报表》规定：母公司与子公司、子公司相互之间销售商品，期末全部实现对外销售的，应当将购买方的营业成本与销售方的营业收入相互抵销。

购买方将内部购买的存货全部实现对外销售，意味着在销售方确认销售收入并结转销售成本的同时，购买方再次确认了销售收入并结转了销售成本，其中购买方的销售成本等于销售方的销售收入。显然，同一购销业务，在内部销售方和内部购买方的个别利润表中分别反映了销售收入和销售成本。然而，从企业集团整体的角度来看，存货只对外销售了一次，应当确认的销售收入只能是内部购买方销售该存货的销售收入，应当确认的销售成本只能是内部销售方销售该存货的销售成本。因此，应当抵销内部销售方的销售收入和内部购买方的销售成本，即应当借记“营业收入”账户，并贷记“营业成本”账户。

【例 7-1】 P公司拥有S公司80%的股份。20×5年,P公司将花费30 000元购入的存货以50 000元的价格销售给S公司。S公司在当期将该存货全部对外出售,其销售收入为80 000元。假设上述销售均为现销且暂不考虑税金。

对这项内部存货交易事项,P公司和S公司各自账面上的记录如表7-1所示(此处因抵销分录的需要,将报表项目作为账面记录账户处理)。

表 7-1　P公司和S公司各自账面上的记录

单位:元

P公司账面记录	S公司账面记录	企业集团整体视角
(1) 从外界购货 借:存货　30 000 　贷:银行存款　30 000	(1) 从P公司购货 借:存货　50 000 　贷:银行存款　50 000	(1) 从外界购货 借:存货　30 000 　贷:银行存款　30 000
(2) 对S公司销货 借:银行存款　50 000 　贷:营业收入　50 000	(2) 对外界销货 借:银行存款　80 000 　贷:营业收入　80 000	(2) 对外界销货 借:银行存款　80 000 　贷:营业收入　80 000
(3) 结转销货成本 借:营业成本　30 000 　贷:存货　30 000	(3) 结转销货成本 借:营业成本　50 000 　贷:存货　50 000	(3) 结转销货成本 借:营业成本　30 000 　贷:存货　30 000

从企业集团的角度来看,这项内部存货交易事项相当于P公司将成本为30 000元的存货以80 000元的价格对外销售。因此,在合并财务报表中应将重复记录的账户金额予以抵销,即在合并工作底稿中应编制抵销分录如下:

借:营业收入　50 000
　贷:营业成本　50 000

(二) 内部购买的存货全部未实现对外销售

《企业会计准则第33号——合并财务报表》规定:母公司与子公司、子公司相互之间销售商品,期末未实现对外销售而形成存货、固定资产、工程物资、在建工程、无形资产等资产的,在抵销销售商品的营业成本和营业收入的同时,应当将各项资产所包含的未实现内部销售损益予以抵销。

内部购买方购买的存货全部未对外销售时,内部销售方仍然确认了销售收入并结转了销售成本。从企业集团的角度来看,存货只是存放地点从内部销售方移至内部购买方,并没有发生存货的对外销售。因此,应当抵销内部销售方的内部销售收入和内部销售成本。同时,内部购买方以支付的价款作为该存货的入账价值,则存货的价值包含了内部销售方的销售毛利。从企业集团的角度来看,存货存放地点的变换不应当增加存货的价值,因此,这部分销售毛利是未实现销售毛利,应当予以抵销。

【例 7-2】 承例7-1,假设S公司在当期未将该存货对外出售,即S公司当期期末存货中有50 000元是从P公司购入的。

对这项内部存货交易事项,P公司和S公司各自账面上的记录如表7-2所示。

表 7-2　　P公司和S公司各自账面上的记录

单位：元

P公司账面记录	S公司账面记录	企业集团整体视角
(1) 从外界购货 借：存货　30 000 　贷：银行存款　30 000	(1) 从P公司购货 借：存货　50 000 　贷：银行存款　50 000	(1) 从外界购货 借：存货　30 000 　贷：银行存款　30 000
(2) 对S公司销货 借：银行存款　50 000 　贷：营业收入　50 000		
(3) 结转销货成本 借：营业成本　30 000 　贷：存货　30 000		

从企业集团整体角度来看，由于S公司本期未将从内部购买的存货出售，因此，这项内部存货交易事项相当于P公司将从外界购入的价值为30 000元的存货移至S公司，并未发生存货的销售。P公司记录的营业收入50 000元和营业成本30 000元均应进行抵销，同时需要抵销S公司期末存货未实现的销售损益20 000元。由此可以得出在合并工作底稿中的抵销分录如下：

借：营业收入　50 000
　贷：营业成本　30 000
　　存货　20 000

(三) 内部购买的存货部分实现对外销售、部分形成期末存货

当内部购买方购买的存货部分实现对外销售、部分形成期末存货时，内部销售方确认了全部的销售收入并结转了销售成本，内部购买方也确认了实现对外销售部分存货的销售收入并结转了相应的销售成本。从企业集团的角度来看，对已实现了对外销售部分的存货，在内部销售方和内部购买方的个别利润表中重复记录了销售收入和销售成本；对形成期末存货的部分，由于未对外销售的存货实质上只是存放地点从内部销售方移至内部购买方，并没有发生存货的销售，因此，应当抵销内部销售方的内部销售收入和内部销售成本、内部购买方的存货未实现的内部销售损益。

【例 7-3】 承例7-1，假设S公司在当期对外出售了该存货的70%，销售收入为56 000元，余下的30%形成期末存货。

对这项内部存货交易事项，P公司和S公司各自账面上的记录如表7-3所示。

表 7-3　　P公司和S公司各自账面上的记录

单位：元

P公司账面记录	S公司账面记录	企业集团整体视角
(1) 从外界购货 借：存货　30 000 　贷：银行存款　30 000	(1) 从P公司购货 借：存货　50 000 　贷：银行存款　50 000	(1) 从外界购货 借：存货　30 000 　贷：银行存款　30 000

续 表

P公司账面记录	S公司账面记录	企业集团整体视角
(2) 对S公司销货 借：银行存款 50 000 贷：营业收入 50 000	(2) 对外界销货 借：银行存款 56 000 贷：营业收入 56 000	(2) 对外界销货 借：银行存款 56 000 贷：营业收入 56 000
(3) 结转销货成本 借：营业成本 30 000 贷：存货 30 000	(3) 结转销货成本 借：营业成本 35 000 贷：存货 35 000	(3) 结转销货成本 借：营业成本 21 000 贷：存货 21 000

从企业集团的角度来看，内部交易存货的70%已对外销售，企业集团应记录这70%的存货的对外销售，抵销P公司和S公司对这部分存货的重复记录。另外，内部交易存货的30%尚未对外销售，因此，从企业集团的角度来看，这部分存货交易事项相当于P公司将从外界购入的存货移至S公司，并未发生存货的销售，故无须做销货分录。由此可以得出在合并工作底稿中的抵销分录如下：

借：营业收入 50 000
　　贷：营业成本 44 000
　　　　存货 6 000

二、以后各期内部存货交易的抵销

以后年度连续编制合并财务报表时，内部存货交易的抵销可以分为两个部分：一是期初存货所包含的未实现内部销售损益的抵销问题，二是以后年度当期内部存货交易的抵销问题。对以后年度当期内部存货交易的抵销问题，可以比照上述当期内部存货交易的抵销部分所介绍的方法进行抵销，在此不再赘述。这里主要介绍期初存货所包含的未实现内部销售损益的抵销问题。

在上一期内部购进商品当期未全部售出而形成期末存货时，由于本期编制合并财务报表时是以母公司和子公司本期个别财务报表为基础，而母公司和子公司个别财务报表中未实现的内部销售利润是作为上一期实现的利润包括在期初未分配利润中，因此，上一期编制合并财务报表时抵销的内部购进存货中包含的未实现内部销售利润对本期的期初未分配利润产生影响。本期编制合并财务报表时必须在合并母公司与子公司期初未分配利润的基础上，将上一期抵销的未实现内部销售利润对本期期初未分配利润的影响予以抵销，调整本期期初未分配利润的数额。

【例7-4】 承例7-3，进一步假设20×6年S公司出售了从P公司购入的20×5年年末尚未销售的30%存货，并且在20×6年P公司和S公司之间没有发生内部存货交易。

受20×5年内部存货交易的影响，S公司20×6年期初存货中包含了6 000元未实现内部销售损益。20×6年S公司出售期初存货后，期初存货所包含的未实现内部销售损益6 000元就实现了。

S公司期初存货多计6 000元，导致其营业成本多计6 000元，因此，必须在合并工作底稿中调整营业成本中多计的部分。同时，上一期合并工作底稿中抵销了存货未实现内部销售损益 6 000 元，从而减少了上一期的合并净利润和上一期期末的合并未分配利润6 000元，那么，本期以母公司和子公司的个别所有者权益变动表中的期初未分配利润为基础计算的合并期初未分配利润，必然与上一期的合并所有者权益变动表中的合并期末未分配利润存在差额 6 000 元，应予抵销。抵销分录如下：

借：未分配利润——年初　　6 000

　　贷：营业成本　　6 000

第三节　内部债权与债务关系的抵销

母公司与子公司之间、子公司相互之间的债权和债务项目，主要包括母公司与子公司之间、子公司之间的应收票据与应付票据、应收账款与应付账款、预付账款与预收账款、其他应收款与其他应付款等。从个别财务报表角度看，享有债权方将债权以资产列示，承担债务方将债务以负债列示。但从企业集团角度看，这种债权债务关系纯属企业集团内部的资金往来，并非企业集团的债权或债务。因此，在编制合并财务报表时，应当将内部的债权债务项目相互抵销，还应将因这种债权所计提的坏账准备予以抵销。

一、当期内部债权与债务关系的抵销

【例 7－5】 P 公司是 S 公司的母公司，并持有 S 公司 90%的股份。P 公司 20×5 年应收账款中有 50 000 元为应收 S 公司的内部应收账款，且应收账款按余额的 3‰计提坏账准备。本期期末对内部应收账款计提的坏账准备金额为 150 元(假设本期开始计提坏账准备)。

对这笔内部应收应付款项，在合并工作底稿中应做如下抵销分录：

抵销企业集团内部往来：

借：应付账款　　50 000

　　贷：应收账款　　50 000

抵销为内部应收、应付款项计提的坏账准备：

借：应收账款——坏账准备　　150

　　贷：信用减值损失　　150

二、以后各期内部债权与债务关系的抵销

集团公司在以后各期存在的内部往来可能有三种情况：(1) 应收账款本期期末余额与上期期末余额相等；(2) 应收账款本期期末余额大于上期期末余额；(3) 应收账款本期期末余额小于上期期末余额。

(一) 内部应收账款本期余额等于上期余额

【例 7－6】 承例 7－5，20×6 年 P 公司应收账款中应收 S 公司的内部应收账款余额仍为 50 000 元，内部应收账款的坏账准备余额仍为 150 元。

在合并工作底稿中应做如下抵销分录：

抵销企业集团内部往来：

借：应付账款　　50 000

　　贷：应收账款　　50 000

抵销为内部应收账款计提的坏账准备：

借：应收账款——坏账准备　　150
　　贷：未分配利润——年初　　150

由于本期内部应收账款与上期相等，因此，本期内部应收账款不需要补提坏账准备，也没有冲销坏账准备，只需要将上期计提的坏账准备对期初未分配利润的影响予以抵销。

(二) 内部应收账款本期余额大于上期余额

【例 7-7】 承例 7-5，20×6 年 P 公司应收账款中应收 S 公司的内部应收账款余额为 80 000 元，内部应收账款的坏账准备余额为 240 元。

为抵销内部应收、应付款项的影响，在合并工作底稿中应做如下抵销分录：

抵销企业集团内部往来：

借：应付账款　　80 000
　　贷：应收账款　　80 000

抵销为内部应收账款计提的坏账准备：

借：应收账款——坏账准备　　240
　　贷：未分配利润——年初　　150
　　　　信用减值损失　　90

其中，上期计提的坏账准备(150 元)应调整期初未分配利润，本期计提的坏账准备(90 元)应直接冲减信用减值损失。

当应收账款本期期末余额大于上期期末余额时，债权增加的一方在上一年已计提坏账准备的基础上补提了坏账准备。在编制合并财务报表时，一方面要将上一期计提的坏账准备抵销，调整期初未分配利润；另一方面要将本期补提的坏账准备抵销。

(三) 内部应收账款本期余额小于上期余额

【例 7-8】 承例 7-5，20×6 年 P 公司应收账款中应收 S 公司的内部应收账款为 20 000 元，内部应收账款的坏账准备余额为 60 元。

为抵销内部应收、应付款项的影响，在合并工作底稿中应做如下抵销分录：

抵销企业集团内部往来：

借：应付账款　　20 000
　　贷：应收账款　　20 000

抵销为内部应收账款计提的坏账准备：

借：应收账款——坏账准备　　60
　　信用减值损失　　90
　　贷：未分配利润——年初　　150

其中，上一期计提的坏账准备(150 元)应调整期初未分配利润，而本期冲回的坏账准备(90 元)应直接借记“信用减值损失”账户。

当本期的应收账款期末余额小于上一期期末余额时，收回债权的一方在上一年已计提坏账准备的基础上冲回了坏账准备。在编制合并财务报表时，一方面要将上一期计提的坏账准备抵销，调整期初未分配利润；另一方面要将本期内转销的坏账准备与当期冲销的信用减值损失抵销。

第四节　内部固定资产交易的抵销

内部固定资产交易，是指企业集团内部发生的与固定资产有关的购销业务。根据内部销售方销售的是产品还是固定资产，可以将企业集团内部固定资产交易划分为三种类型：

(1) 企业集团内部企业将自己使用的固定资产出售给集团内部其他企业作为固定资产使用。

(2) 企业集团内部企业将自己生产的产品出售给集团内部其他企业作为固定资产使用。

(3) 企业集团内部企业将自身使用的固定资产出售给集团内部其他企业作为存货使用。这种类型的固定资产交易，属于固定资产的内部处置，在企业集团内部发生的情况极少。

内部固定资产交易属于内部商品交易，其在编制合并财务报表时的抵销处理与一般的内部商品交易的抵销处理有相似之处。但由于固定资产取得并投入使用后，往往要跨越若干个会计期间，因此其抵销处理有特殊性，并且比一般内部商品交易的抵销处理复杂得多。

一、当期内部固定资产交易的抵销

对第一种类型的内部固定资产交易，交易当期内部销售方个别财务报表中反映的是固定资产原价和累计折旧的减少及固定资产出售损益（反映为“资产处置损益”）的增加，内部购买方则以支付的价款在其个别财务报表中反映固定资产的增加。从企业集团角度看，只是固定资产存放的地点发生了变化，这种固定资产调拨行为不可能产生损益，也不可能产生固定资产的增值。因此，应当抵销固定资产变卖处理损益和固定资产原价中的未实现内部销售损益。

对第二种类型的内部固定资产交易，交易当期内部销售方个别财务报表中反映的是销售该产品的销售收入和销售成本，而内部购买方则以支付的价款在其个别财务报表中反映固定资产的增加。从企业集团角度看，这一交易相当于通过在建工程自行建造固定资产，不可能产生损益，固定资产原价确认基础也只能是其建造成本。因此，应当抵销内部销售方的销售收入和销售成本，同时应当抵销内部购买方固定资产原价中的未实现内部销售损益。

对两种类型的固定资产交易，在交易当期均需考虑折旧的抵销问题。内部购买方在交易当期计提的折旧费用是以其包含未实现内部销售损益的固定资产原价为基础计提的，而从企业集团角度来看，在交易当期计提折旧费用的基础应当是不包含未实现内部销售损益的固定资产原价。因此，还必须在交易当期抵销多计提的这部分折旧费用。

【例 7-9】 P 公司是 S 公司的母公司，并持有 S 公司 90% 的股份。20×5 年 1 月 1 日，P 公司将一台设备以 80 000 元的价格出售给 S 公司，该设备的原值为 100 000 元，累计折旧为 30 000 元。S 公司将该设备作为管理用固定资产使用，折旧年限为 4 年，预计净残值为 0(为简化处理，当年固定资产按 12 个月计提折旧)。

对这项内部固定资产交易事项，20×5 年 P 公司和 S 公司各自账面上的记录如表 7-4 所示。

表 7-4　P 公司和 S 公司各自账面上的记录

单位：元

P 公司账面记录			S 公司账面记录		
(1) 1 月 1 日，销售固定资产			(1) 1 月 1 日，购入固定资产		
借：银行存款	80 000		借：固定资产	80 000	
累计折旧	30 000		贷：银行存款		80 000
贷：固定资产		100 000			
资产处置损益		10 000			

续 表

P公司账面记录	S公司账面记录
	(2) 12月31日,对该固定资产计提折旧 借:管理费用 20 000 贷:累计折旧 20 000

该项内部固定资产交易属于前述第一种类型的内部交易,从企业集团整体角度来看,该项内部固定资产交易实质上相当于一台设备从P公司移至S公司。20×5年1月1日P公司账上的10 000元资产处置损益并未实现,即P公司的净利润中包含固定资产未实现内部销售损益10 000元。对这项内部固定资产交易,我们在编制合并工作底稿时应做两笔合并抵销分录:

抵销企业集团内部往来:

借:资产处置损益 10 000

贷:固定资产 10 000

20×5年12月31日,S公司对该设备计提了折旧20 000元,但从企业集团整体来看,对该设备只应计提17 500元[(100 000—30 000)÷4]的折旧。因此,应在合并工作底稿中抵销由于固定资产包含未实现内部销售损益而多计提折旧2 500元的影响。抵销分录如下:

借:固定资产——累计折旧 2 500

贷:管理费用 2 500

【例7-10】 P公司是S公司的母公司,并持有S公司90%的股份。20×5年1月1日,P公司以100 000元的价格将其生产的产品出售给S公司,销售成本为70 000元。S公司将该产品作为管理用固定资产,折旧年限为4年,预计净残值为0(为简化处理,当年固定资产按12个月计提折旧)。

对这项内部固定资产交易事项,20×5年P公司和S公司各自账面上的记录如表7-5所示。

表7-5 P公司和S公司各自账面上的记录

单位:元

P公司账面记录	S公司账面记录
(1) 1月1日,销售商品 借:银行存款 100 000 贷:营业收入 100 000 借:营业成本 70 000 贷:存货 70 000	(1) 1月1日,购入固定资产 借:固定资产 100 000 贷:银行存款 100 000
	(2) 12月31日,对该固定资产计提折旧 借:管理费用 25 000 贷:累计折旧 25 000

该项内部固定资产交易属于前述第二种类型的内部交易。从企业集团整体来看,该项内部固定资产交易实质上相当于通过在建工程自行建造固定资产,不可能产生损益。因此,20×5年1月1日P公司账上的30 000元销货利润并未实现,即P公司的净利润中包含固定资产未实现内部销售损益30 000元。对这项内部固定资产交易,我们在编制合并工作底稿时

应做如下抵销分录：

抵销企业集团内部往来：

借：营业收入　　100 000

　　贷：营业成本　　70 000

　　　　固定资产　　30 000

抵销由于固定资产包含未实现销售损益而多计提折旧 7 500 元的影响：

借：固定资产——累计折旧　　7 500

　　贷：管理费用　　7 500

二、以后各期内部固定资产交易的抵销

【例 7－11】　承例 7－10，S 公司在 20×6 年 12 月 31 日仍需对固定资产计提折旧 25 000 元。为抵销该项内部固定资产交易对合并财务报表的影响，在编制 P 公司合并工作底稿时应做抵销分录。

20×6 年，该固定资产仍以原价列示在 S 公司的个别资产负债表中，直至它被出售给企业集团外部或报废。因此，20×6 年仍应将固定资产原值中的未实现内部销售损益予以抵销。20×5 年因使用该固定资产而计提折旧形成的期初累计折旧，由于计提基数中包含未实现销售利润，因此应对其中的未实现销售利润予以抵销，抵销分录如下：

借：未分配利润——年初　　30 000

　　贷：固定资产　　30 000

抵销 20×5 年由于固定资产包含未实现销售损益而多计提折旧 7 500 元的影响。抵销分录如下：

借：固定资产——累计折旧　　7 500

　　贷：未分配利润——年初　　7 500

抵销 20×6 年由于固定资产包含未实现销售损益而多计提折旧 7 500 元的影响。抵销分录如下：

借：固定资产——累计折旧　　7 500

　　贷：管理费用　　7 500

三、内部交易固定资产清理期间的抵销

【例 7－12】　承例 7－11，20×7 年年末，该固定资产因使用期限届满而予以报废清理。

为抵销内部交易固定资产使用期限届满清理对合并财务报表的影响，在编制合并工作底稿时，只需做一笔抵销分录：

借：未分配利润——年初　　7 500

　　贷：管理费用　　7 500

这里不再抵销固定资产和累计折旧，是因为这两个账户已经随着固定资产的清理而消失，不会再出现在 20×7 年 12 月 31 日的合并财务报表中。

案例分析及延伸阅读

为加深对本章内容的理解，本章案例侧重于企业集团内部往来业务的抵销等内容的延伸，并结合华泽钴镍相关案例进行分析探讨。

案例分析

隐性关联方交易虚增收入——以华泽钴镍为例①

【适用本章知识点与范围】

内部存货交易、内部债权债务交易等隐性关联方交易抵销不完全导致的财务舞弊或错报。

【案例内容】

一、隐性关联方设立方式

隐性关联方包括法人和自然人,可理解为企业出于舞弊目的而刻意模糊或隐匿与其存在控制或重大影响的关联方。从监管上来看,企业或其控股股东采用的方式多样,主要有设立海外或境外空壳公司、转让股权和找"托"代持股份三种方式。

(一) 设立海外或境外空壳公司

不少国家或地区(如英属维尔京、开曼等)对公司设立有较为宽松的条件,从而使一些上市公司或其控股股东设立多家实际控制的空壳公司,以规避关联关系。由于地域、语言以及监管要求的不同,这些空壳公司的实际控制人往往很难查明,这无疑给想利用隐性关联方交易实施舞弊的企业提供了极为便利的条件。

(二) 转让股权

上市公司或其控股股东利用非亲属或非高管的"特殊人"进行多次转让股权活动,将其下属企业的股权转让给该"特殊人",又经其转手给一家"特殊企业"。如此,表面上看大股东与原下属企业既不具有股权关系,也不具有法定的关联关系,但大股东企业暗中实际控制"特殊企业",保持了对原下属企业的控制,而原下属企业实为隐性关联方。

(三) 找"托"代持股份

一些企业的大股东利用其亲信作为股东成立公司或收购公司,由于这些亲信既不是高管亲属,也没有在上市公司或控股股东担任董事、监事或高管等职务,因此规避了法律法规关于关联方的认定,成为隐性关联方。例如,某上市公司与多家交易方进行了相关销售,这些交易方的法定代表人或股东多为上市公司或控股股东的员工或前员工,但并未在上市公司担任董事、监事、高管等职务,且不存在亲属关系。因此,这些交易方无法被认定为关联方,但其实质就是"托"的角色。

二、华泽钴镍隐性关联方案例分析

(一) 企业概况

华泽钴镍是由陕西华泽钴镍金属有限公司(以下简称"陕西华泽")借壳成都聚友网络股份有限公司(以下简称"聚友网络"),而后上市并更名为成都华泽钴镍材料股份有限公司(以下简称"华泽钴镍")。该公司由王氏家族实际控制,属于有色金属矿采选业,主要冶炼、加工与销售钴镍金属资源,其产成品有镍板、氯化钴、硫酸镍等。

(二) 企业经营情况

聚友网络因连年亏损而被暂停上市,随后陕西华泽与其签订重组协议,成功借壳上市并更名为华泽钴镍。但好景不长,华泽钴镍自 2014 年开始业绩连续三年下滑;2015 年 11 月,因违

---

① 节选自:刘畅.隐性关联方交易舞弊审计案例分析[J].合作经济与科技,2023(10):159-161.

规披露收到证监会对其立案调查通知书；2016年5月被查实存在利用隐性关联方违规占资和违规为隐性关联方担保等相关行为。自2018年5月起，华泽钴镍连续停牌，并于2019年7月因无法支付审计前期费用导致无法按时披露2019年的年度报告而被终止上市。

（三）案例企业隐性关联方交易舞弊手段

1. 隐匿关联方以规避关联关系

华泽钴镍借壳上市后，王氏家族成员身居要职，实际掌握着华泽钴镍的控制权和经营权，除了完全控股陕西华泽外，还持有星王集团和大宝矿业的全部股权，并且实际控制天慕灏锦和臻泰融佳。纵观全局，华泽钴镍与上述企业之间存在千丝万缕的关联，但华泽钴镍在财务报告中并未披露其关联。由此，上述企业均为华泽钴镍的隐性关联方，陕西华泽与天慕灏锦、臻泰融佳之间的交易属于隐性关联方交易。

2. 隐性关联方非经营性占用资金

2013—2015年，陕西华泽为了实现企业间资金划转，多次与天慕灏锦、臻泰融佳签订虚假购销合同，随后这两家公司通过贴现和转账向星王集团提供资金，以达到占用资金的目的，非经营性占用资金情况如表7-6所示。因陕西华泽与天慕灏锦、臻泰融佳的实际控制人相同但未披露，所以其交易属于隐性关联方交易。同时，陕西华泽为了向隐性关联方——星王集团提供资金，如表7-7所示以陕西盛华、陕西青润和陕西天港作为第三方进行相关虚假交易，从而向隐性关联方提供资金。

表7-6　非经营性占用资金情况

单位：万元

年度	关联方	支付资金	收到银行转款	收到现金还款	期末占用资金余额
2013	臻泰融佳	52 888	15 966	2.24	36 920
2014	天慕灏锦	122 525	50 126	0.59	72 399
	臻泰融佳	176 853	210 625	8.24	3 140
2015	天慕灏锦	148 709	131 190		89 917

数据来源：证监会对华泽钴镍违规的行政处罚公告。

表7-7　利用第三方向隐性关联方提供资金情况

单位：万元

年度	关联方	提供金额	收到金额	期末占用资金
2013	陕西青润	13 250	2 700	20 642
	陕西盛华	14 274	1 600	14 664
	陕西天港	8 658	2 960	9 798
2014	陕西青润	2 162	2 700	20 104
	陕西盛华	2 090	6 295	10 459
	陕西天港	—	485	9 313

数据来源：证监会对华泽钴镍违规的行政处罚公告。

3. 违规为隐性关联方担保

星王集团与陕西华泽签订代付协议,按照协议内容,星王集团需要为陕西华泽代支付相关项目款项,而华泽钴镍对此事项仅在年报中进行了简要的说明并且这项担保并未得到董事会以及股东大会的审议和批准。王涛以个人名义向山东黄河三角洲产业投资基金提出借款并签订相关借款合同,而黄河三角洲产业投资基金要求华泽钴镍与其签订保证协议为王涛的个人借款提供担保,但该担保事项并没有按照关联交易审批程序开展,也没有进行公开披露。

【案例思考题】

根据上述资料,请思考如何通过财务及非财务指标异常识别隐性关联方,如何制定相关准则来规范隐性关联方行为。

延伸阅读

复习思考题

1. 在编制合并财务报表时,为什么要抵销集团内部交易所形成的未实现损益?
2. 集团内部存货交易有哪几种类型?如何进行抵销处理?
3. 集团内部固定资产交易有哪几种类型?如何进行抵销处理?

第八章 信息披露

学习目标

掌握上市公司信息披露的概念、分类及内容，理解上市公司信息披露的意义；掌握分部报告、经营分部的概念，掌握报告分部的确定，理解分部报告披露的内容及意义；掌握中期财务报告的概念及内容，熟悉中期财务报告的确认与计量。

素养目标

问题是时代的声音，回答并指导解决问题是理论的根本任务。本章聚焦上市公司会计信息披露存在的问题，旨在增强学生的问题意识，引导学生思考提供虚假财务报告可能造成的经济后果以及需要承担的法律责任，启发学生认识会计信息披露的重要作用，激发学生作为会计人的社会责任感和职业担当。

第一节　上市公司信息披露概述

一、上市公司信息披露的概念

上市公司信息披露是上市公司依据国家法律、法规的规定，按照一定的程序和规范的报告格式，通过适当方式向证券管理机构及广大投资者完全公开与证券发行、交易有关的会计信息资料的行为。

上市公司信息披露是上市公司与投资者和社会公众全面沟通信息的桥梁。投资者和社会公众对上市公司信息的获取主要是通过在大众媒体上阅读各类定期报告和临时报告等资料，投资者和社会公众获取的这些信息可以作为投资抉择的主要依据。因此，上市公司信息披露是证券市场健康发展的重要保证，也是投资者做出合理投资决策的基本依据。

知识链接

我国证券市场自 1990 年正式启动，上市公司信息披露制度的法律体系也逐步完善。2007 年 1 月 30 日，证监会发布了《上市公司信息披露管理办法》，对上市公司及其他信息披露义务人的所有信息披露行为做出了全面规定，涵盖公司发行、上市后持续信息披露的各项要求，同时废止了 1993 年 6 月发布的《公开发行股票公司信息披露实施细则

(试行)》及其他相关规定。

二、上市公司信息披露的分类

(一) 按照信息披露时间划分

按照信息披露时间,上市公司信息披露可以分为证券发行的信息披露和持续信息披露。

1. 证券发行的信息披露

证券发行的信息披露,是指证券公开发行时对发行人、拟发行的证券以及与发行证券有关的信息的披露。该类信息披露文件主要有招股说明书、募集说明书和上市公告书等。

2. 持续信息披露

持续信息披露,是指证券上市后在证券的流通和交易过程中发布信息。该类信息披露文件主要有上市公司定期报告(包括年度报告、半年度报告、季度报告)和上市公司临时报告(重大事件公告)。

本章将根据信息披露时间来说明上市公司信息披露的内容。

(二) 按照信息披露意愿划分

根据信息披露内容是否出自上市公司的主观意愿,上市公司信息披露可以分为强制性信息披露和自愿性信息披露。

1. 强制性信息披露

强制性信息披露,是指由相关法律、法规和章程明确规定的上市公司必须披露信息的一种基本信息披露制度。

2. 自愿性信息披露

自愿性信息披露是指除强制性信息披露外,上市公司基于公司形象、投资者关系、回避诉讼风险等动机而主动披露信息,如管理者对公司长期战略及竞争优势的评价、环境保护和社区责任、公司实际运作数据、前瞻性预测信息、公司治理效果等。管理人员自主性是自愿性信息披露制度的最大特点。

我国主要采用强制性信息披露方式。

三、上市公司信息披露的内容

上市公司信息披露的文件主要包括招股说明书、募集说明书、上市公告书、定期报告和临时报告等。依据《上市公司信息披露管理办法》,上市公司信息披露相关规定是对上市公司信息披露的最低要求,凡是对投资者做出投资决策有重大影响的信息,均应当予以披露。

(一) 招股说明书

发行人首次公开发行股票并上市的信息主要通过招股说明书披露。发行人编制招股说明书应当按照证监会颁布的《公开发行证券的公司信息披露内容与格式准则第 57 号——招股说明书》(2023 年修订)规定的格式编制,具体应载明以下事项:(1) 封面、书脊、扉页、目录、释义;(2) 概览;(3) 风险因素;(4) 发行人基本情况;(5) 业务和技术;(6) 财务会计信息与管理层分析;(7) 募集资金运用与未来发展规划;(8) 公司治理与独立性;(9) 投资者保护;(10) 其他重要事项;(11) 声明;(12) 附件。

发行人应以投资者的投资需求为导向编制招股说明书,为投资者做出价值判断和投资决策提供充分且必要的信息,保证相关信息真实、准确、完整。发行人在招股说明书中披露的财务会计信息应有充分依据,引用的财务报表、盈利预测报告(如有)应由符合《中华人民共和国证券法》规定的会计师事务所审计、审阅或审核。

招股说明书应便于投资者阅读，简明清晰，通俗易懂，尽量使用图表、图片或其他较为直观的披露方式，具有可读性和可理解性：

(1) 应客观、全面，使用事实描述性语言，突出事件实质，不得选择性披露，不得使用市场推广和宣传用语。

(2) 应使用直接、简洁、确定的语句，尽可能使用日常用语、短句和图表，避免使用艰深晦涩、生僻难懂的专业术语或公文用语，避免直接从法律文件中摘抄复杂信息而不对相关内容做出清晰、正确的解释。

(3) 披露内容应具有相关性，围绕发行人的实际情况做出充分、准确、具体的分析性描述。

(4) 应充分利用索引和附件等方式，分不同章节或段落披露。

(5) 披露内容不得简单罗列、堆砌，避免冗余、格式化、模板化。

发行人发行股票前应在交易所网站和符合证监会规定条件的报刊依法开办的网站全文刊登招股说明书，同时在符合证监会规定条件的报刊刊登提示性公告，告知投资者网上刊登的地址及获取文件的途径。

发行人可以将招股说明书以及有关附件刊登于其他网站，但披露内容应完全一致，且不得早于在交易所网站、符合证监会规定条件的网站的披露时间。

发行人的董事、监事、高级管理人员，应当对招股说明书签署书面确认意见，保证所披露的信息真实、准确、完整。招股说明书应当加盖发行人公章。

(二) 募集说明书

申请发行公司债券的公司，应按《公开发行证券的公司信息披露内容与格式准则第23号——公开发行公司债券募集说明书》(2015年修订)的要求编制公司债券募集说明书及其摘要，作为向证监会申请发行公司债券的必备文件，并按规定披露。发行人编制募集说明书，应当载明以下事项：(1) 封面、书脊、扉页、目录、释义；(2) 发行概况；(3) 风险因素；(4) 发行人及本期债券的资信状况；(5) 增信机制、偿债计划及其他保障措施；(6) 发行人基本情况；(7) 财务会计信息；(8) 募集资金运用；(9) 债券持有人会议；(10) 债券受托管理人；(11) 发行人、中介机构及相关人员声明；(12) 备查文件。

需要注意的是，与2007年发布的《公开发行证券的公司信息披露内容与格式准则第23号——公开发行公司债券募集说明书》相比，本次修订的主要内容包括以下三个方面：

一是与公司债券发行主体扩大到所有公司制法人相衔接，修改了只适用于上市公司的相关表述；增加了公司治理情况的披露要求；同时，要求募集说明书引用的财务报告按企业会计准则编制。

二是与《公司债券发行与交易管理办法》的具体条文相衔接，修改了对“保荐人”的相关表述；增加了商业保险、债券回售条款等增信及偿债保障机制，债券受托管理人在履行受托管理职责时可能存在的利益冲突情形及风险防范、解决机制，发行可交换债券的债券定价流程和配售规则，募集资金专项账户等的披露要求；修改了债券受托管理人职责及债券持有人会议规则等方面的披露要求。

三是以投资者需求为导向，结合市场实践情况，简化了发行人历史沿革的披露要求；增加了发行人业务、财务会计信息、担保人情况的披露要求；调整了部分章节的前后顺序；等等。

(三) 上市公告书

申请证券上市交易，应当按照证券交易所的规定编制上市公告书，并经证券交易所审核同意后公告。由于创业板与主板的股票上市要求有很大差别，因此证监会于2007年授权上海证券交易所和深圳证券交易所指定有关上市公告书的内容与格式。上海证券交易所和深圳证券交易所均于2013年12月对《股票上市公告书内容与格式指引》进行了修订，根据上海证券交易所发布的指引要求，上市公告书应载明以下事项：(1) 重要声明与提示；(2) 股票上市情况；(3) 发行人、股东和实际控制人情况；(4) 股票发行情况；(5) 财务会计情况；(6) 其他重要事项；(7) 上市保荐机构及其意见。

发行人的董事、监事、高级管理人员，应当对上市公告书签署书面确认意见，保证所披露的信息真实、准确、完整。上市公告书应当加盖发行人公章。

此外，招股说明书、上市公告书引用保荐人、证券服务机构的专业意见或者报告的，相关内容应当与保荐人、证券服务机构出具的文件内容一致，确保引用保荐人、证券服务机构的意见不产生误导。

(四) 定期报告

定期报告和临时报告是证券上市后在流通中持续披露信息的主要形式。上市公司应当披露的定期报告包括年度报告、半年度报告和季度报告。

年度报告应当自每个会计年度结束之日起4个月内，半年度报告应当自每个会计年度的上半年结束之日起2个月内，季度报告应当自每个会计年度第三个月、第九个月结束后的1个月内编制完成并披露。其中，第一季度报告的披露时间不得早于上一年度年度报告的披露时间。

1. 年度报告

根据《中华人民共和国公司法》《中华人民共和国证券法》的规定，在中华人民共和国境内公开发行股票并在证券交易所主板(含中小企业板)上市的股份有限公司，应当按照《公开发行证券的公司信息披露内容与格式准则第2号——年度报告的内容与格式》(2021年修订)的要求编制和披露年度报告。上市公司的年度报告正文应当载明以下内容：(1) 重要提示、目录和释义；(2) 公司简介和主要财务指标；(3) 管理层讨论与分析；(4) 公司治理；(5) 环境和社会责任；(6) 重要事项；(7) 股份变动及股东情况；(8) 优先股相关情况；(9) 债券相关情况；(10) 财务报告。

年度报告中的财务报告应当经具有证券、期货相关业务资格的会计师事务所审计，审计报告应当由该所两名注册会计师签字。如果年度财务报告被会计师事务所出具带有强调事项段或其他事项段的无保留意见、保留意见、否定意见或无法表示意见的审计报告，公司董事会和监事会应当就所涉及事项做出说明。

2. 半年度报告

根据《中华人民共和国公司法》《中华人民共和国证券法》的规定，在中华人民共和国境内公开发行股票并在证券交易所主板(含中小企业板)上市的股份有限公司，应当按照《公开发行证券的公司信息披露内容与格式准则第3号——半年度报告的内容与格式》(2021年修订)的要求编制和披露半年度报告。上市公司的半年度报告正文应当载明以下内容：(1) 重要提示、目录和释义；(2) 公司简介和主要财务指标；(3) 管理层讨论与分析；(4) 公司治理；(5) 环境和社会责任；(6) 重要事项；(7) 股份变动及股东情况；(8) 优先股相关情况；(9) 债券相关情况；(10) 财务报告。

半年度报告的报告期是指年初至半年度期末的期间。公司半年度报告中的财务报告可以不经审计，但证监会和证券交易所另有规定的除外。如果半年度财务报告已经审计，就应当披露审计意见类型;若被出具带有强调事项段或其他事项段的无保留意见、保留意见、否定意见或无法表示意见的审计报告,公司董事会和监事会应当就所涉及事项做出说明。

3. 季度报告

根据《中华人民共和国公司法》《中华人民共和国证券法》的规定,在中华人民共和国境内公开发行股票并在证券交易所主板(含中小企业板)上市的股份有限公司,应当按照《公开发行证券的公司信息披露编报规则第13号——季度报告内容与格式特别规定》(2016年修订)的要求编制和披露季度报告。上市公司的季度报告正文应当载明以下内容:(1)重要提示;(2)公司基本情况;(3)重要事项。

季度报告的报告期是指季度初至季度末3个月的期间。公司季度报告中的财务报表可以不经审计,但证监会和证券交易所另有规定的除外。季度报告中的财务报表已经审计的,公司应当披露审计意见类型;若被注册会计师出具非标准审计报告,则公司还应当披露审计报告正文。

(五)临时报告

临时报告是指上市公司按有关法律、法规及规则规定,在发生重大事项时需向投资者和社会公众披露的信息,是上市公司持续信息披露义务的重要组成部分。定期报告有信息公开滞后的缺陷,不能及时满足公司信息公开的最新性与迅速性的需要。尤其在公司发生对证券投资判断有影响的特别事项时,定期报告难以适应证券市场变动,不利于投资判断。

根据《中华人民共和国证券法》第八十条、《上市公司信息披露管理办法》(2021年修订)的规定,凡发生可能对上市公司、股票在国务院批准的其他全国性证券交易场所交易的公司的股票交易价格产生较大影响的重大事件,投资者尚未得知时,公司都应当立即将有关该重大事件的情况向国务院证券监督管理机构和证券交易场所报送临时报告,并予公告,说明事件的起因、目前的状态和可能产生的法律后果。

根据证监会发布的《上市公司信息披露管理办法》(2021年修订),重大事件包括以下情况:

(1)《中华人民共和国证券法》第八十条第二款规定的重大事件包括:公司的经营方针和经营范围的重大变化;公司的重大投资行为,公司在1年内购买、出售重大资产超过公司资产总额的30%,或者公司营业用主要资产的抵押、质押、出售或者报废一次超过该资产的30%;公司订立重要合同、提供重大担保或者从事关联交易,可能对公司的资产、负债、权益和经营成果产生重要影响;公司发生重大债务和未能清偿到期重大债务的违约情况;公司发生重大亏损或者重大损失;公司生产经营的外部条件发生重大变化;公司的董事、1/3以上监事或者经理发生变动,董事长或者经理无法履行职责;持有公司5%以上股份的股东或者实际控制人持有股份或者控制公司的情况发生较大变化,公司的实际控制人及其控制的其他企业从事与公司相同或者相似业务的情况发生较大变化;公司分配股利、增资的计划,公司股权结构的重要变化,公司减资、合并、分立、解散及申请破产的决定,或者依法进入破产程序、被责令关闭;涉及公司的重大诉讼、仲裁,股东大会、董事会决议被依法撤销或者宣告无效;公司涉嫌违法、违规被有权机关调查,或者受到刑事处罚、重大行政处罚;公司董事、监事、高级管理人员涉嫌违法、违纪被有权机关调查或者采取强制措施;国务院证券监督管理机构规定的其他事项。

(2)公司发生大额赔偿责任。

(3)公司计提大额资产减值准备。

(4) 公司出现股东权益为负值。

(5) 公司主要债务人出现资不抵债或者进入破产程序,公司对相应债权未提取足额坏账准备。

(6) 新公布的法律、行政法规、规章、行业政策可能对公司产生重大影响。

(7) 公司开展股权激励、回购股份、重大资产重组、资产分拆上市或者挂牌。

(8) 法院裁决禁止控股股东转让其所持股份;任一股东所持公司5%以上股份被质押、冻结、司法拍卖、托管、设定信托或者被依法限制表决权等,或者出现被强制过户的风险。

(9) 主要资产被查封、扣押或者冻结,主要银行账户被冻结。

(10) 上市公司预计经营业绩发生亏损或者发生大幅变动。

(11) 主要或者全部业务陷入停顿。

(12) 获得对当期损益产生重大影响的额外收益,可能对公司的资产、负债、权益或者经营成果产生重要影响。

(13) 聘任或者解聘为公司审计的会计师事务所。

(14) 会计政策、会计估计重大自主变更。

(15) 因前期已披露的信息存在差错、未按规定披露或者虚假记载,被有关机关责令改正或者经董事会决定进行更正。

(16) 公司或者其控股股东、实际控制人、董事、监事、高级管理人员受到刑事处罚,涉嫌违法违规被证监会立案调查或者受到证监会行政处罚,或者受到其他有权机关重大行政处罚。

(17) 公司的控股股东、实际控制人、董事、监事、高级管理人员涉嫌严重违纪违法或者职务犯罪被纪检监察机关采取留置措施且影响其履行职责。

(18) 除董事长或者经理外的公司其他董事、监事、高级管理人员因身体、工作安排等原因无法正常履行职责达到或者预计达到3个月以上,或者因涉嫌违法违规被有权机关采取强制措施且影响其履行职责。

(19) 证监会规定的其他事项。

上市公司的控股股东或者实际控制人对重大事件的发生、进展产生较大影响的,应当及时将其知悉的有关情况书面告知上市公司,并配合上市公司履行信息披露义务。

上市公司应当在最先发生的以下任一时点,及时履行重大事件的信息披露义务:(1) 董事会或者监事会就该重大事件形成决议时;(2) 有关各方就该重大事件签署意向书或者协议时;(3) 董事、监事或者高级管理人员知悉该重大事件发生并报告时。

在时点前出现下列情形之一的,上市公司应当及时披露相关事项的现状、可能影响事件进展的风险因素:(1) 该重大事件难以保密;(2) 该重大事件已经泄露或者市场出现传闻;(3) 公司证券及其衍生品种出现异常交易情况。

上市公司披露重大事件后,已披露的重大事件出现可能对上市公司证券及其衍生品种交易价格产生较大影响的进展或者变化的,上市公司应当及时披露进展或者变化情况、可能产生的影响。

上市公司控股子公司发生上述重大事件,可能对上市公司证券及其衍生品种交易价格产生较大影响的,上市公司应当履行信息披露义务。上市公司的参股公司发生可能对上市公司证券及其衍生品种交易价格产生较大影响的事件的,上市公司应当履行信息披露义务。

除重大事件外,涉及上市公司的收购、合并、分立、发行股份、回购股份等行为导致上市公司股本总额、股东、实际控制人等发生重大变化的，信息披露义务人应当依法履行报告、公告义务，披露权益变动情况。

知识链接

此外，上市公司应当关注本公司证券及其衍生品种的异常交易情况及媒体关于本公司的报道。当证券及其衍生品种发生异常交易或者在媒体中出现的消息可能对公司证券及其衍生品种的交易产生重大影响时，上市公司应当及时向相关各方了解真实情况，必要时应当以书面方式问询。公司证券及其衍生品种交易被证监会或者证券交易所认定为异常交易的，上市公司应当及时了解造成证券及其衍生品种交易异常波动的影响因素，并及时披露。

第二节　分部报告的信息披露

随着市场经济的不断发展，企业通过自身的内涵式发展或兼并收购，经营规模不断扩大，跨行业、跨地区经营逐渐普遍。信息使用者对跨行业、跨地区集团财务信息的需求，导致了合并财务报表的产生和规范。但合并财务报表未能反映集团对各个经营分部的依赖程度，不利于信息使用者对集团的整体风险和报酬进行精确的预测。于是，作为对合并财务报表进行解释和补充的分部报告就应运而生了。

一、分部报告的定义

分部报告是指在企业的财务报告中，按照确定的企业内部组成部分提供的有关各组成部分的收入、资产和负债等信息的报告。换言之，就是将企业按照其组成部分或分部进行分解，在这一分部的基础上报告每个分部的财务信息。

二、经营分部的认定与合并

财政部于 2009 年颁布的《企业会计准则解释第 3 号》规定：企业应当以内部组织结构、管理要求、内部报告制度为依据确定经营分部，以经营分部为基础确定报告分部。

（一）经营分部的认定

经营分部，是指企业内同时满足下列条件的组成部分：

（1）该组成部分能够在日常活动中产生收入、发生费用。

（2）企业管理层能够定期评价该组成部分的经营成果，以决定向其配置资源、评价其业绩。

（3）企业能够取得该组成部分的财务状况、经营成果和现金流量等有关会计信息。

（二）经营分部的合并

企业中存在相似经济特征的两个或多个经营分部同时满足《企业会计准则第 35 号——分部报告》第五条“业务分部”相关规定的，可以合并为一个经营分部。

业务分部，是指企业内可区分的、能够提供单项或一组相关产品或劳务的组成部分。该组成部分承担了不同于其他组成部分的风险和报酬。

企业在确定业务分部时，应当结合企业内部管理要求，并考虑下列因素：

（1）各单项产品或劳务的性质，包括产品或劳务的规格、型号、最终用途等。

（2）生产过程的性质，包括采用劳动密集或资本密集方式组织生产、使用相同或相似设备

知识链接

和原材料、采用委托生产或加工方式等。

(3) 产品或劳务的客户类型,包括大宗客户、零散客户等。

(4) 销售产品或提供劳务的方式,包括批发、零售、自产自销、委托销售、承包等。

(5) 生产产品或提供劳务受法律、行政法规的影响,包括经营范围或交易定价限制等。

三、报告分部的确定

(一) 10%的重要性标准

企业应当以“经营分部”为基础确定报告分部。经营分部的大部分收入是对外交易收入,且满足下列条件之一的,应当将其确定为报告分部:

(1) 该分部的分部收入占所有分部收入合计的10%或者以上。

分部收入,是指可归属于分部的对外交易收入和对其他分部交易收入,通常为营业收入,但不包括以下项目:

① 利息收入和股利收入,包括债券投资、对外贷款、预付或借给其他分部款项而确认的利息收入,采用成本法核算的长期股权投资取得的股利收入(投资收益)等,但分部的日常活动是金融性质的除外。

② 采用权益法核算的长期股权投资在被投资单位实现的净利润中应享有的份额,以及处置投资产生的净收益,但分部的日常活动是金融性质的除外。

③ 营业外收入,如处置固定资产、无形资产等产生的净收益。

以上各项目发生在非金融性质的分部,则与该分部的日常经营收入无关,故在计算分部收入时不应考虑在内。

【例8-1】 假定万通家电公司有以下四个独立可识别的经营分部:彩电销售分部、空调冰箱分部、IT销售分部和手机销售分部,其中,手机销售分部为公司新进入的领域,处于发展期。各经营分部20×4年的财务资料如表8-1所示。

表8-1　万通家电公司经营分部财务信息

单位:万元

项　目	彩电销售分部	空调冰箱分部	IT销售分部	手机销售分部	合　计
一、营业收入	18 000	16 000	4 000	5 000	43 000
其中:对外交易收入	18 000	16 000	2 500	5 000	41 500
分部间交易收入			1 500		1 500
二、营业费用	13 500	12 800	3 500	6 050	35 850
其中:对外交易费用	13 500	12 800	3 500	4 550	34 350
分部间交易费用				1 500	1 500
三、营业利润(亏损)	4 500	3 200	500	−1 050	7 150

续　表

项　　目	彩电 销售分部	空调冰箱 分部	IT 销售分部	手机 销售分部	合　计
四、销售毛利率	25%	20%	12.5%	−21%	
五、资产总额	54 000	42 000	12 000	21 000	129 000

首先，四个分部的对外交易收入均超过其分部收入的50%，满足大部分收入为对外交易收入的条件。

其次，所有分部收入之和为43 000万元，判断标准为所有分部收入合计额的10%，即4 300万元。根据收入判断标准，彩电销售分部、空调冰箱分部和手机销售分部应作为报告分部在报表附注中披露，而IT销售分部不纳入报告分部。具体判断过程如表8－2所示。

表8－2　　报告分部的判定：10%收入标准

单位：万元

分　部	分部收入	比较	判断标准	是否确认为报告分部
彩电销售分部	18 000	≥	4 300	是
空调冰箱分部	16 000	≥	4 300	是
IT销售分部	4 000	≤	4 300	否
手机销售分部	5 000	≥	4 300	是

(2) 该分部的分部利润(亏损)的绝对额占所有盈利分部利润合计额或者所有亏损分部亏损合计额的绝对额两者中较大者的10%或者以上。

分部利润(亏损)，是指分部收入减去分部费用后的余额。

分部费用，是指可归属于分部的对外交易费用和对其他分部交易费用，通常包括营业成本、税金及附加、销售费用等，但不包括以下项目：

① 利息费用，如发行债券、向其他分部借款的利息费用等，但分部的日常活动是金融性质的除外。

② 采用权益法核算的长期股权投资在被投资单位发生的净损失中应承担的份额，以及处置投资发生的净损失，但分部的日常活动是金融性质的除外。

③ 营业外支出，如处置固定资产、无形资产等发生的净损失。

④ 与企业整体相关的管理费用和其他费用。企业为所属分部支付的、与分部经营活动相关的、能直接归属于或按合理的基础分配给该分部的费用，属于分部费用。

⑤ 所得税费用。

【例8－2】　承例8－1，首先计算出盈利分部的利润合计额为8 200万元，亏损分部亏损合计额的绝对额为1 050万元；再取两者之间较大的8 200万元进行利润(亏损)标准判断，判断值为820万元(8 200×10%)。根据利润判断标准，彩电销售分部、空调冰箱分部和手机销售分部应作为报告分部在报表附注中披露，而IT销售分部不纳入报告分部。具体判断过程如表8－3所示。

表 8-3　　报告分部的判定：10%利润标准

单位：万元

分　　部	利润绝对额	亏损绝对额	比较	判断标准	是否确认为报告分部
彩电销售分部	4 500		≥	820	是
空调冰箱分部	3 200		≥	820	是
IT 销售分部	500		≤	820	否
手机销售分部		1 050	≥	820	是

(3) 该分部的分部资产占所有分部资产合计额的 10%或者以上。

分部资产，是指分部经营活动使用的可归属于该分部的资产。一是在分部的经营中使用，可直接归属于该分部；二是能够以合理的基础分配给该分部。例如，递延所得税资产是服务于整个企业的资产，因此不属于分部资产。

【例 8-3】 承例 8-1，万通家电资产总额为 129 000 万元，根据资产判断标准，判断值为 12 900 万元(129 000×10%)，彩电销售分部、空调冰箱分部和手机销售分部应作为报告分部在报表附注中披露，而 IT 销售分部不纳入报告分部。具体判断标准如表8-4所示。

表 8-4　　报告分部的判定：10%资产标准

单位：万元

分　部	分部资产	比较	判断标准	是否确认为报告分部
彩电销售分部	54 000	≥	12 900	是
空调冰箱分部	42 000	≥	12 900	是
IT 销售分部	12 000	≤	12 900	否
手机销售分部	21 000	≥	12 900	是

(二) 低于 10%标准的选择

经营分部未满足上述 10%标准的，可以按照以下规定确定为报告分部：

(1) 不考虑该分部的规模，直接将其指定为报告分部。

(2) 不将该分部直接指定为报告分部的，可将该分部与一个或一个以上类似的、未满足 3 个 10%标准的其他分部合并为一个报告分部。

(3) 不将该分部指定为报告分部且不与其他分部合并的，应当在披露分部信息时，将其作为其他项目单独披露。

知识链接

(三) 确定为报告分部的特定条件

第一，若报告分部的对外交易收入合计额占合并总收入或企业总收入的比重未达到 75%，则应当将其他分部确定为报告分部(即使它们不符合 10%标准)，直至该比重达到 75%。

第二，企业的内部管理按照垂直一体化经营的不同层次来划分，即使其大部分收入不通过对外交易取得，也可将垂直一体化经营的不同层次确定为独立的报告业务分部。

第三，对上一期确定为报告分部的，企业本期认为其依然重要，即使本期未满足 10%标准，也应将其确定为本期的报告分部。

此外，《企业会计准则解释第 3 号》规定，企业报告分部的数量通常不应超过 10 个。报告分部的数量超过 10 个需要合并的，应当以经营分部的合并条件为基础，对相关的报告分部予以合并。

【例 8-4】 承例 8-1，对落选分部，还需要兼顾其他补充标准。除了因管理层目的直接指定、因垂直一体化经营按经营层次划分，提供可比信息以外，还有 75%的定量标准，容易检验出万通家电公司三个报告分部的合计对外交易收入占公司合并总收入的比重超过 75%，且报告分部的数量不超过 10 个，因此，彩电销售分部、空调冰箱分部和手机销售分部均应作为报告分部，而 IT 销售分部在收入、利润、资产三项判断中均未符合 10%重要性标准，所以不作为报告分部，在分部报告中列为“其他”进行报告。

四、分部信息披露的重要性

企业提供分部报告的主要目的是帮助会计信息使用者评估不同因素对企业的影响，以便更好地理解企业以往的经营业绩，并对未来的发展趋势做出合理的预测和判断。具体而言，企业披露分部信息的作用主要表现在以下几个方面：

1. 更好地理解企业以往的业绩

投资者可以通过纵向比较、横向比较了解一家企业的发展情况，然而，即使是同行业，也很难找到业务相似的两家企业，对多元化经营的企业更是如此。分部数据的提供可以帮助信息使用者将各分部业绩与其他多元化经营企业的相似分部，或与非多元化经营企业的相关业绩进行比较，如此，可以更好地理解企业以往的业绩。

2. 更好地评估企业的风险和收益

充分披露分部信息，信息使用者可以将企业特定分部的信息与外部信息相结合，有助于评估企业的前景。例如，企业某经营分部的销售情况，可以与有关特定行业的发展前途结合起来，以助于更加准确地预测未来的销售情况；类似地，某经营分部在企业经营中的相对重要性，可以与有关特定国家经营风险和发展前景的信息相结合。

3. 从整体上对企业做出更有根据的判断

股东作为企业的所有者，是众多信息使用者中最重要的一部分，他们关心的是整个企业的经营业绩和前景，而不是单个分部。正因如此，有人认为分部报告对股东没有相关性或有用性。但一家企业是由多个部分构成的，只有充分了解各个部分，才能了解整个企业。不同部分、不同行业的盈利能力、成长机会等各不相同，信息使用者只有通过对分部信息的分析，了解各个经营分部在整个企业中的重要性，才能从整体上把握一家企业的前景，帮助投资者做出有根据的判断。

五、分部信息披露的具体规定

根据《企业会计准则解释第 3 号》的规定，企业在确定报告分部后，应当按照确定的报告分部，在财务报表附注中披露以下信息：

(1) 确定报告分部考虑的因素、报告分部的产品和劳务的类型。

(2) 每一报告分部的利润(亏损)总额相关信息，包括利润(亏损)总额组成项目及计量的相关会计政策信息。

(3) 每一报告分部的资产总额、负债总额相关信息，包括资产总额组成项目的信息，以及有关资产、负债计量的相关会计政策。

分部资产披露的金额应当按照扣除相关累计折旧或摊销额以及累计减值准备后的金额确定。披露分部资产总额时,当期发生的在建工程成本总额、购置的固定资产和无形资产的成本总额,应当单独披露。

分部负债,是指分部经营活动形成的可归属于该分部的负债,不包括递延所得税负债。

除上述已经作为报告分部信息组成部分披露的以外,企业还应当披露下列信息:

(1) 每一产品和劳务或每一类似产品和劳务组合的对外交易收入。

(2) 企业取得的来自本国的对外交易收入总额以及位于本国的非流动资产(不包括金融资产、独立账户资产、递延所得税资产,下同)总额,企业从其他国家取得的对外交易收入总额以及位于其他国家的非流动资产总额。

(3) 企业对主要客户的依赖程度。

六、分部报告披露与合并财务报表的关系

企业披露的分部信息,应当与合并财务报表或企业财务报表中的总额信息相衔接。

报告分部收入总额应当与企业收入总额相衔接,报告分部利润(亏损)应当与企业利润(亏损)总额相衔接,报告分部资产总额应当与企业资产总额相衔接,报告分部负债总额应当与企业负债总额相衔接。

【例 8-5】 某上市公司 20×4 年年报中的分部报告相关信息披露如下:

财务报表附注(十五)其他重要事项

……

分部信息

(1) 报告分部的确定依据与会计政策。

公司以内部组织结构、管理要求、内部报告制度等为依据确定经营分部。公司的经营分部是指同时满足下列条件的组成部分:

① 该组成部分能够在日常活动中产生收入、发生费用;

② 管理层能够定期评价该组成部分的经营成果,以决定向其配置资源、评价业绩;

③ 能够通过分析取得该组成部分的财务状况、经营成果和现金流量等有关会计信息。

本公司以产品分部为基础确定报告分部,分别对工业业务、商业业务、医疗机构业务及其他业务等的经营业绩进行考核。与各分部共同使用的资产、负债按照规模比例在不同的分部之间分配。

(2) 报告分部的财务信息。

该上市公司各报告分部利润(亏损)、资产及负债信息见表 8-5。

表 8-5　　该上市公司各报告分部利润(亏损)、资产及负债

单位:元

项　目	工　业	商　业	医疗机构	其　他	分部间抵销	合　计
营业收入	2 726 755 250.39	369 050 617.79	66 456 221.17	10 145 700.06	42 242 617.71	3 130 165 171.70
营业成本	936 771 246.57	308 431 840.26	49 551 376.13	5 866 543.27	42 707 972.63	1 257 913 033.60

续 表

项 目	工 业	商 业	医疗机构	其 他	分部间抵销	合 计
资产总额	6 079 289 978.95	376 062 376.02	75 781 462.75	24 826 465.60	579 659 794.62	5 976 300 488.70
负债总额	2 071 664 512.73	243 076 312.85	86 731 473.20	21 625 534.06	371 546 857.66	2 051 550 975.18

在该分部信息披露中，应注意以下几点：

① 该上市公司分部报告(表 8－5)中的"其他"，是指不满足报告分部的分部及总部相关财务信息；"分部间抵销"，是由于各分部之间存在业务往来而产生的相关财务信息。

② 该上市公司分部报告(表 8－5)中的"营业收入"合计数与合并利润表的"营业总收入"无明显对应关系，这是因为合并利润表中的"营业总收入"包含"其他业务收入"6 678 060.26 元(见表 8－8)；而分部报告中的"营业成本"合计数与合并利润表中的"营业成本"无明显对应关系，也是因为合并利润表中的"营业成本"包含其他业务成本 4 740 496.16 元(见表 8－6)。

表 8－6　　该上市公司营业收入和营业成本明细

20×4 年度　　单位：元

项 目	本期发生额	
	收 入	成 本
主营业务	3 130 165 171.70	1 257 913 033.60
其他业务	6 678 060.26	4 740 496.16
合 计	3 136 843 231.96	1 262 653 529.76

注：财务信息源自该上市公司年度报告附注。

③ 该上市公司分部报告(表 8－5)中的资产、负债合计数与合并资产负债表的"资产总计""负债合计"直接对应。

为便于对照，将 20×4 年该上市公司合并资产负债表简表、合并利润表简表列示如表8－7和表8－8(略去 20×3 年比较财务信息)。

表 8－7　　该上市公司合并资产负债表(简表)

20×4 年 12 月 31 日　　单位：元

资 产	期末余额	负债和所有者权益	期末余额
流动资产合计	3 996 077 777.93	负债合计	2 051 550 975.18
非流动资产合计	1 980 222 710.77	所有者权益合计	3 924 749 513.52
资产总计	5 976 300 488.70	负债和所有者权益总计	5 976 300 488.70

表 8-8　　该上市公司合并利润表(简表)

20×4 年度　　单位：元

项　　目	金　　额
一、营业总收入	3 136 843 231.96
其中：营业收入	3 136 843 231.96
二、营业总成本	2 497 844 241.20
其中：营业成本	1 262 653 529.76
税金及附加	51 881 404.53
销售费用	933 126 523.05
管理费用	147 878 398.78
研发费用	30 847 247.90
财务费用	15 396 240.62
资产减值损失	56 060 896.56
加：其他收益	8 262 351.40
投资收益	17 140 658.28
资产处置收益	—149 859.34
三、营业利润	664 252 141.10

【例 8-6】 某火腿生产公司 20×4 年年报中的分部报告相关信息披露如下：

财务报表附注(十六)其他重要事项

……

分部信息

1. 报告分部的确定依据与会计政策

(1) 报告分部的确定依据。

公司以内部组织结构、管理要求、内部报告制度等为依据确定经营分部。公司的经营分部是指同时满足下列条件的组成部分：

① 该组成部分能够在日常活动中产生收入、发生费用；

② 管理层能够定期评价该组成部分的经营成果，以决定向其配置资源、评价业绩；

③ 能够通过分析取得该组成部分的财务状况、经营成果和现金流量等有关会计信息。

(2) 报告分部的财务信息。

(3) 公司无报告分部的，或者不能披露各报告分部的资产总额和负债总额的，应说明原因。

2. 不能披露各报告分部信息的原因

公司的业务比较单一，主要为生产和销售火腿、火腿制品及冻品原料等。管理层将此业务视为一个整体实施管理、评估经营成果。因此，本财务报表不呈报分部信息。

第三节 中期财务报告的信息披露

随着经济发展和市场竞争日趋激烈，企业日常经营活动的波动和外部经营环境的变化程度不断加强，财务报告信息使用者对公司财务信息的及时性和相关性提出了更高的要求。因此，在年度财务报告的基础上，产生了中期财务报告，并且财政部颁布了《企业会计准则第 32 号——中期财务报告》，对中期财务报告的编制内容及编制过程中应当遵循的确认与计量原则进行了规范。

一、中期财务报告的概念

知识链接

中期财务报告，是指以中期为基础编制的财务报告。“中期”，是指短于一个完整的会计年度（自公历 1 月 1 日起至 12 月 31 日）的报告期间，它可以是一个月、一个季度或者半年，也可以是其他短于一个会计年度的期间，如 1 月 1 日至 9 月 30 日的期间等。因此，中期财务报告既包括月度财务报告（月报）、季度财务报告（季报）、半年度财务报告（半年报），也包括年初至本中期末的财务报告。

二、中期财务报告的内容

（一）基本内容

第一，资产负债表、利润表、现金流量表和附注是中期财务报告至少应当编制的法定内容，对其他财务报表或相关信息，如所有者权益（或股东权益）变动表等，企业可以根据需要自行决定。

第二，中期财务报告中的资产负债表、利润表和现金流量表的格式及内容，应当与上一年度财务报表一致。但当年新施行的会计准则对财务报表格式和内容做了修改的，中期财务报表应当按照修改后的报表格式和内容编制，与此同时，在中期财务报告中提供的上一年度比较财务报表的格式和内容也应当做相应的调整。

第三，中期财务报告中的附注相对于年度财务报告中的附注而言，是适当简化的。中期财务报告附注的编制应当遵循重要性原则：如果某项信息没有在中期财务报告附注中披露，就会影响投资者等信息使用者对企业财务状况、经营成果和现金流量判断的正确性，那么就认为这一信息是重要的。但企业至少应当在中期财务报告附注中披露中期财务报告准则规定的信息。

（二）比较财务报表的编制要求

为了提高财务报表信息的可比性、相关性和有用性，企业在中期末除了编制中期末资产负债表、利润表和现金流量表之外，还应当提供前期比较财务报表。《企业会计准则第 32 号——中期财务报告》规定，中期财务报告应当按照下列规定提供比较财务报表：

（1）本中期末的资产负债表和上一年度末的资产负债表。

（2）本中期末的利润表、年初至本中期末的利润表以及上一年度可比期间的利润表。

其中，上一年度可比期间的利润表包括上一年度可比中期的利润表和上一年度年初至上一年可比中期末的利润表。

(3) 年初至本期末的现金流量表和上一年度年初至上一年可比本期末的现金流量表。

以20×4年第三季度报告为例,有关财务报表是否提供情况列示如表8-9。

表8-9　　中期财务报表及比较财务报表提供情况

报表类别	本年度 中期财务报表时间(或期间)	上一年度 比较财务报表时间(或期间)
资产负债表	20×4年9月30日	20×3年12月31日
利润表*(本中期)	20×4年7月1日—9月30日	20×3年7月1日—9月30日
利润表(年初至本中期末)	20×4年1月1日—9月30日	20×3年1月1日—9月30日
现金流量表	20×4年1月1日—9月30日	20×3年1月1日—9月30日

注:* 在第一季度财务报告中,"本中期"与"年初至本中期末"的期间是相同的,所以,在第一季度财务报告中只需要提供一张利润表,同时,上一年度的比较财务报表也只需要提供一张利润表。

(三) 中期合并财务报表和母公司财务报表的编制要求

第一,本中期末与上一年度末均存在子公司。

如果上一年度编制合并财务报表的,其中期财务报告也应当编制合并财务报表。而且合并财务报表的合并范围、合并原则、编制方法、内容与格式等,也应当与上一年度合并财务报表一致。但当年新企业会计准则有新规定的除外。

如果上一年度财务报告除了合并财务报表,还包括母公司财务报表,则中期财务报告也应当包括母公司财务报表。

第二,上一年度财务报告包括了合并财务报表,但报告中期处置了所有应当纳入合并范围的子公司的,中期财务报告只需要提供母公司财务报表,但上一年度比较财务报表仍应当包含合并财务报表,上一年度可比中期没有子公司的除外。

例如,甲公司20×3年第一季度末没有子公司,在第二季度拥有了一家绝对控股的子公司,到20×4年第一季度又处置了该控股子公司,则在20×4年第一季度报告中,只需要提供母公司报表。但编制比较资产负债表时,仍需提供合并财务报表和母公司报表;编制比较利润表和比较现金流量表时,则不必提供合并财务报表。

在20×4年半年报中,只需要提供母公司报表。但编制比较资产负债表、比较利润表和比较现金流量表时,都需要编制合并财务报表和母公司报表。

(四) 中期财务报告附注的编制要求和内容

1. 中期财务报告附注的编制要求

(1) 中期财务报告中的附注应当以年初至本中期末为基础编制,披露自上一年度资产负债表日之后发生的,有助于理解企业财务状况、经营成果和现金流量变化情况的重要交易或者事项。

例如,某公司第一季度发生一项重大对外投资,则不仅一季报需要披露,在二季报和三季报中,在"以年初至本中期末为基础"的原则下,需要再次披露。

(2) 对与理解本中期财务状况、经营成果和现金流量有关的重要交易或者事项,也应当在附注中做相应披露。

例如，第三季度发生的某一事项，对理解年初至第三季度末的企业状况可能是不重要的，但是如果对理解第三季度的企业状况重要，就应当在第三季度的季报中予以披露。

2. 中期财务报告附注的内容

中期财务报告中的附注至少应包括下列信息：

(1) 中期财务报告采用的会计政策与上一年度财务报告相一致的声明。会计政策发生变更的，应当说明会计政策变更的性质、内容、原因及其影响数；无法进行追溯调整的，应当说明原因。

(2) 会计估计变更的内容、原因及其影响数；影响数不能确定的，应当说明原因。

(3) 前期差错的性质及其更正金额；无法进行追溯重述的，应当说明原因。

(4) 企业经营的季节性或者周期性特征。

(5) 存在控制关系的关联方发生变化的情况；关联方之间发生交易的，应当披露关联方关系的性质、交易类型和交易要素。

(6) 合并财务报表的合并范围发生变化的情况。

(7) 对性质特别或者金额异常的财务报表项目的说明。

(8) 证券发行、回购和偿还情况。

(9) 向所有者分配利润的情况，包括在中期内实施的利润分配和已提出或者已经批准但尚未实施的利润分配情况。

(10) 根据《企业会计准则第 35 号——分部报告》的规定应当披露分部报告信息的，应当披露主要报告形式的分部收入与分部利润(亏损)。

(11) 中期资产负债表日至中期财务报告批准报出日之间发生的非调整事项。

(12) 上一年度资产负债表日后发生的或有负债和或有资产的变化情况。

(13) 企业结构变化情况，包括企业合并，对被投资单位具有重大影响、共同控制或者控制关系的长期股权投资的购买或者处置，终止经营等。

(14) 其他重大交易或者事项，包括重大的长期资产转让及其出售情况、重大的固定资产和无形资产取得情况、重大的研究和开发支出、重大的资产减值损失情况等。

企业在提供上述第(5)项和第(10)项有关关联方交易、分部收入和分部利润(亏损)信息时，应当同时提供本中期(或者本中期末)和本年度年初至本中期末的数据，以及上一年度可比本中期(或者可比期末)和可比年初至本中期末的比较数据。

三、中期财务报告的确认与计量

(一) 中期财务报告确认与计量的基本原则

1. 中期会计要素的确认和计量应当与年度报告一致

企业在中期根据所发生的交易或者事项，对资产、负债、所有者权益(或股东权益)、收入、费用和利润等各会计要素进行确认和计量时，应当符合相应会计要素的确认和计量要求，不能因为财务报告期间的缩短而改变。

2. 中期会计计量应当以年初至本中期末为基础

在编制中期财务报告时，中期会计计量应当以年初至本中期末为基础，财务报告的频率不应当影响年度结果的计量。也就是说，无论中期是月度、季度还是半年度，中期会计计量的结果都应当与年度报告计量结果一致。换言之，会计计量的期间基础不能是本中期，而应当是年初至本中期末。

知识链接

3. 中期采用的会计政策应当与年度报告一致,会计政策、会计估计变更应符合规定

企业在中期不得随意变更会计政策,如果上一年度资产负债表日后发生了会计政策变更,且变更后的会计政策将在年度财务报告中采用,中期财务报告就应当采用变更后的会计政策。

在同一会计年度内,以前中期财务报告项目在以后中期发生了会计估计变更的,以后中期财务报告应当反映该会计估计变更后的金额,但对以前中期财务报告项目的金额不做调整。

(二) 季节性、周期性或者偶然性收入的确认与计量

企业取得季节性、周期性或者偶然性收入,应当在发生时予以确认和计量,不应在中期财务报告中预计或者递延,会计年度末允许预计或者递延的除外。

知识链接

(三) 会计年度中不均匀发生的费用的确认与计量

企业在会计年度中不均匀发生的费用,应当在发生时予以确认和计量,不应在中期财务报告中预提或者待摊,会计年度末允许预提或者待摊的除外。例如,员工培训费等,往往集中在会计年度的个别中期。对这些会计年度中不均匀发生的费用,企业应当在发生时予以确认和计量,不应当在中期财务报告中予以预提或者待摊,会计年度末允许的除外。

案例分析及延伸阅读

上市公司信息披露是连接上市公司与投资者最重要的环节,是投资者进行基本面分析最牢靠的信息来源,也是投资者投资决策最重要的依据。本章案例侧重于对上市公司信息披露中存在的舞弊问题进行探讨。

案例分析

上市公司财务舞弊的演变:1990—2022①
——基于典型个案的研究

【适用本章知识点与范围】

信息披露。

【案例内容】

一、问题的提出

从20世纪90年代我国证券市场成立至今,资本市场突飞猛进的发展给我国经济增添了巨大的活力。截至2022年11月11日,沪深两市共有上市公司5 068家,总市值达45.65万亿元,上市公司销售收入占GDP的比重在2021年达到了50.32%。但是,在证券市场发展的同

① 节选自:刘启亮,邓瑶,陈惠霞,等.上市公司财务舞弊的演变:1990—2022——基于典型个案的研究[J].财会月刊,2023,44(01):122-130.内容有删减。

时，上市公司财务舞弊如影相随。据本文统计，截至 2022 年 11 月 11 日，自 1996 年发现第一起财务造假案后，财务造假就呈迅猛增长之势，尤其是到 2019 年后，每年财务造假的公司数都超过了 400 家，占同年上市公司总数的比例均在 10%以上。一些典型的财务舞弊大案，如康美药业、康得新、獐子岛、金正大财务舞弊案等，更是引发了社会公众对资本市场的信任危机。可以说，财务舞弊一直是世界各国资本市场上令人关注且头疼的“老大难”问题。为了打击证券市场的财务舞弊行为，国家多次修订了证券法等相关法律，加重了财务舞弊主体的法律责任。我国从 2007 年 1 月 1 日起采用原则导向的、与国际会计准则接轨的会计准则，相比原来的规则导向的会计准则，该会计准则有更大的弹性空间。那么，随着我国制度环境和会计准则的变化，上市公司财务舞弊呈现了怎样的变化趋势呢？本文试图用具有时代特征的典型个案来分析我国证券市场财务舞弊的发展趋势，从长时间窗口来窥探上市公司财务舞弊的时代特征。

二、上市公司财务舞弊的演变趋势

通过对 1990—2022 年资本市场八个典型财务造假案件的整理和分析，我们可以发现上市公司财务舞弊的趋势呈现以下特点：

(一) 舞弊涉案金额越来越大，舞弊越来越严重

文中的八个案例主要涉及利润造假、虚增资本公积、隐瞒亏损、欺诈上市、重大遗漏、出资不实、配股资金滥用、虚列资产、关联方交易等。以造假利润金额为例，1990—2010 年，四家案例公司舞弊利润的金额均在 6 亿元以下，如琼民源约 5.4 亿元、红光实业约 1.6 亿元、郑百文约 1.5 亿元、达尔曼约 1.5 亿元；然而，进入 2011 年后(2011—2022 年)，舞弊利润的金额巨额增加，如康美药业约 20 亿元、康得新约 115 亿元、金正大约 20 亿元、同济堂约 24 亿元，尤其是康得新虚增利润总额 115 亿元，刷新了 A 股上市公司利润造假金额的纪录。这也表明，财务舞弊越来越严重。

(二) 舞弊类型变化不大，但舞弊手段更加隐蔽

通过虚增收入或虚减费用来实现虚构利润是财务舞弊的重灾区；同时，还有虚列资产、隐瞒关联方交易、重大遗漏、募集资金滥用、欺诈上市、隐瞒亏损、虚增资本公积等类型。总体来看，舞弊类型并没有发生太大的改变，但随着时间的推移，公司的舞弊手法更加隐蔽。虚增存货或在建工程在一些行业难以被发现，主要原因在于某些特殊的实物资产价值估计存在困难，如达尔曼将锆石伪装成 1.06 亿元的钻石，这是资产的特殊性导致的。这类舞弊现象集中于农林牧副渔、软件游戏、工程施工等舞弊高发行业，并且一些财务造假公司利用了原则导向会计准则的“弹性”来操纵利润。较为明显的是进入 2001 年后，公司财务舞弊都出现了关联方配合造假等情况，财务舞弊更为隐蔽、“专业”，甚至出现了上下游供应商和客户等其他企业或机构配合，实现全链条造假。可见，我国上市公司财务造假的“技术含量”越来越高。

(三) 财务舞弊动机越来越倾向于“谋利”

由于我国证券市场对上市公司业绩有一些“硬性”规定，比如公司亏损会被“ST”和“PT”等，因此，投资者对公司基于这些目的进行的财务造假具有一些“同情心”。1990—2010 年，四个案例中公司的舞弊动机都是避亏或欺诈上市；2011 年后，四个案例中公司财务造假的动机主要是维持股价或实现业绩承诺。这就与证券市场“硬性”规定相关性不强，主要是为了维护大股东或被并购方的利益，该舞弊动机损害了其他中小股东的利益，具有明显的“谋利”倾向。

(四) 有些会计师事务所始终扮演着“帮凶”的角色

会计师事务所本该发挥好资本市场“看门人”的作用，但令人扼腕叹息的是，在以上典型的

财务舞弊案件中,会计师事务所不但未履行勤勉尽责的义务,反而扮演了“帮凶”的角色。从表8－10中可以看出,这些舞弊性质严重的财务造假,具备专业胜任能力的审计师应该是可以发现的。出现这种结果的可能原因如下:尽管2002年1月15日出台的《最高人民法院关于受理证券市场因虚假陈述引发的民事侵权纠纷案件有关问题的通知》打开了审计师承担民事赔偿责任的大门,此后,最高人民法院也多次修订和完善了关于审计师承担民事赔偿责任的相关规定,但由于执行不到位,相关法律法规一直无法对审计师产生威慑作用。值得关注的是,2020年年底杭州市中级人民法院一审判决的五洋债诉讼案和2021年11月12日广州市中级人民法院一审判决的康美药业诉讼案,均判决审计师承担巨额的连带民事赔偿责任。五洋债诉讼案和康美药业诉讼案关于审计师承担民事赔偿责任的判罚是否对审计师产生了“威慑”作用,还有待进一步观察。

(五)对公司和高管的惩罚力度逐渐加大

从最终监管处罚结果来看,证监会对公司及高管财务造假的处罚力度总体呈现逐渐加大的趋势:对公司的处罚逐渐从警告、罚款60万元、罚款150万元加大到罚款300万元;对高管的处罚从警告、证券市场禁入、罚款30万元、罚款60万元、罚款90万元、罚款240万元加大到罚款500万元。这是因为2019年12月29日修订的《中华人民共和国证券法》大幅提高了虚假陈述、欺诈发行等的违法违规成本,因此,2022年处罚的两家公司——金正大和同济堂的高管的罚款金额分别为240万元和500万元。对公司和高管财务造假惩罚力度的加大,有助于缓解公司的代理问题,对高管行为起到了一定的监督和治理作用。

(六)会计师事务所承担的赔偿责任越来越大

法律规定,注册会计师出具不实报告并给利害关系人造成损失的,应当认定会计师事务所与被审计单位承担连带赔偿责任。但从法律的实际执行情况来看,在2020年前,多数情况下会计师事务所就其过错大小被处以罚款或暂停业务惩罚,即使被投资者起诉,赔偿的金额也较小,对会计师事务所来说产生的“震慑”作用有限。但在2020年五洋债和康美药业财务造假案件中,法院分别判决大信会计师事务所和正中珠江会计师事务所承担100%连带赔偿责任;同时,正中珠江会计师事务所被注销。“正中珠江之殇”给注册会计师行业敲响了警钟。

(七)对投资者的保护在不断完善

1997年《中华人民共和国刑法》新增“提供虚假财务报告罪”,“琼民源”成为我国股票市场上第一起被刑事追诉的财务造假案,原任董事长马玉和因提供虚假财务报告而被判处有期徒刑3年。郑百文、达尔曼和康美药业的高管也被分别判刑。2020年,《中华人民共和国刑法修正案(十一)》独立规定了控股股东和实际控制人违规披露、不披露重要信息的刑事责任,并将“欺诈发行股票、债券罪”改为“欺诈发行证券罪”,扩大了对违法犯罪的打击范围,加大了司法层面的惩处力度。2020年3月1日《中华人民共和国证券法》建立了具有中国特色的证券集体诉讼制度,为中小投资者提供了低成本的维权渠道。“康美药业”是新政实施以来全国首例证券特别代表人诉讼案,是我国证券史上迄今为止判决赔付金额最高、获赔人数最多的案件,案件中涉及的中介机构和独立董事的民事赔偿连带责任等内容,引起了学术界与实务界的广泛关注。此外,2022年1月21日,最高人民法院发布了《最高人民法院关于审理证券市场虚假陈述侵权民事赔偿案件的若干规定》,取消了投资人诉讼前置程序,不再要求投资人必须在证券违法行为被行政处罚或者刑事判决后才能起诉,最大限度地降低了投资人的举证难度。这无疑更有利于保护中小投资者的利益。

本文经分析发现,三十多年来,公司的财务舞弊越来越严重,舞弊的手段越来越复杂,舞弊的动机越来越倾向于“谋利”，有些会计师事务所始终扮演着“帮凶”的角色，监管部门对舞弊的惩罚越来越重，会计师事务所承担的赔偿责任越来越大，对投资者的保护也越来越完善。

【案例思考题】

根据上述资料，请思考上市公司有哪些财务舞弊手段。上市公司进行财务舞弊可能带来哪些后果？

延伸阅读

复习思考题

1. 上市公司信息披露的内容有哪些？
2. 什么是分部报告？如何确定报告分部？
3. 什么是经营分部？经营分部与报告分部有何关系？
4. 什么是中期财务报告？
5. 中期财务报告的内容包括哪些？

第二篇

其他特殊业务会计

第九章 公允价值会计

学习目标

了解公允价值会计的产生背景，了解公允价值计量的优点和缺点，熟悉公允价值的三种估值技术，掌握公允价值的含义及其相关假设，掌握以公允价值计量且其变动计入当期损益的金融资产、投资性房地产以及非货币性资产交换的会计处理过程。

素养目标

“坚持运用辩证唯物主义和历史唯物主义，才能正确回答时代和实践提出的重大问题。”理解公允价值会计，需要结合其发展的历史脉络。通过案例启发学生，运用辩证法分析公允价值会计的兴起与发展，在透过表象把握本质的过程中，培养学生开放和包容的思维方式。

第一节　公允价值会计概述

一、公允价值会计的产生及发展

2008 年国际金融危机爆发后，公允价值计量受到全世界关注。为应对国际金融危机，二十国集团和金融稳定理事会提出建立一套全球统一的高质量会计准则。其中，公允价值计量准则就是与国际金融危机密切相关的重要准则之一。为响应二十国集团和金融稳定理事会提出的倡议，国际会计准则理事会加快了对公允价值计量准则项目的研究和制定工作，并于 2011 年 5 月 12 日发布了《国际财务报告准则第 13 号——公允价值计量》，重新定义了公允价值，制定了统一的公允价值计量框架，规范了公允价值的披露要求。同时，《国际财务报告准则第 13 号——公允价值计量》为其他国家或地区应用公允价值计量提供了有益参考。

随着我国市场经济体系建设的不断完善和企业会计准则体系在国内的广泛应用，公允价值计量在我国经济运行发展中所起的作用越来越重要。1998 年和 1999 年，我国在财政部颁布的“债务重组”“非货币性交易”“投资”等准则中首次引入公允价值的概念。但是随后因应用公允价值而导致企业利润操纵事件频频发生，2001 年财政部废止了公允价值在上述准则中的应用。2006 年 2 月，财政部发布新会计准则体系，提出在坚持历史成本的基础上适度谨慎地引入公允价值。目前，我国企业会计准则体系中关于公允价值计量的相关会计处理的规定散见于《企业会计准则第 3 号——投资性房地产》《企业会计准则第 5 号——生物资产》《企业会计准则第 8 号——资产减值》《企业会计准则第 10 号——企业年金基金》《企业会计准则第 16 号——政府补助》《企业会计准则第 20 号——企业合并》《企业会计准则第 22 号——金融工具确认和计量》等多项会计准则中。为了更加有效、统一地应用公允价值计量，实务界、监管部门等在会计准则执行过程中提出：有必要根据我国现有市场特征对公允价值计量制定相关的会计处理规定，并提供详尽的操作性指导。

课堂思考

公允价值计量在投资性房地产的会计处理中是如何应用的？

知识链接

为了适应社会主义市场经济发展的需要，规范企业公允价值的计量和披露，提高会计信息质量，根据《企业会计准则——基本准则》，财政部于 2014 年 1 月 26 日正式发布修订后的《企业会计准则第 39 号——公允价值计量》，并要求自 2014 年 7 月 1 日起在所有执行企业会计准则的企业范围内施行，鼓励在境外上市的企业提前执行。该准则共 13 章、53 条，规范了公允价值的定义，明确了公允价值计量的方法和级次，并对公允价值计量相关信息的披露做出具体规定。

二、公允价值会计产生的必然性

（一）适应金融创新的需要

主要以合约形式出现的金融衍生工具因不具有实物形态和货币形态，而且交易和事项大多并未实际发生，在历史成本计量方式下，只能等到合约真正履行或取消时，才可以对其进行会计处理，那么，企业在该金融衍生工具上的损益，实际上揭示的是一个累计数字。公允价值会计计量能很好地解决这个问题，其价值的确定并不取决于业务是否发生，只要双方一致同意，就可形成公允价值(脱手价格)。因此，公允价值能计量、反映金融衍生工具产生的权利和义务，同时将金融衍生工具的到期累积风险分散到其合约的存续期间，这符合稳健性原则。

（二）使会计收益更加真实、全面

传统的会计收益来自交易期间已实现的收入与相配比的费用之间的差额。经济学的收益概念除了包括会计收益外，还包括非交易和未实现的资产价值变动形成的利益或损失，较会计收益在内容上更加真实和全面。公允价值会计计量恰恰就是既要计量资产和负债在资产负债表中的公允价值，又要计量公允价值变动造成的收益和损失。这样可以弥补会计收益的不足而向经济收益看齐，更加准确地披露企业获得的现金流量，更确切地反映企业的经营能力、偿债能力及所承担的财务风险，更合理地反映企业的财务状况以及企业的真实收益，可以全面评价企业管理当局的经营业绩。

（三）有利于企业的资本保全

企业对生产过程中耗费的生产能力必须回购，以维持简单再生产和扩大再生产。如果采用历史成本计量，得出的金额在物价上涨的经济环境中，就购不回原来相应规模的生产能力。采用公允价值计量时，不管何时耗费的生产能力，一律按现行市价或未来现金流量现值计量，得出的金额即使在物价上涨的环境中也可以购回原来相应规模的生产能力，从而使企业的实物资本得到维护。

(四) 更加符合配比原则的要求

对非货币性资产而言，其计量的一个主要目标在于计算本期的收益。现行企业计算收益时，收入是按现行市价计量，成本、费用则按历史成本计量，收益包括劳动者创造的纯利润与由经济因素影响形成的价格差。现行的利润分配制度对这两者不加以区分，从而出现收益超分配、虚利实分的现象。采用公允价值会计计量，这种问题就能得到解决。在公允价值计量下，收益是现时收入与按公允价值计算的成本费用配比的结果，因而更能体现配比原则。

(五) 提高信息的决策有用性

由上述优点很容易看出，按公允价值计量提供的会计信息较按历史成本计量提供的会计信息更具有相关性，从而增强了信息对决策的有用性。按公允价值计量能为企业管理层、债权人、投资者等信息使用者提供更为相关的会计信息，避免因历史成本无法反映未实现利得或损失而做出错误判断，从而为他们的经营决策提供更有力的支持。

从广义上说，金融工具和其他许多资产均存在于活跃和不活跃的市场。网络的发展使得人们可以在更短的时间内获得市场数据，且信息获取成本下降；与此同时，得益于统计模型的进步，公允价值估值变得更加容易。这些进步致使投资者和其他数据使用者对发展公允价值会计提出了更高的需求。然而，由于实施公允价值存在的困难以及使用公允价值导致的净利润的波动性，公允价值的推行受到了管理层的严重阻挠。因此，问题的关键不在于会计计量应该单一地使用历史成本还是公允价值，而在于如何通过混合的计量模型来确定资产、负债和权益的价值。

课堂思考

为什么使用公允价值计量会导致净利润的波动?

第二节　公允价值的含义及其相关假设

随着经济业务的不断发展和创新，以及财务报表使用者对财务信息相关性、及时性需求的日益增长，公允价值在真实反映交易实质、及时提供价值信息、揭示相关风险等方面显得越来越重要，因而在财务报告中得到了广泛的应用。我国在企业会计准则体系建设中也越来越重视公允价值的应用。

一、公允价值的含义

2014 年 1 月 26 日正式发布、2014 年 7 月 1 日起施行的《企业会计准则第 39 号——公允价值计量》中，对公允价值的定义等进行了修改和完善，进一步规范了我国企业会计准则中公允价值的计量和披露，并保持我国企业会计准则与国际财务报告准则的持续趋同。

公允价值，是指市场参与者在计量日发生的有序交易中，出售一项资产所能收到或者转移一项负债所需支付的价格，即“脱手价格”(exit price)。在计量日，企业无论能否观察到相关资产或负债的交易价格或者其他市场信息，其公允价值计量的目标都应当保持一致，即估计市场参与者在计量日的有序交易中出售一项资产或者转移一项负债的价格。

课堂思考

交易价格是否等同于“脱手价格”?

二、公允价值计量的相关假设

公允价值及公允价值计量以相关假设为前提。企业应当从市场参与者的角度计量相关资产或负债的公允价值,而不应考虑企业自身持有资产、清偿负债或以其他方式履行负债的意图和能力。企业以公允价值计量相关资产或负债,应当假定计量日出售资产或者转移负债的有序交易发生在主要市场(或者不存在主要市场情况下的最有利市场)中,并且,在当前情况下适用且有足够可利用数据和其他信息支持的估值技术,如市场法、收益法和成本法等。企业应当优先使用相同资产或负债在活跃市场的公开报价(第一层次输入值),最后使用不可观察输入值(第三层次输入值)。

(一)“脱手价格”假设

公允价值是出售一项资产所能收到或者转移一项负债所需支付的价格。在此定义中,资产要“出售”、负债要“转移”,实际上意味着公允价值是指资产或负债的“脱手价格”,而非“进入价格”(entry price)。

1. “脱手价格”与“进入价格”的区别

理论上,“脱手价格”与“进入价格”是两个不同的价格。传统会计比较重视“进入价格”,而对“脱手价格”相对陌生。在企业取得资产或者承担负债的交易中,交易价格是取得该项资产所支付或者承担该项负债所收到的价格,这个价格在理论上被称为“进入价格”。换言之,“进入价格”是指在一项交易中为取得资产而支付或为承担负债而收取的价格。例如,企业支付300万元购入一台生产用设备,那么,该资产的交易价格(“进入价格”)为300万元;企业取得银行借款500万元,那么,该负债的交易价格(“进入价格”)为500万元。相反,“脱手价格”是出售该项资产所能收到或者转移该项负债所需支付的价格。例如,企业出售一项资产,售价为300万元,那么,该资产的“脱手价格”(公允价值)为300万元;如果甲公司(债务人)欠乙公司(债权人)500万元,假定丙公司同意承担甲公司的此项债务,为此甲公司需要向丙公司支付510万元,则该负债的“脱手价格”(公允价值)为510万元。

2. 使用“脱手价格”计量公允价值

国际会计准则理事会(IASB)认为,资产或者负债的“脱手价格”体现了持有资产或承担负债的市场参与者在计量日对该资产或负债相关的未来现金流入和流出的预期。企业通过资产的使用或出售获得资产产生的现金流入,即使企业打算通过资产的使用而非出售来获得资产产生的现金流入,“脱手价格”也能够通过向将以相同方式使用资产的市场参与者出售该资产来体现从该资产的使用获得现金流量的预期。这是因为,作为买方的市场参与者只会支付其预期将从资产的使用(或出售)获得的利益。所以,不论企业是打算使用还是出售资产,“脱手价格”都是资产公允价值的合适定义。类似地,负债将因企业在一定期间履行义务或者将义务转移给另一方时导致现金(或其他经济资源)的流出。因此,国际会计准则理事会认为,不论企业是打算履行义务,还是将义务转移给将履行义务的另一方,“脱手价格”总是负债公允价值的合适定义。

3. 资产和负债的初始计量价格

资产和负债的初始计量价格均假定按照交易价格(进入价格)入账,除非其他相关会计准则要求或者允许企业以公允价值对相关资产或负债进行初始计量。在按公允价值进行初始计量时,由于交易价格一般等于其公允价值,因此一般不会产生差额。但是,在特殊情况下(例如,交易是不公允的情况),如果交易价格与公允价值不相等,差额就应当按照会计准则的要求进行处理，如果会计准则对此未做出明确规定，企业就应当将该差额计入当期损益。例如，企业为取得一项资产支付了100万元，其公允价值为105万元，若会计准则要求按照公允价值计量该资产，那么在初始计量时就应当确认利得（营业外收入）5万元；反之，如果公允价值为99万元，那么在初始计量时就应当确认损失（营业外支出）1万元。

知识链接

课堂思考

哪些特殊情况下的交易是不公允的？

4.“出售”资产和“转移”负债的假定

企业并不需要真的出售资产或转移负债，“出售”资产或“转移”负债仅仅是一项假定。企业以公允价值计量资产，应当假定资产被出售后由市场参与者按最佳用途继续使用；企业以公允价值计量负债，应当假定在计量日将该负债转移给其他市场参与者，而且该负债在转移后继续存在，并由作为受让方的市场参与者履行义务。

（二）市场参与者假设

公允价值不是特定企业的公允价值，而是站在市场参与者的角度确定的公允价值。也就是说，公允价值是基于市场的计量，不是基于特定企业的计量。在计量公允价值时，企业应当使用市场参与者在当前市场条件下对资产和负债进行定价时为实现其经济利益最大化所使用的假设。因此，在计量公允价值时，企业持有资产、偿还或以其他方式履行负债的意图并不相关。

【例9-1】 甲公司是一家日化企业，取得了竞争对手乙公司100%的股权，并对乙公司进行吸收合并。甲公司决定不再使用乙公司的商标，所有产品统一使用甲公司的商标。乙公司商标声誉良好，对其他企业而言具有价值，能够产生经济利益。甲公司以公允价值计量该商标时，不能因为乙公司自身放弃使用该商标，就将其公允价值确定为零，而应当基于将该商标出售给熟悉情况、有意愿且有能力进行交易的其他市场参与者的价格确定其公允价值。

市场参与者必须是相关资产或负债的主要市场（或最有利市场）中的市场参与者，而且必须同时具备以下三个特征：

1. 相互独立

市场参与者应当是相互独立的，不存在关联方关系。但是，如果有证据表明，关联方之间的交易是按照市场条款达成的，则关联方之间的交易可以作为市场参与者之间的交易，交易价格可作为公允价值计量的基础。例如，甲公司是乙公司的母公司。2023年12月31日，甲公司与乙公司签订股份转让协议，以每股5元的协议价格受让乙公司持有的某上市公司300万股普通股股票，并作为交易性金融资产持有。12月31日，该上市公司普通股股票的公开市场报价（收盘价）为每股4.56元。由于甲公司和乙公司之间存在控制与被控制的关系，其签订的股份转让协议价格明显高于公开市场报价，因此，甲公司与乙公司的交易不能作为市场参与者之间的交易，该交易价格也不能作为计量相关资产公允价值的基础。但是，如果甲公司与乙公司达成的股份转让协议的价格为每股4.56元，与公开市场报价相等，甲公司与乙公司之间的交易就可视为市场参与者之间的交易，其交易价格能够作为计量相关资产公允价值的基础。

2. 信息充分

市场参与者应当熟悉情况，能够根据可取得的信息对相关资产或负债以及交易具有合理认知。作为理性的市场参与者，如果有意进行资产或负债的交易，其就将付出包括通常和常规性的尽职调查在内的努力，以熟悉资产或负债的有关情况，并且将相关风险纳入计量范围。

3. 有能力且自愿交易

市场参与者应有能力且有意图参与交易。市场参与者是理解公允价值计量的一个关键假设，因为公允价值计量要求从市场参与者的角度出发，考虑市场参与者对资产的最佳使用，考虑市场参与者估值时使用的所有假设。因此，企业确定公允价值时，绝不能局限于企业自身资产、负债的现状来估值，而必须放眼市场环境，切实从市场参与者的角度来考虑问题。

(三) 最佳用途假设

计量非金融资产的公允价值，应当考虑市场参与者将该资产用于最佳用途以产生经济利益的能力，或者将该资产出售能够给用于最佳用途的其他市场参与者产生经济利益的能力。

所谓“最佳用途”，是指市场参与者实现一项非金融资产或其所属的资产和负债组合的价值最大化时该非金融资产的用途。最佳用途是评估行业在非金融资产(例如，房地产等)评估中使用的估值概念，也称“最高最佳使用”。

【例 9-2】 A公司收购B公司，B公司有三块相邻的土地，都可以建造房屋等建筑物，是企业合并的一部分。这三块土地可以单独出售，每块售价为500万元。这三块土地也可以整体打包出售。该区域的停车资源非常稀缺，带有停车场的楼盘的售价要比没有停车场的楼盘高很多。如果在这三块土地中，两边的两块土地用于建造房屋等建筑物，中间的土地用于建造停车场，则三块土地的整体售价会更高，可以卖到2 000万元。

这三块土地的最佳用途是把其整体建造成一个带有停车场的楼群。因此，这三块土地的公允价值为2 000万元。

确定非金融资产的最佳用途时，应注意以下几个方面的问题：

第一，企业确定非金融资产的最佳用途，应当考虑法律上是否允许、实物上是否可能以及财务上是否可行等因素。

企业判断非金融资产的用途在法律上是否允许，应当考虑市场参与者在对该资产定价时考虑的资产使用在法律上的限制。例如，如果政府禁止在生态保护区内进行房地产开发和经营，则该保护区内的土地的最佳用途不可以是工业或者商业用途的开发。企业判断非金融资产的用途在实物上是否可能，应当考虑市场参与者在对该资产定价时考虑的资产实物特征。例如，一栋建筑物能否作为仓库使用。企业判断非金融资产的用途在财务上是否可行，应当考虑在法律上允许且实物上可能的情况下，使用该资产能否产生足够的收益或现金流量，从而在补偿使资产用于该用途所发生的成本后，仍然能够满足市场参与者所要求的投资回报。

第二，企业应当从市场参与者的角度确定非金融资产的最佳用途。也就是说，企业应当从市场参与者的角度判断该资产的最佳用途是单独使用、与其他资产组合使用还是与其他资产和负债组合使用。

知识链接

第三，企业对非金融资产的现行用途通常可以视为最佳用途，除非市场因素或者其他因素表明，市场参与者按照其他用途使用该资产可以实现价值最大化。

【例 9-3】 20×1年12月1日，甲公司在非同一控制下的吸收合并中取得一块土地的使用权。该土地在合并前被作为工业用地，一直用于出租。甲公司取得该土地的使用权后，仍将其用于出租。甲公司以公允价值计量其拥有的投资性房地产。

20×1 年 3 月 31 日，邻近的一块土地被开发用于建造住宅，作为高层公寓大楼的住宅用地使用。由于本地区的区域规划自 20×1 年 1 月 1 日以来已经做出调整，因此甲公司确定，在履行相关手续后，可将该土地的用途从工业用地变为住宅用地。因为市场参与者在对该土地进行定价时，将考虑该土地可作为住宅用地进行开发的可能性，所以该土地的最佳用途将通过比较以下两项确定：

(1) 该土地仍用于工业用途（该土地与厂房结合使用）的价值。

(2) 该土地作为用于建造住宅的空置土地的价值，同时应考虑将该土地变为空置土地而必须发生的拆除厂房成本及其他成本。

该土地的最佳用途应根据上述两个价值的较高者确定。假定该土地现用于工业用途的价值是 700 万元，用于建造住宅时其价值是 1 000 万元，同时，必须发生的拆除厂房成本及其他成本为 200 万元。该土地使用权的公允价值应当为 800 万元[1 000－200＝800(万元)＞700 万元]。

(四) 计量日假设

由公允价值的定义可知，公允价值计量中的所谓“公允价值”，是指“计量日”的公允价值，而不是交易日的公允价值，更不是未来某个时点的公允价值。因此，公允价值是指“现行价值”，而不是指历史成本或者重置成本。

课堂思考

什么是历史成本和重置成本？

公允价值的计量目标不同，“计量日”也会有差异。一般而言，会计准则要求资产或负债按公允价值进行初始计量的，计量日就是初始确认日；会计准则要求资产或负债按公允价值进行后续计量的，计量日就是资产负债表日。

(五) 有序交易假设

企业以公允价值计量相关资产或负债，应当假定市场参与者在计量日出售资产或者转移负债的交易，是在当前市场条件下的“有序交易”。

企业应用于相关资产或负债公允价值计量的有序交易，是在计量日前一段时间内该资产或负债具有惯常市场活动的交易，不包括被迫清算和抛售。

清算价格一般是指企业由于破产和其他原因，被要求在一定期限内将特定资产快速变现的价格，一般适用于企业破产、抵押、停业清理等情况下的资产价格计量。显然，清算价格是以企业非持续经营为前提，公允价值却是以资产被市场参与者持续使用、负债依然存在但被其他市场参与者履行为前提。如果某市场具有以下特征，则一般表明市场交易为非有序交易：市场信息披露不足、销售给单一市场参与者、卖方财务困难、卖方被迫交易或者成交价格偏离市场价格。

知识链接

(六) 主要市场假设

企业以公允价值计量相关资产或者负债，应当假定出售资产或转移负债的有序市场交易在该资产或负债的主要市场进行。不存在主要市场的，企业应当假定该交易在相关资产或负债的最有利市场进行。

1. 主要市场

主要市场,是指相关资产或负债交易量最大和交易活跃程度最高的市场。判断一个市场是不是主要市场,主要是考虑交易量和交易活跃程度两个因素。通常情况下,企业正常进行资产出售或者负债转移的市场可以视为主要市场(或最有利市场)。如果出现以下情况,则一般视为市场不活跃:近期较少发生交易、报价没有反映市场最新信息、买卖价差显著增加、市场新产品减少或消失或较少公开信息。

知识链接

2. 最有利市场

不存在主要市场或者无法确定主要市场的,企业应当以相关资产或负债最有利市场的价格为基础,计量其公允价值。需要注意的是,在使用最有利市场的情况下,确定公允价值时,不应考虑交易费用,但应考虑运输费用。因为"交易"行为并非资产或负债本身的特征,地理位置却是资产(特别是非金融资产)的重要特征。

【例 9-4】 假定甲公司制造并销售 A 产品,A 产品存在两个市场:(1) 出口市场。甲产品在出口市场上的售价比较高,但出口数量受到政府出口管制的限制,国内每个制造生产商每年需要向政府申请出口配额。(2) 国内市场。A 产品在国内市场的售价比较低,但销售数量不受政府管制。甲公司制定的销售策略如下:尽可能获取出口配额,扩大出口销售,剩下的(大部分)销往国内市场。

对甲公司而言,出口市场显然是最有利市场,原因是出口市场使其获取的毛利更高。但是,甲公司的 A 产品主要销往国内市场,国内市场是其主要市场。因此,甲公司应当以国内市场的价格来确定 A 产品的公允价值。

【例 9-5】 20×1 年 12 月 31 日,A 公司在非同一控制下的企业合并业务中获得一批存货(100 吨某原材料)。在合并日,A 公司应当以公允价值计量这批存货。根据市场交易情况,该原材料在甲城市和乙城市有两个活跃的交易市场。A 公司能够进入这两个市场,并且能够取得该存货在这两个市场的交易数据,如表 9-1 所示。

表 9-1 **20×1 年 12 月 31 日该原材料的市场交易数据**

市　场	销售价格(万元/吨)	历史成交量(万吨)	交易费用(万元)	运输费用(万元)
甲城市	26	980	300	20
乙城市	28	20	320	40

A 公司根据市场交易数据能够确定甲城市的市场拥有最大交易量,交易活跃程度最高,判定甲城市的市场为该原材料的主要市场。因此,A 公司应当以甲城市的市场价格为基础估计这批存货的公允价值。

A 公司在估计这批存货的公允价值时,应当使用在主要市场中出售该原材料将收到的价格,并考虑运输费用,但不考虑交易费用。因此,这批存货的公允价值计量应使用甲城市市场中的价格(2 600 万元),减去运输费用(20 万元),这批存货的公允价值为 2 580 万元。

【例 9-6】 承例 9-5,如果 A 公司无法获得这批存货在甲城市和乙城市的历史交易量,则如何确定该批存货的公允价值?

如果A公司无法获得这批存货在甲城市和乙城市的历史交易量，则A公司应当在考虑交易费用和运输费用后将能够获得经济利益最大化的市场确定为最有利市场，即在该市场中出售这批存货收到的净额最高。

由于市场参与者在乙城市的市场中出售该存货能够收到的净额为2 440万元(2 800—320—40)，高于在甲城市的市场中出售该存货能够收到的净额2 280万元(2 600—300—20)，因此，在A公司无法确定主要市场的情况下，乙城市的市场为最有利市场，A公司应当以乙城市的市场价格为基础估计这批存货的公允价值。

A公司估计这批存货的公允价值时，应当使用最有利市场的价格，并考虑运输费用，但不考虑交易费用，即乙城市的市场价格(2 800万元)减去运输费用(40万元)，这批存货的公允价值为2 760万元。

(七) 市场法和观察输入值优先假设

企业以公允价值计量相关资产或负债，使用的估值技术主要包括市场法、收益法和成本法。在应用估值技术时，应当优先使用相关可观察输入值，只有在相关可观察输入值无法取得或取得不切实可行的情况下，才可以使用不可观察输入值。上述规定意味着，企业在公允价值估值时，应优先采用市场法，在采用市场法不切实可行的情况下，再依次采用收益法和成本法；在采用各种估值技术时，应优先采用可观察输入值，其次采用不可观察输入值。因为进行公允价值估值时，总是假定市场数据更为客观，认为市场数据更能准确地反映市场参与者进行交易时考虑的各种因素。

【例9-7】 20×1年10月31日(合并日)，A公司在非同一控制下的企业合并中获得一台可辨认的机器。按照《企业会计准则第20号——企业合并》的要求，A公司需要估计该资产在20×1年10月31日的公允价值。被合并方最初通过外购取得该机器，并对该机器进行了小范围的特定配置，以适用于自身经营。A公司自取得该机器后将其用于生产经营。A公司发现，该资产将在安装或配置后通过与其他资产结合使用为市场参与者提供最大价值，并且没有证据表明该机器的当前用途不是最佳用途。因此，该机器的最佳用途是与其他资产相结合的当前用途。

假定A公司可获得应用市场法和成本法的充分数据。考虑到A公司无法通过该机器取得单独可辨认收入作为未来现金流量的可靠估计，并且A公司无法获得类似二手机器的租赁费率(资产剩余服务寿命内的租赁付款额)用于预测该机器的未来收入，因此，A公司未使用收益法。

A公司关于市场法和成本法的应用如下：

(1) A公司应用市场法时，采用类似机器的报价，并对该配置后的机器与类似机器之间的差异进行调整。该计量反映了机器按其当前状况(二手机器)及(为安装或配置)地点出售将收到的价格。采用该方法所得到的该机器在20×1年10月31日公允价值的范围为50万～60万元。

(2) A公司应用成本法时，需要估计当前建造具有类似用途并且经过配置后的替代机器所需的金额。A公司应当考虑机器的现状、机器运行所处的环境，包括实体性损耗(实体磨损)、功能性损耗(技术改进)、经济性贬值(如类似机器市场需求的下降)以及安装成本。A公司采用成本法确定该机器在20×1年10月31日的公允价值范围为50万～65万元。

综上所述，对A公司而言，市场法得出的公允价值范围内的最高值最能代表机器的公允价值，并因此赋予采用市场法得出的结果更多权重。这一决定是基于输入值的相对主观性做出的,并考虑了该机器与类似机器之间的可比程度。特别是与成本法所使用的输入值相比,市场法所使用的输入值(类似机器的报价)仅需做出较少的主观调整,加之市场法得出的公允价值范围与成本法得出的公允价值范围重叠,但范围更窄,该范围内不存在任何(该机器与类似机器之间)已知的无法合理解释的差额,因此,A 公司确定的该机器的公允价值为 60 万元。

第三节　估值技术

一、估值技术概述

估值技术通常包括市场法、收益法和成本法。企业应当根据实际情况从这三种方法中选择一种或多种估值技术,用于估计相关资产或负债的公允价值。对企业而言,除在活跃市场上存在相同资产或负债的公开报价外,并没有相关准则规定其应当选用何种估值技术。相关资产或负债存在活跃市场公开报价的,企业应当优先使用该报价来确定该资产或负债的公允价值。

(一) 市场法

市场法是利用相同或类似的资产、负债或资产和负债组合的价格以及其他相关市场交易信息进行估值的技术。企业采用市场法估计相关资产或负债公允价值的,可利用相同或类似资产、负债或资产和负债的组合(例如,一项业务)的价格与其他相关市场交易信息进行估值。

企业在采用市场法时,应当以市场参与者在相同或类似资产出售中能够收到或者转移相同或类似负债需要支付的公开报价为基础。企业在市场价格或其他相关市场交易信息基础上,应当根据该资产或负债的特征,例如,当前状况、地理位置、出售和使用的限制等,对相同或类似的资产或负债的市场价格进行调整,以确定该资产或负债的公允价值。

【例 9-8】 20×1 年 7 月 1 日,A 公司购买 B 上市公司 100 万股普通股股票,共支付 500 万元,假定不考虑相关税费。A 公司将对 B 上市公司的投资作为交易性金融资产持有。20×1 年 12 月 31 日,B 上市公司普通股股票的收盘价为每股 4.8 元。

A 公司在编制 20×1 年度财务报表时,采用市场法确定其持有的对 B 上市公司投资的公允价值。根据 B 上市公司普通股股票于 20×1 年 12 月 31 日的收盘价,A 公司对 B 上市公司投资的公允价值为 480 万元(4.8×100)。

企业在采用市场法时,除直接使用相同或类似资产或负债的公开报价外,还可能使用市场乘数法等估值方法。市场乘数法是一种使用可比企业市场指数估计公允价值的方法,包括上市公司比较法、交易案例比较法等。企业采用上市公司比较法时,可使用的市场乘数包括市盈率、市净率和企业价值/税息折旧及摊销前利润乘数等。企业应当进行职业判断,考虑与计量相关的定性和定量因素,选择恰当的市场乘数。

知识链接

(二) 收益法

收益法是企业将未来金额转换成单一现值的估值技术。企业采用收益法时,应当反映市场参与者在计量日对未来现金流量或者收入、费用等金额的预期。企业采用的收益法包括现金流量折现法、多期超额收益折现法、期权定价模型等估值方法。

【例 9-9】 20×1 年 12 月 31 日,甲商业银行从全国银行间债券市场购入乙公司发行的中期票据,将其作为其他债权投资持有。该票据的信用评级为AAA，期限为7年，自20×1年12月31日起至20×8年12月31日。票面价值为100元，票面利率为5%。假定起息日为20×1年12月31日，以后每年的付息日均为12月31日，且乙公司长期信用评级为AAA。20×1年12月31日，甲商业银行能够从中央国债登记结算有限责任公司公布的相关收益率曲线确定相同信用评级、相同期限债券的市场回报率为6%。

20×2年12月31日，甲商业银行可根据该中期票据约定的合同现金流量(利息和本金)，运用市场回报率进行折现，得到对乙公司中期票据投资的公允价值为1 001万元，如表9-2所示。

表9-2　　公允价值计算表

金额单位：万元

年　份	20×2	20×3	20×4	20×5	20×6	20×7	20×8	合　计
现金流量	50	50	50	50	50	50	1 050	
折现率(6%)	1	0.943 4	0.890 0	0.839 6	0.792 1	0.747 3	0.705 0	
现值	50	47.2	44.5	42	39.6	37.4	740.3	1 001

(三) 成本法

成本法，是反映当前要求重置相关资产服务能力所需金额的估值技术，通常是指现行重置成本。在成本法下，企业应当根据折旧贬值情况，对市场参与者获得或购建具有相同服务能力的替代资产的成本进行调整。折旧贬值包括实体性损耗、功能性贬值和经济性贬值。企业主要使用现行重置成本法估计与其他资产或其他资产和负债一起使用的有形资产的公允价值。

【例9-10】 A公司于20×1年1月1日购买了一台数控设备，其原始成本为400万元，预计使用寿命为20年。20×3年，该数控设备生产的产品有替代产品上市，导致A公司产品市场份额骤降30%。20×3年12月31日，A公司决定对该数控设备进行减值测试，根据该数控设备的公允价值减去处置费用后的净额与预计未来现金流量现值较高者确定可收回金额。根据可获得的市场信息，A公司决定采用重置成本法估计该数控设备的公允价值。

A公司在估计公允价值时，因无法获得该数控设备的市场交易数据，也无法获得其各项成本费用数据，所以采用以设备历史成本为基础，根据同类设备的价格上涨指数来确定公允价值的物价指数法。假设自20×1年至20×3年，此类数控设备的价格指数按年分别为上涨5%、2%和5%。此外，在考虑实体性贬值、功能性贬值和经济性贬值后，在购买日该数控设备的成新率为60%。

根据重置成本法，A公司估计该数控设备的公允价值如下：

$400\times1.05\times1.02\times1.05\times60\%=270$(万元)

二、输入值

企业以公允价值计量相关资产或负债，应当考虑市场参与者在对相关资产或负债进行定价时所使用的假设，包括有关风险的假设，例如，所用特定估值技术的内在风险等。市场参与者使用的假设即输入值，可分为可观察输入值和不可观察输入值。

企业使用估值技术时，应当优先使用可观察输入值，仅当相关可观察输入值无法取得或取得不切实可行时，才使用不可观察输入值。

三、公允价值层次

为提高公允价值计量和相关披露的一致性和可比性,企业应当将估值技术所使用的输入值划分为三个层次,并优先使用活跃市场上相同资产或负债未经调整的报价即第一层次输入值,最后使用不可观察输入值即第三层次输入值。

(一) 第一层次输入值

第一层次输入值是企业在计量日能够取得的相同资产或负债在活跃市场上未经调整的报价。活跃市场,是指相关资产或负债交易量及交易频率足以持续提供定价信息的市场。

在活跃市场上,交易对象具有同质性,可随时找到自愿交易的买方和卖方,并且市场价格信息是公开的。当交易量和交易活动显著下降、可获得的价格因时间或市场参与者不同存在显著差异、可获得的价格并非当前价格时,当前市场可能不是活跃市场。在活跃市场中,企业应当能够易于且可定期从交易所、交易商、经纪人、行业集团、定价机构或监管机构等获得相关资产或负债的报价。企业从活跃市场获得的这些报价,应当能够代表在公平交易基础上实际并经常发生的市场交易。异常的市场报价不应作为第一层次输入值,例如,债券交易中出现的频繁对敲交易形成的市场价格。

(二) 第二层次输入值

第二层次输入值是除第一层次输入值外相关资产或负债直接或间接可观察的输入值。对具有合同期限等特定期限的相关资产或负债,第二层次输入值必须在其几乎整个期限内是可观察的。第二层次输入值包括活跃市场中类似资产或负债的报价、非活跃市场中相同或类似资产或负债的报价、除报价以外的其他可观察输入值(包括在正常报价间隔期间可观察的利率和收益率曲线等)、市场验证的输入值等。市场验证的输入值,是指通过相关性分析或其他手段,主要来源于可观察市场数据的输入值或者经过可观察市场数据验证的输入值。

企业以公允价值计量相关资产或负债的,类似资产或负债在活跃市场和非活跃市场中的报价为该资产或负债的公允价值计量提供了依据,但企业需要对该报价进行调整。企业在确定哪些资产或负债与相关资产或负债类似时,需要进行判断。

(三) 第三层次输入值

第三层次输入值是相关资产或负债的不可观察输入值,包括不能直接观察和无法由可观察市场数据验证的利率、股票波动率、企业合并中承担的弃置义务的未来现金流量、企业使用自身数据做出的财务预测等。

企业只有在相关资产或负债几乎很少存在市场交易活动,导致相关可观察输入值无法取得或取得不切实可行的情况下,才能使用第三层次输入值,即不可观察输入值。但企业计量公允价值的目标仍应当保持不变,即从持有资产或承担负债的市场参与者角度确定资产或负债在计量日有序交易中的脱手价格。因此,企业使用不可观察输入值仍应当反映市场参与者给资产或负债定价时使用的假设,包括有关风险的假设,例如,特定估值技术及其输入值的固有风险的假设等。

第四节　公允价值计量的运用

一、初始确认时的公允价值

在对相关资产或者负债进行初始确认时,只有在其他相关准则要求以公允价值确认的情况下，才需要参照《企业会计准则第39号——公允价值计量》。但目前绝大多数准则规定直接采用交易价格入账，主要原因在于，如果采用公允价值计量，就会在付出价款即交易价格与取得相关资产或负债的公允价值之间出现差额，即首日损益，而大多数企业并不愿意在交易当日就确认损益。因此，当相关资产或负债的交易价格与初始确认时的公允价值不相等时，如果其他相关准则提供了关于首日损益的指南，就参照相关准则的规定来决定是否确认首日损益；如果其他相关准则并未对首日损益做出具体规定，则参照《企业会计准则第39号——公允价值》直接确认首日损益。

二、运用于非金融资产

对非金融资产公允价值的确认，在满足实务上可能、法律上允许以及财务上可行这些条件的前提下且一般取最佳用途的情况下，将主要参与者赋予该项资产或负债的价值作为其公允价值进行确认。例如，出售一块土地，能将其使用得最好即达到最佳用途的人会购买且给出最高的报价，从而会形成交易以及交易价格，该交易价格便可作为该项资产的公允价值入账。再如，拥有一块土地的使用权，公司决定在该土地上建造仓库用于存放商品，但由于经营不善造成亏损，对该土地的使用并未达到最佳用途。而其他投资者也许会考虑将该仓库用于出租，当出租的收益大于成本时可给公司带来盈利，从而达到该土地的最佳用途。按公司自用的效果来评估，该土地只估值为100万元，而市场参与者认为按其他投资者的使用效果来看，该土地价值为500万元，此时，应取500万元即最佳用途情况下市场参与者赋予的价值作为该项土地资产的公允价值。

三、运用于负债和企业自身权益工具

在对负债和企业自身权益工具的公允价值进行确认时，首先看是否存在转移负债可观察的市场价格。但由于各企业信用风险不同，即使负债方计划转移负债，相关债权人一般也不予同意，因此，资本市场上负债转移的情况很少见。当观察不到相关负债转移价格时，可将该项负债相对应的资产如某债券所对应的债券资产市场上的报价做参照来计量该项负债的公允价值。在某些特殊情况下，如对应资产类似但不完全相同、出售受到限制、计量单元不同导致对应资产的特征不适用于相关负债，则需要对观察到的报价进行调整后用于相关负债的公允价值计量。如果既不存在可观察的市场价格，也不存在可参照的对应资产，则企业可以站在负债承担方如债券发行方的角度，采用估值技术对相关负债的公允价值进行确认，估值技术的具体运用和计量原则如图9-1所示。这一方法同样适用于企业自身的权益工具。

对负债的公允价值进行计量时，还需要考虑发行人信用风险的问题。发行人信用风险变化所导致的负债公允价值变动部分不能计入当期损益，应当计入其他综合收益。例如，某债券市价下跌，如果在这个时候转移负债，负债方需要付出的代价就会相对小，同时产生收益。但是如前所述，由于债权人一般不会同意债务人转移负债，负债低价转移的可能性不大，则该项收益不太可能实现，因此，《企业会计准则第39号——公允价值计量》不再允许将该项收益计入当期损益，而是规定将其计入其他综合收益，从而不再对当期利润产生影响。

此外，对具有随时要求偿还特征的金融负债如活期存款，准则要求其公允价值不能低于债权人随时要求偿还的应付金额。这一规定主要适用于金融机构，旨在保护广大储户的利益，确保储户可随时支取的存款金额不会受到公允价值计量波动的影响。

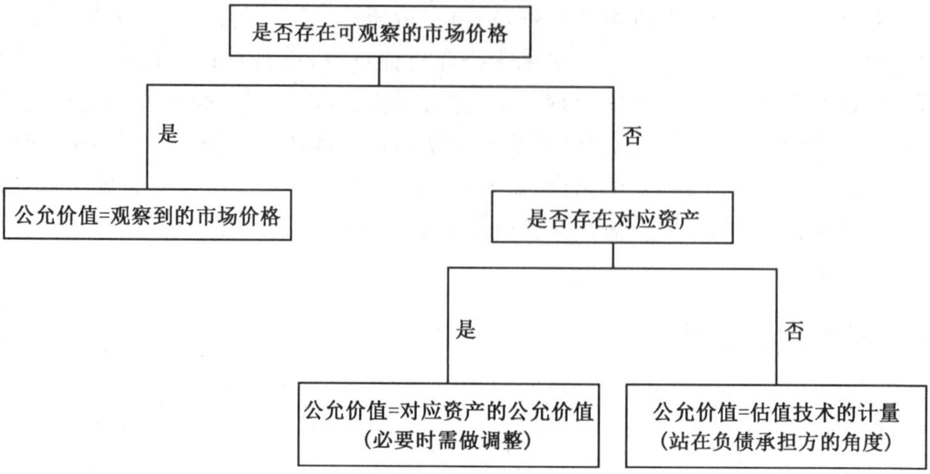

图 9-1 估值技术的具体运用和计量原则

四、运用于金融工具

《企业会计准则第 39 号——公允价值计量》中指出,对金融工具公允价值的计量,可以计量日市场参与者在市场上进行有序交易时出售资产或转移负债的价值作为参照值来计量金融资产和金融负债的公允价值。该规定沿袭了《国际会计准则第 39 号——金融工具:确认和计量》的规定,即可以金融资产的投标价即卖出价和金融负债的出标价即买入价为依据,取投标价与出标价之间最能反映公允价值的价格来计量相关金融工具组合的公允价值。企业可以考虑采用市场参与者在实务中使用的投标价与出标价之间的中间价或采用其他定价惯例来计量相关金融资产或负债。对此,《企业会计准则第 39 号——公允价值计量》并未做出任何限制。

第五节 公允价值会计示例

随着公允价值计量属性逐渐被重视和关注,公允价值会计也日益成为会计领域研究的热点,下面我们简单举例说明公允价值会计在金融资产、投资性房地产以及非货币性资产交换等会计处理中的应用。

一、以公允价值计量且其变动计入当期损益的金融资产

(一)以公允价值计量且其变动计入当期损益的金融资产概述

企业应当根据其管理金融资产的业务模式和金融资产的合同现金流量特征,对金融资产进行合理分类。金融资产一般划分为以下三类:(1)以摊余成本计量的金融资产;(2)以公允价值计量且其变动计入其他综合收益的金融资产;(3)以公允价值计量且其变动计入当期损益的金融资产。同时,企业应当结合自身业务特点和风险管理要求,对金融负债进行合理分类。对金融资产和金融负债的分类一经确定,就不得随意变更。企业常见的投资产品,如股票、基金、可转换债券等,通常应当分类为以公允价值计量且其变动计入当期损益的金融资产。

企业应当设置“交易性金融资产”科目用以核算分类为以公允价值计量且其变动计入当期损益的金融资产。企业持有的指定为以公允价值计量且其变动计入当期损益的金融资产,可在“交易性金融资产”科目下单设“指定类”明细科目核算。

课堂思考

需要满足哪些特定条件，才可以在初始确认时指定为以公允价值计量且其变动计入当期损益的金融资产？

（二）以公允价值计量且其变动计入当期损益的金融资产的会计处理

以公允价值计量且其变动计入当期损益的金融资产初始确认时，应按公允价值计量相关交易费用，直接计入当期损益。企业取得以公允价值计量且其变动计入当期损益的金融资产所支付的价款中，包含已宣告但尚未发放的现金股利或已到付息期但尚未领取的债券利息的，应当单独确认为应收项目。在持有期间取得的利息或现金股利，应确认为投资收益。

知识链接

资产负债表日，企业应将以公允价值计量且其变动计入当期损益的金融资产或金融负债的公允价值变动计入当期损益；处置该金融资产或金融负债时，其公允价值与初始入账金额的差额应确认为投资收益，同时调整公允价值变动损益。

【例 9－11】 20×1 年 5 月 10 日，甲公司支付价款 1 380 000 元从二级市场购入乙公司发行的股票 100 000 股，每股价格 13.8 元(含已宣告尚未发放的现金股利 0.8 元)，另支付交易费用 1 000 元。甲公司将持有的乙公司股权划分为交易性金融资产，且持有乙公司股权后对其无重大影响。

甲公司的其他相关资料如下：

(1) 5 月 21 日，收到乙公司发放的现金股利；

(2) 6 月 30 日，乙公司股票价格涨到每股 16 元；

(3) 8 月 13 日，将持有的乙公司股票全部售出，每股售价 18 元。

假定不考虑其他因素，甲公司的账务处理如下：

5 月 10 日，购入乙公司股票时：

借：交易性金融资产——成本　1 300 000
　　应收股利　80 000
　　投资收益　1 000
　　贷：银行存款　1 381 000

5 月 21 日，收到乙公司发放的现金股利时：

借：银行存款　80 000
　　贷：应收股利　80 000

6 月 30 日，确认股票价格变动时：

借：交易性金融资产——公允价值变动　300 000
　　贷：公允价值变动损益　300 000

8 月 13 日，乙公司股票全部售出时：

借：银行存款　1 800 000
　　公允价值变动损益　300 000
　　贷：交易性金融资产——成本　1 300 000
　　　　　　　　　　——公允价值变动　300 000
　　　　投资收益　500 000

二、投资性房地产的后续计量

投资性房地产的后续计量可以选择成本模式或公允价值模式，但同一家企业只能采用一种模式对所有投资性房地产进行后续计量，不得同时采用两种计量模式。

(一) 采用成本模式进行后续计量的投资性房地产

采用成本模式进行后续计量的投资性房地产，应当按照《企业会计准则第 4 号——固定资产》或《企业会计准则第 6 号——无形资产》的有关规定，按期(月)计提折旧或摊销，借记"其他业务成本"等科目，贷记"投资性房地产累计折旧(摊销)"科目。取得租金收入时，借记"银行存款"等科目，贷记"其他业务收入"等科目。

(二) 采用公允价值模式进行后续计量的投资性房地产

企业存在确凿证据表明其投资性房地产的公允价值能够持续可靠取得的，可以对投资性房地产采用公允价值模式进行后续计量。公允价值模式的最大特点是在会计期末按照公允价值调整投资性房地产的账面价值，并将公允价值变动计入当期损益。从理论上说，采用公允价值模式进行后续计量更符合投资性房地产的特点，但实务中能否持续可靠取得公允价值是较大的挑战。为此，会计准则提出了两种计量模式供企业选择，并对选择公允价值模式所应具备的条件做出了规定。

采用公允价值模式计量的投资性房地产，应当同时满足下列条件：(1) 投资性房地产所在地有活跃的房地产交易市场。(2) 企业能够从活跃的房地产交易市场中取得同类或类似房地产的市场价格及其他相关信息，从而对投资性房地产的公允价值做出合理估计。

确定投资性房地产的公允价值时，应当参照活跃市场中同类或类似房地产的现行市场价格(市场公开报价)；无法取得同类或类似房地产现行市场价格的，应当参照活跃市场中同类或类似房地产的最近交易价格，并考虑交易情况、交易日期、所在区域等因素，从而对投资性房地产的公允价值做出合理估计；也可以基于预计未来获得的租金收益和相关现金流量的现值计量。"同类或类似"的房地产，对建筑物而言，是指所处地理位置和地理环境相同、性质相同、结构类型相同或相近、新旧程度相同或相近、可使用状况相同或相近的建筑物；对土地使用权而言，是指同一位置区域、所处地理环境相同或相近、可使用状况相同或相近的土地。

投资性房地产采用公允价值模式进行后续计量的，不计提折旧或摊销，应当以资产负债表日的公允价值计量。资产负债表日，投资性房地产的公允价值高于其账面余额的差额，借记"投资性房地产——公允价值变动"科目，贷记"公允价值变动损益"科目；公允价值低于其账面余额的差额，做相反的会计分录。

【例 9-12】 甲公司为从事房地产经营开发的企业。20×1 年 8 月 1 日，甲公司与乙公司签订租赁协议，约定将甲公司当日开发完成的一栋精装修的写字楼自当日起经营租赁给乙公司使用，租赁期为 10 年。该写字楼的造价为 8 000 万元。20×1 年 12 月 31 日，该写字楼的公允价值为 8 200 万元。假设甲公司采用公允价值计量模式。

甲公司的账务处理如下：

20×1 年 10 月 1 日，甲公司开发完成写字楼并出租：

借：投资性房地产——成本	80 000 000	
贷：开发成本		80 000 000

20×1 年 12 月 31 日，按照公允价值调整其账面价值，公允价值与原账面价值的差额计入

当期损益：

借：投资性房地产——公允价值变动　　2 000 000

　　贷：公允价值变动损益　　2 000 000

三、非货币性资产交换以公允价值计量的会计处理

非货币性资产交换具有商业实质且公允价值能够可靠计量的，应当以换出资产的公允价值和应支付的相关税费作为换入资产的成本，除非有确凿证据表明换入资产的公允价值比换出资产的公允价值更加可靠。

在以公允价值计量的情况下，不论是否涉及补价，只要换出资产的公允价值与其账面价值不同，就一定会涉及损益的确认，因为非货币性资产交换损益通常是换出资产公允价值与换出资产账面价值的差额，通过非货币性资产交换予以实现。

非货币性资产交换的会计处理，视换出资产的类别不同而有所区别：

(1) 换出资产为存货的，应当视同销售处理，根据《企业会计准则第 14 号——收入》的规定，按照公允价值确认销售收入，同时结转销售成本，确认的收入与结转的成本的差额在利润表中作为营业利润的构成部分予以列示。

(2) 换出资产为固定资产、无形资产的，换出资产公允价值与换出资产账面价值的差额，计入资产处置损益。

(3) 换出资产为长期股权投资的，换出资产公允价值与换出资产账面价值的差额，计入投资收益。

换入资产与换出资产涉及相关税费的，如换出存货视同销售计算的销项税额，换入资产作为存货应当确认的可抵扣增值税进项税额等，按照相关税收规定计算确定。

(一) 不涉及补价的情况

【例 9-13】 20×1 年 9 月，甲公司以生产经营过程中使用的一台设备交换乙公司生产的一批打印机，换入的打印机作为固定资产管理。甲公司和乙公司均为增值税一般纳税人，适用的增值税税率为 13%。设备的账面原价为 300 万元，在交换日的累计折旧为 90 万元，公允价值为 180 万元。打印机的账面价值为 220 万元，在交换日的市场价格为 180 万元，计税价格等于市场价格。乙公司换入甲公司的设备是生产打印机过程中需要使用的设备。

假设甲公司此前没有为该项设备计提资产减值，整个交易过程中，除支付运杂费 30 000 元外，没有发生其他相关税费。假设乙公司此前也没有为库存打印机计提存货跌价准备，其在整个交易过程中没有发生除增值税以外的其他税费。

整个资产交换过程没有涉及收付货币性资产，因此，该项交换属于非货币性资产交换。本例是以存货交换固定资产，对甲公司来讲，换入的打印机是经营过程中必须使用的资产；对乙公司来讲，换入的设备是生产打印机过程中必须使用的机器。两项资产交换后，对换入企业的特定价值显著不同，两项资产的交换具有商业实质；同时，两项资产的公允价值都能够可靠计量，符合以公允价值计量的两个条件。因此，甲公司和乙公司均应当以换出资产的公允价值为基础，确定换入资产的成本，并确认产生的损益。

甲公司的账务处理如下：

甲公司换入资产的增值税进项税额＝1 800 000×13%＝234 000(元)

换出设备的增值税销项税额＝1 800 000×13%＝234 000(元)

借：固定资产清理　　2 100 000
　　累计折旧　　900 000
　　贷：固定资产——设备　　3 000 000
借：固定资产清理　　30 000
　　贷：银行存款　　30 000
借：固定资产——打印机　　1 800 000
　　应交税费——应交增值税(进项税额)　　234 000
　　资产处置损益　　330 000
　　贷：固定资产清理　　2 130 000
　　　　应交税费——应交增值税(销项税额)　　234 000

乙公司的账务处理如下：

根据增值税的有关规定，企业以库存商品换入其他资产，视同销售行为发生，应计算增值税销项税额，缴纳增值税。

换出打印机的增值税销项税额＝1 800 000×13%＝234 000(元)

换入设备的增值税进项税额＝1 800 000×13%＝234 000(元)

借：固定资产——设备　　1 800 000
　　应交税费——应交增值税(进项税额)　　234 000
　　贷：主营业务收入　　1 800 000
　　　　应交税费——应交增值税(销项税额)　　234 000
借：主营业务成本　　2 200 000
　　贷：库存商品——打印机　　2 200 000

(二) 涉及补价的情况

在以公允价值确定换入资产成本的情况下，发生补价的，支付补价方和收到补价方应当区分以下情况处理：

1. 支付补价方

应当以换出资产的公允价值加上支付的补价(换入资产的公允价值)和应支付的相关税费，作为换入资产的成本；换入资产成本与换出资产账面价值加支付的补价、应支付的相关税费之和的差额，应当计入当期损益。

2. 收到补价方

应当以换入资产的公允价值(或换出资产的公允价值减去补价)和应支付的相关税费，作为换入资产的成本；换入资产成本加收到的补价，与换出资产账面价值加应支付的相关税费的差额，应当计入当期损益。

在涉及补价的情况下，对支付补价方而言，作为补价的货币性资产构成换入资产所放弃对价的一部分；对收到补价方而言，作为补价的货币性资产构成换入资产的一部分。

【例 9－14】 A 公司与 B 公司经协商，A 公司以拥有的用于经营出租目的的一幢公寓楼与 B 公司持有的以交易为目的的股票投资交换。A 公司的公寓楼符合投资性房地产的定义，但公司未采用公允价值模式计量。在交换日，该幢公寓楼的账面原价为 4 500 万元，已计提折旧 750 万元，未计提减值准备，在交换日的公允价值和计税价格均为 4 000 万元。B 公司持有的以交易为目的的股票投资账面价值为 3 000 万元，B 公司对该股票投资采用公允价值模式计量，在交换日的公允价值为 3 775 万元，B 公司另支付了 225 万元给 A 公司。B 公司换入公寓楼后仍然继续用于经营出租目的，并拟采用公允价值计量模式，A 公司换入股票投资后也仍然用于交易目的。A公司和B公司均为增值税一般纳税人，建筑物适用的增值税税率均为9%。转让公寓楼的增值税尚未支付，假定除增值税外，该项交易过程中不涉及其他相关税费。

该项资产交换涉及收付货币性资产，即补价225万元。

对A公司而言，收到补价225万元÷换出资产的公允价值4 000万元(换入股票投资公允价值3 775万元+收到的补价225万元)=5.6%<25%，属于非货币性资产交换。

对B公司而言，支付的补价225万元÷换入资产的公允价值4 000万元=5.6%<25%，属于非货币性资产交换。

本例属于以投资性房地产换入以公允价值计量且其变动计入当期损益的金融资产。对A公司而言，换入以交易为目的的股票投资使得公司可以在希望变现时取得现金流量，但是风险程度要比租金稍大，用于经营出租目的的公寓楼，可以获得稳定、均衡的租金流，但是不能满足企业急需大量现金的需要。因此，交易性股票投资带来的未来现金流量在时间、风险方面与用于出租的公寓楼带来的租金流有显著区别，因而可判断两项资产的交换具有商业实质。同时，股票投资和公寓楼的公允价值均能够可靠计量，因此，A公司和B公司均应当以公允价值为基础确定换入资产的成本，并确认产生的损益。

A公司的账务处理如下：

借：其他业务成本	37 500 000	
投资性房地产累计折旧	7 500 000	
贷：投资性房地产		45 000 000
借：交易性金融资产	41 350 000	
银行存款	2 250 000	
贷：其他业务收入		40 000 000
应交税费——应交增值税(销项税额)		3 600 000

B公司的账务处理如下：

借：投资性房地产	40 000 000	
应交税费——应交增值税(进项税额)	3 600 000	
贷：交易性金融资产		30 000 000
银行存款		2 250 000
投资收益		11 350 000

案例分析及延伸阅读

为加深对本章内容的理解，本章案例侧重于公允价值会计历史等内容的延伸，并结合公允价值计量准则解析与国际比较等内容进行探讨。

案例分析

公允价值会计的历史沿革及其推动因素①

【适用本章知识点与范围】

公允价值会计的产生与发展。

① 节选自：黄世忠，王肖健.公允价值会计的历史沿革及其推动因素[J].财会月刊，2019(02)：3－11.

【案例内容】

一、公允价值会计的萌芽阶段

公允价值会计的萌芽阶段是1800—1970年。这一阶段经历着法律规定和案例判决早期对资产重估(可视为公允价值会计的雏形)的默许,到金融危机导致监管部门对资产重估的取缔,公允价值会计发展遭遇严重挫败。但受到学术研究潜移默化的影响,对历史成本会计的背离时有发生,公允价值会计的火种并没有完全熄灭。

(一) 监管环境默许重估,公允价值会计初现端倪

公允价值会计的雏形可追溯至1807年的拿破仑商法。为了保护债权人的利益,该法要求企业编制年度资产和负债清单,且资产必须按清单编制日的价值计价,具有资产重估的显著特点。该法被欧洲国家广泛借鉴,"原生态"的公允价值会计得以在其他欧洲国家的公司立法和商业实践中推广。英国的公司法虽然不像拿破仑商法那样对资产和负债的计价与计量规则做出详细规定,但19世纪很多英国企业效仿法国的"清单法"对资产进行计价,并且将利润定义为两个连续会计期间净资产的价值变动。英国于1844年颁布的股份公司法强调,资产负债表应当"完整和公允"。1856年修订的股份公司法更是明确要求按市价对资产进行计价,以便以"真实和正确"的观点反映企业的财务状况。上述公司法要求资产按市价计价是基于这样一种理念:资产负债表中的价值应当反映开展业务和履行偿债义务的能力。

值得一提的是,早在19世纪,市场价值就开始被英国银行业广泛运用,很多银行的章程明文规定,财务报表应当以对银行所拥有财产的当前估值为基础。同样地,美国的金融机构在1938年前一直按市场价值报告其贷款和其他金融资产。1929—1933年的经济大萧条导致贷款和其他金融资产的市场价值大幅萎缩,银行只能对这些资产的价值大幅减计并导致巨额亏损,严重侵蚀了其资本基础,削弱了其信贷投放能力,从而加剧了金融和经济危机。为了降低市场价值的破坏效应,1938年金融监管部门要求银行改用历史成本会计。可见,自2008年金融危机发生以来,对公允价值会计顺周期效应的关注和争论是有历史先例的,只不过当时还没有采用"顺周期效应"这一时髦术语。

在美国,公允价值会计的兴起得益于公用事业公司的推动。在物价上涨时期,采用公允价值,公用事业公司可以报告较低的利润和净资产收益率,避免消费者诉诸法律或采取行政手段,要求对公用事业公司进行价格管制。19世纪后期,美国对公用事业公司确定合理收费所依赖的资产计价基础的争论升级为法律诉讼。1898年,美国最高法院在审理史密斯与阿米斯一案时裁定,基于公众利益,公用事业公司在确定合理收费时应按公允价值对其财产进行计价。这或许是公允价值在美国的首次提出。必须指出,这一判例并不具有普遍适用的效力。1944年,美国最高法院推翻了1898年的判决,公允价值不再作为公用事业公司唯一的资产计价基础。

(二) 金融危机引发问责,公允价值会计跌入低谷

在会计计量属性的选择上,美国经历了从早期的自由放任到后期的严加管制过程。20世纪初,美国会计界尚未制定公认的会计方法和程序,政府部门对上市公司的信息披露也缺乏相关规定。自由放任的环境赋予上市公司不受任何限制的会计政策自由选择权,上市公司大股东和管理层尽量选择对其最有利的会计计量方法,资产重估成为"美化"财务状况和"提升"经营业绩的便捷手段。对此,证券市场熟视无睹,会计界也没有提出异议。1929年纽约股票市场崩溃,投资者损失惨重,大量金融机构破产倒闭,引发了全球性的经济大萧条。金融危机发

生后，美国国会启动调查问责机制，除操纵股价、内幕交易和违背信托责任外，国会认定监管缺失和滥用资产重估也是造成股灾的两个重要原因。

为了重振投资者的信心，美国证券交易管理委员会(SEC)成立伊始，掀起了打击利用资产重估粉饰报表的运动。SEC委员希利在这场运动中充当了“急先锋”，改变了美国会计的发展进程。加入SEC前，希利担任联邦贸易委员会首席法律顾问，负责监督对公用事业公司报表操纵长达六年的调查。他对公用事业公司通过资产重估操纵报表的做法深恶痛绝，因而采取十分保守的会计立场，要求上市公司只能采用历史成本计量、编制和披露财务信息。鉴于希利的权威性和影响力，SEC内部逐渐形成了崇尚历史成本会计、抵制公允价值会计的文化氛围。正是受这种文化氛围潜移默化的影响，历史成本在此后数十年里成为主流方法，资产重估这种原生态的公允价值会计几乎销声匿迹。可见，金融危机改变了历史成本会计和公允价值会计并行运用的进程，SEC在经济大萧条后对资产重估的取缔、对背离历史成本会计的苛责，严重抑制了公允价值会计的发展。

在美国，会计程序委员会(CAP)于1953年发布的第43号会计研究公报(ARB 43)开了将公允价值作为计量属性的先河。ARB 43提及公允价值多达20次，如第五章指出，企业应当以所发行证券或所获取资产的公允价值作为无形资产的计价基础，具体视何者更具有说服力。又如第七章指出，资产发生减值时，应按公允价值重新计量。但ARB 43并没有对公允价值的定义和计量方法进行严格界定，且公允价值计量在多数情况下仍属于例外，而非主流。

(三) 学术研究百家争鸣，公允价值会计延续火种

驱动公允价值会计发展的力量，既与经济环境和监管要求密不可分，更离不开学术研究的特殊贡献。在公允价值会计的雏形阶段，特别是20世纪20—60年代，学术研究发挥着理论先导作用，为公允价值会计奠定了思想基础。这一时期，学术界涌现了许多与公允价值会计相关的经典之作。公允价值会计的基本思想最早可追溯至约翰·班纳特·坎宁于1929年发表的《会计学中的经济学：会计理论的一种批判性分析》。坎宁将经济学中的概念引入会计学，并将资产定义为“以货币表现的未来服务或可转化为货币的未来服务”，将收益定义为“用货币表现的由企业的资产和其他服务所提供的最终成果”。坎宁认为“已实现货币收益”的折现值是资产的最理想计价模式，资产的价值变动应当确认为当期损益。可见，坎宁对资产和资产计价的观点蕴含着朴素的公允价值会计思想。

麦克尼尔在其1939年出版的《会计中的真理》一书中，提出财务报表应当建立在主要以市场为基础的计价模式上，其观点同样折射出公允价值会计的思想火花。麦克尼尔将资产分为三类，并提出不同的计价方法：可出售资产(如存货、有价证券等)应按市价计价，这类资产的持有损益应确认为当期损益；非可出售但可重置的资产(如固定资产)应按重置成本计价，这类资产的持有损益不应计入当期损益，而应计入资本盈余；非可出售且无法重置的资产(如专利、土地、矿产资源等)，只能按权宜的方法(摊余成本)计价。麦克尼尔主张可出售资产按市价计价并将其价格变动计入当期损益，这一主张已相当接近现代意义上的公允价值会计。

20世纪40—60年代，学术界对历史成本与公允价值孰优孰劣的争论进入巅峰时期。在这场争论中，佩顿、利特尔顿撰写的《公司会计准则导论》大放异彩，为历史成本会计的普及和推广奠定了坚实的理论基础。他们认为成本可分为两类：已消耗的成本为费用，未耗用的成本为资产。可见，他们是从收入费用观的角度来定义资产。根据他们的理论，在收益确定中，资产和负债居于从属地位，收入、成本和费用则居于主导地位。这与公允价值会计在收益确定中以资产和负债为中心的理念迥然不同。佩顿、利特尔顿还从资产的竞争性市场、计量一致

性、持续经营假设、配比原则、成本效益等角度,论证了历史成本优于现行价值。《公司会计准则导论》这部旷世论著对会计发展进程产生了深远的影响,在确立历史成本会计主流地位的同时,让公允价值会计在近半个世纪内处于边缘化的尴尬境地。

值得庆幸的是,学术研究从来不认为存在的就是合理的,百花齐放、百家争鸣的传统根深蒂固。佩顿、利特尔顿为历史成本会计确立的主流地位,并不妨碍其他学者对其他计量属性的探索。1950 年,亚历山大在其《动态经济环境下的收益计量》一文中针砭了历史成本会计在物价变动时导致财务信息失真的弊端,建议按一般物价和特定物价的变动情况,对资产计价和收益确定进行调整。1961 年,穆尼兹在第 1 号会计研究文告(ARS)中引入了"市场价格"的计量理论。1962 年,斯普劳斯和穆尼兹合作的 ARS 3 引入了"市场价格"的概念,并建议有价证券应按市场价格计价。1966 年,美国会计学会指出,相关性是会计信息最重要的质量特征,而历史成本会计显然无法提供具有相关性的信息。这一远见卓识对财务会计准则委员会(FASB)在 20 世纪 70—80 年代的概念框架研究产生了深远影响,为公允价值会计提供了理论依据。

上述分析表明,尽管历史成本在会计实务中仍属于主流的计量属性,但对历史成本的背离时有发生,对历史成本之外的其他计量属性(如重置成本、市场价值、市场价格、脱手价格、未来现金流量折现值等这些借助市场价值或现值对资产进行计价的方法,都可视作公允价值会计的范畴)的探索从未间断,公允价值会计的思想由来已久。

二、公允价值会计的诞生阶段

公允价值会计的诞生阶段是 1970—1990 年,标志性事件包括:(1) 日益复杂的经济业务对创新性金融工具的广泛运用,迫使 SEC 改变长期以来对公允价值的偏见,不再将历史成本作为唯一可接受的计量属性。(2) FASB 在 1973 年取代美国会计原则委员会(APB),对公允价值会计的发展具有划时代的意义。FASB 在概念框架研究中提出资产负债观优于收入费用观的观点,为公允价值会计的诞生扫清了思想障碍,奠定了理论基础。(3) 20 世纪 80 年代发生的储蓄银行危机,暴露了历史成本会计的诸多缺陷,凸显了公允价值会计的比较优势,公允价值计量的运用水到渠成。

(一) SEC 立场转变,公允价值会计迎来转机

1929—1933 年的经济大萧条导致 SEC 对偏离历史成本的资产重估做法深恶痛绝,公允价值会计噤若寒蝉。到了 20 世纪 70 年代,这种现象发生了逆转。人事更迭是促成这一变化的催化剂,时任 SEC 主席威廉·J. 凯西决定从 SEC 外遴选一位首席会计师,以配合其求新求变的改革。

1972 年,在伯顿成为 SEC 第一位从外部遴选的首席会计师后,SEC 内部对公允价值会计经历了从反对、反感到支持、拥抱的转变。来自学术界的伯顿思想开明,不受 SEC 推崇历史成本会计、反对公允价值会计文化氛围的影响。伯顿就读于哈弗福德学院并接受贝尔教授的教诲,而贝尔是现行成本会计的主要倡导者。更重要的是,作为哥伦比亚大学会计与财务教授,伯顿本来就是一个热衷于变革传统会计模式的活跃分子。他一上任,就与凯西配合默契,一改其前任对公允价值会计讳莫如深的立场,利用 20 世纪 70 年代中期居高不下的通货膨胀使历史成本会计信息严重失真而广受指责的有利机会,引入现行成本和公允价值等计量属性。

1973 年 10 月爆发的第四次中东战争和欧佩克在石油产品和定价政策上所采取的一致行动,引发了第一次石油危机,通货膨胀成为全球性焦点问题。通货膨胀造成基于历史成本的财务信息严重失真,投资者、债权人等信息使用者强烈要求监管部门和准则制定机构采取措施根治信息失真的问题。在这种时代背景下,SEC 发布第 190 号会计系列文告(ARS 190),要求上

市公司在历史成本财务报告外，补充披露现行成本或重置成本等信息，客观上为公允价值会计的诞生提供了宽松的监管环境。第一次石油危机促使 SEC 于 1976 年要求石油天然气上市公司采用现值会计确认石油天然气储备，这既是对历史成本会计应对物价变动先天不足的补救措施，也在一定程度上凸显了公允价值会计应对物价变动的比较优势。

（二）FASB 乘势而为，加快引进公允价值计量

得益于 SEC 态度的转变，FASB 乘势而为，主动作为，加快了引入公允价值计量的步伐。与 APB 摇摆不定的态度不同，FASB 成立后就致力于推动公允价值会计在金融工具领域的推广运用。1975 年 10 月，FASB 发布了某些可交易证券的会计处理（SFAS 12），要求按公允价值对证券投资进行计量，并将流动性证券投资的公允价值变动计入当期损益，将非流动性证券投资的公允价值变动计入股东权益。SFAS 12 是 FASB 发布的第一个运用公允价值的准则，开启了以公允价值作为证券投资主要计量属性的先河。

1974—1975 年，因无力偿还银行债务而陷于破产边缘的纽约市进入债务重组程序。银行被迫修改债务契约，同意纽约市将债务展期。为此，FASB 认真斟酌应否要求规范参与债务重组的银行，在出现债务延期支付导致风险增加时，将应收款（贷款）的面值减计至现行价值，因为当时银行的贷款现值大大低于面值。1976 年 5 月，FASB 发布了讨论稿，要求银行出现债务重组时按公允价值对应收款（贷款）进行重新估值。此举将导致银行的资本因为贷款减计而下降，限制其放贷能力。银行向 FASB 递交了数百封反对信，表示强烈反对。迫于银行业的巨大压力，FASB 在 1977 年 6 月发布的债权债务人对债务重组的会计处理（SFAS 15）中做出让步，债权人不一定要减计重组债权。尽管如此，SFAS 15 可视为 FASB 将公允价值用于债务重组的尝试，为扩大公允价值会计运用范围做了铺垫。

20 世纪 70 年代末，石油危机引发的通货膨胀进一步加剧，历史成本会计的不足暴露无遗。1979 年 9 月，FASB 发布了财务报告和物价变动（SFAS 33），要求上市公司补充披露按物价指数对非金融资产的历史成本进行调整的现行成本信息，这是 FASB 将公允价值用于非金融资产的又一次尝试。

（三）金融危机引发反思，公允价值会计凸显优势

20 世纪 80 年代前对历史成本与公允价值的激辩更多停留在理论层面，而 80 年代后，随着金融创新尤其是衍生金融产品的大量涌现，这种争论开始进入实务层面，因为很多衍生金融产品根本就没有历史成本，公允价值是唯一可行的计量属性。为此，FASB 在 1984 年 12 月颁布了第 5 号财务会计概念公告（SFAC 5），在历史成本外，正式承认了现行成本（重置成本）、现行市价（脱手价值）、可实现净值和未来现金流量现值四种计量属性。尽管这四种计量属性还算不上是严格意义上的公允价值，但 SFAC 5 的颁布在一定程度上彰显了 FASB 对历史成本的背离及逐步向公允价值靠拢的决心，从概念层面为公允价值会计的推广运用提供了理论依据。

如果说金融创新促使 FASB 颁布了虽有利于公允价值会计但还比较克制的概念的公告，那么，20 世纪 80 年代爆发的储蓄与贷款危机则坚定了 FASB 推动公允价值会计实际运用的决心。危机发生前，储蓄与贷款机构基于历史成本的财务报表，显示良好的资产质量和稳固的资本基础。危机爆发后，超过 1 300 家储蓄及贷款机构濒临破产，资本充足率跌破监管底线，不得不接受储蓄和贷款保险公司的救助。美国国会因此介入调查，严厉问责。监管部门和机构投资者向国会反映的情况显示，基于历史成本的财务报表具有显著的时滞性，储蓄及贷款机构的不良信贷资产、劣质金融产品及风险和潜亏在处置或出售前都不会体现在财务报表中，导

致监管部门不能及时采取措施以防范和化解金融风险，投资者也不能及时辨识储蓄及贷款机构的金融风险。为此，美国国会要求 SEC 责成 FASB 从准则层面进行反思和纠错，尽快解决历史成本既不能反映金融机构真实情况，也不能向监管部门提供预警信息的核心问题。在国会和 SEC 的双重压力下，FASB 痛下决心，加快制定按公允价值对债务和权益证券投资进行计量的准则。可以说，储蓄及贷款危机加深了监管部门和会计界对历史成本所存在不足的反思和对公允价值比较优势的认识，从根本上撼动了历史成本统驭会计计量的根基，为公允价值会计在金融资产方面的运用奠定了舆论和理论基础。

（四）概念框架革新理念，公允价值会计清除障碍

1978 年，FASB 颁布了第 1 号财务会计概念公告(SFAC 1)，确立了决策有用观，指出财务报告的第一个目标在于向现有和潜在投资者、债权人以及其他使用者提供有助于其做出投资、信贷和其他决策的信息。决策有用观更加重视财务信息的相关性，只要能够提供与使用者决策相关的信息，计量属性的选择就可以不拘一格。在很多领域(如金融资产和金融负债)，按公允价值计量的信息对使用者的决策显然比历史成本更具有相关性。概念框架所倡导的决策有用观，从理论上打破了会计界唯历史成本是瞻的思想禁锢，为 FASB 在制定准则时更多地推广运用公允价值计量属性提供了正当性。

FASB 颁布的 SFAC1 将财务报告的第二个目标确定为提供有助于投资者、债权人和其他使用者对企业预期净现金流量的金额、时间分布和不确定性进行评估的信息。这为公允价值会计的推广运用提供了更加直接的理论支持。FASB 在概念框架中强调现金流量，与会计界长久以来强调净收益的传统形成鲜明对比，从另一个侧面为公允价值会计提供了理论支持。

三、公允价值会计的发展阶段

1990—2006 年，会计界和金融界见证了公允价值会计的蓬勃发展。20 世纪 90 年代，得益于 SEC 更加开明的支持，FASB 在金融工具领域大张旗鼓地推广公允价值计量属性的运用，加上信息技术发展迅猛，获取公允价值信息的便利性极大提高、成本大幅降低，公允价值会计快步前行，进入了前所未有的黄金发展期。2000 年，FASB 发布的第 7 号财务会计概念公告(SFAC 7)将公允价值计量推向了新的理论高峰，公允价值会计迎来了名正言顺的好时光。2006 年，FASB 发布了 SFAS 157 和 SFAS 159，标志着公允价值会计的发展步入巅峰期。

（一）SEC 旗帜鲜明，公允价值会计摆脱羁绊

1990 年 10 月，时任 SEC 主席布雷登应邀在美国国会作证，指出基于历史成本的财务报表存在严重的时滞性，所提供的信息不利于监管部门及时了解金融机构的经营和风险情况，对防范和化解金融风险作用有限，为此，他强烈呼吁按公允价值对金融工具进行计量，以提供更加透明、及时的信息。布雷登代表 SEC 阐明的偏好公允价值会计的立场，让监管部门和准则制定机构摆脱了羁绊，SEC 和 FASB 以及美国注册会计师协会(AICPA)积极响应，正式启动公允价值会计准则的制定，极大地推动了公允价值会计在美国的发展。

在 20 世纪 90 年代，SEC 对公允价值计量的支持更明确。1992 年年底，在美国财务经理人协会(FEI)举办的关于财务报告问题的会议上，时任 SEC 首席会计师的舒尔茨指出，SEC 一直催促 FASB，要求按公允价值或市场价值对可流通债券和股票进行计量，并将计量结果通过财务报表反映，而不是通过报表附注反映，因为很多投资者特别是非机构投资者通常不关注报表附注披露的信息。舒尔茨的讲话终结了可流通债券和股票表内反映与表外披露的争论，促使金融工具的公允价值计量步入快车道。

特别是进入 20 世纪 90 年代后，金融监管进一步放松，金融创新层出不穷。为了满足资金

筹措、风险规避和投机套利的需要，金融界创新了大量衍生金融工具。传统的历史成本计量面对这些衍生金融工具无能为力，公允价值计量成为唯一的选择。

(二) FASB 不再审慎，公允价值会计快步前行

SEC 对公允价值的立场改变，让 FASB 深受鼓舞。20 世纪 90 年代以来，FASB 出台了许多采用公允价值计量的准则。这些准则既有涉及金融工具的，也有涉及非金融工具的长期资产和长期负债。FASB 审时度势，在推进公允价值会计中采取递进战略，从金融工具入手，逐步推广至非金融工具的长期资产和长期负债。此外，诸如无形资产、或有事项、债务重组、收购兼并等方面的准则，对公允价值计量的运用也日益增多。

值得一提的是，SEC 的支持给 FASB 增添了抵御政治干预的底气。1998 年，FASB 通过表决，全票通过了衍生工具和套期活动的会计处理(SFAS 133)，企业界极力反对该准则的公允价值计量要求，并游说国会进行干预，参议院和众议院都提出了议案，相关委员会也举行了听证会力阻 FASB 发布该准则。但 FASB 以专业考虑为理由，顶住政治压力，明确指出公允价值是衍生工具和套期活动唯一可行的计量选择。

对 FASB 在 20 世纪 90 年代颁布的会计准则进行梳理可以发现，在其发布的 32 个准则中，涉及公允价值计量的准则多达 23 个，其中只有 9 个准则用于规范金融工具的公允价值计量，其余 14 个准则用于规范非金融工具的公允价值计量，足见公允价值在其他资产和负债中的运用日益增多。

(三) 信息技术突飞猛进，公允价值会计的推广运用事半功倍

20 世纪 80—90 年代，计算机等信息技术发展迅猛，互联网日益普及。信息技术取得的突破性进展，对公允价值会计的推广运用无疑是一大福音，制约公允价值会计发展的成本效益问题得以破解，主要表现在以下六个方面：

一是信息技术的发展和互联网的普及不仅极大地提高了财务报告编制者和使用者获取公允价值信息的便利性，而且大幅降低了公允价值的信息处理成本和信息获取成本，使公允价值会计愈发符合成本效益原则。

二是信息技术极大地提高了估值模型的准确性和可靠性，有力地回击了历史成本会计捍卫者提出的公允价值会计信息不可靠、不可信的观点，坚定了 SEC 和 FASB 推广运用公允价值会计的信心。

三是随着互联网的日益普及，越来越多的上市公司和财经媒体通过互联网发布财务信息，反过来促使投资者、债权人不断要求上市公司提供更加及时、相关的财务信息，这无疑为公允价值会计的进一步推广提供了正当性。

四是信息技术和互联网的发展使注册会计师界不再像过去那样抗拒公允价值会计，注册会计师界提出的公允价值信息难以获取且代价高昂、公允价值计量不可靠等惯常理由不再成立，在一定程度上减轻了注册会计师界对准则制定机构施加的压力。

五是信息技术和互联网的运用加快了财务信息的传播速度，使证券价格的波动性日益增强，促使证券和金融监管部门要求企业更加及时地披露金融资产和金融负债的公允价值信息，直接推动了公允价值会计的发展。

六是随着信息技术和互联网的快速发展，银行和债券持有人等不断要求企业更多地提供非金融资产和非金融负债的公允价值信息，客观上拓宽了公允价值会计的运用范围。

(四) 概念框架取得突破，公允价值会计终获正名

2000 年 2 月，FASB 颁布了在会计计量中应用现金流量信息与现值(SFAC 7)，首次在财

务报告概念框架的层面上把公允价值正式作为主要的计量基础,这在公允价值会计的发展进程中具有里程碑意义。

FASB专门为基于现值技术的公允价值发布一份财务会计概念公告,意义非同寻常。这是因为,1990年12月—1999年12月,FASB发布了32个财务会计准则公告,其中涉及现值技术计量的准则多达15个。FASB深知,企业财务报表的确认和计量(SFAC 5)对会计计量中"何时"和"如何"应用现值的规定很不明确。鉴于以现值技术为基础的公允价值在会计中的运用日益普遍,FASB认为有必要在概念框架的层面上予以规范。尽管公允价值计量日益普遍,但公允价值并非都可以从公开市场获得,因此,认真研究并规范如何通过未来现金流量的现值去估计公允价值就显得特别迫切。值得一提的是,SFAC 7将公允价值定义为"在非清算销售情况下的当前交易中,非关联的、自愿的各方之间在购买(出售)一项资产或产生(清算)一项负债时自愿支付的金额"。这是FASB首次在概念框架中对公允价值进行定义,目的是为后续公允价值准则的制定提供指引。

(五)无序格局得以终结,公允价值会计走向规范

尽管SFAC 7对公允价值做出了定义,但FASB在2006年前发布的40个与公允价值相关的准则中,并没有对公允价值进行权威的定义,且不同准则对公允价值计量方法的规定存在诸多差异,甚至相互矛盾。会计准则之间对公允价值不一致甚至相互矛盾的规定,引起了SEC的关注。在SEC的干预下,FASB启动了规范公允价值会计的项目。

经过广泛征求意见,FASB于2006年9月正式颁布了公允价值计量(SFAS 157)。SFAS 157从三个方面对公允价值会计进行了规范:一是对公允价值做出统一定义——公允价值是指在计量日,在市场参与者之间进行的有序交易中,出售一项资产所能获得的价格或转移一项负债所需支付的价格。二是明确了公允价值的三个层次,即以市场价格为输入值的公允价值、以相同或相似资产和负债的交易价格为输入值的公允价值、以估值模型为输入值的公允价值。三是从主要市场或最有利市场、确认及估值技术和信息披露等角度,对公允价值做出规定。

2007年2月,FASB又发布了金融资产和金融负债中的公允价值计量选择权(SFAS 159),通过赋予报告主体更大的公允价值选择权,进一步扩大公允价值会计的运用范围,让金融机构和企业减少金融资产和金融负债因采用不同的计量属性而带来的错配效应。

SFAS 157和SFAS 159的颁布,极具理论意义和现实意义,标志着公允价值会计的发展由无序走向规范。

四、公允价值会计的存废阶段

2007年的"次贷"危机和2008年的全球性金融危机使SFAS 156成为可能是有史以来最具争议的准则,其将公允价值会计推向生死存亡的阶段(2006—2009年)。政界和金融界施加的巨大压力曾一度使公允价值会计的命运岌岌可危。幸运的是,在这场关于公允价值会计的存废之争中,SEC没有重蹈20世纪30年代将资产重估作为金融危机替罪羊的覆辙,而是秉承客观公正和超然独立的立场,与会计准则制定机构站在一起,顶住华尔街和国会的不当压力和无理指责,挽救公允价值会计于水火。

(一)华尔街率先发难,公允价值会计岌岌可危

历史反复证明,每当发生金融危机,金融界总要寻找替罪羊,而会计往往是首选的对象,2008年的全球性金融危机也不例外。在这次危机中遭受重创的华尔街,首先把矛头指向公允价值会计。其指出,采用公允价值对次级债如资产支持证券(ABS)、抵押贷款支持证券(MBS)以及与次级债衍生品如抵押债务债券(CDO)和信用违约互换(CDS)进行计量并将公

允价值变动计入当期损益,会产生极具破坏性且可能危及金融稳定的顺周期效应,也就是说,在经济下行阶段或金融危机发生阶段,次级债和次级债衍生品的价格大幅下跌,迫使金融机构在账面上确认巨额公允价值变动损失,这些巨额账面损失披露会导致投资者产生恐慌情绪,形成"羊群效应",诱使他们以"一致行动"的方式,疯狂抛售持有次级债和次级债衍生品的金融机构的股票。股票价格的下跌潮反过来迫使金融机构采取断然措施以减少风险暴露,以"着火价"将次级债和次级债衍生品清仓,这又引发新一轮"死亡螺旋"式价格下跌潮。他们认为,金融危机愈演愈烈,政府救市无功而返,公允价值会计起到了推波助澜的坏作用,为此,他们强烈呼吁国会向准则制定机构施加压力,暂停甚至放弃公允价值会计。

金融界把本应是纯技术的公允价值会计论战,上纲上线到危及金融稳定和金融安全的层次,触动了政治家的神经,促使他们向会计界施加了前所未有的压力,将公允价值会计推向生死存亡的边缘。

(二)会计界奋起反击,公允价值会计自证清白

面对金融界的无理指责和政治界施加的巨大压力,以FASB和国际会计准则理事会(IASB)为代表的准则制定机构基于专业的角度奋力反击,指出金融界对公允价值会计的指责倒因为果,目的是为自己过去激进的放贷政策和松懈的风险管理开脱。FASB时任主席赫兹在美国听证会上尖锐地指出,公允价值计量在金融工具领域日益扩大运用范围并非会计界一厢情愿,投资者特别是机构投资者以及监管部门从历次的金融危机中清楚地意识到公允价值计量有助于促使金融机构提供更加及时、透明、有用的信息,金融界要求废止公允价值会计,罔顾投资者的信息需求,是不负责任的做法。财务分析师协会与会计界一起坚决捍卫公允价值会计,指出公允价值比历史成本更加透明,将金融危机对不同金融机构的差异化影响暴露无遗,既有助于投资者评价其投资组合的风险,也有利于监管部门及时采取化解风险的纾困措施。

我们认为,金融界因为逐利而放松信贷标准,不计风险滥发住房按揭贷款,利用分层和增信等金融手段包装设计不透明的次级债衍生品,肆无忌惮地加大财务杠杆从事次级债和次级债衍生品交易,加上美联储不断加息引发房价下跌,才是酿成这场百年一遇的全球性金融危机的罪魁祸首。公允价值会计只是如实地反映金融界激进放贷政策和松懈风险管理的"信使",将金融危机归咎于公允价值会计,无异于射杀信使。正是公允价值会计及时提供的透明信息,将金融机构危在旦夕的情况全面暴露,才促使监管部门和金融界有针对性地采取断然措施来化解金融风险。从这个意义上说,公允价值会计是暴露金融风险、帮助化解金融风险的功臣,而不是罪人。

(三)政治家强势介入,准则制定部门被迫妥协

2008年9月,美国爆发的金融危机演变成全球性金融危机,世界经济风雨飘摇、脆弱不堪,改变会计游戏规则成为金融界自我救赎的最后一根稻草。在金融界的有效游说下,政治家强势介入,迫使FASB和IASB做出无原则的妥协和让步。在时任法国总统萨科齐的旨意下,欧盟的财政部长声称,若IASB不允许金融机构对金融资产重分类,则欧盟将撤销对国际财务报告准则(IFRS)的支持。巨压之下,IASB破天荒地在没有遵循恰当程序的情况下,于2008年10月被迫同意执行IFRS,将原本采用公允价值计量的交易类和可供出售类金融资产进行重分类,改用摊余成本计量,或将本应计入当期损益的公允价值变动损失计入股东权益。

IASB的让步使FASB承受了更大的压力。2009年,FASB也被迫做出妥协:一是允许金融机构采用内部模型法而不是公开市场法,对因金融危机而导致活跃市场缺失的金融资产进

行计量;二是允许金融机构将属于非信用风险因素导致的金融资产减值计入其他综合收益,而不计入当期损益。

不论是IASB的让步,还是FASB的妥协,实质上都是将正确的做法改为错误的做法,这种倒退是会计专业性臣服于政治现实性的典型写照。会计界在这次金融危机中与金融界和政治家的较量输得如此凄惨,既出乎意料,也合乎情理。会计准则本质上是财富分配的游戏规则,在这一规则的制定中,处于弱势地位的会计界要与金融界和政治家较量,无疑是蚍蜉撼树,不自量力。

(四) 证监会主持公道,公允价值会计逃过劫难

为了明辨是非,美国国会于2008年10月责成SEC就公允价值会计对金融机构的影响程度、公允价值会计对银行倒闭的影响、公允价值会计对财务信息质量的影响、FASB制定准则的程序问题、应否弃用FAS 157、修订公允价值会计的建议六个重大问题进行研究并在三个月内提交报告。

2008年12月底,SEC按要求向国会提交了研究报告,主要结论包括:(1) 公允价值对金融机构的资产计量影响较大,但对损益的影响不足1/4;(2) 银行日益增长的信贷损失、投资者对银行资产质量的担忧、交易对手和投资者对银行缺乏信心以及流动性缺失,是商业银行和投资银行倒闭的主因,公允价值会计的影响微乎其微;(3) 绝大多数投资者支持公允价值会计,反对暂停或中止使用FAS 157;(4) 独立性对财务信息质量至关重要,准则制定不应受政治力量或特定团体的影响;(5) 不应暂停使用FAS 157或与公允价值相关的会计准则,改用其他计量属性必将带来衍生问题;(6) 暂停或中止公允价值会计,将使投资者面临更大的不确定性,动摇他们的信心。

可以看出,全球性金融危机发生后,公允价值会计大难不死,在很大程度上归功于SEC所秉持的客观公正的立场。SEC实事求是、抵御强大的政治压力、拯救公允价值会计于危难的做法值得赞扬。

五、公允价值会计的改革阶段

2008年爆发的百年一遇的全球性金融危机不仅启动了新一轮的问责浪潮,促使金融界深刻反思金融创新、金融监管、公司治理、风险管理、内部控制和绩效评价等领域存在的重大缺陷,而且催生了新一轮的会计改革,促使IASB和FASB采取趋同的方法,对金融工具和公允价值相关准则进行大刀阔斧的改革,推动公允价值会计进入改革阶段(2009年至今)。

(一) 政治家指点江山,钦定会计改革路线图

在政治层面上,以二十国集团会议(G20)、金融稳定理事会(FSB)和其他国际组织为代表的政治力量强势介入,为金融工具准则和公允价值会计的改革制定了路线图。政治力量高调介入技术性很强的会计改革是好是坏,会不会带来矫枉过正的后果,是否会给FASB和IASB带来不当压力甚至影响其独立性,尚待历史检验和学界研究。

G20于2009年4月在伦敦召开首脑峰会,就会计改革提出六点建议,其中与公允价值会计相关的三点建议是完善金融工具估值准则、降低金融工具会计准则的复杂性、改革金融资产减值准备的计提方法。

FASB提出的与公允价值会计改革相关的建议主要包括:(1) 为了减少顺周期效应,应当探索采用前瞻性金融资产减值模型;(2) 完善公允价值准则,限制公允价值会计的运用范围;(3) 改进披露准则,提高信息透明度;(4) IASB和FASB应当加强合作,在金融工具和减值准则方面实现趋同。

（二）会计界从善如流，公允价值呈现新气象

根据G20和FSB提出的要求，FASB和IASB确定了金融工具准则和公允价值会计的三项改革任务：一是简化金融资产的分类，降低金融工具准则的复杂性；二是探索前瞻性减值模型的运用，缓解公允价值会计的顺周期效应；三是完善风险管理的信息披露，增加金融机构财务信息的透明度。以FASB和IASB为代表的会计界从善如流，进行大刀阔斧的改革，使公允价值会计呈现新气象。以下从IASB的角度，分析公允价值会计的改革方向和内容，因为按照G20和FSB的趋同要求，FASB的做法与IASB大同小异。

在第一项改革任务方面，IASB发布的IFRS 9取代了过去极其烦琐的IAS 39，以期降低金融工具准则的复杂性。主要的改革内容包括：(1) 将金融资产由过去的四分类改为三分类，报告主体根据商业模式和现金流量特征这两个标准，将其所持有的金融资产划分为按摊余成本计量的金融资产、按公允价值计量且将其变动计入当期损益的金融资产、按公允价值计量且将其变动计入其他综合收益的金融资产。(2) 简化烦琐复杂的套期准则，IASB摈弃烦琐的规则基础，改按原则导向对套期会计进行规范，将套期分为三种类型并规定相应的会计处理。对公允价值套期，符合条件的套期工具的利得或损失应当确认为损益或其他综合收益，被套期项目的套期利得或损失应调整被套期项目的账面价值，并确认为当期损益；对现金流量套期，套期工具中属于有效套期的利得或损失，应计入其他综合收益，属于无效套期的利得或损失计入当期损益；对净投资套期，属于国外经营净投资套期有效部分的利得或损失，计入其他综合收益，无效部分的利得或损失计入当期损益。从准则的规定看，套期简化工作尽管没有达到预期目的，但IASB将套期会计处理与风险管理保持一致的做法深受欢迎，值得肯定。

在第二项改革任务方面，IASB在广泛征求公众对已发生损失模型(ILM)、预期损失模型(ELM)、公允价值模型(FVM)、经济周期模型(TCM)等代表性减值模型意见的基础上，最终选择预期损失模型。在如何采用预期损失模型的问题上，IASB经历了从预期现金流量法、好账簿与坏账簿法、三组别法到三阶段法的艰难探索，最终采纳了既可缓解顺周期效应又与风险管理实践相吻合的三阶段法。按三阶段法对采用摊余成本计量的金融资产计提减值准备，其做法如下：报告主体在获取这些金融资产时(第一阶段)，必须根据经验数据和未来判断计提未来12个月的减值准备；报告主体获取的证据表明金融资产已发生重大信用风险或低于投资级别时(第二阶段)，必须将金融资产存续期间的预期信用损失全部计提，但计提的损失不冲减利息收入；违约事件已经实际发生(第三阶段)导致金融资产已发生信用损失时，报告主体应将金融资产存续期间的预期信用损失全部计提并冲减利息收入。三阶段法这种前瞻性减值模型即将付诸实施，这意味着会计理念发生了重大变化，会计传统上只确认已实际发生信用损失、不确认未实际发生信用损失的惯例被彻底颠覆。这固然有助于消弭金融界和会计界在信用风险处理方法上的差异，但也在一定程度上体现了会计界对政治界施加的巨大压力的妥协。此外，三阶段法这种预期损失减值模型若想取得预期效果，则还有赖于金融界和会计界有效地应对金融监管、利率环境、基础设施、模型构建、内部控制、独立审计、成本效应七个领域的挑战。

在第三项改革任务方面，IASB通过三项举措提高金融机构财务信息的透明度：一是要求报告主体详细披露金融工具，特别是衍生金融工具的估值假设、估值模型、风险敞口、风险管理等信息；二是修改合并财务报表准则，提高不并表的门槛，杜绝报告主体以特殊目的实体(SPV)等方式将高风险的金融资产排除在合并财务报表之外的恶劣做法；三是修改与终止确认相关的准则条款，大幅度提高资产证券化业务终止确认的标准，防止报告主体通过表外来反映高风险的资产证券化业务。

【案例思考题】

在过去的一百多年,公允价值会计可谓命运多舛,其生命力之强盛令人叹为观止。公允价值会计经历着早期与历史成本会计平起平坐,到经济大萧条后在数十年里几乎销声匿迹,再到20世纪90年代后的生机勃发,随后在全球性金融危机中陷入千夫所指的尴尬境地,而后金融危机时代大刀阔斧的改革使其呈现了新气象,再次昭示其顽强的生命力。结合公允价值会计历史沿革,谈谈你的体会。

延伸阅读

复习思考题

1. 简述公允价值的含义。
2. 简述公允价值计量的相关假设。
3. 简述主要市场与最有利市场的区别。
4. 如何理解公允价值三个层次的输入值?
5. 市场参与者需要同时具备几个方面的特征?

第十章 租赁会计

学习目标

了解租赁业务的相关概念和租赁识别的内容，掌握承租人角度的租赁会计处理，掌握出租人角度的租赁会计处理，掌握售后租回的会计处理，掌握租赁业务在财务报告中的列报内容。

素养目标

“把握新发展阶段，贯彻新发展理念。”当前租赁会计准则的发展变化，体现了社会主义市场经济政策的科学性与时代性。这必将坚定企业在新征程中遵循经济发展客观规律，主动适应会计监管新要求的信念与行动。准则的发展与完善有力推动了市场主体在新的历史方位中的创新发展。

第一节 租赁概述

一、租赁的含义和相关概念

(一) 租赁的含义

1. 租赁的定义

租赁，是指在一定期间内，出租人将资产的使用权让与承租人以获取对价的合同。如果合同一方让出了在一定时期内控制一项或多项已识别资产使用的权利以换取对价，则该合同为租赁或者包含租赁。

一项合同要被分类为租赁，必须满足三个要素：一是存在一定期间，二是存在已识别资产，三是资产供应方向客户转移对已识别资产使用权的控制。

2. 租赁的特点

租赁作为一种常用的企业间经济活动，具有以下特征：

(1) 转移的是使用权，而不是所有权

协议双方在租赁期间转移的是资产的使用权而不是资产的所有权，由此区别于另外两种转移：一是资产的所有权由一方转移到另一方，如资产的买卖合同；二是服务性合同，如劳务合同、运输合同、保管合同、仓储合同等。在服务性合同中，无须将某一资产的使用权从合同的一方转移给另一方，合同一方通过资产的使用为合同另一方提供其所需的服务。

(2) 资产使用权的转移是有偿的

转移是有偿的,即资产使用权的转移以租金的支付为条件,从而区别于无偿提供资产使用权的借用合同。

租赁的上述特征决定了租赁资产必须是使用权和所有权可分离的,能够将使用权单独转出和收回,因此,用于租赁的资产通常是机器、房屋等可供企业长期使用的固定资产,而专利权、版权等许可使用协议,一般不属于租赁的范围。

(3) 形式上是"融物",实质上是"融资"

对于融资租赁来说,承租人向出租人租赁固定资产,形式上是实物使用权的让渡,是"融物",实质上是资金使用权的让渡,是"融资",也即一种资金借贷关系。出租人向承租人贷出长期资金,承租人向出租人借入长期资金。

3. 租赁的识别

与租赁有关的合同,应依据《企业会计准则第 21 号——租赁》进行会计处理,但也有例外。承租人通过许可使用协议取得的电影、录像、剧本、文稿等版权、专利等项目的权利,以出让、划拨或转让方式取得的土地使用权,适用《企业会计准则第 6 号——无形资产》;出租人授予的知识产权许可,适用《企业会计准则第 14 号——收入》。勘探或使用矿产、石油、天然气及类似不可再生资源的租赁,承租人承租生物资产,采用建设经营移交等方式参与公共基础设施建设、运营的特许经营权合同,不适用租赁准则。

确定一项合同是否属于或者包含租赁业务,直接关系到是否根据租赁准则进行确认与计量,所以,租赁的识别是一个非常重要的问题。

(1) 原则规定

为确定合同是否让渡了在一定期间内控制已识别资产使用的权利,企业应当评估合同中的客户是否有权获得在使用期间因使用已识别资产所产生的几乎全部经济利益,并有权在该使用期间主导已识别资产的使用。这里涉及三个层次的判断:是否存在已识别资产?客户是否在使用期间有权获得已识别资产所产生的几乎全部经济利益?客户是否有权在使用期间主导已识别资产的使用方式和使用目的?

将上述识别原则采用图示的方式表述,评估合同是否为租赁或包含租赁(见图 10-1)。

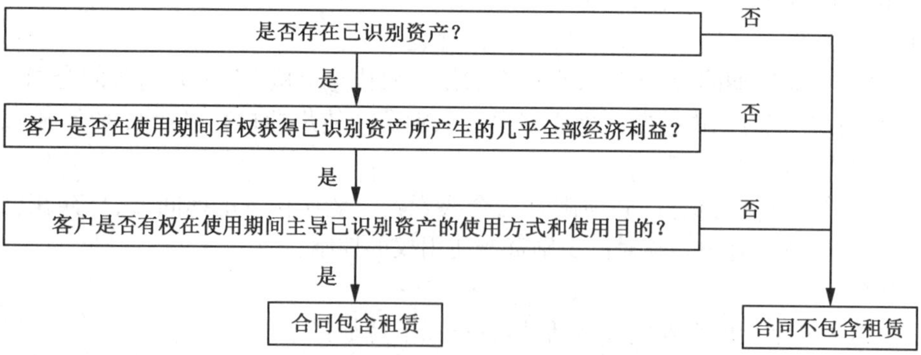

图 10-1 评估合同是否为租赁或包含租赁

(2) 具体解释

① 是否存在已识别资产?

已识别资产通常由合同明确指定,也可以在资产可供客户使用时隐性指定。如果资产的部分产能在物理上可区分(如建筑物的一层),则该部分产能属于已识别资产。如果资产的某部分产能与其他部分在物理上不可区分(如光缆的部分容量),则该部分不属于已识别资产,除非其实质上代表该资产的全部产能,从而使客户获得因使用该资产所产出的几乎全部经济利益的权利。此外,即使合同已对资产进行指定,如果资产供应方在整个使用期间拥有对该资产的实质性替换权,则该资产也不属于已识别资产。也就是说,在这种情况下,合同资产并未与资产供应方的同类其他资产明确区分开来,并未被识别出来。同时符合下列条件时,表明资产供应方拥有资产的实质性替换权:一是资产供应方拥有在整个使用期间替换资产的实际能力,二是资产供应方通过行使替换资产的权利将获得经济利益。企业难以确定供应方是否拥有对该资产的实质性替换权的,应当视为供应方没有对该资产的实质性替换权。

② 客户在使用期间是否有权获得已识别资产所产生的几乎全部经济利益?

在评估是否有权获得因使用已识别资产所产生的几乎全部经济利益时,企业应当在约定的客户可使用资产的权利范围内考虑其所产生的经济利益。

③ 客户是否有权在使用期间主导已识别资产的使用?

存在下列情况之一的,可视为客户有权主导对已识别资产在整个使用期间的使用:一是客户有权在整个使用期间主导已识别资产的使用目的和使用方式;二是已识别资产的使用目的和使用方式在使用期开始前已预先确定,并且客户有权在整个使用期间自行或主导他人按照其确定的方式运营该资产,或者客户设计了已识别资产并在设计时已预先确定了该资产在整个使用期间的使用目的和使用方式。

【例 10-1】 甲公司(客户)与乙公司(供应方)签订了一份使用10个指定型号集装箱的5年期合同。合同明确指定了具体的集装箱,集装箱归乙公司所有。甲公司有权决定何时何地使用这些集装箱以及用其运输什么货物。不使用时,集装箱存放在甲公司处。甲公司可将集装箱用于其他目的(比如存储)。但合同明确规定甲公司不能运输特定类型的货物(比如易燃易爆物)。如果某个集装箱需要保养或维修,乙公司就应以同类型的集装箱进行替换。除非甲公司违约,乙公司在合同期内不得收回集装箱。合同还规定乙公司在甲公司要求时提供运输集装箱的卡车和司机。卡车在乙公司处存放,乙公司向司机发出指示,详细说明甲公司的货物运输要求。乙公司可选择使用任一卡车履行甲公司的要求,并且该卡车既可用于运输甲公司的货物,也可用于运输其他客户的货物,即如果其他客户要求运输的货物目的地与甲公司要求的目的地距离不远且时间范围接近,乙公司就可选择用该卡车运送甲公司使用的集装箱及其他客户的货物。

该合同是否包含租赁?

首先,分析是否存在已识别资产。一方面,合同中明确指定了甲公司拥有5年使用权的这10个集装箱;另一方面,集装箱一旦被交付给甲公司,就仅在需要保养或维修时方可替换,乙公司虽有替换集装箱的能力但并不能通过行使替换集装箱的权利去获得经济利益,所以不具有5年中的实质性替换权。由此可见,该合同存在10个被识别的集装箱。用于运输的卡车不是被识别资产,因为合同中既未明确也未隐含地指定某一辆卡车。

然后,分析客户是否有权获得整个使用期间几乎全部经济利益。甲公司作为承租人,拥有这10个集装箱在整个使用期间内(包括不用于运输货物的时间)的专属使用权,所以,甲公司有权获得在5年使用期内使用这些集装箱所产生的几乎全部经济利益。

最后,分析客户是否主导集装箱的使用。合同在运输易燃易爆物品上的限制,是供应商的保护性权利,只是规定了甲公司集装箱使用权的范围,而在规定范围内,甲公司可以自行决定何时将何种货物运往何地,甚至有权自行决定不运输货物时如何使用这些集装箱。可见,甲公司有权在使用期间主导已识别资产的使用。

综上所述,该合同包含集装箱的租赁,甲公司拥有10个集装箱的5年使用权。关于卡车的合同条款并不构成一项租赁,而是一项服务。

4. 租赁的分拆、合并与变更

(1) 租赁的分拆

合同中同时包含多项单独租赁的,承租人和出租人应当将合同予以分拆,并分别对各项单独租赁进行会计处理。

同时符合下列条件时,使用已识别资产的权利构成合同中的一项单独租赁:

① 承租人可从单独使用该资产或将其与易于获得的其他资源一起使用中获利。易于获得的资源是指出租人或其他供应方单独销售或出租的商品或服务,或者承租人已从出租人或其他交易中获得的资源。

② 该资产与合同中的其他资产不存在高度依赖或高度关联关系。

合同中同时包含租赁和非租赁部分的,承租人和出租人应当将租赁和非租赁部分进行分拆,除非企业适用新租赁准则的简化处理。分拆时,各租赁部分应当分别按照新租赁准则进行会计处理,非租赁部分应当按照其他适用的企业会计准则进行会计处理。

在分拆合同包含的租赁和非租赁部分时,承租人应当按照各租赁部分的单独价格及非租赁部分的单独价格之和的相对比例分摊合同对价,出租人应当根据《企业会计准则第14号——收入》关于交易价格分摊的规定分摊合同对价。

为了简化起见,承租人可以按照租赁资产的类别选择是否分拆合同包含的租赁和非租赁部分。承租人选择不分拆的,应当将各租赁部分及与其相关的非租赁部分分别合并为租赁,按照租赁准则进行会计处理。但是,对于按照《企业会计准则第22号——金融工具确认和计量》应分拆的嵌入衍生工具,承租人不应将其与租赁部分合并进行会计处理。

(2) 租赁的合并

企业与同一交易方或其关联方在同一时间或相近时间订立的两份或多份包含租赁的合同,在符合下列条件之一时,应当合并为一份合同进行会计处理:

① 该两份或多份合同基于总体商业目的而订立并构成一揽子交易,若不作为整体考虑则无法理解其总体商业目的。

② 该两份或多份合同中的某一份合同的对价金额取决于其他合同的定价或履行情况。

③ 该两份或多份合同让渡的资产使用权合起来构成一项单独租赁。

(3) 租赁的变更

租赁的变更,是指原合同条款之外的租赁范围、租赁对价、租赁期限的变更,包括增加或终止一项或多项租赁资产的使用权,延长或缩短合同规定的租赁期等。

5. 租赁方式的分类

(1) 经营租赁

经营租赁是最原始的租赁方式,是由从事租赁业务的企业购入设备,出租给承租人使用,由承租人向出租人支付租金。经营租赁的设备,其所有权归出租企业,维修一般也由出租企业承担,承租人只租赁使用和支付租金。

(2) 销售型租赁

销售型租赁是具有销售性质的租赁，是设备的制造商或经销商作为出租人，将其制造或经销的设备以收取租金的方式提供给承租人使用。在这种情况下，出租人获取的收益除了融资收益(以租金的形式表示)，还包括产销差价或进销差价，表现为租赁开始日租赁资产的公允价值或最低租赁付款额的现值大于资产的成本或账面价值。销售型租赁与商品的分期付款有某些相似的地方，区别在于销售型租赁商品的所有权没有转移，而分期付款商品的所有权已经转移。

(3) 直接融资租赁

直接融资租赁是一种典型的融资租赁，是出租人购入设备，以融资租赁方式出租给承租人。直接融资租赁在形式上与销售型租赁有相似之处，区别在于在直接融资租赁中，出租人赚取的主要是融资收益，在租赁开始日，租赁资产的公允价值应该等于该资产的成本或账面价值。从事金融业务的出租人提供的通常是直接融资租赁。

(4) 杠杆租赁

杠杆租赁是指出租人以自筹加信贷的方式筹措资金，购入设备并对外出租所进行的租赁。在这种租赁中，出租人通常只需要自筹20%～40%的资金，即可获得租赁资产名义上的所有权用于出租，其余投资由银行等金融机构提供不可追索的贷款来补充，出租人需以第一抵押权、租赁合同和收益租金的受让权作为借款担保。如果出租人借款成本低、租金收益高，则可享受杠杆效益。这一租赁涉及三方关系人，即出租人、长期资金提供人、承租人。这类租赁的出租人大多为专业租赁公司，租赁的方式可以是经营租赁，也可以是融资租赁。

(5) 售后租回

售后租回是一种特殊的租赁方式，是设备的所有者先将自己拥有的设备卖给某一家企业(通常为租赁公司)，形成一次买卖交易，然后将该设备租回，形成一次租赁交易。在前一次交易中，交易双方的角色是卖方和买方；在后一次交易中，交易双方的角色是承租人和出租人。在两次交易中，设备的卖方同时是设备的承租人，设备的买方同时是设备的出租人。两次交易是密切联系的，在进行买卖交易时，双方已确定要进行后面的租赁交易。实际上，承租人只是利用这种连续的交易，在不影响对租赁资产的占有、使用、收益的前提下，将一次性的投入转化为未来分次的投入，可以既保证生产的正常进行，又有效缓解资金压力。售后租回也可以分为经营租赁和融资租赁两种方式。

(6) 转租赁

转租赁是指租赁中间人先向设备的所有者租入设备，再将该设备出租给需要使用该设备的一方。实际上连续发生两次租赁，在这两次租赁中，中间人同时扮演两个角色。在前一次租赁中，设备的所有者是出租人，中间人是承租人；在后一次租赁中，中间人是设备的出租人，实际使用设备的企业是设备的承租人。这类租赁业务的中间人通常是专业租赁公司，它们从租入、租出资产的租金差额中获取转租的收益。转租赁业务说明专业租赁公司可以用两种方式经营：一是购入设备进行租赁以谋取收益，二是通过转租赁业务谋取收益。

(二) 与租赁相关的概念

1. 租赁开始日与租赁期开始日

一项固定资产租赁业务的双方关系人被称为出租人和承租人。出租人是以协议方式租出固定资产的企业，承租人是以协议方式租入固定资产的企业。

(1) 租赁开始日

租赁开始日,是指租赁合同签署日与租赁各方就主要租赁条款做出承诺日中的较早者。在租赁开始日,出租人应当将租赁分为融资租赁或经营租赁。

(2) 租赁期开始日

租赁期开始日,是指出租人提供租赁资产使其可供承租人使用的起始日期。在租赁期开始日,租赁双方开始对租赁合同进行相关的会计处理。

2. 租赁期

租赁期,是指承租人有权使用租赁资产且不可撤销的租赁期间。

承租人有权选择续租该资产,且合理确定将行使该选择权的,租赁期应当包含续租选择权涵盖的期间。承租人有终止租赁选择权,即有权选择终止租赁该资产,但合理确定将不会行使该选择权的,租赁期应当包含终止租赁选择权涵盖的期间。发生承租人可控范围内的重大事件或变化,且影响承租人是否合理确定将行使相应选择权的,承租人应当对其是否合理确定将行使续租选择权、购买选择权或不行使终止租赁选择权进行重新评估。

3. 资产余值

资产余值是指在租赁开始日估计的租赁期届满时租赁资产的公允价值。资产余值由担保余值和未担保余值两部分组成。

(1) 担保余值

担保余值,就承租人而言,是指由承租人或与其有关的第三方担保的资产余值;就出租人而言,是指就承租人而言的担保余值加上独立于承租人和出租人的第三方担保的资产余值。

知识链接

(2) 未担保余值

未担保余值,是指租赁资产余值中,出租人无法保证能够实现或仅由与出租人有关的一方予以担保的部分。

4. 租赁收款额

租赁收款额,是指出租人因让渡在租赁期内使用租赁资产的权利而应向承担人收取的款项,包括:

(1) 承租人需支付的固定付款额及实质固定付款额,存在租赁激励的,扣除租赁激励相关金额。

(2) 取决于指数或比率的可变租赁付款额,该款项在初始计量时根据租赁期开始日的指数或比率确定。

(3) 购买选择权的行权价格,前提是合理确定承租人将行使该选择权。

(4) 承租人行使终止租赁选择权需支付的款项,前提是租赁期反映承租人将行使终止租赁选择权。

(5) 由承租人、与承租人有关的一方以及有经济能力履行担保义务的独立第三方向出租人提供的担保余值。

5. 租赁内含利率

租赁内含利率,是指在租赁开始日,使出租人的租赁收款额的现值与未担保余值的现值之和等于租赁资产公允价值与出租人的初始直接费用之和的折现率。

6. 承租人增量借款利率

承租人增量借款利率,是指承租人在类似经济环境下为获得与使用权资产价值接近的资产,在类似期间以类似抵押条件借入资金须支付的利率。

7. 租赁激励

租赁激励,是指出租人为达成租赁而向承租人提供的优惠,包括出租人向承租人支付的与租赁有关的款项、出租人为承租人偿付或承担的成本等。

8. 初始直接费用

初始直接费用,是指为达成租赁所发生的增量成本。这里的增量成本是指若不取得该租赁则不会发生的成本,即承租人和出租人在租赁谈判和签订租赁合同过程中发生的可直接归属于某租赁项目的费用,主要包括手续费、律师费、差旅费、印花税、佣金、谈判费等。

二、租赁的基本分类

从会计角度看,租赁有融资租赁和经营租赁两种基本分类,一项租赁活动的出租人应当在租赁开始日将租赁分为融资租赁和经营租赁。

(一) 融资租赁

1. 融资租赁的定义

融资租赁,是指实质上转移了与资产所有权有关的全部风险和报酬的租赁。其所有权最终可能转移,也可能不转移。

2. 判断融资租赁的条件

符合下列一项或数项标准的,应当被认定为融资租赁:

(1) 在租赁期届满时,租赁资产的所有权转移给承租人。这通常是指在租赁合同中已经约定,或者在租赁开始日根据相关条件做出合理判断,租赁期届满时出租人能够将资产的所有权转移给承租人。

(2) 承租人有购买租赁资产的选择权,所订立的购买价款预计将远低于行使选择权时租赁资产的公允价值,因此,在租赁开始日就可以合理确定承租人将会行使这种选择权。

(3) 即使资产的所有权不转移,租赁期也占租赁资产使用寿命的大部分,通常占租赁资产使用寿命的75%以上(含75%)。

(4) 在租赁开始日,租赁收款额现值几乎相当于租赁开始日的租赁资产公允价值。这里的“几乎相当于”通常掌握在90%以上(含90%)。

(5) 租赁资产性质特殊,如果不做较大改造,就只有承租人才能使用。

除了根据上述标准对租赁是否属于融资租赁进行判断外,实务中可能还存在一些可以判断为融资租赁的迹象。一项租赁存在下列一项或多项迹象的,也可能被分类为融资租赁:

(1) 若承租人撤销租赁,则撤销租赁对出租人造成的损失由承租人承担。

(2) 资产余值的公允价值波动所产生的利得或损失归属于承租人。

(3) 承租人有能力以远低于市场水平的租金继续租赁至下一期间。

(二) 经营租赁

经营租赁,是指除融资租赁以外的其他租赁。我国企业会计准则规定:经营租赁资产的所有权不转移,租赁期届满后,承租人有退租或续租的选择权,而不存在优惠购买选择权。在经营租赁情况下,租赁资产的实体暂时转移,而与租赁资产所有权有关的风险和报酬不转移。对出租人来说,经营租赁资产应在表内反映;而对承租人来说,经营租赁资产只在表外账户登记。

(三) 融资租赁与经营租赁的基本区别

融资租赁与经营租赁的相同点在于两种方式的所有权都没有转移,承租人取得的都只是设备的使用权。两种租赁方式的基本区别在于以下几个方面：

第一，融资租赁中租赁资产的所有权虽然没有转移，但实际上与所有权有关的风险和报酬已经转移到承租人一方；经营租赁的租赁资产只是实体转移，与所有权有关的风险和报酬仍然停留在出租人一方。

第二，融资租赁的承租人拥有租赁期满设备的留购选择权，而经营租赁固定资产的承租人一般不拥有租赁期满的留购选择权。

第三，由于经营租赁的目的主要是取得资产的使用权而并非最终获得资产，因此租赁期较短，通常远远短于资产的有效经济寿命；融资租赁的期限则较长，有时甚至长过资产的有效经济寿命。

第四，对经营租赁，租赁资产有关的税金、保险费和修理费用等一般不是由承租人承担，尽管确定租金时，出租人可能通过提高租金的方式把上述费用转嫁给承租人；对融资租赁来说，这些费用通常由承租人承担。

课堂思考

探讨租赁存在的必要性。如何区别经营租赁和融资租赁？

第二节　承租人会计处理

在租赁期开始日，承租人应当对租赁确认使用权资产和租赁负债，应用短期租赁和低价值资产租赁简化处理的除外。

一、初始确认与计量

(一) 设置的会计科目

承租人企业应设置“使用权资产”“使用权资产累计折旧”“使用权资产减值准备”“租赁负债”等会计科目，分别对租赁负债和使用权资产进行初始确认与计量。

(二) 租赁负债的初始确认与计量

租赁负债应当按照租赁期开始日尚未支付的租赁付款额的现值进行初始计量。识别应纳入租赁负债的相关付款项目是计量租赁负债的关键。

1. 租赁付款额

租赁付款额，是指承租人向出租人支付的与在租赁期内使用租赁资产的权利相关的款项。

租赁付款额包括以下五项内容：

(1) 固定租赁付款额及实质固定租赁付款额，存在租赁激励的，扣除租赁激励相关金额。实质固定付款额，是指在形式上可能包含变量但实质上无法避免的付款额。

(2) 取决于指数或比率的可变租赁付款额，在初始计量时根据租赁期开始日的指数或比率确定。

可变租赁付款额，是指承租人为取得在租赁期内使用租赁资产的权利，向出租人支付的因租赁期开始日后的事实或情况发生变化(而非时间推移)而变动的款项。取决于指数或比率的可变租赁付款额包括与消费者价格指数挂钩的款项、与基准利率挂钩的款项和为反映市场租金费率变化而变动的款项等。

(3) 购买选择权的行权价格,前提是承租人合理确定将行使该选择权。

(4) 行使终止租赁选择权需支付的款项,前提是租赁期反映承租人将行使终止租赁选择权。

(5) 根据承租人提供的担保余值预计应支付的款项。

2. 折现率

根据租赁准则的规定,在计算租赁付款额的现值时,承租人应当采用租赁内含利率作为折现率;无法确定租赁内含利率的,应当采用承租人增量借款利率作为折现率。

(三) 使用权资产的初始确认与计量

使用权资产,是指承租人可在租赁期内使用租赁资产的权利。在租赁期开始日,承租人应当按照成本对使用权资产进行初始计量。该成本包括:

(1) 租赁负债的初始计量金额。

(2) 在租赁期开始日或之前支付的租赁付款额,存在租赁激励的,扣除已享受的租赁激励相关金额。

(3) 承租人发生的初始直接费用。

(4) 承租人为拆卸及移除租赁资产、复原租赁资产所在场地或将租赁资产恢复至租赁条款约定状态预计将发生的成本。

关于上述第(4)项成本,首先,承租人有可能在租赁开始日就承担了,这些成本构成使用权资产的成本的一部分,但如果这些成本是为生产存货而发生的,则应计入有关存货成本;其次,企业对这些成本中预计将要发生的部分,应按照《企业会计准则第13号——或有事项》进行确认和计量。

【例10-2】 20×4年1月1日,甲公司作为承租人就某栋建筑物的某一楼层与乙公司签订了为期10年的租赁合同,合同的有关条款和其他资料如下:

(1) 该租赁合同具有5年的续租选择权。

(2) 初始租赁期内不含税的租赁付款额为每年50 000元,续租期间为每年55 000元,年初支付当年所有款项。

(3) 为获得该项租赁,承租人发生初始直接费用20 000元,其中15 000元是向该楼层前任租户支付的款项,5 000元为向此租赁的房地产中介支付的佣金。

(4) 作为对承租人的激励,出租人同意为承租人报销5 000元佣金。

(5) 租赁内含利率为5%。

在租赁期开始日,承租人认为不能合理确定将行使续租选择权,因此,将租赁期确定为10年。

为简化处理,假设不考虑相关税费的影响。

租赁期开始日,初始确认与计量的有关账务处理如下:

第一步,计算租赁期开始日租赁付款额的现值,并确认租赁负债和使用权资产。

在租赁期开始日,甲公司支付第一年的租金50 000元,并以剩余9年的租金(每年50 000元)按5%的年利率折现后的现值计量租赁负债。计算租赁付款额现值的过程如下:

剩余9年的租赁付款额=50 000×9=450 000(元)

租赁负债=剩余9年租赁付款额的现值=50 000×$(P/A,5\%,9)$=355 390(元)

未确认融资费用=剩余9年的租赁付款额-剩余9年租赁付款额的现值

=450 000-355 390

=94 610(元)

借：使用权资产　　405 390
　　租赁负债——未确认融资费用　　94 610
　　贷：租赁负债——租赁付款额　　450 000
　　　　银行存款(第一年的租赁付款额)　　50 000

第二步，将初始直接费用计入使用权资产的初始成本。

借：使用权资产　　20 000
　　贷：银行存款　　20 000

第三步，将已收的租赁激励相关金额从使用权资产入账价值中扣除。

借：银行存款　　5 000
　　贷：使用权资产　　5 000

综上，甲公司使用权资产的初始成本如下：

405 390＋20 000－5 000＝420 390(元)

二、后续计量

(一) 租赁负债的后续计量

1. 计量基础

在租赁期开始日后，承租人应当按以下原则对租赁负债进行后续计量：

(1) 确认租赁负债的利息时，增加租赁负债的账面金额。

(2) 支付租赁付款额时，减少租赁负债的账面金额。

(3) 因重估或租赁变更等原因导致租赁付款额发生变动时，重新计量租赁负债的账面价值。

承租人应当按照固定的周期性利率计算租赁负债在租赁期内各期间的利息费用，并计入当期损益。此处的周期性利率，是指承租人对租赁负债进行初始计量时所采用的折现率，或者因租赁付款额发生变动或因租赁变更而需按照修订后的折现率对租赁负债进行重新计量时，承租人所采用的修订后的折现率。

【例 10－3】 甲公司与乙公司签订了一份租赁合同。该合同约定乙公司将一间商铺出租给甲公司，合同期限为 10 年，每年商铺租金为 500 000 元，甲公司于每年年末支付款项。甲公司的租赁内含利率为 5%。

在租赁开始日，甲公司按照租赁协议约定的每年租金的现值确认租赁负债。

租赁负债＝500 000×(P/A，5%，10)＝3 860 850(元)

第一年年末，甲公司支付租赁付款额为 500 000 元，其中 193 042.5 元(3 860 850×5%)是当年的利息，306 957.5 元(500 000－193 042.5)是本金，即租赁负债减少 306 957.5 元。甲公司的会计处理如下：

年末支付租金时：

借：租赁负债——租赁付款额　　500 000
　　贷：银行存款　　500 000

确认当年利息费用时：

借：财务费用　　193 042.5
　　贷：租赁负债——未确认融资费用　　193 042.5

以后年度租赁负债摊销情况如表 10－1 所示。

表 10-1 **租赁负债摊销计算表**

单位：元

年　度	租赁负债年初余额 ①	利息 ②=①×5%	租赁付款额 ③	租赁负债年末余额 ④=①+②-③
1	3 860 850.00	193 042.50	500 000	3 553 892.50
2	3 553 892.50	177 694.63	500 000	3 231 587.13
3	3 231 587.13	161 579.36	500 000	2 893 166.48
4	2 893 166.48	144 658.32	500 000	2 537 824.81
5	2 537 824.81	126 891.24	500 000	2 164 716.05
6	2 164 716.05	108 235.80	500 000	1 772 951.85
7	1 772 951.85	88 647.59	500 000	1 361 599.44
8	1 361 599.44	68 079.97	500 000	929 679.41
9	929 679.41	46 483.97	500 000	476 163.38
10	476 163.38	23 836.62	500 000	0.00
合　计	—	1 139 150.00	5 000 000	—

2. 租赁负债的重新计量

在租赁开始日后，当发生下列四种情形时，承租人应当按照变动后的租赁付款额的现值重新计量租赁负债，并相应调整使用权资产的账面价值。使用权资产的账面价值已调减至零，但租赁负债仍需进一步调减的，承租人应当将剩余金额计入当期损益。

(1) 实质固定付款额发生变动

如果租赁付款额最初是可变的，但在租赁期开始日后的某一时点转为固定，那么，在潜在可变性消除时，该付款额就成为实质固定付款额，应纳入租赁负债的计量中。承租人应当按照变动后租赁付款额的现值重新计量租赁负债。在该情形下，承租人采用的折现率不变，即采用租赁期开始日确定的折现率。

【例 10-4】 承租人甲公司签订了一份为期 10 年的机器租赁合同。租金于每年年末支付，并按以下方式确定：第一年，租金是可变的，根据该机器在第一年下半年的实际产能确定；第二年至第十年，每年的租金根据该机器在第一年下半年的实际产能确定，也就是租金将在第一年年末转为固定付款额。在租赁开始日，甲公司无法确定租赁内含利率，其增量借款利率为 6%。假设在第一年年末，根据该机器在第一年下半年的实际产能所确定的最低租赁付款额为每年 30 000 元。

本例中，在租赁期开始时，由于未来的租金尚不确定，因此甲公司的租赁负债为零。在第一年年末，租金的潜在可变性消除，成为实质固定付款额(每年 30 000 元)，因此甲公司应基于变动后的租赁付款额重新计量租赁负债，并采用不变的折现率(6%)进行折现。支付第一年的租金后，甲公司后续年度需支付的租赁付款额为 270 000 元(30 000×9)，租赁付款额在第一年年末的现值为 204 051 元[30 000×(P/A,6%,9)]，未确认融资费用为 65 949 元(270 000—

204 051)。甲公司在第一年年末的相关账务处理如下：

支付第一年租金时：

借：制造费用等　　30 000

　贷：银行存款　　30 000

确认使用权资产和租赁负债时：

借：使用权资产　　204 051

　租赁负债——未确认融资费用　　65 949

　贷：租赁负债——租赁付款额　　270 000

(2) 担保余值预计的应付金额发生变动

在租赁期开始日后，承租人应对其在担保余值下预计支付的金额进行估计。该金额发生变动的，承租人应当按照变动后租赁付款额的现值重新计量租赁负债。在该情形下，承租人采用的折现率不变。

(3) 用于确定租赁付款额的指数或比率发生变动

在租赁期开始日后，因浮动利率的变动而导致未来租赁付款额发生变动的，承租人应当按照变动后租赁付款额的现值重新计量租赁负债。在该情形下，承租人应采用反映利率变动的修订后的折现率进行折现。

在租赁期开始日后，因用于确定租赁付款额的指数或比率(浮动利率除外)的变动而导致未来租赁付款额发生变动的，承租人应当按照变动后租赁付款额的现值重新计量租赁负债。在该情形下，承租人采用的折现率不变。

值得注意的是，仅当现金流量发生变动，即租赁付款额的变动生效时，承租人才应重新计量租赁负债，以反映变动后的租赁付款额。承租人应基于变动的合同付款额确定剩余租赁期内的租赁付款额。

(4) 购买选择权、续租选择权或终止租赁选择权的评估结果或实际行使情况发生变化

租赁期开始日后，发生下列情形的，承租人应采用修订后的折现率对变动后的租赁付款额进行折现，以重新计量租赁负债：

① 发生承租人可控范围内的重大事件或变化，且影响承租人是否合理确定将行使续租选择权或终止租赁选择权的，承租人应当对其是否合理确定将行使相应选择权进行重新评估。上述选择权的评估结果发生变化的，承租人应当根据新的评估结果重新确定租赁期和租赁付款额。前述选择权的实际行使情况与原评估结果不一致导致租赁期变化的，也应当根据新的租赁期重新确定租赁付款额。

② 发生承租人可控范围内的重大事件或变化，且影响承租人是否合理确定将行使购买选择权的，承租人应当对其是否合理确定将行使购买选择权进行重新评估。评估结果发生变化的，承租人应根据新的评估结果重新确定租赁付款额。

上述两种情形下，承租人在计算变动后租赁付款额的现值时，应当采用剩余期的租赁内含利率作为折现率；无法确定剩余租赁期间的租赁内含利率的，应当采用重估日的承租人增量借款利率作为折现率。

(二) 使用权资产的后续计量

在租赁期开始日后，承租人应采用成本模式对使用权资产进行后续计量。

1. 使用权资产折旧的计提

承租人应当参照《企业会计准则第 4 号——固定资产》有关折旧的规定，对使用权资产计

提折旧。

(1) 折旧政策

承租人在确定使用权资产的折旧方法时，应当根据与使用权资产有关的经济利益的预期实现方式做出决定。通常，承租人按直线法对使用权资产计提折旧；其他折旧方法更能反映使用权资产有关经济利益预期实现方式的，应采用其他折旧方法。

(2) 折旧期间

承租人能够合理确定租赁期届满时能够取得租赁资产所有权的，应当在租赁资产剩余使用寿命内计提折旧；无法合理确定租赁期届满时能够取得租赁资产所有权的，应当在租赁期与租赁资产剩余使用寿命两者孰短的期间内计提折旧。

使用权资产通常应自租赁期开始日当月计提折旧，当月计提确有困难的，为便于实务操作，企业可以选择租赁期开始的下个月计提折旧，但应对同类使用权资产采取相同的折旧政策。

2. 使用权资产的减值

承租人应当按照《企业会计准则第8号——资产减值》的规定，确定使用权资产是否发生减值，并对已识别的减值损失进行会计处理。

使用权资产发生减值的，按应减记的金额，借记“资产减值损失”科目，贷记“使用权资产减值准备”科目。使用权资产减值准备一旦计提，就不得转回。承租人应当按照扣除减值损失后的使用权资产的账面价值进行后续折旧。

【例10-5】 承例10-2，甲公司对使用权资产进行后续计量。

假定甲公司对使用权资产采用直线法计提折旧，在不考虑其他因素的情况下，每年计提折旧的计算如下：

420 390÷10＝42 039(元)

20×4年1月1日，计提本月折旧3 503.25元(42 039÷12)。

借：制造费用等	3 503.25	
贷：使用权资产累计折旧		3 503.25

20×4年2月—20×4年12月的会计分录同上。

(三) 租赁变更的会计处理

租赁变更，是指原合同条款之外的租赁范围、租赁对价、租赁期限的变更，包括增加或终止一项或多项租赁资产的使用权，延长或缩短合同规定的租赁期等。租赁变更生效日，是指双方就租赁变更达成一致的日期。

1. 租赁变更作为一项单独租赁处理

租赁发生变更且同时符合下列条件的，承租人应当将该租赁变更作为一项单独租赁进行会计处理：

(1) 该租赁变更通过增加一项或多项租赁资产的使用权而扩大了租赁范围。

(2) 增加的对价与租赁范围扩大部分的单独价格按该合同情况调整后的金额相当。

2. 租赁变更未作为一项单独租赁处理

租赁变更未作为一项单独租赁进行会计处理的，在租赁变更生效日，承租人应当按照新租赁准则有关租赁分拆的规定对变更后合同的对价进行分摊，按照新租赁准则有关租赁期的规定确定变更后的租赁期，并采用变更后的折现率对变更后的租赁付款额进行折现，以重新计量租赁负债。在计算变更后租赁付款额的现值时，承租人应当采用剩余租赁期间的租赁内含利率作为折现率;无法确定剩余租赁期间的租赁内含利率的,应当采用租赁变更生效日的承租人增量借款利率作为折现率。

就上述租赁负债调整的影响,承租人应区分以下情形进行会计处理:

(1) 租赁变更导致租赁范围缩小或租赁期缩短的,承租人应当调减使用权资产的账面价值,以反映租赁的部分终止或完全终止。承租人应将部分终止或完全终止租赁的相关利得或损失计入当期损益。

(2) 其他租赁变更,承租人应当相应调整使用权资产的账面价值。

三、短期租赁和低价值资产租赁

对短期租赁和低价值资产租赁,承租人可以选择不确认使用权资产和租赁负债。做出该选择的,承租人应当将短期租赁和低价值资产租赁的租赁付款额,在租赁期内各个期间按照直线法或其他系统合理的方法计入相关资产成本或当期损益。其他系统合理的方法能够更好地反映承租人的受益模式的,承租人应当采用该方法。

(一) 短期租赁

短期租赁,是指自租赁期开始日,租赁期不超过 12 个月的租赁。包含购买选择权的租赁不属于短期租赁。

对于短期租赁,承租人可以按照租赁资产的类别做出采用简化会计处理的选择。如果承租人对某类租赁资产做出了简化会计处理的选择,未来该类资产下所有的短期租赁就都应采用简化会计处理。某类租赁资产是指企业运营中具有类似性质和用途的一组租赁资产。

按照简化会计处理的短期租赁发生租赁变更或者其他原因导致租赁期发生变化的,承租人应当将其视为一项新租赁,重新按照上述原则判断该项新租赁是否可以选择简化会计处理。

【例 10－6】 承租人与出租人签订了一份租赁合同,约定不可撤销期间为 8 个月,且承租人拥有 6 个月的续租选择权。在租赁期开始日,承租人判断可以合理确定将行使续租选择权,因为续租期的月租赁付款额明显低于市场价格。在此情况下,承租人确定租赁期为 14 个月,不属于短期租赁,承租人不能选择上述简化会计处理。

(二) 低价值资产租赁

低价值资产租赁,是指单项租赁资产为全新资产时价值较低的租赁。

承租人在判断是否为低价值资产租赁时,应基于租赁资产全新状态下的价值进行评估,不应考虑资产已被使用的年限。

对低价值资产租赁,承租人可根据每项租赁的具体情况做出简化会计处理选择。低价值资产还应满足以下条件,即只有承租人能够从单独使用该低价值资产或将其与承租人易于获得的其他资源一起使用中获利,且该项资产与其他租赁资产没有高度依赖或高度关联关系时,才能对该资产租赁选择进行简化会计处理。

低价值资产租赁的标准应该是一个绝对金额,即仅与资产全新状态下的绝对价值有关,不受承租人规模、性质等影响,也不考虑该资产对承租人或相关租赁交易的重要性。常见的低价值资产的例子包括平板电脑、普通办公家具、电话等小型资产。但是,如果承租人已经或者预期要把相关资产进行转租赁,则不能将原租赁按照低价值资产租赁进行简化会计处理。值得注意的是,符合低价值资产租赁的,也并不代表承租人采取购入方式取得该资产时该资产不符合固定资产确认条件。

第三节 出租人会计处理

一、出租人的租赁分类

出租人应当在租赁开始日将租赁分为融资租赁和经营租赁。一项租赁属于融资租赁还是经营租赁取决于交易的实质，而不是合同的形式。如果一项租赁实质上转移了与租赁资产所有权有关的几乎全部风险和报酬，出租人就应当将该项租赁分类为融资租赁。出租人应当将除融资租赁以外的其他租赁分类为经营租赁。

出租人的租赁分类是以租赁转移与租赁资产所有权相关的风险和报酬的程度为依据。风险包括因生产能力的闲置或技术陈旧而可能造成的损失，以及因经济状况的改变而可能造成的回报变动。报酬可以表现为在租赁资产的预期经济寿命期间经营的盈利以及因增值或残值变现而可能产生的利得。

租赁开始日后，除非发生租赁变更，出租人无须对租赁的分类进行重新评估。租赁资产预计使用寿命、预计余值等会计估计变更或发生承租人违约等情况变化的，出租人不对租赁进行重分类。

租赁合同可能包括因租赁开始日与租赁期开始日之间发生的特定变化而需对租赁付款额进行调整的条款与条件（例如，出租人标的资产的成本发生变动，或出租人对该租赁的融资成本发生变动）。在此情况下，出于租赁分类目的，此类变动的影响均被视为在租赁开始日已发生。

二、出租人对融资租赁的会计处理

（一）设置的会计科目

出租人企业应设置“融资租赁资产”科目，对融资租赁资产的增减变动进行确认与计量。另外，还需设置“应收融资租赁款”“应收融资租赁款减值准备”等科目对租赁应收款进行确认与计量，并通过“租赁收入”或“其他业务收入”等科目核算相关的租赁收入和利息收入。

“融资租赁资产”科目核算租赁企业作为出租人为开展融资租赁业务而取得资产的成本。租赁业务不多的企业，可以通过“固定资产”等科目核算相关资产。租赁企业和其他企业对融资租赁资产在未融资租赁期间的会计处理遵循固定资产准则或其他适用准则。本科目可按租赁资产类别和项目进行明细核算。

“应收融资租赁款”科目核算出租人融资租赁产生的租赁投资净额。本科目可分别设置“租赁收款额”“未实现融资收益”“未担保余值”等明细科目。租赁业务较多的企业，还可以在“租赁收款额”明细科目下进一步设置明细科目进行核算。

“租赁收入”科目核算租赁企业作为出租人确认的融资租赁和经营租赁的租赁收入。本科目下可分别设置“利息收入”“可变租赁付款额”“经营租赁收入”等明细科目。一般企业根据自身业务特点采用“其他业务收入”等科目核算租赁收入。

（二）融资租赁的初始计量

在租赁期开始日，出租人应当对融资租赁确认应收融资租赁款，并终止确认融资租赁资产。出租人对应收融资租赁款进行初始计量时，应当以租赁投资净额作为应收融资租赁款的入账价值。

租赁投资净额为未担保余值和租赁期开始日尚未收到的租赁收款额按照租赁内含利率折现的现值之和。租赁内含利率，是指使出租人的租赁收款额的现值与未担保余值的现值之和

知识链接

(租赁投资净额)等于租赁资产公允价值与出租人的初始直接费用之和的利率。因此,出租人发生的初始直接费用包含在租赁投资净额中,也即包含在应收融资租赁款的初始入账价值中。

【例 10－7】 假设 20×3 年 12 月 31 日,甲公司与乙公司签订了一份租赁合同。合同主要条款如下:

(1) 租赁标的物:塑钢机。

(2) 租赁期开始日:20×4 年 1 月 1 日。

(3) 租赁期:20×4 年 1 月 1 日至 20×9 年 12 月 31 日,共 6 年。

(4) 租金支付:自租赁开始日每年年末支付租金 250 000 元。每年年末期限内付款的奖励租金为 50 000 元。

(5) 该机器在租赁期开始日的公允价值为 1 000 000 元,账面价值为 800 000 元。

(6) 初始直接费用为手续费 20 000 元。

(7) 承租人于租赁期结束后具有购买选择权,购买价格为 20 000 元,20×9 年 12 月 31 日该资产的公允价值为 80 000 元。

(8) 约定可变租赁付款额为甲公司使用该机器所生产产品(塑钢窗户)的年销售收入的 6%,向乙公司支付经营分享收入。

(9) 担保余值与未担保余值为 0。

(10) 该资产为全新资产,预计使用寿命为 7 年。

出租人乙公司自租赁开始日的账务处理如下:

第一步,判断租赁类型。

本例存在优惠购买选择权,优惠购买价 20 000 元远低于行使选择权日租赁政策的公允价值 80 000 元,因此,20×4 年 1 月 1 日乙公司可以合理确定甲公司在租赁结束时将行使选择权。租赁期间占该资产使用寿命的比例(6÷7×100%＝85.71%)超过 75%。因此,这项租赁应当被认定为融资租赁。

第二步,确定租赁收款额。

承租人的固定付款额为考虑扣除租赁激励后的金额:

(250 000－50 000)×6＝1 200 000(元)

租赁期届满时,甲公司享有优先购买该机器的选择权,购买价为 20 000 元,估计该日租赁资产的公允价值为 80 000 元。优惠购买价 20 000 元远低于行使选择权日租赁资产的公允价值,因此在租赁开始日可以合理确定甲公司将会行使这种选择权。

如此,租赁收款额中应包含承租人购买选择权的行权价格 20 000 元。

由承租人向出租人提供的担保余值为 0。

综上所述,租赁收款额＝1 200 000＋20 000＝1 220 000(元)。

第三步,确认租赁投资总额。

租赁投资总额＝在融资租赁下出租人应收的租赁收款＋未担保余值

本例中,租赁投资总额＝1 220 000＋0＝1 220 000(元)。

第四步,确认租赁投资净额的全额和未实现融资收益。

租赁投资净额＝租赁资产在租赁期开始日公允价值＋出租人发生的租赁初始直接费用
＝1 000 000＋20 000
＝1 020 000(元)

未实现融资收益＝租赁投资总额－租赁投资净额
＝1 220 000－1 020 000
＝200 000(元)

第五步,计算租赁内含利率。

由 200 000×$(P/A,r,6)$+20 000×$(P/F,r,6)$＝1 020 000(元)可知,租赁内含利率为 5.3%。

第六步,20×4 年 1 月 1 日账务处理如下:

借:应收融资租赁款——租赁收款额　　1 220 000
　贷:银行存款　　20 000
　　融资租赁资产　　800 000
　　资产处置损益　　200 000
　　应收融资租赁款——未实现融资收益　　200 000

(三) 融资租赁的后续计量

出租人应当按照固定的周期性利率计算并确认租赁期内各个期间的利息收入。

【例 10-8】 承例 10-7,以下说明出租人如何确认并计量租赁期内各期间的利息收入。

第一步,计算租赁期内各期的利息收入,如表 10-2 所示。

表 10-2　租赁期内各期的利息收入

单位:元

日　期 ①	租　金 ②	确认的利息收入 ③＝期初④×5.3%	租赁投资净额余额 期末④＝期初④－②＋③
20×4 年 1 月 1 日			1 020 000
20×4 年 12 月 31 日	200 000	54 060	874 060
20×5 年 12 月 31 日	200 000	46 325	720 385
20×6 年 12 月 31 日	200 000	38 180	558 566
20×7 年 12 月 31 日	200 000	29 604	388 170
20×8 年 12 月 31 日	200 000	20 573	208 743
20×9 年 12 月 31 日	200 000	11 257*	20 000
20×9 年 12 月 31 日	20 000		
合　计	1 220 000	200 000	

注:* 作尾数调整,11 257＝200 000＋20 000－208 743。

第二步,做如下会计分录:

20×4 年 12 月 31 日收到第一笔租金时:

借:银行存款　　200 000
　贷:应收融资租赁款——租赁收款额　　200 000

借：应收融资租赁款——未实现融资收益　　54 060

　　贷：租赁收入　　54 060

20×5 年 12 月 31 日收到第二笔租金时：

借：银行存款　　200 000

　　贷：应收融资租赁款——租赁收款额　　200 000

借：应收融资租赁款——未实现融资收益　　46 325

　　贷：租赁收入　　46 325

后续年份的会计处理步骤同上。

【例 10-9】 承例 10-7，假设 20×5 年和 20×6 年甲公司使用该机器生产产品实现的收入分别为 2 000 000 元和 3 000 000 元。依据租赁协议约定，乙公司向甲公司收取的可变租金分别为 120 000 元和 180 000 元。

乙公司的会计处理如下：

20×5 年 12 月 31 日：

借：银行存款　　120 000

　　贷：租赁收入　　120 000

20×6 年 12 月 31 日：

借：银行存款　　180 000

　　贷：租赁收入　　180 000

【例 10-10】 承例 10-7，租赁期结束，甲公司按照协议约定行使购买权。

乙公司的相关会计处理如下：

借：银行存款　　20 000

　　贷：应收融资租赁款——租赁收款额　　20 000

(四) 融资租赁变更的会计处理

融资租赁发生变更且同时符合下列条件的，出租人应当将该变更作为一项单独租赁进行会计处理：

(1) 该变更通过增加一项或多项租赁资产的使用权而扩大了租赁范围或延长了租赁期限。

(2) 增加的对价与租赁范围扩大部分或租赁期限延长部分的单独价格按该合同情况调整后的金额相当。

如果融资租赁的变更未作为一项单独租赁进行会计处理，且满足假如变更在租赁开始日生效，该租赁就会被分类为经营租赁条件的，出租人就应当自租赁变更生效日起将其作为一项新租赁进行会计处理，并以租赁变更生效日前的租赁投资净额作为租赁资产的账面价值。如果融资租赁的变更未作为一项单独租赁进行会计处理，且满足假如变更在租赁开始日生效，该租赁就会被分类为融资租赁条件的，出租人就应当按照《企业会计准则第 22 号——金融工具确认和计量》中关于修改或重新议定合同的规定进行会计处理。

三、出租人对经营租赁的会计处理

在经营租赁下，由于与租赁资产所有权相关的所有风险和报酬并未转移给承租人，因此，出租人仍应将租出资产作为自有资产核算，从而不涉及租出资产的终止确认问题，并需要继续为租出资产计提折旧；同时，要对发生的初始直接费用、租赁收款额等进行确认与计量。具体内容包括：

1. 租金的处理

在租赁期内各个期间，出租人应采用直线法或者其他系统合理的方法将经营租赁的租赁收款额确认为租金收入。如果其他系统合理的方法能够更好地反映因使用租赁资产所产生经济利益的消耗模式的，出租人就应采用该方法。

2. 出租人对经营租赁提供激励措施

出租人提供免租期的，出租人应将租金总额在不扣除免租期的整个租赁期内，按直线法或其他合理的方法进行分配，免租期内应当确认租金收入。出租人承担了承租人某些费用的，出租人应将该费用自租金收入总额中扣除，按扣除后的租金收入余额在租赁期内进行分配。

3. 初始直接费用

出租人发生的与经营租赁有关的初始直接费用应当资本化至租赁标的资产的成本，在租赁期内按照与租金收入相同的确认基础分期计入当期损益。

4. 折旧和减值

对经营租赁资产中的固定资产，出租人应当采用类似资产的折旧政策计提折旧。对其他经营租赁资产，应当根据该资产适用的企业会计准则，采用系统合理的方法进行摊销。出租人应当按照《企业会计准则第 8 号——资产减值》的规定，确定经营租赁资产是否发生减值，并对已识别的减值损失进行会计处理。

5. 可变租赁付款额

出租人取得的与经营租赁有关的可变租赁付款额，如果是与指数或比率挂钩的，就应在租赁期开始日计入租赁收款额；除此之外的，应当在实际发生时计入当期损益。

6. 经营租赁的变更

经营租赁发生变更的，出租人应自变更生效日起，将其作为一项新的租赁进行会计处理，与变更前租赁有关的预收或应收租赁收款额被视为新租赁的收款额。

知识链接

【例 10-11】 20×4 年 9 月初，甲公司向乙公司租入一套写字间，租赁期限为 5 个月，租金总计 60 000 元。乙公司提供的激励措施如下：允许甲公司使用该写字间 6 个月，并从第二个月起每月支付租金。在租赁开始日，甲公司用银行存款支付 5 000 元简易装修费以及 80 000 元押金。乙公司不是专营租赁公司，其租出资产按成本模式进行后续计量，按直线法每月计提折旧 5 000 元，其他因素略。

根据上述资料，乙公司应进行如下账务处理：

收到押金时：

借：银行存款　　80 000

　　贷：其他应付款　　80 000

租赁期内第一个月确认租金收入时：

借：其他应收款　　10 000

　　贷：其他业务收入　　10 000

租赁期内第二个月至第六个月每月收取租金时：

借：银行存款　　12 000

　　贷：其他业务收入　　10 000

　　　　其他应收款　　2 000

每月计提折旧时：

借：其他业务成本　　5 000

　　贷：投资性房地产累计折旧　　5 000

租赁期满退回押金时：

借：其他应付款　　80 000

　　贷：银行存款　　80 000

第四节　售后租回交易的会计处理

一、售后租回业务

售后租回，是一种特殊的租赁方式，是设备的所有者先将自己拥有的设备卖给某一家公司（通常为租赁公司），形成一次买卖交易，然后将该设备租回，形成一次租赁交易。在前一次交易中，交易双方的角色是卖方和买方；在后一次交易中，交易双方的角色是承租人和出租人。在两次交易中，设备的卖方同时是设备的承租人，设备的买方同时是设备的出租人。实际上，承租人只是利用这种连续的交易，在不影响对租赁资产的占有、使用、收益的前提下，将固定资产转变为流动资产，以增强本企业资金的流动性，解决本企业资金不足的难题。

根据修订后的租赁准则的规定，承租人和出租人应当按照《企业会计准则第 14 号——收入》的规定，评估确定售后租回交易中的资产转让是否属于销售，在此基础上做出不同的会计处理，而不再基于租赁类型的判断。所以，售后租回形成的租赁如何进行会计处理，取决于资产转让是否属于销售。

二、售后租回交易的会计处理

(一) 售后租回交易中的资产转让属于销售

卖方兼承租人应当按原资产账面价值中与租回获得的使用权有关的部分，计量售后租回所形成的使用权资产，并仅就转让至买方兼出租人的权利确认相关利得或损失。买方兼出租人根据其他适用的企业会计准则对资产购买进行会计处理，并根据新租赁准则对资产出租进行会计处理。

如果销售对价的公允价值与资产的公允价值不同，或者出租人未按市场价格收取租金，企业就应当进行以下调整：

(1) 销售对价低于市场价格的款项，作为预付租金进行会计处理。

(2) 销售对价高于市场价格的款项，作为买方兼出租人向卖方兼承租人提供的额外融资进行会计处理。

同时，承租人按照公允价值调整相关销售利得或损失，出租人按照市场价格调整租金收入。

在进行上述调整时，企业应当按以下两者中较易确定者进行会计处理：

(1) 销售对价的公允价值与资产的公允价值的差异。

(2) 合同付款额的现值与按市场租金计算的付款额的现值的差异。

(二) 售后租回交易中的资产转让不属于销售

卖方兼承租人不终止确认所转让的资产，而应当将收到的现金作为金融负债，并按照《企业会计准则第 22 号——金融工具确认和计量》进行会计处理。买方兼出租人不确认被转让资产，而应当将支付的现金作为金融资产，并按照《企业会计准则第 22 号——金融工具确认和计量》进行会计处理。

（三）售后租回交易示例

1. 售后租回交易中的资产转让不属于销售

【例 10－12】 甲公司（卖方兼承租人）以货币资金 3 600 000 元的价格向乙公司（买方兼出租人）出售一栋建筑物，交易前该建筑物的账面原值为 3 600 000 元，累计折旧为 600 000 元。与此同时，甲公司与乙公司签订合同，取得了该建筑物 20 年的使用权（全部剩余使用年限为 42 年），年租金为 300 000 元，于每年年末支付，租赁期满时，甲公司将以 200 元购买该建筑物。根据交易的条款和条件，甲公司转让建筑物不满足《企业会计准则第 14 号——收入》中关于销售成立的条件。假设不考虑初始直接费用和各项税费的影响。该建筑物在销售当日的公允价值为 5 800 000 元。

在租赁期开始日，甲公司对该交易的会计处理如下：

借：货币资金	3 600 000	
贷：长期应付款		3 600 000

在租赁期开始日，乙公司对该交易的会计处理如下：

借：长期应收款	3 600 000	
贷：货币资金		3 600 000

2. 售后租回交易中的资产转让属于销售

【例 10－13】 甲公司（卖方兼承租人）以货币资金 40 000 000 元的价格向乙公司（买方兼出租人）出售一栋建筑物，交易前该建筑物的账面原值为 24 000 000 元，累计折旧为 4 000 000 元。与此同时，甲公司与乙公司签订合同，取得了该建筑物 18 年的使用权（全部剩余使用年限为 40 年），年租金为 2 400 000 元，于每年年末支付。根据交易的条款和条件，甲公司转让建筑物符合《企业会计准则第 14 号——收入》中关于销售成立的条件。假设不考虑初始直接费用和各项税费的影响。该建筑物在销售当日的公允价值为 36 000 000 元。

由于该建筑物的销售对价并非公允价值，因此甲公司和乙公司分别进行了调整以按照公允价值计量销售收益和租赁应收款。超售价 4 000 000 元（40 000 000－36 000 000）作为乙公司向甲公司提供的额外融资进行确认。

甲公司和乙公司均确定租赁内含年利率为 4.5%。年付款额现值为 29 183 980 元（年付款额2 400 000元，共 18 期，按每年 4.5%折现），其中 4 000 000 元与额外融资相关，25 183 980 元与租赁相关（分别对应年付款额 328 948 元和 2 071 052 元）。

年付款额现值＝2 400 000×(P/A，4.5%，18)＝29 183 980（元）

额外融资年付款额＝4 000 000÷29 183 980×2 400 000＝328 948（元）

租赁相关年付款额＝2 400 000－328 948＝2 071 052（元）

(1) 在租赁期开始日，甲公司对该交易的会计处理如下：

① 按与租回获得的使用权部分占该建筑物的原账面金额的比例计算售后租回所形成的使用权资产。

使用权资产＝该建筑物的账面价值×（18 年使用权资产的租赁付款额现值÷该建筑物的公允价值）

＝(24 000 000－4 000 000)×(25 183 980÷36 000 000)

＝13 991 100（元）

② 计算与转让至乙公司的权利相关的利得。

出售该建筑物的全部利得＝36 000 000－20 000 000＝16 000 000(元)

其中：

与该建筑物使用权相关的利得＝16 000 000×25 183 980÷36 000 000＝11 192 880(元)

与转让至乙公司的权利相关的利得＝16 000 000－11 192 880＝4 807 120(元)

③ 做如下会计分录：

与额外融资相关：

借：货币资金	4 000 000	
贷：长期应付款		4 000 000

与租赁相关：

借：货币资金	36 000 000	
使用权资产	13 991 100	
固定资产——建筑物——累计折旧	40 000 000	
租赁负债——未确认融资费用	12 094 956	
贷：固定资产——建筑物——原值		24 000 000
租赁负债——租赁付款额*		37 278 936
资产处置损益		40 807 120

*：租赁付款额为甲公司年付款额 2 400 000 元中的 2 071 052 元与 18 期的乘积。

后续甲公司支付的年付款额 2 400 000 元中的 2 071 052 元作为租赁付款额处理。328 948 元作为以下两项进行会计处理：结算融资负债 4 000 000 元而支付的款项，利息费用。

以第一年年末为例：

借：租赁负债——租赁付款额	2 071 052	
长期应付款	148 948	
利息费用	1 313 279	
贷：租赁负债——未确认融资费用		1 133 279
银行存款		2 400 000

长期应付款＝328 948－180 000＝148 948(元)

利息费用＝25 183 980×4.5%＋4 000 000×4.5%＝1 313 279(元)

未确认融资费用＝25 183 980×4.5%＝1 133 279.1(元)

(2) 综合考虑租期占该建筑物剩余使用年限的比例等因素，乙公司将该建筑物的租赁分类为经营租赁。

在租赁期开始日，乙公司对该交易的会计处理如下：

借：固定资产——建筑物	36 000 000	
长期应收款	4 000 000	
贷：货币资金		40 000 000

租赁期开始日后，乙公司将从甲公司处年收款额 2 400 000 元中的 2 071 052 元作为租赁收款额进行会计处理。从甲公司处年收款额中的其余 328 948 元作为以下两项进行会计处理：结算金融资产 4 000 000 元而收到的款项，利息收入。

以第一年年末为例：

借：银行存款　　2 400 000
　贷：租赁收入　　2 071 052
　　利息收入　　180 000
　　长期应收款　　148 948

第五节　租赁的列报和披露

一、承租人的列报和披露

（一）承租人的列报

承租人应当在资产负债表中单独列示使用权资产和租赁负债。承租人在资产负债表中设置“使用权资产”项目，反映资产负债表日承租人企业持有的使用权资产的期末账面价值。该项目根据“使用权资产”科目的期末余额减去“使用权资产累计折旧”和“使用权资产减值准备”科目的期末余额后的金额填列。承租人还需在资产负债表中设置“租赁负债”项目，以反映资产负债表日承租人企业尚未支付的租赁付款额的期末账面价值。本项目应根据“租赁负债”科目的期末余额填列。自资产负债表日起 1 年内到期应予以清偿的租赁负债的期末账面价值，在“一年内到期的非流动负债”项目反映。

在利润表中，承租人应当分别列示租赁负债的利息费用与使用权资产的折旧费用。租赁负债的利息费用在“财务费用”项目列示。对金融企业，财务报表格式中没有“财务费用”项目，因此，使用权资产的折旧费用和租赁负债的利息费用可以在“业务及管理费用”项目中列示，并在附注中进一步披露。

在现金流量表中，偿还租赁负债本金和利息所支付的现金应当计入筹资活动现金流出，支付的按《企业会计准则第 21 号——租赁》第三十二条简化处理的短期租赁付款额和低价值资产租赁付款额以及未纳入租赁负债计量的可变租赁付款额，应当计入经营活动现金流出。

（二）承租人的披露

承租人应当在附注中披露与租赁有关的下列信息：

（1）各类使用权资产的期初余额、本期增加额、期末余额、累计折旧额和减值金额。

（2）租赁负债的利息费用。

（3）计入当期损益的按《企业会计准则第 21 号——租赁》第三十二条简化处理的短期租赁费用和低价值资产租赁费用。

（4）未纳入租赁负债计量的可变租赁付款额。

（5）转租使用权资产取得的收入。

（6）与租赁相关的总现金流出。

（7）售后租回交易产生的相关损益。

（8）其他按照《企业会计准则第 37 号——金融工具列报》应当披露的有关租赁负债的信息。

承租人应用《企业会计准则第 21 号——租赁》第三十二条对短期租赁和低价值资产租赁进行简化处理的，应当披露这一事实。

承租人应当根据理解财务报表的需要，披露有关租赁活动的其他定性和定量信息。此类信息包括：

（1）租赁活动的性质，如对租赁活动基本情况的描述。

(2) 未纳入租赁负债计量的未来潜在现金流出。

(3) 租赁导致的限制或承诺。

(4) 售后租回交易除《企业会计准则第 21 号——租赁》第五十四条第(七)项“售后租回交易产生的相关损益”之外的其他信息。

(5) 其他相关信息。

二、出租人的列报和披露

出租人应当在附注中披露与融资租赁有关的下列信息:

(1) 销售损益、租赁投资净额的融资收益以及与未纳入租赁投资净额的可变租赁付款额相关的收入。

(2) 资产负债表日后连续五个会计年度每年将收到的未折现租赁收款额,以及剩余年度将收到的未折现租赁收款额总额。

(3) 未折现租赁收款额与租赁投资净额的调节表。

出租人应当在附注中披露与经营租赁有关的下列信息:

(1) 租赁收入,并单独披露与未计入租赁收款额的可变租赁付款额相关的收入。

(2) 将经营租赁固定资产与出租人持有自用的固定资产分开,并按经营租赁固定资产的类别提供《企业会计准则第 4 号——固定资产》要求披露的信息。

(3) 资产负债表日后连续五个会计年度每年将收到的未折现租赁收款额,以及剩余年度将收到的未折现租赁收款额总额。

出租人应当根据理解财务报表的需要,披露有关租赁活动的其他定性和定量信息。此类信息包括:

(1) 租赁活动的性质,如对租赁活动基本情况的描述。

(2) 对其在租赁资产中保留的权利进行风险管理的情况。

(3) 其他相关信息。

案例分析及延伸阅读

为加深对本章内容的理解,本章案例侧重于租赁准则修订等内容的延伸,并结合目前实务中对租赁的会计处理及影响等内容进行探讨。

案例分析

租赁准则的修订及其影响透析①

【适用本章知识点与范围】

租赁会计准则修订。

【案例内容】

2018 年 12 月 7 日,财政部发布了修订的《企业会计准则第 21 号——租赁》(以下简称“新

① 节选自:徐经长,刘畅.租赁准则的修订及其影响透析[J].财会月刊,2019,847(03):57-61.

租赁准则”),与国际会计准则理事会(IASB)于2016年1月13日发布的《国际财务报告准则第16号——租赁》(IFRS 16)保持了实质趋同。新租赁准则改进了租赁会计的核算方法,对提升财务报表的可比性和会计信息质量、完善我国企业会计准则体系具有重要意义。新租赁准则相对于原租赁准则有哪些变化?新租赁准则的实施会对企业造成哪些影响?企业应如何应对新租赁准则的变化?这些都是企业目前迫切需要考虑的问题。

在新租赁准则下,承租人对租赁业务的会计处理将发生根本性变化,除简化处理的短期租赁和低价值资产租赁外,承租人方面不再区分融资租赁和经营租赁,而是采用与融资租赁类似的使用权模型对经营租赁确认使用权资产和负债,并分别确认折旧和利息费用。这是我国新租赁准则最为核心的变化。出租人的会计处理基本上遵循了旧租赁准则的规定,新租赁准则仅完善了出租人的信息披露要求。具体来说,新租赁准则修订的主要内容如下:

1. 新增了租赁的识别、分拆及合并等原则

新租赁准则明确了租赁的识别特征为“让渡了在一定期间内控制已识别资产使用的权利以换取对价”,对租赁的识别和使用制定了相关指导原则。此外,新租赁准则还明确规定了同时包含租赁和非租赁部分的合同的分拆及合并等问题的处理原则。

2. 承租人对租赁业务的会计处理的重大改变

旧租赁准则要求融资租赁承租人在资产负债表内确认相关的资产和负债,同时对未确认的融资费用采用实际利率法进行摊销;经营租赁承租人仅在表外披露重大不可撤销经营租赁的相关情况。新租赁准则明确了“使用权资产”,取消了经营租赁和融资租赁的分类。新租赁准则进一步明确了需重新确定租赁付款额的情形以及租赁变更的会计处理,新增了短期租赁和低价值资产租赁的定义,并对其识别和会计处理做出了相关规定。

3. 将售后租回交易与新收入准则衔接

新租赁准则与新收入准则(《企业会计准则第14号——收入》)在售后租回交易方面进行了衔接,对售后租回交易的会计处理进行了相应调整,规定承租人和出租人应当评估并确定售后租回交易中的资产转让是否属于销售。

4. 在对承租人的后续计量中增加了选择权重估和租赁变更情况下的会计处理

新租赁准则增加了关于选择权重估的会计处理方法,明确规定若发生了承租人可控范围内的重大事件或变化,且该事件或变化影响承租人合理确定将行使相应选择权的,则承租人应当对其是否合理确定将行使续租选择权、购买选择权或不行使终止租赁选择权进行重新评估。另外,新租赁准则增加了“租赁变更”的定义,指出租赁变更是原合同条款之外的租赁范围、租赁对价、租赁期限的变更,并且明确了租赁变更的会计处理。

5. 完善了出租人的信息披露要求

出租人的会计处理模式在新租赁准则下基本没有发生变化,新租赁准则主要增加了部分信息披露要求,包括融资租出的销售损益、融资收益与可变租赁付款额相关的收入、未折现租赁收款额与租赁投资净额的调节表以及经营租出的租赁收入等。

6. 对新旧租赁准则的衔接做出了相关规定

为帮助相关企业实现从旧租赁准则到新租赁准则的过渡,新租赁准则规定:对首次执行日前已存在的合同,企业可选择不重新评估;企业首次执行新租赁准则可以选择不调整可比期间信息。此外,新租赁准则还提供了关于首次执行租赁准则的多项简化处理安排。由于新租赁准则相对于旧租赁准则的变化主要在承租人方面,因此,本文对我国新旧租赁准则承租人会

计处理的差异进行了梳理总结。

我国新租赁准则在与国际最新租赁准则(IFRS16)实现实质趋同的同时针对我国的实际情况做出了一些调整,两个准则的差异主要体现在以下两点:第一,以出让、划拨或转让方式取得的土地使用权在我国新租赁准则下适用无形资产准则,在国际准则下则适用IFRS 16;第二,我国新租赁准则明确了承租人拥有的所有使用权资产采用固定资产准则的成本模式进行后续计量,而IFRS 16规定承租人在满足一定条件时需采用投资性房地产准则。

我国新租赁准则的发布对提高企业财务报表会计信息质量、推动租赁行业规范成熟有重要的意义。新租赁准则变动较大,其将如何影响我国上市公司的会计实务?哪些企业会受到更显著的影响?

总体来说,新租赁准则将导致承租人的资产规模和负债规模同时增加,并引起相关财务指标的变化,增大企业的融资风险,削弱其偿债能力,预期将对经营租赁业务较多的行业(如批发和零售贸易业,交通运输、仓储业,信息技术业以及部分制造业等)产生较大影响。此外,虽然新租赁准则对出租人的会计核算并无实质性的影响,但由于承租人的会计处理会发生变化,承租人的租赁安排可能受到影响,因此出租人的业务模式也受到一定影响。这就要求企业尽快熟悉新租赁准则的基本内容和主要变化,对新租赁准则带来的影响进行评估,并积极采取相关应对措施。新租赁准则的实施对企业的影响巨大,为了让企业有时间采取措施,更从容地应对新租赁准则的变化,新租赁准则在实施范围和实施时间以及新旧租赁准则的衔接问题上都做出了相关规定。

一方面,新租赁准则在考虑我国市场和企业的实际情况后,在实施范围和实施时间上采取了"分步走"的办法。由于IFRS 16于2019年1月1日起执行,为了避免同一企业境内外报表适用会计准则不一致的情况,对那些在境内外同时上市的企业以及在境外上市并采用国际财务报告准则或企业会计准则编制财务报告的企业,新租赁准则的执行时间为2019年1月1日;而对其他执行企业会计准则的企业,新租赁准则的执行时间为2021年,为企业留出了执行新租赁准则的过渡期。企业应当充分利用这一过渡期,对租赁业务情况进行分析,例如,收集目前经营租赁和融资租赁的相关数据,对租赁结构进行分析,做出新的估算;重新研究企业的交易合同,对哪些合同包含租赁业务等做出判断。

另一方面,为了帮助企业从旧租赁准则顺利过渡到新租赁准则,新租赁准则对新旧租赁准则的衔接问题做出了相关规定,给了企业比较大的选择空间。例如,新租赁准则规定,企业在首次执行日可以选择不重新评估已存在的租赁合同;首次执行新租赁准则可以选择不调整可比期间的信息。另外,新租赁准则规定了一些简化处理办法,例如,低价值资产无须调整年初金额,对首次执行日前的经营租赁可以进行简化处理。企业应当选择适当的准则衔接方法,并且在过渡期及时预测目前的租赁业务对财务报表以及银行、股东、监管机构等利益相关方将会产生的影响,为新租赁准则实施后租赁合约的安排做好相关准备。

【案例思考题】

根据上述资料,请思考修订租赁准则的意义、新旧租赁准则的差异、执行新租赁准则对承租人和出租人的影响。

延伸阅读

复习思考题

1. 什么是租赁？租赁有何特征？
2. 如何判断一项租赁业务是经营租赁还是融资租赁？
3. 如何确定最低租赁付款额及其现值？
4. 出租人和承租人分别应披露哪些租赁信息？
5. 简述售后租回的会计核算原则。

第十一章 企业财务困境

学习目标

熟悉债务重组的方式，掌握债务重组的会计处理，熟悉破产会计的特点及基本理论，掌握破产清算的会计处理。

素养目标

“牢记为人民谋利益的根本宗旨，坚持以人民为中心的发展思想。”防止系统性风险需要企业回归以人为本的发展理念，关注员工、客户权益。激励学生在各自岗位继承和发扬企业家精神，用实际行动践行为民的初心，以钉钉子的作风推动高质量发展。

第一节　财务困境及其补救措施

财务困境又称财务危机，是企业无力支付或偿还到期债务或费用的一种经济现象，包括由于资金管理失败造成的技术意义上的无偿付能力，以及由于企业决策失误或者经营不善造成的无偿付能力。财务困境不仅会使企业面临破产的威胁，而且会使企业的所有者、债权人和其他相关利益主体蒙受巨大的损失。

财务困境在很大程度上阻碍了企业的生存、发展和获利，增加了信用机构的风险，威胁着投资者的利益，甚至严重阻碍整个国家的经济运行。随着经济的发展，我国企业在激烈竞争的市场环境中也必然面临财务困境的挑战。

我国企业财务困境的形成主要受宏观因素和微观因素的影响。宏观方面受国家宏观经济环境及政策、体制因素和行业因素的影响；微观方面主要有投资决策失误、经营者自身经营能力有限、债务负担过重引发的财务杠杆负效应、资产的流动性差等导致的财务困境。在真正陷入财务困境前，企业往往会表现出一些征兆，如长期亏损或微利、现金流量严重不足、财务状况不断恶化等。

负债企业若无法从内部解决其财务困难，则可以通过与债权人直接协商而获得救济，即债务重组；也可以向人民法院提出自愿性破产申请，或者由债权人向人民法院提出强制性破产申请，即进入破产清算程序。本章讨论企业在发生财务困境时的债务重组和破产清算。

第二节　债务重组

一、债务重组的定义

在市场经济条件下，由于竞争激烈、环境变化等各种因素的影响，有些企业可能出现一些暂时性或严重的财务困难，致使资金周转不灵，难以按期偿还债务。在这种情况下，作为债权人，一种方式是通过法律程序，要求债务人破产，以清偿债务；另一种方式是通过协商，以债务重组的方式，债权人做出让步，使债务人减轻负担，渡过难关。

债务重组是指在不改变交易对手的情况下，经债权人和债务人协定或法院裁定，就清偿债务的时间、金额或方式等重新达成协议的交易。其中，债务重组涉及的债权和债务是指《企业会计准则第22号——金融工具确认和计量》规范的金融工具。

相对于债务人而言的“债务”重组，对债权人而言实际上等于“债权”重组。为简化表述，通常用“债务重组”表述债务人与债权人之间的债务、债权重组事项。同理，通常用“债务重组损益”表述债务人、债权人双方在债务、债权重组中产生的利得或损失。债务重组的主体是债权、债务双方。债务重组的内容是债务的清偿时间、金额或方式等。债务重组的结果是债权、债务双方就被重组的债权、债务重新达成协议。债务重组的依据是相关债权、债务双方的协定或法院的裁定。

二、债务重组的方式

（一）以资产清偿债务

以资产清偿债务，是指债务人转让其资产给债权人以清偿债务的债务重组方式。债务人通常用于偿债的资产主要有现金、存货、金融资产、固定资产、无形资产等。这里的“现金”，是指货币资金，即库存现金、银行存款和其他货币资金。在债务重组的情况下，以现金清偿债务，通常是指以低于债务账面价值的现金清偿债务，如果以等量的现金偿还所欠债务，则不属于本章所指的债务重组。

（二）债务转为权益工具

债务转为权益工具，是指债务人将债务转为股本或实收资本等权益工具，同时债权人将债权转为股权的债务重组方式。但债务人根据转换协议，将应付可转换公司债券转为资本的，则属于正常情况下的债务转资本，不能作为债务重组处理。债务转为权益工具时，对股份有限公司而言，是将债务转为股本；对其他企业而言，是将债务转为实收资本。债务转为权益工具的结果是，债务人因此而增加股本（或实收资本），债权人因此而增加股权。

（三）修改其他条款

修改其他条款，是指修改不包括上述第一、第二种情形的债务条件进行债务重组的方式，如调整债务本金、改变债务利息、变更还款期限等方式。

（四）以上三种方式的组合

以上三种方式的组合方式，是指采用以上三种方式共同清偿债务的债务重组形式。例如，以转让资产清偿某项债务的一部分，另一部分债务通过修改其他债务条件进行债务重组。主要包括以下可能的方式：

第一，债务的一部分以资产清偿，另一部分则转为资本。

第二,债务的一部分以资产清偿,另一部分则修改其他债务条件。

第三,债务的一部分转为资本,另一部分则修改其他债务条件。

第四,债务的一部分以资产清偿,一部分转为资本,剩余部分则修改其他债务条件。

三、债务重组的会计处理

(一) 债权人的会计处理

第一,以资产清偿债务或者将债务转为权益工具方式进行债务重组的,债权人应当在相关资产符合其定义和确认条件时予以确认。

第二,以资产清偿债务方式进行债务重组的,债权人初始确认受让的金融资产以外的资产时,应当按照下列原则以成本计量:

一是存货的成本,包括放弃债权的公允价值和使该资产达到当前位置和状态所发生的可直接归属于该资产的税金、运输费、装卸费、保险费等其他成本。

二是对联营企业或合营企业投资的成本,包括放弃债权的公允价值和可直接归属于该资产的税金等其他成本。

三是投资性房地产的成本,包括放弃债权的公允价值和可直接归属于该资产的税金等其他成本。

四是固定资产的成本,包括放弃债权的公允价值和使该资产达到预定可使用状态前所发生的可直接归属于该资产的税金、运输费、装卸费、安装费、专业人员服务费等其他成本。

五是生物资产的成本,包括放弃债权的公允价值和可直接归属于该资产的税金、运输费、保险费等其他成本。

六是无形资产的成本,包括放弃债权的公允价值和可直接归属于使该资产达到预定用途所发生的税金等其他成本。放弃债权的公允价值与账面价值之间的差额,应当计入当期损益。

第三,以将债务转为权益工具方式进行债务重组导致债权人将债权转为对联营企业或合营企业的权益性投资的,债权人应当按照《企业会计准则第 12 号——债务重组》第六条的规定计量其初始投资成本。放弃债权的公允价值与账面价值之间的差额,记入“投资收益”科目。

第四,采用修改其他条款方式进行债务重组的,债权人应当按照《企业会计准则第 22 号——金融工具确认和计量》的规定,确认和计量重组债权。

第五,以多项资产清偿债务或者组合方式进行债务重组的,债权人应当首先按照《企业会计准则第 22 号——金融工具确认和计量》的规定确认和计量受让的金融资产和重组债权,然后按照受让的金融资产以外的各项资产的公允价值比例,对放弃债权的公允价值扣除受让金融资产和重组债权确认金额后的净额进行分配,并以此为基础按照《企业会计准则第 12 号——债务重组》第六条的规定分别确定各项资产的成本。放弃债权的公允价值与账面价值之间的差额,应当记入“投资收益”科目。

综上所述,无论采用哪一种重组方式,债权人对所放弃的债权,都应按其账面价值进行终止确认;对受让的资产(金融资产除外)、转成的权益工具投资,都按放弃债权的公允价值和可直接归属于相关资产的其他成本进行初始计量;对受让的金融资产和确认的重组债权,则都需按金融工具会计准则的规范以其自身的公允价值为基础进行初始计量,如此会计处理时产生的差额,计入当期损益。

(二) 债务人的会计处理

第一,以资产清偿债务方式进行债务重组的,债务人应当在相关资产和所清偿债务符合终止确认条件时予以终止确认，所清偿债务账面价值与转让资产账面价值的差额计入当期损益。

第二，以将债务转为权益工具方式进行债务重组的，债务人应当在所清偿债务符合终止确认条件时予以终止确认。债务人初始确认权益工具时应当按照权益工具的公允价值计量，权益工具的公允价值不能可靠计量的，应当按照所清偿债务的公允价值计量。所清偿债务账面价值与权益工具确认金额的差额，应当计入当期损益。

第三，采用修改其他条款方式进行债务重组的，债务人应当按照《企业会计准则第 22 号——金融工具确认和计量》和《企业会计准则第 37 号——金融工具列报》的规定，确认和计量重组债务。

第四，以多项资产清偿债务或者组合方式进行债务重组的，债务人应当按照《企业会计准则第 12 号——债务重组》第十一条和第十二条的规定确认与计量权益工具和重组债务，所清偿债务的账面价值与转让资产的账面价值以及权益工具和重组债务的确认金额之和的差额，应当计入当期损益。

综上所述，无论采用哪一种重组方式，债务人对所清偿或所重组的债务都应按其账面价值进行终止确认，对出让的资产也按其账面价值进行终止确认，而对转成的权益工具和确认的重组债务则需按《企业会计准则第 22 号——金融工具确认和计量》的规范以其自身的公允价值为基础进行初始计量，如此会计处理时产生的差额，计入当期损益。

四、债务重组会计处理的具体应用

（一）以资产清偿债务

在债务重组中，企业以资产清偿债务的，通常包括以金融资产清偿债务和以非金融资产清偿债务等方式。

1. 以金融资产清偿债务

债务人以单项或多项金融资产清偿债务的，债务的账面价值与偿债金融资产账面价值的差额，记入"投资收益"科目。偿债金融资产已计提减值准备的，应结转已计提的减值准备。对以分类为以公允价值计量且其变动计入其他综合收益的债务工具投资清偿债务的，之前计入其他综合收益的累计利得或损失应当从其他综合收益中转出，记入"投资收益"科目。对以指定为以公允价值计量且其变动计入其他综合收益的非交易性权益工具投资清偿债务的，之前计入其他综合收益的累计利得或损失应当从其他综合收益中转出，记入"盈余公积""利润分配——未分配利润"等科目。

债务人以金融资产清偿债务的，债权人受让包括现金在内的单项或多项金融资产的，应当按照《企业会计准则第 22 号——金融工具确认和计量》的规定进行确认和计量。金融资产初始确认时应当以其公允价值计量。金融资产确认金额与债权终止确认日账面价值的差额，记入"投资收益"科目，但收取的金融资产的公允价值与交易价格（放弃债权的公允价值）存在差异的，应当按照《企业会计准则第 22 号——金融工具确认和计量》第三十四条的规定处理。

【例 11－1】 甲公司于 20×4 年 1 月 1 日销售一批商品给乙公司，含税价格为 143 000 元。按合同规定，乙公司应于 20×4 年 4 月 1 日前偿付货款。由于乙公司发生财务困难，无法按合同规定的期限偿还债务，因此双方协商于 5 月 1 日进行债务重组。债务重组协议规定，甲公司同意乙公司用一项市价为 20 000 元的债券投资抵偿等额债务，并免除了 8 000 元债务，余额用现金立即清偿。乙公司于当日完成债权转让，并通过银行转账支付了剩余款项 115 000 元，甲公司随即收到了该笔款项，并将该项债权以摊余成本计量。甲公司已为该项应收债权计提了15 000元坏账准备。乙公司以摊余成本计量用于抵债的债券投资,债券账面价值为20 000元。

(1) 债权人甲公司的财务处理如下:

投资收益=金融资产确认金额-债权账面价值

=20 000+115 000-(143 000-15 000)

=7 000(元)

借:银行存款	115 000	
债权投资	20 000	
坏账准备	15 000	
贷:应收账款		143 000
投资收益		7 000

(2) 债务人乙公司的财务处理如下:

投资收益=清偿债务的账面价值-转让资产的账面价值

=143 000-20 000-115 000

=8 000(元)

借:应付账款	143 000	
贷:银行存款		115 000
投资收益		8 000
债权投资		20 000

2. 以非金融资产清偿债务

债务人以单项或多项非金融资产清偿债务,或者以包括金融资产和非金融资产在内的多项资产清偿债务的,不需要区分资产处置损益和债务重组损益,也不需要区分不同资产的处置损益,而应将所清偿债务账面价值与转让资产账面价值的差额,记入“其他收益——债务重组收益”科目。偿债资产已计提减值准备的,应结转已计提的减值准备。

债务人以包含非金融资产的处置组清偿债务的,应当将所清偿债务和处置组中负债的账面价值之和,与处置组中资产的账面价值的差额,记入“其他收益——债务重组收益”科目。处置组所属的资产组或资产组组合按照《企业会计准则第8号——资产减值》分摊了企业合并中取得的商誉的,该处置组应当包含分摊至处置组的商誉。处置组中的资产已计提减值准备的,应结转已计提的减值准备。

通常情况下,债务重组不属于企业的日常活动,债务重组中如债务人以日常活动产出的商品或服务清偿债务的,不应按收入准则确认为商品或服务的销售处理。债务人以日常活动产出的商品或服务清偿债务的(以企业的存货或提供服务清偿债务),应当将所清偿债务账面价值与存货等相关资产账面价值的差额,记入“其他收益——债务重组收益”科目。

债权人放弃债权的公允价值与账面价值的差额,记入“投资收益”科目。

(1) 以库存材料、商品产品抵偿债务。

【例11-2】 甲公司欠乙公司货款400 000元。由于甲公司财务发生困难,因此短期内不能支付已于20×4年6月1日到期的货款。20×4年8月1日,经双方协商,乙公司同意甲公司以其生产的产品偿还债务。该产品的公允价值为250 000元,实际成本为100 000元。甲公司为增值税一般纳税人,适用的增值税税率为13%。乙公司于20×4年9月1日收到甲公司抵债的产品,并作为库存商品入库;乙公司对该应收账款计提了60 000元的坏账准备,该应收账款的公允价值为282 500元。

(1) 甲公司的账务处理。

计算债务重组利得：

应付账款账面余额	400 000
减：所转让产品的账面价值	100 000
增值税销项税额(250 000×13%)	32 500
债务重组利得	267 500

编制会计分录如下：

借：应付账款	400 000	
贷：库存商品		100 000
应交税费——应交增值税(销项税额)		32 500
其他收益——债务重组收益		267 500

(2) 乙公司的账务处理。

计算债务重组损失：

投资收益＝放弃债权的公允价值－放弃债权的账目价值

＝282 500－(400 000－60 000)

＝－57 500(元)

编制会计分录如下：

借：库存商品	250 000	
应交税费——应交增值税(进项税额)	32 500	
坏账准备	60 000	
投资收益	57 500	
贷：应收账款		400 000

(2) 以固定资产抵偿债务。

【例11-3】 甲公司于20×4年1月1日销售给乙公司一批商品，价值1 430 000元(包括应收取的增值税税额)，按购销合同约定，乙公司应于20×4年4月1日前支付货款。由于乙公司发生财务困难，短期内不能支付货款，因此20×4年5月1日，经与甲公司协商，双方同意以一台设备偿还债务。该设备的账面原价为1 450 000元，已提折旧300 000元，设备的公允价值为1 000 000元。抵债资产均已转让完毕，乙公司发生评估费用8 500元。甲公司已对该项债权计提坏账准备20 000元，并发生安装成本15 000元。假定不考虑与该项债务重组相关的税费，该应收账款的公允价值等于账面价值。

(1) 债权人甲公司的账务处理。

投资收益＝放弃债权的公允价值－放弃债权的账面价值

＝1 410 000－(1 430 000－20 000)

＝0(元)

接收固定资产并交付安装：

借：在建工程	1 410 000	
坏账准备	20 000	
贷：应收账款		1 430 000

支付安装成本：

借:在建工程　　15 000
　贷:银行存款　　15 000

安装完毕:

借:固定资产　　1 425 000
　贷:在建工程　　1 425 000

(2) 债务人乙公司的账务处理。

将固定资产净值转入固定资产清理:

借:固定资产清理　　1 150 000
　　累计折旧　　300 000
　　贷:固定资产　　1 450 000

支付评估费:

借:固定资产清理　　8 500
　　贷:银行存款　　8 500

确认债务重组相关利得:

借:应付账款　　1 430 000
　　贷:固定资产清理　　1 158 500
　　　　其他收益——债务重组收益　　271 500

(二) 债务转为权益工具

以债务转为权益工具进行债务重组的,债务人和债权人应分别按以下情况处理:

以债务转为权益工具方式进行债务重组导致债权人将债权转为对联营企业或合营企业的权益性投资的,债权人应当按照前述金融资产以外的资产的入账成本的规定(包括放弃债权的公允价值和可直接归属于该资产的税金等其他成本),计量其初始投资成本。放弃债权的公允价值与账面价值的差额,应当计入当期损益(投资收益)。

债务重组采用将债务转为权益工具方式进行的,债务人按照权益工具的公允价值对权益工具进行初始计量,清偿债务的账面价值与权益工具公允价值的差额,记入“投资收益”科目。当权益工具公允价值不能可靠计量时,企业应当按照所清偿债务的公允价值对权益工具进行初始计量。债务人因发行权益工具而支出的相关税费等,应当依次冲减资本溢价、盈余公积、未分配利润等。

【例 11-4】 甲公司于 20×4 年 1 月 1 日销售给乙公司一批产品,含税价格为 500 000 元,按合同约定,乙公司应于 20×4 年 3 月 31 日支付货款。由于乙公司发生财务困难,短期内不能支付货款,因此双方经协商同意,采取将所欠债务转为乙公司股权投资的方式进行债务重组。假定乙公司普通股的面值为 1 元,以发行 150 000 股股票抵偿该项债务,每股市价为 3 元。甲公司对该项应收账款计提了坏账准备 50 000 元。股票登记手续已办理完毕,甲公司将其作为长期股权投资处理。该应收账款的公允价值等于账面价值。

(1) 债权人甲公司的会计处理如下:

投资收益=放弃债权的公允价值-放弃债权的账面价值
　　　　=450 000-(500 000-50 000)
　　　　=0(元)

借:长期股权投资　　450 000
　　坏账准备　　50 000
　　贷:应收账款　　500 000

(2) 债务人乙公司的会计处理如下：

借：应付账款　　500 000

　贷：股本　　150 000

　　资本公积——资本溢价　　300 000

　　投资收益　　50 000

(三) 修改其他条款

以修改其他债务条件进行债务重组的，债务人和债权人应分别按以下情况处理：

债务重组采用以修改其他条款方式进行的，如果修改其他条款导致全部债权终止确认，债权人就应当按照修改后的条款以公允价值初始计量重组债权，重组债权的确认金额与债权终止确认日账面价值的差额，记入“投资收益”科目。如果修改其他条款未导致债权终止确认，债权人就应当根据其分类，继续以摊余成本、以公允价值计量且其变动计入其他综合收益或者以公允价值计量且其变动计入当期损益进行后续计量。对以摊余成本计量的债权，债权人应当根据重新议定的合同的现金流量变化情况，重新计算该重组债权的账面余额，并将相关利得或损失记入“投资收益”科目。重新计算的该重组债权的账面余额，应当根据将重新议定或修改的合同现金流量按债权原实际利率折现的现值确定，购买的已发生信用减值的重组债权，应按经信用调整的实际利率折现。对修改或重新议定合同所产生的成本或费用，债权人应当调整修改后的重组债权的账面价值，并在修改后重组债权的剩余期限内摊销。

债务重组采用修改其他条款方式进行的，如果修改其他条款导致债务终止确认，债务人就应当按照公允价值计量重组债务，终止确认的债务账面价值与重组债务确认金额的差额，记入“投资收益”科目。如果修改其他条款未导致债务终止确认，或者仅导致部分债务终止确认，对未终止确认的部分债务，债务人就应当根据其分类，继续以摊余成本、以公允价值计量且其变动计入当期损益或其他适当方法进行后续计量。对以摊余成本计量的债务，债务人应当根据重新议定的合同的现金流量变化情况，重新计算该重组债务的账面价值，并将相关利得或损失记入“投资收益”科目。重新计算的该重组债务的账面价值，应当根据将重新议定或修改的合同现金流量按债务的原实际利率或按《企业会计准则第 24 号——套期会计》第二十三条规定的重新计算的实际利率(如适用)折现的现值确定。对修改或重新议定的合同所产生的成本或费用，债务人应当调整修改后的重组债务的账面价值，并在修改后重组债务的剩余期限内摊销。

如果对债务或部分债务的合同条款做出实质性修改形成重组债务，或者债权人与债务人签订协议，以承担实质上不同的重组债务方式替换债务，债务人就应当终止确认原债务，同时按照修改后的条款确认一项新金融负债。其中，如果重组债务未来现金流量(包括支付和收取的某些费用)现值与原债务剩余期间现金流量现值的差异超过 10%，则意味着新的合同条款进行了实质性修改或者重组债务是实质上不同的，有关现值的计算均采用原债务的实际利率。

(四) 以组合方式清偿债务

1. 债权人的会计处理

债务重组采用组合方式进行的，一般可以认为对全部债权的合同条款做出了实质性修改，债权人应当按照修改后的条款，以公允价值初始计量重组债权和受让的新金融资产，按照受让的金融资产以外的各项资产在债务重组合同生效日的公允价值比例，对放弃债权在合同生效日的公允价值扣除重组债权和受让金融资产当日公允价值后的净额进行分配，并以此为基础分别确定各项资产的成本。放弃债权的公允价值与账面价值的差额，记入“投资收益”科目。

2. 债务人的会计处理

债务重组采用以资产清偿债务、将债务转为权益工具、修改其他条款等方式的组合进行的,对权益工具,债务人应当在初始确认时按照权益工具的公允价值计量,权益工具的公允价值不能可靠计量的,应当按照所清偿债务的公允价值计量。对修改其他条款形成的重组债务,债务人应当参照上文的内容,确认和计量重组债务。所清偿债务的账面价值与转让资产的账面价值以及权益工具和重组债务的确认金额之和的差额,记入“其他收益——债务重组收益”或“投资收益”(仅涉及金融工具时)科目。

值得注意的是,对企业因破产重整而进行的债务重组交易,由于涉及破产重整的债务重组协议执行过程及结果存在重大不确定性,因此,企业通常应在破产重整协议履行完毕后确认债务重组收益,除非有确凿证据表明上述重大不确定性已经消除。

课堂思考

债务方的债务重组收益和债权方的债务重组损失金额如何确定?

第三节 破产清算

破产清算会计是财务会计的一个重要分支,它以宣告破产企业为会计主体,对其破产清算期间的各经济事项进行确认、计量、记录和报告,以反映破产企业的资产对债务清偿的过程和结果的一种专门会计。

一、破产会计的特点

破产会计也称破产清算会计,它是服务于企业破产这样一个特定法律状态和法律程序的。因此,破产会计相对于企业会计而言,具有一些显著的特点。

(一) 特殊的会计目标

企业会计的目标是向会计信息使用者提供能够反映企业在各会计分期的财务状况、经营成果和现金流量情况的会计信息,帮助会计信息使用者进行有效的决策。破产会计的目的在于对破产企业在宣告破产后,其财产的处理情况及其对债务偿还情况的核算和报告,从而有效地管理破产过程,维护债权人、债务人和出资人的合法权益。

(二) 计量基础变化

企业会计的计量属性,主要是历史成本,只是对一些特殊项目,会计准则规定可以使用公允价值等计量属性。破产企业在破产清算期间的资产,应当按照破产资产清算净值进行后续计量,负债按照破产债务清偿价值进行后续计量;对资产和负债的账面价值分别进行调整,差额计入清算损益。破产资产清算净值,是指在破产清算的特定环境中和规定时限内,最可能的变现价值扣除相关的处置税费后的净额。破产债务清偿价值,是指在不考虑破产企业的实际清偿能力和折现等因素的情况下,破产企业按照相关法律规定或合同约定应当偿付的金额。

(三) 财务报告体系变化

企业会计的报告体系主要是“四表一注”,即资产负债表、利润表、现金流量表、所有者权益变动表和附注。由于会计信息的核算过程、核算内容和报告目标都发生了显著的变化,因此破产会计的财务报告体系一般包括清算资产负债表、清算损益表、清算现金流量表、债务清偿表及相关附注。

知识链接

二、破产会计的基本理论

(一)破产会计核算的前提

1. 破产主体假设

企业被宣告破产后便丧失了法人主体资格,由委托人行使破产企业法人主体职权,负责破产财产的保管、清理、估价、处理和分配等。尽管仍需要区分破产企业与其他企业、债权人以及投资者的界限,以正确反映清算过程和结果,但作为会计核算的单位,委托人实际上代替了破产前的会计主体。

2. 非持续经营假设

持续经营假设是指企业或者会计主体的生产经营活动将无限期延续下去,在可以预见的将来不会进行清算、倒闭,它是企业会计对正常的经营活动进行会计核算的前提。企业会计对会计要素的确认、计量和报告都建立在这一假设的基础上。

但是,企业宣告破产后,经营终止,持续经营假设基础上的一些公认的会计处理程序和方法不能继续使用。企业进入法定的破产程序后,应确认非持续经营假设,并形成以此为前提的会计核算和报告形式。可以说,破产清算会计应建立在非持续经营假设的基础上,并在这一假设的基础上反映资产的估价、变现和债务的偿还等行为。

3. 不固定的会计期间

会计分期假设是指将企业持续不断的生产经营活动分割为既定的期间,据以结算账目,编制财务报表,向有关各方及时提供反映该期间企业经营情况的财务信息。在会计分期假设的基础上,产生了本期与非本期的区别,并由此产生了权责发生制和收付实现制;在会计处理上,产生了预收、预付、应收、应付和摊销等特殊方法。企业进入破产程序后,在非持续经营假设的基础上,破产企业没有再进行分期核算经营成果和报告的必要。

宣告破产日至破产程序完成日,就是法律意义上的破产清算期间,破产会计就是服务于此期间,因此,没有必要再去划分其他的会计期间。但是,这一会计期间具有不固定性,它取决于破产宣告日的时日、破产清算程序实施期间的长短以及破产管理人对破产企业的清算进度。也正是这样的原因,在这个不确定的期间,破产会计核算是一次性的,不存在持续性和周期性的核算。

(二)破产会计核算的原则

企业进入破产程序后,在非持续经营的前提下,资产的计价应当按照破产资产清算净值进行后续计量;同时,由于持续经营假设受到了冲击,会计分期已无必要,因此,权责发生制基础就失去了存在的必要性。破产后,企业没有正常的经营活动,也就没有必要分期考核经营成果,只有清算期结束后的最终清算损益才有实际意义。破产会计核算原则既应符合客观性、及时性、明晰性、重要性等会计核算的要求,又形成了一些破产会计特有的原则,以规范破产会计行为,维护债权人、债务人及投资人的合法权益,保证破产会计核算的质量。

1. 合法性原则

破产会计应以法律规定为准绳,严格按照《中华人民共和国破产法》《中华人民共和国公司法》《中华人民共和国民事诉讼法》等规定组织破产会计核算,合法处置破产财产。

2. 公正性原则

破产企业的清算不仅涉及债权人、债务人、投资人的利益,而且关系到破产企业职工的切身利益。这就要求破产会计工作坚持公正性原则,不偏不倚地反映破产状况,正确处理经济问题和分配财产,以维护债权人、债务人和投资人的合法权益。

3. 收付实现制原则

非持续经营假设决定了破产企业以收付实现制取代权责发生制对收入和费用进行确认,即以实际收到现金或实际付出现金为标准确认收入和费用。

4. 可变现净值原则

为了最大限度地保护债权人的利益,并兼顾债务人的利益,需要对破产企业的全部财产按可变现净值进行重新计价,而不论其破产清算前的账面价值是多少。

5. 划分破产费用与非破产费用原则

企业在破产清算过程中会发生各种费用,包括破产财产管理、变卖费用,破产案件诉讼费用,债权人申报债权费用等,这些费用的支付直接关系到债权人的切身利益,因此,应正确划分破产费用和非破产费用。凡是为破产债权人的共同利益而支付的费用,都应属于破产费用,从破产财产中支付;凡是债权人为个人利益而支付的费用,都应属于非破产费用,不应从破产财产中支付。

6. 对等偿债原则

在破产清算会计中,应依据《中华人民共和国破产法》的有关规定,正确区分不同性质的债务,如担保债务、抵销债务、优先偿付债务、破产债务等,并分别按其债务与相应资产的对等关系,依据一定的顺序偿付各种债务,如以担保资产偿付担保债务,以抵销资产偿付抵销债务,以破产财产偿付优先偿付债务后再偿付破产债务。这一原则能够充分维护不同债权人的合法权益。

课堂思考

基于破产会计的特殊性,应如何进行破产清算的会计处理?

三、破产清算的会计处理

企业被宣告破产,持续经营假设实际上被打破,持续经营假设基础上的一些公认的会计处理程序和方法失去了存在的基础。破产企业采用一系列与持续经营假设下不同的会计处理程序和方法。

(一) 企业破产清算的会计处理程序

自宣告破产至清算组接管期间,破产企业的会计工作内容主要有以下三项:

(1) 清算企业财产及债权、债务。

(2) 按办理年度决算的要求进行有关会计处理,结平各损益类账户和本年利润账户,并编制宣告破产日的账户余额表、资产负债表日和自年初至破产日的利润表。

(3) 妥善保管企业的各种档案、文书,并在清算组进驻后及时向清算组办理移交手续。

清算组接管破产企业后,应设置新的会计科目,建立新的账户体系,对破产清算进行核算:

(1) 设置会计科目,建立新的账户体系。

(2) 结转各破产清算账户的期初余额。

(3) 在财产清查的基础上,编制清查后的财产盘点表和资产负债表。

(4) 核算和监督破产企业财产的处置。

(5) 核算和监督清算费用的支付。

(6) 核算和监督破产企业财产的分配，结平各账户。

(7) 编制清算财务报表，办理企业注销登记。

(二) 企业破产清算的会计核算

破产企业的会计档案等财务资料经法院裁定由破产管理人接管的，应当在企业被法院宣告破产后，比照原有资产、负债类会计科目，根据实际情况设置相关资产、负债类科目。

值得注意的是，对破产企业，管理人还要增设相关负债类、清算净值类和清算损益类等会计科目，以便反映清算过程及其结果。破产企业还可以根据实际需要，在一级科目下自行设置明细科目。

破产清算企业会计科目体系及其核算的内容归纳见表 11－1。破产企业可根据具体情况增设、减少或合并某些会计科目。

表 11－1　　破产清算的会计科目及其核算内容

科目类别	科目名称	核算内容
相关资产、负债类科目	比照原有会计科目，根据实际情况设置相关资产、负债类会计科目，并将有关资产、负债入账	
增设的负债类科目	应付破产费用	核算破产企业在破产清算期间发生的破产法规定的各类破产费用
	应付共益债务	核算破产企业在破产清算期间发生的破产法规定的各类共益债务
增设的清算净值类科目	清算净值	核算破产企业在破产报表日结转的清算净损益科目余额以及破产企业资产与负债的差额
增设的清算损益类科目	资产处置净损益	核算破产企业在破产清算期间处置破产资产产生的、扣除相关处置费用后的净损益
	债务清偿净损益	核算破产企业在破产清算期间清偿债务产生的净损益
	破产资产和负债净值变动净损益	核算破产企业在破产清算期间按照破产资产清算净值调整资产账面价值，以及按照破产债务清偿价值调整负债账面价值产生的净损益
	其他收益	核算除资产处置、债务清偿以外，在破产清算期间发生的其他收益
	破产费用	核算破产企业破产清算期间发生的破产法规定的各项破产费用，主要包括破产案件的诉讼费用，管理、变价和分配债务人资产的费用，管理人执行职务的费用、报酬和聘用工作人员的费用
	共益债务支出	核算破产企业破产清算期间发生的与破产法规定的共益债务相关的各项支出

续 表

科目类别	科目名称	核算内容
	其他费用	核算破产企业破产清算期间发生的除破产费用和共益债务支出之外的各项其他费用
	所得税费用	核算破产企业破产清算期间发生的企业所得税费用
	清算净损益	核算破产企业破产清算期间结转的上述各类清算损益科目余额

(三)有关破产清算的账务处理

破产清算账务处理的内容比较繁杂,现简要梳理如表 11 - 2 所示。

表 11 - 2　　破产清算账务处理的主要内容

业务类别	账务处理内容
破产清算期间主要业务的账务处理	破产宣告日原有余额的结转与调整
	追回、处置破产资产
	处理未入账的资产、负债
	履行未完毕合约
	确认发生的破产费用
	确认共益债务支出
	清偿债务
	处理收到的利息、股利、租金等孳息
破产报表日的相关账务处理	重新计量破产资产、负债
	提存应交所得税
	结转清算损益类科目余额

1. 破产清算各类业务的账务处理

(1) 破产宣告日原有余额的结转与调整

法院宣告企业破产时,应当根据破产企业移交的科目余额表,将部分会计科目的相关余额转入以下新科目,并编制新的科目余额表:

① 将大多数原资产、负债余额转入新设的相关资产、负债科目。

② 原"应付账款""其他应付款"科目余额中,属于破产法规定的破产费用的余额,应转入"应付破产费用"科目;属于破产法规定的共益债务的余额,应转入"应付共益债务"科目。

③ 原“商誉”“长期待摊费用”“递延所得税资产”“递延所得税负债”“递延收益”等资产、负债类科目余额，应转至“清算净值”科目。

④ 原“股本”“资本公积”“盈余公积”“其他综合收益”“利润分配”等科目的余额，转入“清算净值”科目。

⑤ 破产宣告日，管理人还应对破产企业拥有的各类资产（包括原账面价值为零的已提足折旧的固定资产、已摊销完毕的无形资产等）登记造册，估计其清算净值，按照破产资产清算净值对各资产科目余额进行调整；同样，也要对各类负债进行核查，按照破产债务的清偿价值对各负债科目余额进行调整。对有关资产、负债的余额调整金额，要相应调整“清算净值”科目。

（2）追回、处置破产资产

① 破产管理人依法追回相关破产资产的，按照追回资产的破产财产清算净值，借记相关资产科目，贷记“其他收益”科目。

② 收回各种应收款项、出售各项破产财产时，应按收到的款项，借记“现金”“银行存款”等科目；按处置资产的账面价值，贷记“应收账款”“应收票据”“长期股权投资”“存货”“固定资产”“在建工程”“无形资产”等科目；按应缴纳的税费，贷记“应交税费”科目；按上述处理的差额，借记或贷记“资产处置净损益”科目。

③ 国家收回划拨的土地使用权时，根据国家给予的补偿金额，借记“现金”“银行存款”等科目，贷记“其他收益”科目。

（3）处理未入账的资产、负债

① 破产清算期间通过清查、盘点等方式取得的未入账资产，应当按照取得日的破产资产清算净值，借记相关资产科目，贷记“其他收益”科目。

② 破产清算期间通过债权人申报发现的未入账债务，应当按照破产债务清偿价值确定计量金额，借记“其他费用”科目，贷记有关负债科目。

（4）履行未完毕合约

① 破产清算期间，破产企业作为买入方继续履行尚未履行完毕的合同的，按照收到的破产资产清算价值，借记相关资产科目；按照相应的增值税进项税额，借记“应交税费”科目；按照已支付或应支付的款项，贷记“现金”“银行存款”“应付共益债务”“预付款项”等科目；按照上述各科目的差额，借记“其他费用”科目或贷记“其他收益”科目。

② 破产清算期间，破产企业作为卖出方继续履行尚未履行完毕的合同的，按照应收或已收的金额，借记“现金”“银行存款”“应收账款”等科目；按照转让的资产的账面价值，贷记相关资产科目；按照上述各科目的差额，借记“其他费用”科目或贷记“其他收益”科目。

（5）确认发生的破产费用

破产企业在企业破产清算期间发生的破产法规定的各项破产费用，如处置破产财产产生的评估、变价、拍卖等费用，破产案件的诉讼费用，管理、变价和分配债务人资产的费用，管理人执行职务的费用，报销和聘用工作人员的费用等，应确认为破产费用。发生这些破产费用时，借记“破产费用”科目，贷记“现金”“银行存款”“应付破产费用”等科目。

（6）确认共益债务支出

共益债务，是指在人民法院受理破产申请后，为全体债权人的共同利益而管理、变卖和分配破产财产而负担的债务，主要包括因管理人或者债务人（破产企业）请求对方当事人履行双方均未履行完毕的合同所产生的债务、为债务人继续经营而应当支付的劳动报酬和社会保险费用以及由此产生的其他债务、管理人或者相关人员执行职务致人损害所产生的债务以及债务人财产致人损害所产生的债务。

破产企业发生各项共益债务支出时，借记“共益债务支出”科目，贷记“现金”“银行存款”或“应付共益债务”等科目。

(7) 清偿债务

① 清偿已入账的破产费用和共益债务。

清偿已入账的应付破产费用时，借记“应付破产费用”科目；按实际支付金额，贷记“现金”“银行存款”等科目；按两者的差额，借记或贷记“破产费用”科目。

清偿已确认的共益债务时，按已确认负债的账面价值，借记“应付共益债务”科目；按实际支付金额，贷记“现金”“银行存款”等科目；按两者的差额，借记或贷记“共益债务支出”科目。

② 清偿与职工薪酬、税款、应付账款等有关的破产债务。

支付按照批准的职工安置方案应支付的所欠职工的工资和医疗、伤残补助，抚恤费用，应当划入职工个人账户的基本养老保险、基本医疗保险和其他社会保险费用，以及法律、行政法规规定应支付给职工的补偿金时，按已确认负债的账面价值，借记“应付职工薪酬”科目，按实际支付金额，贷记“现金”“银行存款”等科目；按两者的差额，借记或贷记“债务清偿净损益”科目。

支付所欠税款时，按已确认负债的账面价值，借记“应交税费”科目；按实际支付金额，贷记“现金”“银行存款”等科目；按两者的差额，借记或贷记“债务清偿净损益”科目。

清偿破产债务时，如果用货币资金清偿破产债务，就按实际支付金额，借记“应付账款”等科目，贷记“现金”“银行存款”等科目；如果用非货币性资产清偿破产债务，就按清偿的价值，借记“应付账款”等科目，按非货币性资产的账面价值，贷记有关资产科目，按两者的差额，借记或贷记“债务清偿净损益”科目。

③ 破产企业在破产清算终结日，剩余债务不再清偿的，按其账面价值，借记相关负债科目，贷记“其他收益”科目。

(8) 破产清算期间其他业务的处理

破产企业收到的利息、股利、租金等孳息，借记“现金”“银行存款”等科目，贷记“其他收益”科目。

(9) 破产报表日的相关账务处理

① 重新计量破产资产、负债。

为了编制破产清算期间的财务报表，应当对所有资产项目按其于破产报表日的破产资产清算净值进行重新计量，借记或贷记有关资产科目，贷记或借记“破产资产和负债净值变动净损益”科目；应当对所有负债项目按破产债务清偿价值进行重新计量，借记或贷记有关负债科目，贷记或借记“破产资产和负债净值变动净损益”科目。

② 提存应交所得税。

有已实现的应纳税所得额，考虑可以抵扣的金额后，对据此提存的应交所得税，借记“所得税费用”科目，贷记“应交税费”科目。

③ 结转清算损益类科目余额。

应当将“资产处置净损益”“债务清偿净损益”“破产资产和负债净值变动净损益”“其他收益”“破产费用”“共益债务支出”“其他费用”“所得税费用”科目余额结转至“清算净损益”科目，并将“清算净损益”科日余额结转至“清算净值”科目。

2. 破产清算的会计处理(以甲公司为例)

【例 11 - 5】 甲公司因经营管理不善，严重亏损，不能清偿到期债务，于 20×4 年 6 月 10

日经法院批准宣告破产清算。甲公司截至20×4年6月10日的科目余额如表11-3所示。

表11-3 **科目余额表(旧)**

20×4年6月10日 单位：元

总账科目	借方余额	贷方余额	总账科目	借方余额	贷方余额
库存现金	3 500		短期借款		500 000
银行存款	280 000		应付票据		498 500
应收票据	45 000		应付账款		300 000
应收账款	480 000		应付职工薪酬		950 000
预付账款	50 000		应交税费		850 000
其他应收款	60 000		其他应付款		960 000
原材料	200 000		长期借款		1 250 000
库存商品	250 000		实收资本		600 000
长期股权投资	800 000		资本公积		60 000
固定资产	2 000 000		盈余公积		150 000
累计折旧		500 000	未分配利润		150 000
在建工程	450 000				
无形资产	650 000				
长期待摊费用	1 500 000				
合 计	6 768 500	500 000	合 计		6 268 500

结转时，首先要按新设的会计科目编制结转分录。

结转"应收款"科目余额：

借：应收款 590 000

　贷：应收账款 480 000

　　预付账款 50 000

　　其他应收款 60 000

结转"投资"科目余额：

借：投资 800 000

　贷：长期股权投资 800 000

结转"固定资产"科目余额：

借：固定资产 1 500 000

　累计折旧 500 000

　贷：固定资产 2 000 000

结转"借款"科目余额：

借：短期借款　500 000
　　长期借款　1 250 000
　　贷：借款　1 750 000

结转"其他应付款"科目余额：

借：应付账款　300 000
　　其他应付款　960 000
　　贷：其他应付款　1 260 000

结转"清算净值"科目余额：

借：清算净值　540 000
　　实收资本　600 000
　　资本公积　60 000
　　盈余公积　150 000
　　未分配利润　150 000
　　贷：长期待摊费用　1 500 000

根据以上按新设会计科目编制的结转分录编制新的科目余额表，见表11-4。

表11-4　科目余额表(新)

20×4年6月10日　单位：元

总账科目	借方余额	贷方余额	总账科目	借方余额	贷方余额
库存现金	3 500		借款		1 750 000
银行存款	280 000		应付票据		498 500
应收票据	45 000		其他应付款		1 260 000
应收款	590 000		应付职工薪酬		950 000
原材料	200 000		应交税费		850 000
库存商品	250 000		清算净值	540 000	
投资	800 000				
固定资产	1 500 000				
在建工程	450 000				
无形资产	650 000				
合　计	4 768 500		合　计	540 000	5 308 500

(1) 破产宣告日余额调整的会计处理

清算组对破产企业的财产和债务要进行全面清查，并根据财产清查的结果进行账务处理，然后编制清查后的资产负债表。

【例 11－6】 清算组在对甲公司的财产进行清查后，发现以下问题，根据以下财产清查的结果，分别进行账务处理。

将无法收回的应收账款 50 000 元核销，编制会计分录如下：

借：清算净值　50 000

　　贷：应收账款　50 000

清查中发现短缺库存商品 50 000 元，编制会计分录如下：

借：清算净值　50 000

　　贷：库存商品　50 000

将已无实际价值的商标权 50 000 元注销，编制会计分录如下：

借：清算净值　50 000

　　贷：无形资产　50 000

该破产企业不存在担保的资产和担保的债务，依据上述清查和账务处理结果，编制清查后即 20×4 年 6 月 10 日的清查资产负债表，见表 11－5。

表 11－5　**清算资产负债表**

编制单位：甲公司　20×4 年 6 月 10 日　单位：元

资　产	账面余额	负债及清算净损益	账面余额
货币资金	283 500	借款	1 750 000
应收票据	45 000	应付票据	498 500
应收款	540 000	其他应付款	1 260 000
存货	400 000	应付职工薪酬	950 000
投资	800 000	应交税费	850 000
固定资产	1 500 000	负债合计	5 308 500
在建工程	450 000		
无形资产	600 000	清算净值	—690 000
资产总计	4 618 500	负债及清算净值总计	4 618 500

（2）处置破产资产的会计处理

① 收回应收款、应收票据等债权的核算。

借：银行存款/库存现金

　　贷：应收款、应收票据等科目

对不能收回的应收款项，按核销的金额，借记“资产处置净损益”科目，贷记“应收款”“应收票据”等科目。如果破产企业的原债务人以原材料、产成品等实物资产抵偿其债务，则清算组在收到抵偿有关债权的实物时，应按实物资产预计可变现金额，借记“原材料”“库存商品”等科目;按应收金额,贷记“应收款”等科目;按应收金额和预计可变现金额的差额,借记或贷记“资产处置净损益”科目。

【例 11-7】 甲公司清算组在清算期间收回应收款 400 000 元,存入银行。应收款的账面余额为 540 000 元。在清算期间,收回应收票据 45 000 元,存入银行。

借:银行存款 400 000
　　资产处置净损益 140 000
　　贷:应收款 540 000
借:银行存款 45 000
　　贷:应收票据 45 000

② 变卖原材料、产成品等存货的核算。

清算组在变卖破产企业的存货时,应按实际变卖收入和收取的增值税税额,借记“银行存款”等科目;按各存货的账面价值,贷记“原材料”“库存商品”等科目;按收取的增值税销项税额,贷记“应交税费——应交增值税(销项税额)”科目(若为小规模纳税企业,则贷记“应交税费——应交增值税”科目);按借贷方的差额,借记或贷记“资产处置净损益”科目。

【例 11-8】 甲公司清算组在清算期间,变卖各种材料 160 000 元,增值税税额为 20 800 元,材料的账面价值为 200 000 元;处置各种产成品收入 150 000 元,增值税税额为 19 500 元,各种产成品的账面价值为 200 000 元。

借:银行存款 350 300
　　资产处置净损益 90 000
　　贷:原材料 200 000
　　　　库存商品 200 000
　　　　应交税费——应交增值税(销项税额) 40 300

③ 变卖固定资产和在建工程的核算。

清算组在变卖破产企业的固定资产和在建工程时,应按实际变卖收入,借记“银行存款”科目;按固定资产和在建工程的账面价值,贷记“固定资产”“在建工程”科目;按应当缴纳的增值税销项税额及其他税费,贷记“应交税费”科目;按借贷方的差额,借记或贷记“资产处置净损益”科目。

【例 11-9】 甲公司清算组在清算期间,处置各项固定资产的收入合计 1 250 000 元,存入银行;各项固定资产的账面价值为 1 500 000 元,公允价值为 2 000 000 元。处置各项在建工程的收入为 400 000 元,存入银行;各项在建工程的账面价值为 450 000 元,公允价值为 500 000 元。甲公司为增值税一般纳税人,处置固定资产、在建工程适用的增值税税率为 9%。

借:银行存款 1 650 000
　　资产处置净损益 525 000
　　贷:固定资产 1 500 000
　　　　在建工程 450 000
　　　　应交税费——应交增值税(销项税额) 225 000

④ 转让无形资产的核算。

清算组在转让破产企业的无形资产时,按其实际变卖收入,借记“银行存款”科目;按无形资产的账面价值,贷记“无形资产”科目;按应当缴纳的增值税销项税额及其他税费,贷记“应交税费”科目;按借贷方的差额,借记或贷记“资产处置净损益”科目。

【例 11－10】 甲公司清算组在清算期间处置各项无形资产的收入合计 750 000 元，存入银行。无形资产的账面价值为 600 000 元，公允价值为 650 000 元。处置无形资产适用的增值税税率为 6%。

借：银行存款	750 000	
贷：无形资产		600 000
资产处置净损益		111 000
应交税费——应交增值税(销项税额)		39 000

⑤ 转让长期股权投资的核算。

清算组转让破产企业的长期股权投资时，应按实际取得的转让收入，借记“银行存款”科目；按投资的账面价值，贷记“投资”科目；按借贷方的差额，借记或贷记“资产处置净损益”科目。

如果破产企业在清算期间分得投资利润，就应按实收款借记“银行存款”科目，贷记“其他收益”科目。若实际分得的投资利润属于在权益法下已确认的投资收益，则应在实际分得投资利润时冲减投资，借记“银行存款”科目，贷记“投资”科目。

【例 11－11】 甲公司清算组在清算期间转让对外投资的收入合计 680 000 元，存入银行。各种投资的账面价值为 800 000 元。

借：银行存款	680 000	
资产处置净损益	120 000	
贷：投资		800 000

⑥ 转让土地使用权的核算。

企业的土地使用权按取得方式的不同，分为无偿划拨取得和有偿取得两种。清算组在对转让土地使用权进行核算时，应区分这两种不同情况进行处理。

转让无偿划拨取得的土地使用权，转让时应按实际转让收入，借记“银行存款”科目，贷记“其他收益”科目。

转让有偿取得的土地使用权，因为破产企业取得时已经记入“无形资产”科目，所以在转让时，应按其实际收入，借记“银行存款”科目；按无形资产的账面价值，贷记“无形资产”科目；按其借贷方的差额，借记或贷记(一般为贷记)“资产处置净损益”科目。

将土地使用权转让净收益转入清算损益时，应借记或贷记“其他收益”“资产处置净损益”科目，贷记或借记“清算净损益”科目。

(3) 支付破产费用的会计处理

清算期间支付的破产法规定的各项破产费用，均应通过“破产费用”科目核算。支付有关费用时，按实际发生额，借记“破产费用”科目，贷记“库存现金”或“银行存款”科目。清算终止时，将“破产费用”科目发生额转入“清算净损益”科目，贷记“破产费用”科目。

【例 11－12】 甲公司清算组在清算期间，支付办公费、破产企业财产保管费、审计费、律师咨询费等清算管理费用以及破产企业案件诉讼费等共计 1 000 000 元。

借：破产费用	1 000 000	
贷：银行存款		1 000 000

(4) 清偿破产债务的会计处理

支付破产费用和共益债务后的破产企业，首先应该支付所欠职工的工资、基本养老保险和基本医疗保险等费用，然后缴纳社会保险费和所欠的税费，清偿其他债务。破产财产不足以清偿同一顺序的清偿要求的,按比例分配。

① 支付所欠职工的工资和各种保险费的核算。

支付时,按实际支付金额,借记“应付职工薪酬”科目,贷记“库存现金”或“银行存款”科目;按其差额,借记或贷记“债务清偿净损益”科目。

【例 11-13】 甲公司清算组在清算期间以银行存款支付所欠职工工资及福利费 950 000 元。会计分录如下:

借:应付职工薪酬	950 000	
贷:银行存款		950 000

② 上缴所欠税费的核算。

破产企业支付所欠税款,按照相关账面价值,借记“应交税费”等科目;按照实际支付的金额,贷记“现金”“银行存款”等科目;按其差额,借记或贷记“债务清偿净损益”科目。

【例 11-14】 甲公司清算组在清算期间以银行存款全额缴纳所欠税金 1 154 300 元。会计分录如下:

借:应交税费	1 154 300	
贷:银行存款		1 154 300

③ 清偿其他破产债务的核算。

偿还债务时,按实际清偿额,借记“应付票据”“其他应付款”“借款”等科目,贷记“库存现金”“银行存款”等科目。

【例 11-15】 甲公司由于剩余的破产财产不足以清偿其他破产债务,因此按比例清偿如下:

清偿比例=银行存款余额÷其他破产债务余额×100%

=1 054 500÷3 508 500×100%

=30.06%

根据清偿比例,计算各有关破产债务的清偿金额如下:

借款=1 750 000×30.06%=526 050(元)

应付票据=498 500×30.06%=149 849.1(元)

其他应付款=1 054 500-526 050-149 849.1=378 600.9(元)

会计分录如下:

借:借款	526 050	
应付票据	149 849.1	
其他应付款	378 600.9	
贷:银行存款		1 054 500

④ 结转“破产费用”科目发生额的核算。

清偿债务后,应结平“破产费用”科目。

【例 11-16】 甲公司清算组在清算终结时,将“破产费用”科目的发生额转入“清算净损益”科目。会计分录如下:

借:清算净损益	1 000 000	
贷:破产费用		1 000 000

⑤ 注销不再清偿债务的核算。

当破产财产不足以清偿债务时,按规定尚欠的债务不再清偿。清算组在注销未偿还的债务时,应借记“借款”“其他应付款”“应付票据”等科目,贷记“其他收益”科目。

【例 11-17】 甲公司清算组注销不再清偿的债务情况如下：

注销的借款＝1 750 000－526 050＝1 223 950（元）

注销的应付票据＝498 500－149 849.1＝348 650.9（元）

注销的其他应付款＝1 260 000－378 600.9＝881 399.1（元）

借：借款	1 223 950	
应付票据	348 650.9	
其他应付款	881 399.1	
贷：其他收益		2 454 000

⑥ 结转清算损益类科目余额。

借：其他收益	2 454 000	
贷：资产处置净损益		764 000
清算净损益		1 690 000

⑦ 结转清算净损益。

借：清算净损益	690 000	
贷：清算净值		690 000

(5) 编制清算财务报表

清算工作结束，清算组应根据破产清算的账务处理结果，编制清算损益表和债务清偿表，并向破产企业原登记机关办理注销登记。

【例 11-18】 20×4 年 8 月 26 日甲公司清算工作结束，清算组根据上述账务处理结果，编制清算损益表（见表 11-6）和债务清偿表（见表 11-7）。

表 11-6 **清算损益表**

编制单位：甲公司　　20×4 年 6 月 10 日—20×4 年 8 月 26 日　　单位：元

项　　目	本 期 数	累 计 数
清算收益	1 690 000	1 690 000
清算费用	1 000 000	1 000 000
清算净收益	690 000	690 000

表 11-7 **债务清偿表**

编制单位：甲公司　　20×4 年 8 月 26 日　　单位：元

债务项目	账面金额	确认金额	偿还比例	实际需要偿还金额	本期偿还金额	累计偿还金额	尚未偿还金额
有担保的债务	—	—	—	—	—	—	—
小计	—	—	—	—	—	—	—
普通债务							

续 表

债务项目	账面金额	确认金额	偿还比例	实际需要偿还金额	本期偿还金额	累计偿还金额	尚未偿还金额
应付职工薪酬	950 000	950 000	100%	950 000	950 000	950 000	—
应交税费	1 204 300	1 204 300	100%	1 204 300	1 204 300	1 204 300	—
借款	1 750 000	1 750 000	30.06%	526 050	526 050	526 050	—
应付票据	498 500	498 500	30.06%	149 849.1	149 849.1	149 849.1	—
其他应付款	1 260 000	1 260 000	30.06%	378 600.9	378 600.9	378 600.9	—
合　计	5 498 470	5 498 470		3 208 800	3 208 800	3 208 800	—

案例分析及延伸阅读

为加深对本章内容的理解，本章案例侧重于财务危机等内容的延伸，并结合目前实务中对债务重组的会计处理及其影响等内容进行探讨。

案例分析

对恒大危机的分析与反思①

【适用本章知识点与范围】

财务危机。

【案例内容】

中国恒大集团(以下简称“恒大”)为港股上市公司，成立于1996年，拥有员工16.31万人，其旗下曾拥有中国恒大新能源汽车集团有限公司(以下简称“恒大汽车”)、恒大物业集团有限公司(以下简称“恒大物业”)、恒腾网络集团有限公司(以下简称“恒腾网络”)及恒大地产集团有限公司(以下简称“恒大地产”)四大核心公司。其中，恒大汽车、恒大物业及恒腾网络皆为港股上市公司，恒大地产曾欲借2016年“宝万股权之争”的时机，借壳深深房重回A股上市，但是由于监管层管控地产企业上市审查，2020年11月8日，恒大地产公告终止与深深房的重组计划，恒大地产至今仍未上市。

2020年9月24日，《恒大集团有限公司关于恳请支持重大资产重组项目的情况报告》在“网间”流传，但是很快被恒大官方辟谣。此后恒大高调进行了降负债操作，提出有息负债于2021年6月30日将降至5 900亿元以下，于2022年6月30日将降至4 500亿元以下，于2023年6月30日将降至3 500亿元以下，度过全部三道红线。2021年6月恒大虽然成功将有息负债降至5 900亿元以下，并宣布度过第一道红线，但是在2021年6月29日，三棵树集团

① 节选自：王建勇，陈瑞琛.对恒大危机的分析与反思[J].财会月刊，2022，922(06)：96－102.内容有删减。

在答复证监会的公告中披露了恒大逾期5 137.06万元的信息，半个多月后广发银行申请法院冻结恒大1.32亿元资产。而后恒大财富“暴雷”，商业票据大面积违约屡见报端，恒大流动性危机迅速发酵。

始于供应商和债权人担忧的流动性危机迅速演变为信任危机，对恒大的信任恐慌进一步蔓延至地方政府和客户。2021年7月14日，湖南邵阳市政府提出加强对恒大预收款的监管；9月14日，恒大公告预告其9月份的合约销售大幅下滑。恒大是如此之“大”，仅其当期客户就数以百万计，加上现有超过16.3万名员工以及大量供应商，恒大流动性危机直接影响人群数量庞大。此外，恒大账面仍有5 700亿元有息负债，有息负债规模超过招商银行2021年贷款额的10%，加上9 500亿元的应付款，总计为1.52万亿元，超过2020年国有四大行利润的1.5倍。因此，恒大危机迅速引起了各界关注。如何合理处理这些债务以防止出现系统性金融风险，对当下金融系统以及监管层是一个严峻的考验。

恒大自创立以来的一个显著特征是利用高负债进行扩张，其实际负债率最高曾达2016年的96.33%。2020年11月26日，云顶财说曾发文《“巧”避三次危机，恒大未来何去何从?》，其中分析了恒大管理团队“巧避”三次危机的高超“财技”，限于篇幅，此处仅简要介绍。

第一次危机出现于2012—2013年，恒大着重布局的三、四线城市遭受房价下滑影响，导致债券以及信托融资渠道阻力较大。此外，恒大当时向一线城市扩张的战略使其在2013年消耗707亿元资金用于土地储备。2013年恒大需支付的当期债务近1 357亿元，而其2013年年初拥有的非限制现金仅401亿元，资金缺口近千亿元。但是恒大却利用“永续债”这一创新融资工具，募集了千亿元，弥补了资金缺口，并巧妙地利用会计准则的原则导向性，将永续债列入其他权益工具，从而降低了报表负债率。第一次危机安然渡过。

第二次危机来源于永续债的“利率跳升”机制。恒大发行永续债采用的是“2+N”模式，这是指在永续债发行的五年周期内，前两年拥有8.2%～9%的较低利率，但是之后利率以每年30%的增长速度逐步跳升至18%。这种倒逼机制使得恒大在两年后必须用发行新永续债的方式来偿还其旧债。一旦永续债市场出现风吹草动，恒大就将面临巨大的利率跳升或赎回风险。但是恒大巧借“宝万股权之争”的时机，推出了地产板块与深深房重组计划。战略投资者通过增资获得约36.50%的恒大地产股份，恒大地产承诺于2018—2020年三年扣除非经常性损益的净利润分别不得少于500亿元、550亿元、600亿元，并将每年度净利润的68%分配给股东。若净利润少于承诺数，则由恒大以自有资金支付分红差额。同时，恒大承诺在2021年1月31日前完成重组，否则负有回购战略投资者股份的义务，或者以战略投资者现有股权比例额外向其补偿50%的恒大地产股份。这使恒大成功获得战略投资者三轮共计1 300亿元的投资，化解了永续债的危机。

第三次危机源自2020年战略投资者的回购威胁。恒大与战略投资者以2021年1月31日前重组成功为对赌条件，若重组未完成，则恒大要么选择赎回战略投资者的出资，这将使战略投资者的出资变成巨额当期债务；要么触发棘轮条款，则恒大对恒大地产的持股权下降至45.18%，从而丧失对恒大地产的控股权。遗憾的是，2020年11月8日恒大公告重组失败，但是在恒大与多方的协商下，仅有43亿元战略投资者资金退出，剩余1 257亿元资金提供者宣布成为长期投资者，放弃回购和股份补偿权利。管理层再一次利用智慧巧妙地渡过了危机。

通过回顾三次危机，研究团队发现，恒大以往商业模式的一个显著特征是创新融资方法，利用高负债扩张圈地，再通过房价上涨消化其高负债带来的高融资成本。

为迎合监管层对房地产有息负债规模增速的控制需求，自 2017 年以来，恒大的有息负债率逐年下降，但是负债规模仍在攀升，且结构发生了变化。恒大降低了银行借款、债券等有息负债的比重，而提升了应付账款的比重。这相当于将有息负债转换成无息负债。恒大的应付账款由 2017 年的 3 994 亿元激增至 2021 年的 9 551 亿元，增长了 2.39 倍，占总负债比重则由 24.21%增加至 48.37%。从 2020 年年底至 2021 年中期，恒大有息负债减少约 1 450 亿元，但是恒大应付款暴增 1 220 亿元。这使其总资产负债率没有发生实质性下降。

对恒大的担忧最早来自三棵树超过 5 000 万元商票未兑付的公告，随后在广发银行和金螳螂等多家公司的催告下，对恒大的信任危机遂成燎原之势。2021 年中报显示，恒大背负 5 700亿元有息负债和 9 500 亿元应付贸易款，合计 1.52 万亿元，其中短期债务为 1.19 万亿元，然而恒大账面货币资金仅有 1 652.3 亿元，短债现金缺口达 1.02 万亿元。

根据前文的分析，恒大要缓解流动性危机，持有现金覆盖短期有息债，需要资金 1 533 亿元；达到短期有息债与应付账款之和的 50%，需要资金 5 500 亿元。而恒大继续开发 1 亿平方米土地储备，需要继续投入 1 851 亿元。若要度过三道红线达到绿档，恒大需要资金 7 950 亿元。总之，在当前资产负债规模下，欲使恒大恢复健康，需要的资金量在 4 000 亿～8 000 亿元。若通过债务重组对资产和负债进行减值，则将降低恒大恢复流动性和市场信心的成本。

恒大作为我国房地产市场的一家头部民营公司，其危机的出现不仅影响客户和员工的利益，而且在一定程度上影响了国家经济和金融的平稳运行，甚至引发了国际社会对再次发生系统性金融危机的担忧。总之，恒大的教训是深刻的，从企业运营和监管层面对其进行反思，并从学术层面对其进行深入研究，对提高宏观政策的预研性和前瞻性具有非常重要的启示意义。

从企业运营层面看，企业不应只关注其账面利润，更应当关注自身的现金持有状况，以免发生流动性危机，进而引发信任危机和破产危机。“维持健康流动性的重要资金来源应该是企业经营活动中产生的现金流”这一朴素的企业运行逻辑应该成为企业家信奉的“圭臬”；否则，就容易产生一个又一个利用“商业模式创新”构建的商业庞氏骗局。企业家真正要做的，就是在企业的生命周期中，不断推动企业的盈利模式和创收模式向这一运行逻辑转变。

【案例思考题】

根据上述资料，请思考恒大出现财务危机的成因及其可能带来的后果。企业应如何应对财务危机？

延伸阅读

复习思考题

1. 债务重组包括哪些方式？
2. 请说明以非现金资产清偿债务方式下债务人、债权人的会计处理原则。

3. 请说明以债务转为权益工具方式下债务人、债权人的会计处理原则。
4. 破产会计核算的前提有哪些?
5. 破产会计核算的原则有哪些?

第十二章 外币交易会计

学习目标

掌握外币、外币交易、汇率和汇率变动的基本概念；熟悉企业在资产负债表日，对外币货币性项目和外币非货币性项目进行汇兑损益的会计处理。

素养目标

“深度参与全球产业分工和合作，维护多元稳定的国际经济格局。”企业通过调整业务策略来应对外汇风险，通过案例分析让学生深刻认识到，推动构建新发展格局需要在风险防范的同时，坚定地与全球经济共榷联动，实现互利共赢。

第一节　外币交易概述

一、记账本位币与外币

（一）外币交易与外币

1. 外币交易的定义

会计上的企业外币交易，是指以外币计价或者结算的交易。

这里的“外币交易”，不是指与外国企业进行的交易，也不是指国际贸易中发生的交易，而是指以外币结算的交易。具体地说，我国企业在国际贸易中，如果与外国企业约定以记账本位币作为结算货币，这样的交易就不是外币交易；而我国企业在国内贸易中，与本国企业约定以外币结算的交易，则是外币交易。国际贸易的交易双方，由于各自使用不同的货币，在达成某一交易前，必然对交易标的物的计价币种和货款结算币种做出约定，这就是计价和结算币种的选择。

2. 一般意义的外币和会计意义的外币

一般意义的外币是指本币（本国货币）以外的币种。以我国为例，本币为人民币，人民币以外的所有币种，如美元等，都是外币。会计意义的外币与一般意义的外币不同，会计所称的“外币”，是指企业记账本位币以外的币种。一家中国企业，如以人民币作为记账本位币，则人民币以外的币种就都是外币。如果一家中国企业所选用的记账本位币不是人民币（如美元），则人民币对该企业而言就成了外币，以人民币计价和结算的交易就成了外币交易。

（二）记账本位币

1. 记账本位币的含义

记账本位币是指企业经营所处的主要经济环境所使用的货币，是企业用于登记账簿、计算成本和编制会计报表所使用的币种。

我国企业会计准则对记账本位币的规定：企业通常应选择人民币作为记账本位币。业务收支以人民币以外的货币为主的企业，可以考虑一些相关因素，选定其中一种货币作为记账本位币。但是，期末编报的财务报表，仍然应当折算为人民币。

2. 企业选定记账本位币和选定境外经营记账本位币应考虑的主要因素

企业选定记账本位币，应当考虑下列因素：

（1）该货币主要影响商品和劳务的销售价格，通常以该货币进行商品和劳务的计价和结算。

（2）该货币主要影响商品和劳务所需人工、材料和其他费用，通常以该货币进行上述费用的计价和结算。

（3）融资活动获得的货币以及保存从经营活动中收取款项所使用的货币。

企业选定境外经营的记账本位币，还应当考虑下列因素：

（1）境外经营所从事的活动是否拥有很强的自主性。

（2）境外经营活动中与企业的交易是否在境外经营活动中占有较大比重。

（3）境外经营活动产生的现金流量是否直接影响企业的现金流量，是否可以随时汇回。

（4）境外经营活动产生的现金流量是否足以偿还现有债务和可预期的债务。

我国企业会计准则规定，企业记账本位币一经确定，不得随意变更。企业因经营所处的主要经济环境发生重大变化，确需变更记账本位币的，应当采用变更当日的即期汇率将所有项目折算为变更后的记账本位币。

二、外汇与汇率

（一）外汇的定义与分类

知识链接

外汇与外币是两个不同的概念。外汇是指以外币表示的能用于国际结算的支付手段。国际货币基金组织对外汇的定义如下：外汇是货币行政当局以银行存款、财政部国库券、长短期政府债券等形式保存的在国际收支逆差时可以使用的债权。

外汇可分为三类，即自由外汇、有限自由兑换外汇、记账外汇。

1. 自由外汇

自由外汇，又称自由兑换外汇、现汇，是指不需要外汇管理当局批准即可自由兑换成其他国家货币，或者可以向第三者办理支付的外国货币及支付手段。世界上有50种以上货币属于自由兑换货币，其中主要有美元、英镑、日元、港币、新加坡元、澳大利亚元、新西兰元等货币，以及用这些货币表示的汇票、支票等支付凭证和信用凭证。

2. 有限自由兑换外汇

有限自由兑换外汇，是指未经货币发行国批准不能自由兑换成其他货币或对第三者进行支付的外汇。根据国际货币基金组织的相关规定，对国际性经常往来的付款和资金转移有一定限制的货币均属于有限自由兑换货币。此类货币通常存在一个以上汇率，外汇交易也经常受限。

3. 记账外汇

记账外汇,又称清算外汇、协定外汇,是指记载在双方指定银行账户中的外汇,不能兑换成其他货币,也不能对第三者支付。这种外汇未经有关外汇管理部门批准,不能转换为别国货币,通常只能根据相关协定,在协定国之间使用。在清算协定的管理下,两国之间的贸易往来不必逐笔结清,只需将交易金额以记账外汇方式登记在双方指定银行的清算账户上,到协定期限到期,再清偿双方债权、债务账户的差额。在国际贸易中,这类贸易称为记账外汇贸易。

(二) 汇率

1. 汇率的定义

汇率是指两国货币之间的比价,即在外汇买卖交易中,一国货币单位用另一国货币单位表示的价格。从本质意义上说,纸币是一种价值符号,是基于政府的法令而使其具有交换价值。纸币出现之初,世界各国为确保币值的稳定,均采用金本位制,即将本国纸币与贵金属挂钩,政府(中央银行)担保纸币持有者在需要的时候,可将纸币按一定兑换比例,向政府(中央银行)兑换一定数量的贵金属。这样,每个国家的纸币可兑换贵金属的数量就决定了各国纸币间的兑换率,这就是本质意义上的汇率。

知识链接

2. 汇率标价方式

汇率标价方式有两种,即直接标价法和间接标价法。

(1) 直接标价法

直接标价法又称应付标价法,是指每单位外币可兑换的本国货币的金额,是以一定单位的外国货币(如1美元、1英镑)为标准来计算应付若干单位的本国货币(如若干人民币),或以本国货币数额的增减变动来反映汇率的升降,其表示方式为1∶X,即外币为1,本币为X。例如,我国公布人民币对美元的汇率为1美元=6.645 1元人民币。在这一标价法下,美元升值反映为人民币的金额增加,美元贬值则反映为人民币的金额减少。

(2) 间接标价法

间接标价法又称应收标价法,是指每单位本国货币可兑换的外国货币的金额,是以一定单位的本国货币为标准来计算应收若干单位的外国货币,或以外国货币数额的增减变动来反映汇率的升降,其表示方式为X∶1,即外币为X,本币为1。例如,美国公布美元对人民币的汇率为0.150 5美元=1元人民币,在这一标价法下,美元金额增加反映人民币升值,美元金额减少则反映人民币贬值。

3. 常用汇率分类

(1) 买入汇率、卖出汇率和中间汇率

买入汇率是指银行从同业或客户处买入外汇的汇率,又称买入价。卖出汇率是指银行向同业或客户卖出外汇的汇率,又称卖出价。由于银行通过外汇买卖从事经营活动,因此,在直接标价法下,银行对同一种外币的买入价肯定低于其卖出价,买入价与卖出价的差额就是进行外汇买卖的银行的毛利。介于买入价与卖出价之间的价格称为中间价,其通常为买入价和卖出价的平均数。

企业将外汇卖给银行(结汇),银行使用买入价,企业记账使用中间价,两者的差额形成汇兑损益。企业向银行买入外汇(购汇),银行使用卖出价,企业记账使用中间价,两者的差额也形成汇兑损益。

(2) 现钞汇率

现钞汇率是银行买入或卖出外币现钞时使用的汇率。由于银行买入外币现钞，需要将其运送到发行国或能流通的区域，这会增加银行的成本，因此，银行对外币现钞的买入价一般低于其他外汇形式的买入价。外币现钞的卖出价则一般与外汇卖出汇率相同。

(3) 即期汇率和远期汇率

即期汇率也称现汇汇率，是指在现汇交易中双方立即交割的汇率。期汇汇率也称远期汇率，是指由经纪人和客户在期汇交易中事先约定的在将来一定时日据以交割的汇率。期汇交易是指先由交易双方签订合同，约定外汇买卖数量、交割期限、汇率等条款，到合同约定日再办理交割的一种外汇交易。在一个时点上，期汇汇率与现汇汇率的差额，称为远期升水或远期贴水。在直接标价法下，期汇汇率低于现汇汇率，其差额为升水，期汇汇率高于现汇汇率，其差额为贴水；在间接标价法下则相反。

(4) 基本汇率和套算汇率

基本汇率是指选择某一国货币为主要对象，把本国货币与这一货币的实际价值对比制定的汇率。在相当长的时间内，人民币一直采用"盯死美元"的做法，人民币与美元的汇率就形成基本汇率。

套算汇率是指通过基本汇率套算得出的汇率。例如，通过人民币对美元的基本汇率、美元对澳大利亚元的汇率，可以套算得出人民币对澳大利亚元的汇率。

(三) 汇兑损益及其分类

汇兑损益是指由于会计期间外币汇率变动而导致的损益，汇兑损益用记账本位币的差额来表示。

按汇兑损益形成的原因不同，汇兑损益可分为以下几种：

1. 交易汇兑损益

交易汇兑损益是企业进行销售商品、提供劳务的外币交易时所形成的汇兑损益。企业进行销售商品、提供劳务的外币交易，在形成合同、提供商品(劳务)和货款交割之间，会有时间差。如果在这段时间内，用于计价和结算的货币的汇率发生变化，就会使发出商品时确认的收入和货款交割时实际取得的收入产生差额，这一差额就是交易汇兑损益。

2. 兑换汇兑损益

银行对汇率的挂牌有买入价、卖出价、中间价三种价格。当企业将外汇卖给银行时，银行使用买入价，按规定企业记账要使用中间价，买入价低于中间价，企业就会形成兑换汇兑损失。

知识链接

3. 调整汇兑损益

企业发生外币业务时，应采用交易发生日的即期汇率将外币金额折算为记账本位币金额，每月月末则应对外币账户按期末汇率进行调整，由此形成的汇兑损益，称为调整汇兑损益。

第二节　外币交易记账方法与汇兑损益

一、外币交易记账方法

外币交易记账方法有两种：外币统账制和外币分账制。

外币统账制，是指企业发生外币交易时，会计必须将外币折成记账本位币，在账簿进行复币记账。我国非金融企业发生外币业务，必须使用外币统账制记账。

外币分账制，是指平时发生外币业务时，不折成记账本位币，而按不同币种分别设置账簿进行日常核算，到期末再折成记账本位币，编制会计报表。

采用外币分账制记账方法，其产生的汇兑差额的处理结果，应当与外币统账制一致。

根据我国企业会计准则的规定，一般企业的外币交易均应采用外币统账制，而对外币交易频繁、外币币种较多的金融企业，也可以采用分账制记账方法进行日常核算。但在资产负债表日，应当按照相关规定，对相应的外币账户余额分别按货币性项目和非货币性项目进行调整。

二、汇兑损益的处理方法

汇兑损益的处理方法有两种：单项交易观和两项交易观。

知识链接

(一) 单项交易观

单项交易观，也称一笔业务交易观，是指在外币交易的会计处理中，把企业销售或购货与随后的账款结算看作一项交易的两个阶段，一项交易在账款结算后才认为完成。按这一处理方法，交易的收入或成本不取决于交易发生时的汇率，而取决于账款结算时的汇率。从交易发生到账款结算期间汇率的变动，应调整原入账时的销售收入或购买成本。在单项交易观下，一笔销售(购买)形成的收入(成本)必须一直挂账，直到账款结算，才能最终结转。

(二) 两项交易观

两项交易观，也称两笔业务交易观，是指在外币交易的会计处理中，把企业销售或购买交易的发生和账款结算看作两项既相互联系又相对独立的交易，而非一项交易的两个阶段。在这一处理方法下，销售收入或购买成本在交易发生时，即按当时的汇率折算为记账本位币予以确认，与以后账款结算时变动的汇率无关。在资产负债表日或账款结算日由于汇率变动而产生的外币折算差额，作为汇兑损益处理，而不调整销售收入或购货成本。

知识链接

调整的处理方法有两种：一种是即期确认法，即将汇率变动导致的损益直接计入当期损益；另一种是递延确认法，即将汇率变动导致的损益递延至账款结算日，一并计入结算日所在会计期间的损益。

(三) 单项交易观和两项交易观示例

【例 12－1】 联华公司 20×2 年 12 月 1 日向美国某公司销售一批货物，总价款为 10 000 美元，合同约定 20×3 年 2 月 1 日以人民币结算货款。相关汇率如下：

20×2 年 12 月 1 日汇率　　1 美元＝7.05 元人民币

20×2 年 12 月 31 日汇率　　1 美元＝6.99 元人民币

20×3 年 2 月 1 日汇率　　1 美元＝6.98 元人民币

依据两种交易观，三种处理方法，联华公司对该笔外币交易的会计处理如下：

1. 按单项交易观的会计处理

(1) 20×2 年 12 月 1 日，交易发生日：

$10 000×7.05＝¥70 500

借：应收账款($10 000) ￥70 500
　　贷：主营业务收入($10 000) ￥70 500
(2) 20×2 年 12 月 31 日，资产负债表日：
$10 000×7.05－$10 000×6.99＝￥600
借：主营业务收入 600
　　贷：应收账款 600
(3) 20×3 年 2 月 1 日，货款结算时：
调整汇率：
$10 000×6.99－$10 000×6.98＝￥100
借：主营业务收入 100
　　贷：应收账款 100
按结算日汇率，收回货款：
$10 000×6.98＝￥69 800
借：银行存款——美元户($10 000) ￥69 800
　　贷：应收账款($10 000) ￥69 800

2. 按两项交易观，汇兑损益即期确认方法，联华公司的会计处理
(1) 20×2 年 12 月 1 日，交易发生日：
$10 000×7.05＝￥70 500
借：应收账款($10 000) ￥70 500
　　贷：主营业务收入($10 000) ￥70 500
(2) 20×2 年 12 月 31 日，资产负债表日：
$10 000×7.05－$10 000×6.99＝￥600
借：财务费用——汇兑损益 600
　　贷：应收账款 600
(3) 20×3 年 2 月 1 日，货款结算时：
调整汇率：
$10 000×6.99－$10 000×6.98＝￥100
借：财务费用——汇兑损益 100
　　贷：应收账款 100
按结算日汇率，收回货款：
借：银行存款——美元户($10 000) ￥69 800
　　贷：应收账款($10 000) ￥69 800

3. 按两项交易观，汇兑损益递延确认方法，联华公司的会计处理
(1) 20×2 年 12 月 1 日，交易发生日：
$10 000×7.05＝￥70 500
借：应收账款($10 000) ￥70 500
　　贷：主营业务收入($10 000) ￥70 500
(2) 20×2 年 12 月 31 日，资产负债表日：
$10 000×7.05－$10 000×6.99＝￥600
借：递延汇兑损益 600
　　贷：应收账款 600

(3) 20×3 年 2 月 1 日,货款结算时:

调整汇率:

$10 000×6.99－$10 000×6.98＝¥100

借:递延汇兑损益 100

贷:应收账款 100

按结算日汇率,收回货款:

借:银行存款——美元户($10 000) ¥69 800

贷:应收账款($10 000) ¥69 800

确认递延汇兑损益:

借:财务费用——汇兑损益 700

贷:递延汇兑损益 700

三、汇率的选择

我国企业会计准则规定,企业在处理外币交易和对外币财务报表进行折算时,应当采用交易发生日的即期汇率将外币金额折算为记账本位币金额予以反映,也可以采用按照系统合理的方法确定的、与交易发生日即期汇率近似的汇率折算。

即期汇率,是指中国人民银行公布的当日人民币外汇牌价的中间价。当企业发生外币兑换业务或涉及外币兑换的交易事项时,应当按照交易实际采用的汇率(银行买入价或卖出价)折算,记账则采用中间价。

即期汇率的近似汇率,是指按照系统合理的方法确定的、与交易发生日即期汇率近似的汇率,通常采用当期平均汇率或加权平均汇率等。

企业通常采用即期汇率进行折算。汇率变动不大的,也可以采用即期汇率的近似汇率进行折算。

四、汇兑损益的处理原则

我国企业会计准则规定,在资产负债表日,企业应当分别按外币货币性项目和外币非货币性项目进行汇兑损益的会计处理。

(一) 外币货币性项目

外币货币性项目,是指企业持有的货币资金和将以固定或可确定的金额收取的资产或者偿付的负债。外币货币性项目分为货币性资产和货币性负债。货币性资产包括库存现金、银行存款、应收账款、其他应收款、长期应收款等,货币性负债包括短期借款、应付账款、其他应付款、长期借款、应付债券、长期应付款等。

对外币货币性项目,因结算或采用资产负债表日的即期汇率折算而产生的汇兑差额,计入当期损益,同时调增或调减外币货币性项目的记账本位币金额。

(二) 外币非货币性项目

外币非货币性项目,是指货币性项目以外的项目,包括存货、长期股权投资、固定资产、无形资产等。

以历史成本计价的外币非货币性项目,由于仍采用交易发生时的即期汇率折算,因此不会产生汇兑差额。但对以成本与可变现净值孰低法计量的存货,如果其可变现净值以外币确定,则在确定存货的期末价值时,应先将可变现净值折算为记账本位币,再与以记账本位币反映的存货成本进行比较,这时可能发生汇兑差额。

以公允价值计量的外币非货币性项目，如交易性金融资产（股票、基金等），折算后的记账本位币金额与原记账本位币金额的差额作为公允价值变动（含汇率变动）处理，计入当期损益。

（三）外币投入资本

企业收到投资者以外币投入的资本时，应当采用交易发生日即期汇率折算，不得采用合同约定汇率和即期汇率的近似汇率折算，外币投入资本与相应的货币性项目的记账本位币金额之间不产生外币资本折算差额。

（四）实质上构成对境外经营净投资的外币货币性项目

企业编制合并财务报表涉及境外经营的，如有实质上构成对境外经营净投资的外币货币性项目，因汇率变动而产生的汇兑差额，应列入所有者权益“外币报表折算差额”项目；处置境外经营时，计入处置当期损益。

（五）汇兑损益的费用化和资本化

对企业筹建期间和生产经营期间发生的汇兑损益，应进行费用化处理，即计入财务费用。对与固定资产投资相关的汇兑损益，在固定资产达到预定可使用状态前发生的，可按有关规定予以资本化，计入相关固定资产的成本。

第三节　外币交易业务的会计处理

一、我国外币交易业务的会计处理方法

（一）外币账户设置

为了核算和监督企业外币交易业务，企业应设置各种外币账户。所设置的外币账户主要有“库存现金（外币）”“银行存款（外币）”，以及在“应收账款”“应收票据”“预付账款”等设置外币资产账户，在“应付账款”“应付票据”“预收账款”“长期借款”“短期借款”等设置外币负债账户。

对外币业务发生的汇兑差额，一般企业应在设置的“财务费用”账户下开立“汇兑损益”二级账户进行核算。

（二）外币交易业务的会计处理方法

1. 外币统账制

除金融企业外，我国一般企业发生的外币交易业务，应按外币统账制处理，即一律折算成记账本位币记账。

2. 复币记账

一般企业发生外币交易业务，应按双币记账反映，即对一笔业务在反映外币金额的同时，应反映记账本位币金额。

3. 外币兑换业务的会计处理

对企业发生外币兑换业务，即将外币出售给银行（结汇）或向银行购买外币（购汇）时，银行按买入价（结汇）或卖出价（购汇）记账，企业应按中间价记账。

4. 期末会计处理

在资产负债表日，企业应将外币账户按期末汇率调整，并计算和处理期末汇兑损益。

（1）交易日的会计处理

采用即期汇率或与即期汇率近似的汇率将外币金额折算为记账本位币金额。

外币投入资本属于外币非货币性项目，企业收到投资者以外币投入的资本，应采用交易日即期汇率折算，不产生外币资本折算差额。

收到外币资本投入时：

借：银行存款(双币)

　　贷：实收资本(记账本位币)

(2) 资产负债表日的会计处理

对外币货币性项目，应当采用资产负债表日的即期汇率折算，因旧汇率波动而产生的汇兑差额作为财务费用，计入当期损益，同时调增或调减外币货币性项目的记账本位币金额；需要计提减值准备的，应当按资产负债表日的即期汇率折算后，计提减值准备。

汇兑损失的会计处理如下：

借：财务费用——汇兑差额

　　贷：应收账款/应付账款

汇兑收益的会计处理如下：

借：应收账款/应付账款

　　贷：财务费用——汇兑差额

对以历史成本计量的外币非货币性项目，由于在交易发生日已按当日即期汇率折算，因此资产负债表日不应改变其原记账本位币金额，不产生汇兑差额。

需要注意的是，对外币价值发生变动的外币非货币性项目，其价值变动计入当期损益的相应汇率变动的影响应当计入当期损益。这实际上意味着，以公允价值计量的外币股票投资等外币非货币性项目，汇率变动对其影响应一并计入公允价值变动损益。

二、外币交易会计处理示例

【例 12-2】 华美公司 20×2 年 9 月 10 日将 10 000 美元出售给银行，银行当日买入价为 1 美元＝6.885 元人民币，中间价为 1 美元＝6.94 元人民币，卖出价为 1 美元＝6.995 元人民币。

企业得到的人民币金额＝$10 000×6.885＝¥68 850

企业记账金额＝$10 000×6.94＝¥69 400

发生外币兑换损益＝69 400－68 850＝550(元)

会计分录如下：

借：银行存款——人民币户	68 850	
财务费用——汇兑损益	550	
贷：银行存款——美元户($10 000)		¥69 400

【例 12-3】 国内甲公司的记账本位币为人民币。20×2 年 12 月 2 日，甲公司以 30 000 港币购入乙公司 H 股 10 000 股作为短期投资，当日汇率为 1 港币＝0.897 1 元人民币，款项已付。20×2 年 12 月 31 日，由于市价变动，当月购入的乙公司 H 股变为 35 000 港币，当日 1 港币＝0.896 2 元人民币。

20×2 年 12 月 2 日，甲公司应对上述交易做以下处理：

借：交易性金融资产(30 000×0.897 1)	26 913	
贷：银行存款(30 000×0.897 1)		26 913

由于该项短期股票投资是从境外市场购入、以外币计价，因此在资产负债表日，不仅应考

虑其港币市价的变动，而且应一并考虑汇率变动的影响，上述交易性金融资产以资产负债表日的人民币 31 367 元(35 000×0.896 2)入账，与原账面价值 26 913 元(30 000×0.897 1)的差额为4 454元人民币，计入公允价值变动损益。相应的会计分录如下：

借：交易性金融资产——公允价值变动　　4 454

　贷：公允价值变动损益　　4 454

4 454 元人民币包含甲公司所购乙公司 H 股公允价值变动以及人民币与港币之间汇率变动的双重影响。

实质上，构成对境外经营净投资的长期债权(已按双币记账)因汇率变动而产生的汇兑差额，应当计入当期损益，编制合并财务报表时，记入所有者权益项下“外币财务报表折算差额”项目。

三、外币交易业务综合示例

【例 12-4】 华英公司 20×2 年 3 月 31 日有关外币账户余额如表 12-1 所示。

表 12-1　　外币账户余额表

科目名称	外币(美元)	汇　率	本币(人民币元)
银行存款——美元户	10 000	6.75	67 500
短期借款	3 000	6.75	20 250
应收账款	1 000	6.75	6 750
应收票据	0	6.75	0
应付账款	8 000	6.75	54 000
应付票据	0	6.75	0

4 月发生下列业务(该公司以当日汇率作为折算汇率)：

(1) 4 月 1 日，对美国 A 公司出口甲商品计 4 000 美元，货款尚未收到，当日汇率为 1 美元＝6.73 元人民币。

(2) 4 月 3 日，向美国 B 公司出售乙商品计 50 000 美元，收到 90 天期无息商业汇票一张，当日汇率为 1 美元＝6.72 元人民币。

(3) 4 月 4 日，通过中国银行偿还前欠货款 3 000 美元，已收到银行兑付通知，当日汇率为 1 美元＝6.70 元人民币。

(4) 4 月 7 日，向中国银行借入短期借款 30 000 美元，当日市场汇率为 1 美元＝6.67 元人民币。

(5) 4 月 15 日，从美国 C 公司进口丙商品一批，货款计 12 000 美元，通过银行支付 10 000 美元，余款暂欠。当日汇率为 1 美元＝6.68 元人民币。

(6) 4 月 20 日，收到本月 1 日出口商品部分货款 3 000 美元，当日汇率为 1 美元＝6.66 元人民币。

(7) 4 月 25 日，将 1 000 美元兑换为人民币，当日汇率为 1 美元＝6.65 元人民币，银行卖出价为1美元=6.63元人民币。

(8) 4月29日,偿还短期借款10 000美元,当日汇率为1美元=6.62元人民币。

(9) 月末,对外币账户进行调整,并做相应处理。4月30日,汇率为1美元=6.60元人民币。

根据以上经济业务,编制会计分录如下:

(1) 4月1日:

借:应收账款——A公司($4 000)　　¥26 920

　贷:主营业务收入——甲商品($4 000)　　¥26 920

(2) 4月3日:

借:应收票据——B公司($50 000)　　¥336 000

　贷:主营业务收入——乙商品($50 000)　　¥336 000

(3) 4月4日:

借:应付账款($3 000)　　¥20 100

　贷:银行存款——美元户($3 000)　　¥20 100

(4) 4月7日:

借:银行存款——美元户($30 000)　　¥200 100

　贷:短期借款($30 000)　　¥200 100

(5) 4月15日:

借:库存商品——丙($12 000)　　¥80 160

　贷:应付账款——C公司($2 000)　　¥13 360

　　银行存款——美元户($10 000)　　¥66 800

(6) 4月20日:

借:银行存款——美元户($3 000)　　¥19 980

　贷:应收账款——A公司($3 000)　　¥19 980

(7) 4月25日:

借:银行存款　　¥6 630

　财务费用　　¥20

　贷:银行存款——美元户($1 000)　　¥6 650

(8) 4月29日:

借:短期借款($10 000)　　¥66 200

　贷:银行存款——美元户($10 000)　　¥66 200

将以上分录全部登账,并进行期末汇率调整,如表12-2至表12-7所示。

表12-2　　**银行存款——美元户**

20×2年		摘要	借方		贷方		余额	
月	日		美元	人民币元	美元	人民币元	美元	人民币元
4	1	期初余额	10 000	67 500			10 000	67 500
4	4				3 000	20 100	7 000	47 400

续　表

20×2 年		摘　要	借　方		贷　方		余　额	
月	日		美元	人民币元	美元	人民币元	美元	人民币元
4	7		30 000	200 100			37 000	247 500
4	15				10 000	66 800	27 000	180 700
4	20		3 000	19 980			30 000	200 680
4	25				1 000	6 650	29 000	194 030
4	29				10 000	66 200	19 000	127 830
4	30	本期发生额与余额	33 000	220 080	24 000	159 750	19 000	127 830

表 12－3　　　　**短期借款**

20×2 年		摘　要	借　方		贷　方		余　额	
月	日		美元	人民币元	美元	人民币元	美元	人民币元
4	1	期初余额			3 000	20 250	3 000	20 250
4	7				30 000	200 100	33 000	220 350
4	29		10 000	66 200			23 000	154 150
4	30	本期发生额与余额	10 000	66 200	30 000	200 100	23 000	154 150

表 12－4　　　　**应收账款**

20×2 年		摘　要	借　方		贷　方		余　额	
月	日		美元	人民币元	美元	人民币元	美元	人民币元
4	1	期初余额	1 000	6 750			1 000	6 750
4	1		4 000	26 920			5 000	33 670
4	20				3 000	19 980	2 000	13 690
4	30	本期发生额与余额	4 000	26 920	3 000	19 980	2 000	13 690

表 12－5

应收票据

20×2年		摘要	借方		贷方		余额	
月	日		美元	人民币元	美元	人民币元	美元	人民币元
4	1	期初余额					0	0
4	3		50 000	336 000			50 000	336 000
4	30	本期发生额与余额	50 000	336 000			50 000	336 000

表 12－6

应付账款

20×2年		摘要	借方		贷方		余额	
月	日		美元	人民币元	美元	人民币元	美元	人民币元
4	1	期初余额			8 000	54 000	8 000	54 000
4	4		3 000	20 100			5 000	33 900
4	15				2 000	13 360	7 000	47 260
4	30	本期发生额与余额	3 000	20 100	2 000	13 360	7 000	47 260

表 12－7

库存商品——丙

20×2年		摘要	借方		贷方		余额	
月	日		美元	人民币元	美元	人民币元	美元	人民币元
4	1	期初余额					0	0
4	15		12 000	80 160			12 000	80 160
4	30	本期发生额与余额	12 000	80 160	0	0	12 000	80 160

(9) 4月30日，编制期末调整汇兑损益计算表(见表12－8)，并编制相关会计分录。

表 12－8

期末调整汇兑损益计算表

项目	期末账面余额	期末调整额	汇兑损益
银行存款——美元户	19 000美元/127 830元人民币	19 000美元/125 400元人民币	2 430(贷)
短期借款	23 000美元/154 150元人民币	23 000美元/151 800元人民币	2 350(借)

续　表

项　目	期末账面余额	期末调整额	汇兑损益
应收账款	2 000 美元/13 690 元人民币	2 000 美元/13 200 元人民币	490(贷)
应收票据	50 000 美元/336 000 元人民币	50 000 美元/330 000 元人民币	6 000(贷)
应付账款	7 000 美元/47 260 元人民币	7 000 美元/46 200 元人民币	1 060(借)
库存商品——丙	12 000 美元/80 160 元人民币	12 000 美元/79 200 元人民币	960(贷)
合　计			6 470(借)

期末调整汇兑损益的会计分录如下：

借：短期借款　2 350
　　应付账款　1 060
　　财务费用——汇兑损益　6 470
　　贷：银行存款——美元户　2 430
　　　　应收账款　490
　　　　应收票据　6 000
　　　　库存商品　960

案例分析及延伸阅读

为加深对本章内容的理解，本章案例侧重于企业外币汇率风险管理等内容的延伸，并结合上市公司外币债务融资的汇率风险管理问题进行深入解析。延伸阅读内容侧重于对全球储备资产的形成历史、发展趋势的介绍，从而得到中国式发展的启示。

案例分析

企业外币债务融资的汇率风险管理研究①
——基于万科的案例分析

【适用本章知识点与范围】

企业外币汇兑损益及汇率风险管理等问题。

【案例内容】

一、公司简介

万科企业股份有限公司(以下简称“万科”)成立于1984年，1988年进入房地产行业，目前主要专注于房地产开发和物业服务。万科于2013年开始发展海外业务，2021年公司海外业务贡献营收占总营收的0.88%。为配合公司的战略发展，万科多次筹措外币资金，币种涵盖美

① 郭飞，罗诗洁.企业外币债务融资的汇率风险管理研究——基于万科的案例分析[J].会计之友，2023，(02)：37－43.

元、新加坡元等。2021 年，万科人民币负债占比 77.6%，外币负债占比 23.4%，面临较大外汇风险。

二、万科外币债务融资情况

(一) 万科外币债务融资动机

1. 推进国际化战略

国际化战略是万科的长期发展战略之一。2013 年，万科采用与当地知名开发商合作的方式首次进军海外市场，后续又通过并购境外公司和境外项目等方式积极拓展海外业务，在多个国际城市从事地产投资开发、资产管理等业务。为了完成公司国际化战略的推进及中国境内房地产业务的跨境并购，万科对外币资金的需求大幅增加。为了保障公司的外汇储备，万科积极整合海外资源，充分利用海外融资渠道，发行海外债券，持续扩大境外融资规模。

2. 降低融资成本

金融危机发生以后，美国、英国等国家为了刺激经济复苏，将基准利率降到趋于零的水平，随后又配合量化宽松的货币政策，使中长期国债利率持续下跌，国债收益率明显低于中国等新兴经济体国家，资金开始从发达国家涌入新兴经济体。2011 年至 2021 年，中美利差绝大多数时间保持高位，一直到 2022 年 4 月初才出现中美利差倒挂。美元低利率的大环境为万科发挥境外融资优势、借入低成本资金创造了条件。

3. 扩展融资渠道

房地产行业是资金密集型行业，境外融资是房地产企业扩展融资渠道的普遍措施。2016 年，中央经济工作会议首次提出"房子是用来住的，不是用来炒的"，为了响应中央号召，相关部门相继出台多项政策以加强对"房地产企业融资"以及"购房者信贷"的监管。一方面，房地产企业境内的外生融资渠道收紧；另一方面，房地产企业的内生融资渠道(主要是销售回款方式)受到了影响，房地产企业开始更加积极地通过海外融资渠道筹集资金。

然而，随着国家对房地产行业的监管趋严，房地产企业海外发债也受到了影响。2019 年 7 月，国家发改委发布〔2019〕778 号文件，要求房地产企业发行外债只能用于置换未来 1 年内到期的中长期境外债务。由此可以预计，房地产行业外币债务的规模短期内不会继续增加。

(二) 万科外币债务构成

万科 2013—2021 年有息负债中外币债务占比情况如表 12-9 所示。可以看出，万科外币债务占全部有息负债的比例较高，且随着国际化战略的推进，总体呈上涨趋势。由于国家对海外融资渠道的收紧，2019 年万科外币负债总金额突然下滑，但占全部有息负债的比例依然超过 20%，而同期海外业务营收占总营收的比例不足 1%。

表 12-9　　万科有息负债中外币债务占比情况

项　目	2013 年	2014 年	2015 年	2016 年	2017 年	2018 年	2019 年	2020 年	2021 年
外币负债(亿元)	84.99	115.61	178.38	435.55	571.86	791.47	667.83	656.67	622.35
外币债务占有息负债比(%)	11.08	16.76	22.44	33.80	30.00	30.30	25.90	25.40	23.40

注：数据根据万科年度财务报告整理。

万科主要通过向银行借款以及发行海外债券的形式进行外币债务融资。万科的外币借款以长期借款为主，其中，美元、港币是其最主要的外币借款来源，2021 年美元和港币借款分别占万科总外币借款的 49.9%和 47.11%。除此之外，由于在新加坡和英国有房地产海外项目，万科还借有少量新加坡元和英镑。万科的海外债券类型全部为中长期债券，其中，美元债券是最主要的海外债券类型，其次是港币债券。

三、万科汇率风险类型

（一）交易风险

万科面临的汇率风险主要包括交易风险和折算风险。交易风险是指万科取得外币债权或承担外币债务后，因外币交易发生日与结算日的汇率不一致而产生损失的风险。2021 年，万科外币借款占全部有息负债的比例高达 23.4%，且由于币种主要为美元和港币，因此外币之间无法对冲风险。2015 年“811 汇改”之后，人民币汇率双向浮动弹性增强，加之世界经济形势复杂严峻，人民币汇率走势充满了不确定性，使万科面临较大的交易风险。外汇交易风险在公司的汇兑损益科目中反映，数额如表 12－10 所示。

表 12－10　　万科汇兑损益和外币报表折算差

单位：亿元

项　目	2013 年	2014 年	2015 年	2016 年	2017 年	2018 年	2019 年	2020 年	2021 年
汇兑损益	−0.50	0.61	0.38	−5.73	−3.59	−13.21	3.26	−6.64	0.07
外币报表折算差额	0.66	−0.40	−1.31	−3.08	−0.58	−1.31	−0.42	3.25	1.51
净利润	182.98	192.88	259.49	283.50	372.08	492.72	551.32	592.98	380.70

注：数据根据万科年度财务报告整理。负号代表损失。

2013—2015 年，由于万科绝大部分业务在中国境内，收入与开支主要以人民币计值，因此汇率波动对万科经营的影响有限。随着海外业务的不断开展，2016—2020 年，万科有 4 年因美元、港币汇率波动较大而出现大额汇兑损失。其中，2018 年的汇兑损失高达 13.2 亿元，这主要是因为 2018 年万科有息外币负债达到历史峰值 791.47 亿元，且从第二季度开始人民币兑换美元、港币大幅贬值。

虽然万科的汇兑损益占净利润比重尚在可控范围内，但外币债务带来的交易风险仍然不可小觑。

（二）折算风险

万科部分子公司采用人民币以外的货币作为记账本位币，在编制合并财务报表时，需要将外币折算成人民币，从而产生折算风险，折算风险在报表上体现为其他综合收益科目下外币报表折算差额，数值如表 12－10 所示。外币报表折算差额虽然会对合并财务报表产生影响，但并不是企业真实的经营损益，不会对企业的现金流及净利润造成影响。因此，万科进行风险对冲主要是为了管理交易风险，下文的分析也将围绕交易风险的管理展开。

四、万科汇率风险管理模式

（一）完善汇率风险管理机制

万科外汇风险管理的宗旨是降低汇率风险对公司财务表现的潜在不利影响。为了落实这一目标，万科建立了健全的汇率风险管理机制。具体包括：（1）以规避和防范汇率风险为目的，杜绝投机行为；（2）加强投融资规模与币种的匹配，辅以对冲操作；（3）以真实业务为基础，结合交易币种、规模与期限选择套期保值工具;(4) 密切关注外汇市场变化,灵活调整对冲策略。

(二) 组建优秀的管理团队

作为外币负债企业,万科十分重视外汇风险管理,组建了由专业人员构成的外汇套期保值操作团队,为万科外汇套期保值工作提供有力保障。随着世界经济格局的不确定性加大,万科引入了专业部门进行宏观形势和外汇市场分析,以降低实际汇率走势与公司判断的汇率走势偏差。此外,万科还常借鉴其他优秀企业的成功管理经验,在实践中不断细化原有的外汇套期保值工作流程。

(三) 培养风险意识

加强外汇风险管理是以增强风险意识为前提的。万科通过风险宣讲、风险管理培训、知识竞赛等方式培养员工的风险管理意识,让员工意识到汇率风险管理的重要性与必要性。但是,进行套期保值也存在一定的风险,主要包括:(1) 汇率走势与公司判断的汇率走势方向发生偏离从而造成损失的风险;(2) 内部机制滞后于业务发展造成的经营风险;(3) 合约到期后无法履约的风险。对此,万科加强内部宣导,保证相关管理人员与外汇套期保值人员充分理解套期保值业务的风险性,从而更加审慎科学地制定对冲策略,在提升对冲策略有效性的同时控制风险。

(四) 跨国多元化

跨国经营是万科经营性对冲的主要手段。截至2021年年末,万科共建立了三十余个海外合作项目,分布在伦敦、西雅图、纽约、旧金山等城市。跨国经营在理论上会降低交易风险,提升折算风险。为了进入海外市场,万科前期投入了大量资金,加重了外币债务的负担,而且近几年万科的海外平均销售金额约占全部销售金额的0.96%,经营性对冲的效果有限。随着万科海外业务的进一步发展,未来外币现金流入量会逐渐提升,从而起到一定的风险对冲效果。

(五) 开展外汇衍生品套期保值业务

万科及其海外子公司为减少汇率波动带来的不良影响、降低外币债务的偿债风险,一直积极开展外汇套期保值业务。在选择合约时,万科会结合汇率变化、交易币种、合约期限、合约规模等因素选择合适的金融工具,其使用过的外汇衍生品包括无本金交割远期外汇契约(NDF)、远期外汇契约(DF)、交叉货币互换合约(CCS)。金融衍生品的使用缩小了万科的外汇风险敞口,降低了汇率风险对万科净利润的影响。

五、万科外汇套期保值的措施及效果

万科使用衍生金融工具的效果可以通过使用时所涉及会计科目间的勾稽关系来考察。除外币资产(负债)形成的汇兑损益外,外汇衍生品通过投资收益和现金流量套期储备影响综合收益,具体情况如表12-11所示。2014—2021年,万科有4年产生了大额汇兑损益,远超外汇衍生品投资收益,可见,其风险对冲的规模不足以覆盖大部分风险敞口。虽然汇兑损益占净利润的相对比重并不高(见表12-10),但由于绝对数额巨大,公司依然有必要就外汇风险敞口进行更充分的套期保值。万科持有的主要外汇衍生品适用现金流量套期。符合套期会计要求的套期工具的公允价值变动将被直接计入现金流量套期储备,并在合约到期或对冲的外币借款偿还时转入当期损益。如表12-11所示,除2014年和2015年未产生外汇衍生品投资收益外,其余6年中有4年产生了正的投资收益;万科现金流量套期储备8年中有4年为正值,虽不影响当期损益,但在一定程度上可以反映合约未来的潜在损益。从整体来看,外汇套期保值有4年增加了万科的当期收益,也有4年对综合收益带来了正向影响,说明万科运用金融衍生品产生了一定的对冲效果,可以减弱企业受汇率波动影响的程度。下文对万科运用各类金融衍生品的措施与效果进行详细分析。

表 12－11　**汇兑损益与外汇衍生工具对综合收益的影响**

单位：万元

年份	汇兑损益	外汇衍生品投资收益	对冲净收益	现金流量套期储备	对综合收益的影响额
2014	6 060.48	0.00	6 060.48	4 781.71	10 842.19
2015	3 802.55	0.00	3 802.55	－3 328.99	473.56
2016	－57 316.99	8 381.88	－48 935.11	22 038.24	－26 896.87
2017	－35 876.72	106.77	－35 769.95	－16 330.40	－52 100.35
2018	－132 052.46	－70.54	－132 123.00	－22 688.85	－154 811.85
2019	32 618.67	88.74	32 707.41	24 805.95	57 513.36
2020	－66 386.55	－207.94	－66 594.49	29 450.90	－37 143.59
2021	751.85	85.04	836.89	－25 054.41	－24 217.52

注：负号代表损失。

（一）无本金交割远期外汇契约

无本金交割远期外汇契约是远期外汇交易的一种模式，通过锁定远期汇率控制汇率风险。无本金交割远期外汇契约主要用于对那些实行外汇管制国家和地区的货币进行离岸交易。无本金交割远期外汇契约签署时不需交付资金凭证或保证金，合约到期时按照交易双方议定的汇率与到期时即期汇率的差额进行清算交收。无本金交割远期外汇契约的期限一般在 1 年以内。表 12－12 为万科无本金交割远期外汇契约签署情况。

表 12－12　**万科无本金交割远期外汇契约签署情况**

年份	被套期对象	期末合约金额（万元）	期末合约金额占年末净资产比例（%）	报告期损益（万元）	计入权益的累计公允价值变动（万元）
2007	1 584 万美元外币借款 1 980 万美元外币借款	—	—	0.00	—
2009	2007 年 NDF 到期交割	—	—	169.49	—
2014	3.25 亿美元外币借款	198 867.50	1.72	0.00	4 781.71
2015	3.25 亿美元外币借款	198 867.50	1.46	0.00	8 579.08
2016	2014 年 NDF 到期交割	0.00	—	8 381.88	0.00

注："期末合约金额"是指合约中被套期对象在资产负债表日的等值人民币。

2007 年万科海外附属公司针对 1 584 万美元和 1 980 万美元两笔外币借款签署了两年期无本金交割远期外汇契约，2009 年交割时共产生 169.49 万元投资收益。2014 年万科海外附属公司再次针对外币借款签署了两年期无本金交割远期外汇契约，在此期间符合套期会计要求的无本金交割远期外汇契约公允价值变动被确认为其他综合收益，并在2016年借款偿还时转入当期损益8 381.88万元。由此可见，万科通过签署无本金交割远期外汇契约，缩小了公司的外汇风险敞口，产生了正的投资收益，有效对冲了交易风险。

（二）远期外汇契约

远期外汇契约是指买卖双方先就交易的货币种类、数额、汇率及交割的期限签订合同，到了规定的交割日期再按合同规定办理货币收付的外汇交易。远期外汇契约在外币借款的期限和金额范围内，通过锁定远期汇率，减少了汇率变动风险。万科远期外汇契约的签署情况如表12－13所示。

表12－13　　万科远期外汇契约签署情况

年份	被套期对象	期末合约金额（万元）	期末合约金额占年末净资产比例（%）	报告期损益	DF账面价值（万元）
2016	11.5亿美元外币借款	802 251.50	4.96	—	43 632.34
2017	15.75亿美元和35.16亿港币外币借款及债券	1 319 145.75	7.07	—	−101 994.02
2018	8.8亿美元外币借款	601 177.50	2.55	—	−34 006.04
2019	8.8亿美元DF到期	0.00	—	—	—

表12－13中的“被套期对象”是指截至报告期末被对冲的外币借款及债券金额，“DF账面价值”是指截至报告期末远期外汇契约的公允价值。万科共使用了3年远期外汇契约，这期间远期外汇契约公允价值的下降产生了潜在损失，减少了其他综合收益，但暂时未对真实损益造成影响，主要原因是公司判断汇率波动方向与真实汇率走势发生了大幅偏离，未来是否会造成真实的损失，取决于之后的汇率走势。

（三）交叉货币互换合约

万科签署交叉货币互换合约对公司外币借款的利息及本金进行互换，以降低外币债务因汇率变动过大而可能造成的损失。以2017年签署的交叉货币互换合约为例，万科针对12.2亿美元的固定利息应付债券签署了相对应的交叉货币互换合约，按照固定利率从合约对手方收取美元融资的部分利息及本金，以向债权人支付美元融资的部分利息及本金，同时按照固定利率向合约对手方支付港币的部分利息及本金。在若干套期保值工具中，万科使用交叉货币互换合约的规模最大、时间最长。万科交叉货币互换合约的签署情况如表12－14所示。

表12－14　　万科交叉货币互换合约签署情况

年　份	被套期对象（亿美元）	期末合约金额（万元）	报告期损益（万元）	期末合约金额占年末净资产比例（%）
2017	12.20	794 744.60	106.77	4.26
2018	17.16	2 017 208.16	−70.54	8.56

续　表

年　份	被套期对象（亿美元）	期末合约金额（万元）	报告期损益（万元）	期末合约金额占年末净资产比例(%)
2019	20.91	1 608 964.42	88.74	5.95
2020	20.91	1 502 797.08	−207.94	4.30
2021	18.71	1 192 912.18	85.04	3.04

注：负号代表损失。

从表 12-14 可以看出，交叉货币互换合约签署的期间内有 3 年产生了正的损益，起到了平滑利润的效果。虽然 2020 年交叉货币互换合约导致了相对较大的浮动亏损，但是套期保值以规避和防范汇率风险为目的，而非获得净收益。因此，整体而言，交叉货币互换合约不仅利用香港联系汇率制度下美元与港币的息差降低了融资费用，而且起到了降低风险、平滑利润的作用。

【案例思考题】

发展房地产海外项目的前期资金投入巨大，短期内会进一步加重万科外币债务负担。万科面临的汇率风险有哪些？形成机制是怎样的？基于以上分析，谈谈万科该如何通过跨国经营，管理外汇交易风险和折算风险。

延伸阅读

复习思考题

1. 单项交易观和两项交易观有什么区别？
2. 什么是汇兑损益？汇兑损益有哪几种？

第十三章 外币报表折算

学习目标

掌握集团公司将境外子公司报回的以外币编制的年报折算成以母公司记账本位币编制的报表;掌握外币报表折算的主要方法——现行汇率法、流动性与非流动性项目法、货币性与非货币性项目法、时态法。

素养目标

“深化改革和扩大开放是推进高质量发展的根本动力。”结合相关案例,启发学生认识到构建规范科学的外币报表折算准则体系,对扩大高水平对外开放、推进高质量发展的重要意义。培养学生保持理性和科学的思维方法,不断提高分析和解决复杂经济问题的能力。这是我们在新的历史方位中推进相关领域制度创新的重要动力和智力支撑。

第一节 外币报表折算概述

一、外币报表折算的含义

一国的集团公司如有子公司在境外经营,子公司必定采用所在国的币种作为记账本位币,与母公司的记账本位币不相同。到年末,境外子公司要将年报发回,与母公司的个别财务报表合并,编制合并财务报表,这时必须把子公司的财务报表按母公司所使用的记账本位币进行折算,以便编制合并财务报表,这就是外币报表折算。

二、外币报表折算需解决的主要问题

外币报表折算主要涉及两个问题,即折算汇率的选择和折算汇兑损益的产生原因与处理。

(一) 外币报表折算汇率的选择

所谓“外币报表折算汇率的选择”,就是外币报表的各个不同项目应采用什么汇率进行折算。不管是采用哪一种外币报表折算方法,所采用的汇率都是以下三种:现时汇率、历史汇率和平均汇率(加权平均汇率)。

1. 现时汇率

现时汇率,即资产负债表日汇率,就是在年末编制资产负债表当日的汇率。

2. 历史汇率

历史汇率，即经济业务发生当时的汇率，如实收资本投入当日的汇率、固定资产购置当日的汇率等。

3. 平均汇率(加权平均汇率)

平均汇率(加权平均汇率)，即经济业务发生所在期间平均或加权平均的汇率。企业的主营业务收入、主营业务成本、费用等，应该是在某一会计期间不同时点随机发生，比较正确的做法是按每笔业务发生当日的汇率折算。但这样做显然太烦琐，缺乏可操作性，而使用平均汇率或加权平均汇率，就比较具有可操作性。但事实上，平均汇率或加权平均汇率应如何计算，也是一个非常复杂的问题，迄今在国际会计界没有一种合理的方法。

(二) 外币报表折算汇兑损益的产生原因与处理

从境外报回的外币报表，各种勾稽关系必然是平衡的，即利润分配表的“未分配利润”项目金额与资产负债表的“未分配利润”项目金额必定相等，资产负债表左边的资产合计与右边的负债和所有者权益(或股东权益)合计必定相等。但经过折算，由于资产负债表、利润表、利润分配表的不同项目可能采用不同的汇率折算，因此原外币报表平衡的勾稽关系必然被破坏。这一可能形成的资产和负债与所有者权益(或股东权益)合计的差额，或利润分配表中“未分配利润”的差额，就是外币报表折算汇兑损益。

外币报表折算汇兑损益的处理方法一般有：在当期利润表中作为非常项目列报，在资产负债表中作为折算调整额列报，在资产负债表中作为递延项目处理。

我国企业会计准则规定的外币报表折算汇兑损益的处理方法主要是，在资产负债表中，在所有者权益(或股东权益)项目下作为调整额列报。

第二节　外币报表折算方法

一、外币报表折算的主要方法

(一) 现行汇率法

现行汇率法是指对外币报表中的所有资产、负债项目都使用资产负债表日的汇率(现行汇率)折算。由于这一方法在折算时几乎使用统一的汇率，因此又被称为单一汇率法。在现行汇率法中，实收资本项目按形成时的汇率即历史汇率折算；利润表中的收入、成本、费用理论上应按某项业务被确认时的汇率折算，但由于这样操作过于烦琐，经常表现出缺乏可操作性，因此一般按平均汇率或加权平均汇率折算。

1. 现行汇率法的优点

(1) 折算方法简单易行，使用单一汇率对所有资产、负债项目进行折算，不需要进行任何区分，操作起来比较方便。

(2) 由于在资产、负债项目折算时使用同一个汇率，因此，折算后能保持报表中资产、负债各项目折算前的比例关系，不会改变原子公司财力报表中一些重要的财务比例关系。

2. 现行汇率法的缺点

(1) 现行汇率法对子公司所有资产、负债项目按现行汇率折算，实际是假定子公司按所在国货币表示的所有资产、负债都同样暴露在外汇风险中，这不是事实。例如，子公司的所在国客观上存在通货膨胀，则子公司的货币性项目，如银行存款等，暴露在外汇风险中，即随货币币值的下降，其购买力也下降；但非货币性项目，如固定资产，则没有暴露在外汇风险中，即随币值的下降，其交换价值上升。对货币性项目和非货币性项目按同样的汇率折算，显然缺乏合理性。

(2) 所有者权益项目中，实收资本项目按历史汇率折算，其他项目按现行汇率折算，使折算后子公司资产负债表的所有者权益项目整体表示的既不是历史成本，也不是现行市价，这样，子公司所有者权益整体的价值就失去了信息表达的意义。

(二) 流动性与非流动性项目法

流动性与非流动性项目法是将资产和负债项目区分成流动性项目和非流动性项目两大类。流动性项目，是指 1 年或长于 1 年的一个营业周期内能变现或被耗用的资产，以及 1 年内会到期的负债；非流动性项目，是指 1 年或长于 1 年的一个营业周期内不会变现或被耗用的资产，以及 1 年内不会到期的负债。在报表折算时，对流动性项目按报表编制日的现行汇率折算，对非流动性项目按资产、负债形成时的历史汇率折算。对所有者权益(或股东权益)项目，实收资本、资本公积项目按形成时的历史汇率折算，留存收益项目按平均汇率折算。利润表项目折算汇率的采用与现行汇率法基本相同。

1. 流动性与非流动性项目法的合理性

流动性项目在近期(如 1 年内)会变现或到期，所以用现行汇率折算比较合理；非流动性项目如固定资产，在近期不会变现，如长期负债，在近期不会到期，所以不受现行汇率的影响，所以使用形成时的历史汇率比较合理。

2. 流动性与非流动性项目法的缺陷

(1) 使用现行汇率(资产负债表日汇率)对所有流动性资产进行折算，显然将现金、应收账款和存货等流动资产等同看待了。在通货膨胀的情况下，现金和应收账款收回后的购买力会随货币币值的下降而下降，存货的交换价值却会随货币币值的下降而上升。

(2) 非流动性项目按历史汇率折算，可能掩盖了汇率变动对相应项目实际价值的影响。如长期负债项目，当子公司所在国处于持续的通货膨胀时，如一直用历史汇率折算，实际上是将所在国币值变动形成的影响递延至负债结清年度，这显然有悖于会计真实性原则的要求。

(3) 某些流动性项目计价基础和折算汇率的不一致影响了折算后项目金额的含义。例如存货项目，其计价基础一般为历史成本，而报表折算时，却使用现行汇率，使其折算后金额既非历史成本，又非现行价格，含义混乱。

(4) 流动性与非流动性项目采用不同的汇率折算，使资产负债表的资产部分和负债部分折算后项目结构比例关系被破坏。

(三) 货币性与非货币性项目法

货币性与非货币性项目法将资产负债表中的资产和负债项目分为货币性项目和非货币性项目两类，货币性项目按现行汇率折算，非货币性项目按历史汇率折算，所有者权益(或股东权益)项目及利润表项目采用的折算汇率和流动性与非流动性项目法基本相同。

货币性与非货币性项目法在一定程度上是对流动性与非流动性项目法的改进，其改进在于：货币性项目暴露在外汇风险中，货币性项目的主要特征是其价值按子公司所在国货币的固定金额表示，当该货币币值发生变动(汇率变动)时，这些项目的本国货币等值就会发生变动，所以，外币报表的货币性项目按报表编制日现行汇率折算是合理的。由于长期负债也是货币性项目，同样用现行汇率折算，因此避免了在流动性与非流动性项目法中，长期负债采用历史汇率折算所导致的问题。而非货币性项目在汇率变动时，其价值随当地通货膨胀的变动贬值或升值，所以，采用历史汇率折算比较合理。

但是，货币性与非货币性项目法对报表项目的分类仍然比较武断，没有充分依据说明这一分类与所使用的不同汇率存在必然联系，在报表折算汇率使用的合理性上也没有充分的依据。

(四) 时态法

时态法要求按照外币财务报表中资产和负债项目的计价时间，分别采用现行汇率和历史汇率进行折算。对现金、应收账款、长期负债等货币性项目，按现行汇率(资产负债表日汇率)折算；对其他非货币性资产、负债项目，则视其计价基础的不同，分别采用历史汇率或现行汇率折算。也就是说，以历史成本记录的资产和负债项目，按历史汇率折算；以现时价格记录的资产和负债项目，按现行汇率折算。所有者权益项目和利润表项目折算汇率的使用与上面三种方法基本相同。

知识链接

(五) 四种折算方法的比较

上述四种折算方法在汇率选择上的区别主要表现在资产负债表项目上，在利润表项目上，折算汇率的选择基本相同。在上述四种折算方法中，我国企业会计准则规定基本采用现行汇率法，美国基本采用时态法。从世界各国情况看，现行汇率法和时态法最常被采用，如表13－1所示。

表13－1　　四种折算方法下采用的汇率

项　目	现行汇率法	流动性与非流动性项目法	货币性与非货币性项目法	时态法
现金	现行汇率	现行汇率	现行汇率	现行汇率
应收账款	现行汇率	现行汇率	现行汇率	现行汇率
存货				
按成本计价	现行汇率	现行汇率	历史汇率	历史汇率
按市价计价	现行汇率	现行汇率	历史汇率	现行汇率
投资				
按成本计价	现行汇率	历史汇率	历史汇率	历史汇率
按市价计价	现行汇率	历史汇率	历史汇率	现行汇率
固定资产	现行汇率	历史汇率	历史汇率	历史汇率
无形资产	现行汇率	历史汇率	历史汇率	历史汇率
应付账款	现行汇率	现行汇率	现行汇率	现行汇率
长期负债	现行汇率	历史汇率	现行汇率	现行汇率
实收资本	历史汇率	历史汇率	历史汇率	历史汇率
留存收益	平均汇率	平均汇率	平均汇率	平均汇率

二、我国企业会计准则对外币报表折算的规定

我国企业会计准则对境外经营子公司的外币财务报表折算做了以下规定：

第一,资产负债表中的资产和负债项目,采用资产负债表日的即期汇率折算,所有者权益(或股东权益)项目中除“未分配利润”项目外,其他项目采用发生时的即期汇率折算。

第二,利润表中的收入和费用项目,采用交易发生日的即期汇率折算,也可以采用按照系统合理的方法确定的、与交易发生日即期汇率近似的汇率折算。

第三,按照上述第一、第二种情况折算产生的外币财务报表折算差额,在资产负债表中所有者权益(或股东权益)项目下单独列示。

第四,比较财务报表的折算,比照上述规定处理。

第五,境外经营处于恶性通货膨胀经济的判断和境外经营子公司财务报表的折算。

境外经营处于恶性通货膨胀经济的判断：最近3年累计通货膨胀率接近或超过100%;利率、工资和物价与物价指数挂钩;公众不是以当地货币,而是以相对稳定的外币为单位作为衡量货币金额的基础;公众倾向于以非货币性资产或相对稳定的外币来保存自己的财富,持有的当地货币立即用于投资以保持购买力;即使信用期限很短,赊销、赊购交易仍按补偿信用期预计购买力损失的价格成交。

企业对处于恶性通货膨胀经济中的境外经营子公司的财务报表,应当按照下列规定进行折算：对资产负债表项目运用一般物价指数予以重述,对利润表项目运用一般物价指数变动予以重述,再按照最近资产负债表日的即期汇率进行折算;在境外经营不再处于恶性通货膨胀经济中时,应当停止重述,按照停止日的价格水平重述的财务报表进行折算。

第六,企业在处置境外经营时,应当将资产负债表中所有者权益(或股东权益)项目下列示的、与该境外经营相关的外币财务报表折算差额,自所有者权益(或股东权益)项目转入处置当期损益;部分处置境外经营的,应当按处置的比例计算处置部分的外币财务报表折算差额,转入处置当期损益。

第七,如企业选定的记账本位币不是人民币,则应当按照外币报表折算的规定,在期末将其财务报表折算为人民币财务报表。

第三节 外币报表折算示例

一、采用现行汇率法进行外币报表折算的会计处理示例

采用现行汇率法进行外币报表折算,其折算损益列示于资产负债表的所有者权益(或股东权益)项目下,折算时,应先折算利润表和利润分配表,折算得出的“未分配利润”抄入资产负债表的所有者权益(或股东权益)项目,然后分别折算资产、负债、所有者权益(或股东权益)项目,并将折算后资产合计与负债和所有者权益合计的差额,作为外币报表折算差额,列示于资产负债表的所有者权益(或股东权益)项目下。

【例13-1】 某上市公司的一家子公司的会计报表编报货币为美元。期初汇率为1美元=6.2元人民币,期末汇率为1美元=6.6元人民币。母公司对子公司投资的历史汇率为1美元=6.0元人民币。该公司采用现行汇率法对子公司的外币会计报表进行折算。资产负债表(含比较资产负债表)中的资产、负债项目采用相应资产负债表日的即期汇率折算;所有者权

益(或股东权益)项目除"未分配利润"项目外,采用相应项目入账时的即期汇率折算。利润表(含比较利润表)中的损益项目,采用交易发生日的即期汇率折算。有关外币会计报表以及折算后会计报表如表13-2和表13-3所示。

表13-2　　**资产负债表(折算前后)**

资　产	折算前(万美元)	折算汇率	折算后(万元人民币)	负债与所有者权益	折算前(万美元)	折算汇率	折算后(万元人民币)
现金及应收账款	520	6.6	3 432	流动负债	420	6.6	2 772
存货	190	6.6	1 254	长期负债	210	6.6	1 386
长期股权投资	110	6.6	726	实收资本	160	6.0	960
固定资产	160	6.6	1 056	留存收益	240		2 376
无形资产及其他资产	50	6.6	330	外币财务报表折算差额			—696
合　计	1 030		6 798	合　计	1 030		6 798

表13-3　　**利润表与利润分配表(折算前后)**

项　　目	折算前(万美元)	折算汇率	折算后(万元人民币)
营业收入	2 430	6.6	16 038
减:营业成本	1 810	6.6	11 946
减:管理费用	120	6.6	792
加:营业外收入	30	6.6	198
利润总额	530		3 498
减:所得税费用	80	6.6	528
净利润	450		2 970
减:利润分配	90	6.6	594
未分配利润	360		2 376

二、采用时态法进行境外子公司外币报表折算的会计处理示例

采用时态法进行外币报表折算,其报表折算差额列示于利润表,在折算时,必须先折算资产负债表,折算得出的"未分配利润"项目抄入利润分配表,然后折算利润表和利润分配表,将折算差额最后列示于利润表。

【例13-2】　拉美公司是一家总公司在中国的美国子公司,其20×2年的资产负债表、利润表与利润分配表如表13-4和表13-5所示。

表 13-4　　拉美公司资产负债表

单位：万元

资　产	金　额	负债与所有者权益（或股东权益）	金　额
现金	40	应付账款	120
应收账款	80	短期借款	150
存货	180	长期借款	330
长期股权投资	100	实收资本	250
固定资产	500	留存收益	50
合　计	900	合　计	900

表 13-5　　拉美公司利润表与利润分配表

单位：万元

项　目	金　额
产品销售收入	600
减：产品销售成本	400
产品销售费用	60
折旧费用	40
税前利润	100
减：所得税	30
净利润	70
加：期初未分配利润	70
可供分配利润	140
减：股利分配	20
期末未分配利润	120

注：上期折算后，未分配利润的人民币数额为 560 万元。

有关汇率如下：20×2 年 12 月 31 日的汇率为 1 美元＝6.9 元人民币；20×2 年的平均汇率为 1 美元＝6.1 元人民币，子公司收到投入资本时的汇率为 1 美元＝6.3 元人民币；子公司对外投资时的汇率为 1 美元＝6.2 元人民币，存货购入时的汇率为 1 美元＝6.0 元人民币，固定资产购入时的汇率为 1 美元＝6.2 元人民币，长期负债发生时的汇率为 1 美元＝6.3 元人民币，股利支付日的汇率为 1 美元＝6.2 元人民币。

先折算资产负债表，如表 13-6 所示。

表 13－6　　折算后的拉美公司资产负债表

资　产	万美元	折算汇率	万元人民币	负债与所有者权益	万美元	折算汇率	万元人民币
现金	40	6.90	276	应付账款	120	6.90	828
应收账款	80	6.90	552	短期借款	150	6.90	1 035
存货	180	6.00	1 080	长期借款	330	6.30	2 079
长期股权投资	100	6.20	620	实收资本	180	6.30	1 134
固定资产	500	6.20	3 100	未分配利润	120	—	552
合　计	900		5 628	合　计	900		5 628

按时态法，在折算资产负债表时，先按相应汇率折算左边资产部分，得出折算后合计 5 628 万元人民币，然后抄入右边负债与所有者权益合计。负债与所有者权益的其他项目按相应汇率折算，然后倒算未分配利润，计算如下：

5 628－828－1 035－2 079－1 134＝552(万元)

将未分配利润 552 万元抄入利润表与利润分配表，再倒挤报表折算损益。

折算后的利润表与利润分配表如表 13－7 所示。

表 13－7　　折算后的拉美公司利润表与利润分配表

项　　目	万美元	折算汇率	万元人民币
产品销售收入	600	6.10	3 660
减：产品销售成本	400	6.10	2 440
产品销售费用	60	6.10	366
折旧费用	40	6.20	248
折算损益			307
税前利润	100		299
减：所得税	30	6.10	183
净利润	70		116
加：期初未分配利润	70		560
可供分配利润	140		676
减：股利分配	20	6.20	124
期末未分配利润	120		552

利润表与利润分配表折算时，产品销售收入、产品销售成本、产品销售费用、折旧费用、所得税、股利分配等项目按相应汇率进行折算，期初未分配利润(560 万元人民币)从上一年利润分配表抄入，期末未分配利润(552 万元人民币)从折算后的资产负债表抄入。由此可倒挤出净利润。计算过程如下：

可供分配利润＝552＋124＝676(万元)

净利润＝676－560＝116(万元)

税前利润＝116＋183＝299(万元)

折算损益＝3 660－2 440－366－248－299＝307(万元)

三、外币报表折算的披露

在进行境外子公司外币报表折算后，企业应当在其报表附注中披露与外币报表折算有关的下列信息：

(1) 企业及其境外经营选定的记账本位币和选定的原因；记账本位币发生变更的，说明变更理由。

(2) 采用近似汇率的，说明近似汇率的确定方法。

(3) 计入当期损益的汇兑差额。

(4) 处置境外经营对外币报表折算差额的影响。

案例分析及延伸阅读

为加深对本章内容的理解，本章案例侧重对外币折算会计准则相关问题的深入探讨，延伸阅读则针对外币报表折算难题如何化解等问题展开。

案例分析

外币折算会计准则相关问题探讨①

【适用本章知识点与范围】

外币折算会计问题。

【案例内容】

一、记账本位币(功能货币)与列报货币的区别及联系

在开放的经济环境中，会计主体在会计计量中很可能涉及多种货币，为了以货币综合地计量会计主体的财务状况、经营成果和现金流量，必须选择一种货币作为主要的计量货币，涉及的其他货币的计量必须按照汇率折算为这种主要的计量货币。对这种主要的计量货币，我国称之为记账本位币，国际会计准则称之为功能货币。记账本位币和功能货币尽管称谓不同，但其定义是相同的，即会计主体经营所处的主要经济环境中的货币。相对于记账本位币(或功能货币)，其他货币被称为外币。这是会计准则中的外币概念，与我们在日常经济活动中所指的外币概念有所不同：前者是相对于记账本位币(功能货币)而言，属于会计外币；后者是相对于

① 节选自：曹伟.外币折算会计准则相关问题探讨[J].财会通讯，2015(13)：5-9.

国内(或境内)法定货币而言,属于法定外币。比如,我国境内的法定货币是人民币,人民币以外的所有货币(境外货币),包括港币、台币、美元、英镑等,都属于外币(法定外币);在会计上,如果在我国境内的某会计主体的主要经济环境货币是美元,美元就属于该会计主体的记账本位币(功能货币),此时美元以外的所有货币(包括人民币)都属于外币(会计外币)。这样,同一种货币(如美元),由于判断标准不同,在会计上不属于外币,在法定意义上则属于外币;反之则反是。

国际会计准则除了规定功能货币外,还规定了列报货币,并将其定义为列报财务报表的货币。功能货币(相当于我国的记账本位币)是会计计量用货币,列报货币是对外正式报告财务报表所用的货币。国际会计准则规定,主体财务报表可以按任意一种(或几种)货币列报。这样,某一会计主体所用功能货币与其列报货币可能相同,也可能不同。例如,某一会计主体根据其所处经济环境状况,选择采用美元作为功能货币,但是对外报告采用人民币作为列报货币,此时该主体的功能货币与列报货币不相同。当主体的功能货币与其列报货币不同时,以功能货币反映的财务状况和经营成果需要折算为列报货币;当一个集团由使用不同功能货币的多个个别主体构成时,所有主体的经营成果和财务状况需要折算为同一种列报货币,以便列报合并财务报表。

我国没有在会计准则以及其他会计法规中明确使用列报货币这一概念。但是《中华人民共和国会计法》第十二条规定,业务收支以人民币以外的货币为主的单位,可以选定一种货币作为记账本位币,但是编报的财务报告应当折算为人民币。这一规定表明,在我国,按照有关法规向有关方面报送的财务报表要求以人民币列报,也就是说,人民币是我国允许采用的唯一的列报货币。在我国境内经营的企业大多数情况下使用人民币作为记账本位币,此时记账本位币与列报货币一致;有些情况下,企业可能选择采用人民币以外的货币作为记账本位币,此时记账本位币与列报货币(人民币)不一致。

二、外币折算会计的主要内容及外币折算会计准则适用范围的表述

外币折算会计问题是因会计主体在经济活动中同时涉及多种货币,以及外汇汇率变动而引起的。其主要内容可以概括为如下几个方面:

(一) 外币交易引起的折算

我国会计准则和国际会计准则均将外币交易定义为以外币计价或结算的交易。如果会计主体发生了外币交易,就需要对以外币计价的账户金额折算为记账本位币;如果不进行折算,就不能获得按照统一的货币计量的财务状况和经营成果的信息。

(二) 资产负债表日外币账户余额的折算

目前的外币折算会计准则一般采用这样的惯例:在资产负债表日,会计主体即使没有发生新的外币交易,也需要对资产负债表中的货币性项目按照资产负债表日的汇率进行折算;如果在资产负债表日对某些非货币性项目(如交易性金融资产、投资性房地产、多数资产的期末价值)按照公允价值进行重新计量,那么对这些项目也需要按照公允价值确定日的汇率(资产负债表日的汇率)对外币公允价值金额进行折算。国际会计准则和我国会计准则也都是这样规定的。由于这些以外币计价的账户余额在期末进行的折算并不属于交易(因为按照FASB对交易的定义,交易是会计主体与外界所发生的价值物的转移,包括交换和非互惠转让两种情况,外币账户余额在期末的折算不符合交易的定义),因此将其列为外币交易是不合适的。外汇汇率变化对会计主体造成的影响符合美国财务会计准则委员会(FASB)对事项的定义(事项是会计主体所遭遇的结果),在期末对某些外币账户的余额进行折算并进行相应的会计处理

是符合国际会计准则、美国会计准则以及我国会计准则对会计要素的定义的;但是由于它不属于外币交易,因此,有必要将其单独列为一项。国际会计准则就是这样处理的,笔者认为,我国会计准则将其包括在外币交易中是不太合适的。

(三)记账本位币(功能货币)报表折算为列报货币报表

当会计主体的列报货币与记账本位币(功能货币)不同时,在会计期末需要将以记账本位币(功能货币)反映的会计报表(财务状况和经营成果)折算成列报货币反映的会计报表。比如在我国境内经营的某企业,选择以美元作为记账本位币核算其财务状况和经营成果,但是会计期末按照《中华人民共和国会计法》及有关法规的要求,在对外报送其财务报表时,必须以人民币编制财务报表,此时,就需要将美元反映的财务报表折算为以人民币编制的财务报表。再如,我国境内某企业以人民币为记账本位币,平时用人民币编制会计报表以反映该企业的财务状况和经营成果;但是,在该企业到美国开展融资活动时,很可能被要求提供以美元(列报货币)编制的财务报表,此时该企业需要将人民币财务报表折算为美元财务报表。但需要指出的是,按照会计准则中的外币概念,上述以记账本位币(美元或人民币)编制的会计报表并非外币会计报表,将该报表折算为列报货币(比如人民币或美元)反映的财务报表说成是外币报表折算不太合适,这也可能是《国际会计准则第 21 号——汇率变动的影响》不使用“外币财务报表折算”这一术语的原因。

(四)国外经营(我国使用境外经营概念)的折算

国外经营(境外经营)是指经营场所设置在母公司(广义)所在国境外的子公司、合营企业、联营企业或分支机构;设置在国内(境内)的子公司、合营企业、联营企业或分支机构,当其功能货币(记账本位币)不同于母公司(广义)时,视同国外经营(境外经营)。按照国际会计准则的要求,母公司(广义)需要对其子公司编制合并财务报表,通过权益法反映其合营企业、联营企业在该企业中的权益(实际是一种广义的合并财务报表)、对其分支机构编制联合财务报表。当国外经营(国内经营)的功能货币(记账本位币)不同于母公司(广义)的列报货币时,为了编制合并财务报表(广义),就需要将国外经营的财务报表折算为以母公司(广义)列报货币编制的财务报表。需要指出的是,对国外经营(境外经营)而言,将这种折算称为功能货币(记账本位币)报表折算为列报货币报表,比称为外币报表折算更合适。

长期以来,国际会计通常将外币折算视为会计的三大难题之一,并在有关教科书中将外币折算会计分为外币交易会计和外币报表折算两部分。我国外币折算会计准则也是这样分类的,并将外币折算会计准则的内容分为“外币交易的会计处理”“外币财务报表的折算”两章进行规范。通过上述分析可知,这种分类不太恰当。笔者认为,我国会计准则及有关教科书在表述外币折算包括的内容(或适用范围)时,可以做适当的调整。比如,可以将外币折算准则的适用范围规定为外币交易的折算、外币账户余额的折算、财务报表折算、境内经营的折算。

三、有关汇率概念的关系及使用方法

我国《〈企业会计准则第 19 号——外币折算〉应用指南》有这样的表述:企业在处理外币交易和对外币财务报表进行折算时,应当采用交易发生日的即期汇率将外币金额折算为记账本位币金额反映;也可以采用按照系统合理的方法确定的、与交易发生日即期汇率近似的汇率折算。这一表述显然不够准确,因为按照我国外币折算准则(或国际会计准则)的规定,对货币性外币账户余额的折算不是按照交易发生日的即期汇率折算,而是按照期末即期汇率折算;对财务报表的折算,资产负债表的资产和负债项目也都是按照期末汇率进行折算。

我国《企业会计准则讲解 2010》在第二十章“外币折算”中有这样的表述:外币折算准则规

定了两种折算汇率——即期汇率和即期汇率的近似汇率。这一表述也是不够准确的，而且容易引起误解。即期汇率和即期汇率的近似汇率并非两类不同的汇率，它们实质是一种类型的汇率。即期汇率的近似汇率只是为了简化核算而对即期汇率的一种简化使用方法，而且在汇率变动较大时，不允许采用即期汇率的近似汇率。

即期汇率是现汇交易中采用的立即交付的汇率，又称现汇汇率，它是与期汇交易所采用的远期汇率(期汇汇率)相对的。我国外币折算会计准则和国际外币折算会计准则均规定不适用于外币项目的套期会计，即假设外币折算准则所规范的外币交易是在现汇交易中进行的，因此该准则不涉及远期汇率。特定即期汇率是一定时日的汇率，我国外币折算会计准则和国际外币折算会计准则中的即期汇率就涉及外币交易发生日的即期汇率、外币项目期末公允价值确定日的即期汇率、资产负债表日的即期汇率(期末汇率)三种情况。

国际会计学在讨论财务报表的折算时，还经常应用现行汇率和历史汇率这一对概念。在财务报表折算方法中有一种比较流行的方法就是现行汇率法。现行汇率和历史汇率一般是指即期汇率(现汇汇率)。现行汇率是指资产负债表日的即期汇率(期末汇率)；历史汇率是相对于现行汇率而言的，具体是指外币项目交易发生日的汇率，以及外币项目公允价值确定日的汇率。四大流行的财务报表折算方法(现行汇率法、流动性与非流动性项目法、货币性与非货币性项目法、时态法)都不同程度地应用现行汇率和历史汇率进行折算。

四、关于外币交易及外币余额会计处理方法的解释

我国会计准则和国际会计准则对外币交易及外币余额的会计处理是相同的：(1) 外币交易发生时按照交易发生日的即期汇率将有关外币项目折算为记账本位币(功能货币)；(2) 对期末按照公允价值重新计量的外币非货币性项目(包括以可变现价值或可变现净值计价的非货币性项目)，按照公允价值确定日的汇率进行折算，因汇率变动而引起的折算差额计入当期损益(公允价值变动损益或资产减值损失)或资本公积；(3) 对外币货币性项目，在资产负债表日按照期末汇率折算，汇率折算差额计入当期损益(在我国是通过"汇兑损益"或"财务费用"项目)。

那么，如何对此进行解释呢？对会计准则最基本的解释依据是准则制定者公布的概念框架。美国FASB的概念框架于20世纪80—90年代基本定型，是最早也是影响力最大的概念框架；国际会计准则的概念框架以及其他国家的概念框架基本是在美国概念框架的基础上制定的，而且与其大同小异。我国基本会计准则(起到概念框架的作用)与国际会计准则的概念框架非常近似，在会计要素的确认标准方面沿用了国际会计准则概念框架关于确认标准的表述。

对在外币交易发生时按照交易发生日的汇率对外币项目进行折算，与各概念框架所主张的在初始确认时按照历史成本(交易价格)进行计量在逻辑上是一致的，因为交易发生日的汇率也是交易发生日的一种价格(不同货币之间的价格)。

对外币货币性项目按照期末汇率进行折算并将折算差额计入当期损益进行解释就不那么容易了。对外币货币性项目反映汇率变动的影响不能作为交易来看待，因为它不符合交易的定义，按照FASB概念框架关于交易的定义，交易是一种特定的外部事项，是在两个(或几个)主体之间转交价值物的外部事项；交易可能是一次交换，也可能是一次非互惠的转交。因此，在这种情况下所进行的折算，所用期末汇率并非会计主体所发生的交易价格。这种情况属于FASB概念框架所定义的事项(事项是某一主体所遭遇的结果)，而且属于外部事项。对这种外部事项是否应在财务报表内确认，应视其是否符合概念框架中的确认标准。FASB概念框架中有收入、利得、费用、损失确认为盈余(相对于我国会计准则的利润)的标准,其中,收入、利得确认为盈余的标准既包括已实现,又包括可实现或已获得。也就是说,FASB概念框架已突破了利润确认的实现原则,对可实现,其定义是不难转换为已知金额的现金。联系各国汇率的实际情况,人民币近年来处于贬值状态,而且贬值是平稳的、幅度不大,因此,对人民币而言,这种汇率变动的折算差额不难转换为已知金额的现金,是成立的。但对汇率变动没有明确规律,正向、逆向变动都存在的情况很难说符合可实现的定义。国际会计准则理事会(IASB)概念框架中的收益和费用要素是广义的,这两个要素相配比后得到的是综合收益,该概念框架中没有收益和费用确认为利润(盈余)的标准。因此,对因期末汇率变动而造成的外币货币性项目的折算差额计入当期损益(利润),在IASB概念框架中是找不到直接依据的;但是IASB概念框架有适用于各会计要素的一般确认标准。第一个标准是"与项目有关的未来经济利益很可能流入或流出主体"(对"很可能"并没有定义)。按照这一标准,期末汇率造成外币货币性项目的折算差额可以被确认,但确认后进入的是综合收益,而不知道是否该进入利润。我国《企业会计准则——基本准则》尽管设置了利润要素,但是在会计要素的确认标准方面,只是给出适用各会计要素的一般标准,而且与IASB概念框架的一般确认标准完全一样,因此按照我国的概念框架,对此也难以解释。

对期末按照公允价值重新计量的外币非货币性项目(包括以可变现价值或可变现净值计价的非货币性项目),按照公允价值确定日的汇率进行折算,因汇率变动而引起的折算差额计入当期损益(公允价值变动损益或资产减值损失)或资本公积,这能否用相关的概念框架进行解释呢?

国际会计准则、美国会计准则和我国会计准则都要求(或允许)对有关资产项目(如交易性金融资产、可供出售金融资产、投资性房地产、生物资产)在资产负债表日按照公允价值进行重新计量,公允价值变动金额计入当期损益或资本公积(对可供出售金融资产而言)。如果这些项目属于外币项目,那么对其按照公允价值确定日的汇率进行折算,与在交易发生日对外币项目按照交易发生日的汇率进行折算在逻辑上是一致的。在期末按照公允价值进行重新计量的资产项目是外币项目的情况下,当期计入公允价值变动损益(或资本公积)的金额实际包括两部分:一部分是公允价值的变动,另一部分则是汇率的变动。期末资产公允价值的变动,对其会计主体而言属于外部事项而不是交易,对此进行确认并计入当期损益,这能够按照相关的概念框架进行解释吗?这一问题与外币货币性项目期末汇率折算差额的确认问题在性质上是相同的。期末有关资产项目的公允价值变动,按照IASB概念框架或我国概念框架的一般确认标准可以对此进行确认,但是对该变动计入当期损益,在这两个概念框架中均找不到明确的依据。即使按照FASB的概念框架,这些期末公允价值变动也很难说符合其盈余确认标准中的"可实现"定义。

目前,国际会计准则、我国会计准则以及多数国家所采用的外币交易和外币项目余额折算方法,属于国际会计中的两项业务观(将某外币交易的发生与日后的货款结算分别作为两项不同的交易或业务来看待),与此相对应的是一项业务观(将外币交易的发生和日后货款的结算视为一项交易或业务)。一项业务观已经被淘汰了,在此不做评论。按照两项业务观,外币交易发生时,按照交易日的即期汇率将有关外币项目折算为记账本位币;资产负债表日,按照期末汇率重新折算外币货币性项目。由此形成的折算差额又有两种会计处理方式:一种是直接计入当期损益,另一种是作为递延损益处理。我国、IASB、美国采用的都是前一种方法,即外币货币性项目的期末折算差额直接计入当期损益。后一种方法仍有不少国家在采用,但按照

IASB、FASB或我国的概念框架对此都难以解释，其最大的理论障碍在于：与外币货币性项目相对应的“递延损益”项目需要列入资产负债表，但该项目并不符合这些概念框架中资产或负债的定义，也就是说，这种会计处理方法不符合这几个概念框架中用于定义会计要素的资产负债观。其实，按照IASB、FASB或我国的概念框架，外币货币性项目的期末汇率折算差额（未实现损益）应计入“其他综合收益”项目，待实现时再转入利润。但是，如果汇率同向变动，则直接计入当期损益也是符合这几个概念框架的；如果汇率不是同向变动，且外币货币性项目一般是短期的债权或债务，那么是计入当期损益还是计入其他综合收益对会计主体的经营成果和财务状况的影响不大。

【案例思考题】

基于以上分析，谈谈现行准则中财务报表折算方法的逻辑缺陷与改进措施。

延伸阅读

复习思考题

1. 外币报表折算的主要方法有哪些？各有什么优缺点？
2. 外币报表折算损益有哪几种处理方法？

参考文献

1. 中华人民共和国财政部.企业会计准则[M].上海：立信会计出版社，2020.
2. 中华人民共和国财政部.企业会计准则应用指南[M].上海：立信会计出版社，2020.
3. 中华人民共和国财政部.企业会计准则案例讲解[M].上海：立信会计出版社，2020.
4. 企业会计准则编审委员会.企业会计准则详解与实务[M].北京：人民邮电出版社，2020.
5. 中国注册会计师协会.会计[M].北京：中国财政经济出版社，2020.
6. 刘永泽、傅荣.高级财务会计[M].大连：东北财经大学出版社，2020.
7. 傅荣.高级财务会计[M].北京：中国人民大学出版社，2019.
8. 陈信元，等.高级财务会计[M].上海：上海财经大学出版社，2018.

普通高等教育会计专业精品课程系列教材

高级财务会计练习册

（第二版）

张　倩　主　编
邓　芬　胡诗偲　凌　雁　副主编

上海财经大学出版社
SHANGHAI UNIVERSITY OF FINANCE & ECONOMICS PRESS
上海学术·经济学出版中心

目 录
CONTENTS

第一篇　企业合并与合并财务报表

第一篇

企业合并与合并财务报表

第一章 企业合并会计概述

一、重点与难点

1. 企业合并的方式与类型，企业合并的会计处理方法。
2. 购买法、权益结合法。

二、练习题

(一) 判断题

1. 控股合并后，合并企业与被合并企业仍然是两个独立的法律主体和会计主体。（　　）
2. 新设合并后，参与合并的各方的法律地位均丧失。（　　）
3. 同一控制下的企业合并是指参与合并的企业在合并前后均受同一方或相同的多方最终控制，该控制并无具体时间要求。（　　）
4. 权益结合法下不存在商誉和负商誉的问题。（　　）
5. 为进行企业合并支付的审计费用、进行资产评估的费用以及有关的法律咨询费用等，应当冲减盈余公积和未分配利润。（　　）
6. 在购买法下，需要确定和分配合并成本。（　　）
7. 商誉是企业不可单独辨认的资产，它不能单独在市场上销售或交换，而只能与企业整体一起确认或转让。（　　）
8. 权益结合法的特点是将合并视为股权联合的行为，而不是资产交易。（　　）
9. 权益结合法虽然方法简单、便于操作，但不能准确反映企业合并的经济实质。（　　）
10. 非同一控制下的企业合并需要披露购买日的确定依据。（　　）

(二) 单项选择题

1. 下列合并形式中，需要编制合并财务报表的是（　　）。

A. 吸收合并　　B. 控股合并　　C. 新设合并　　D. 以上三种形式

2. 下列事项中，不属于企业合并准则中所界定的企业合并的是（　　）。

A. A公司通过发行普通股自B公司原股东处取得B公司的全部股权，交易事项发生后，B公司仍维持其独立法人资格持续经营

B. A公司购买B公司10%的股权

C. A公司支付对价取得B公司的净资产，交易事项发生后，B公司失去法人资格

D. A公司以其资产作为出资投入B公司，取得对B公司的控制权，交易事项发生后B公司仍维持其独立法人资格继续经营

3. 下列各项中,不是权益结合法优点的是( )。

A. 有利于促进企业合并的进行

B. 符合持续经营假设

C. 方法简单、便于操作

D. 不能准确反映企业合并的经济实质

4. 企业合并后仍维持其独立法人资格继续经营的是( )。

A. 控股合并 B. 吸收合并 C. 新设合并 D. 换股合并

5. 下列关于同一控制下企业合并的处理中,不正确的是( )。

A. 要对合并财务报表产生的商誉进行处理

B. 进行合并日会计处理时,不存在投资资产账面价值与公允价值的差额

C. 编制合并财务报表时,取得被合并方净资产按照账面价值确认应有份额的金额

D. 编制合并财务报表时,不存在合并商誉

(三) 多项选择题

1. 企业合并的方式有( )。

A. 吸收合并 B. 新设合并 C. 购买合并 D. 控股合并

E. 分散合并

2. 下列关于吸收合并的表述中,正确的有( )。

A. 吸收合并是指两家或两家以上的企业合并成为一家或两家企业

B. 吸收合并是指两家或两家以上的企业合并成为一家单一的企业

C. 合并后一家企业保留法人资格,其他企业的法人资格消失

D. 合并后一家企业保留法人资格,其他企业的法人资格仍存在

E. 吸收合并通常由继续存在的企业以现金购买或用股票交换被合并企业的净资产

3. 下列关于控股合并的表述中,正确的有( )。

A. 控股合并是企业通过收购其他企业的股份来达到对其他企业进行控制的目的

B. 控股合并是企业通过相互交换股票来达到对其他企业进行控制的目的

C. 控股合并后,购买企业被称为"子公司",被购买股份的企业成为"母公司"

D. 控股合并后,购买企业被称为"母公司",被购买股份的企业成为"子公司"

E. 控股合并后,控股和被控股企业组成一个集团

4. 下列各项中,属于购买法特点的有( )。

A. 将企业合并视为一种净资产和控制权的买卖交易

B. 需要确定和分配合并成本

C. 可能产生商誉或负商誉

D. 没有新的计价基础

E. 需要尽可能保留被合并企业的留存收益

5. 按照企业合并准则,下列有关同一控制下企业合并的理解中,正确的有( )。

A. 合并各方合并前后均受同一方最终控制

B. 合并各方合并前后均受相同的多方最终控制

C. 合并各方在合并前后较长时间内受最终控制方控制,一般为1年以上(含1年)

D. 合并成本大于被合并方所有者权益份额的差额确认为商誉

E. 进行企业合并发生的直接相关费用计入合并成本

第二章 同一控制下的企业合并

一、重点与难点

1. 同一控制下的吸收合并、新设合并和控股合并的业务处理。
2. 同一控制下的控股合并的核算。

二、练习题

（一）判断题

1. 只要是参与合并的企业在合并前后受同一方或相同的多方最终控制，就是同一控制下的企业合并。（　）
2. 同一控制下的企业合并中不产生新的资产和负债。（　）
3. 为进行企业合并支付的审计费用，应列入当期的营业外支出。（　）
4. 合并方对同一控制下吸收合并中取得的资产和负债，应当按照被合并方的资产和负债的公允价值入账。（　）
5. 控股合并方式的企业合并业务，应通过“长期股权投资”账户核算。（　）
6. 我国国有企业之间发生的吸收合并，会计处理应以公允价值为计价基础。（　）
7. 长期股权投资成本的计量，与同一控制下的企业合并中合并方支付的合并对价无关。（　）
8. 在同一控制下的企业合并中，当被合并方在合并前采用的会计政策与合并方不一致时，应首先统一会计政策。（　）
9. 对同一控制下的合并方发行股票的企业合并，合并方和被合并方合并后的总资产和总负债等于合并方和被合并方的资产之和与负债之和。（　）
10. 为企业合并而发行债券或承担其他债务支付的手续费、佣金等，应当计入所发行债券及其他债务的初始计量金额。（　）

（二）单项选择题

1. 依据企业会计准则的规定，下列有关企业合并的表述中，不正确的是（　）。

A. 企业合并是将两家或两家以上单独的企业合并形成一个报告主体的交易或事项

B. 受同一母公司控制的两家企业的合并，通常属于同一控制下的企业合并

C. 同一控制下的控股合并发生当期，合并方于期末编制合并利润表时应包括被合并方自合并当期期初至期末的净利润

D. 在同一控制下的企业合并中，合并成本是购买方为取得对被购买方的控制权而支付对

价的公允价值及各项直接相关费用之和

2. A公司于20×0年7月1日以账面价值7 000万元、公允价值9 000万元的资产交换甲公司对B公司100%的股权,使B公司成为A公司的全资子公司,另发生直接相关税费40万元,合并日B公司所有者权益账面价值为8 000万元。假如合并各方同属一家集团公司,A公司合并成本和"长期股权投资"账户的初始确认值为(　　)万元。

A. 7 000,8 000　　B. 9 000,8 000　　C. 9 040,8 000　　D. 7 000,8 040

3. 下列关于同一控制下企业合并的处理原则中,不正确的是(　　)。

A. 合并方在合并中确认取得的被合并方的资产、负债仅限于被合并方账面上原已确认的资产和负债

B. 合并中不产生新的资产和负债

C. 合并中取得的资产、负债在满足确认条件后,应以其公允价值计量

D. 合并方在合并中取得的被合并方的各项资产、负债,应维持其在被合并方的原账面价值不变

4. 对同一控制下的吸收合并,下列说法中不正确的是(　　)。

A. 合并方对同一控制下吸收合并中取得的资产、负债,应当按照相关资产、负债在被合并方的原账面价值入账

B. 以发行权益性证券方式进行的该类合并,所确认的净资产入账价值与发行股份面值总额的差额,应计入资本公积(资本溢价或股本溢价);资本公积(资本溢价或股本溢价)的余额不足以冲减的,相应冲减盈余公积和未分配利润

C. 合并方为进行企业合并发生的各项直接相关费用,包括为进行企业合并而支付的审计费用、评估费用、法律服务费用等,应当于发生时计入合并成本

D. 以支付现金、非现金资产方式进行的该类合并,所确认的净资产入账价值与支付的现金、非现金资产账面价值的差额,相应调整资本公积(资本溢价或股本溢价);资本公积(资本溢价或股本溢价)的余额不足以冲减的,应冲减盈余公积和未分配利润

5. 对同一控制下的控股合并形成的长期股权投资,在合并日母公司所支付对价的账面价值与所取得子公司净资产的账面价值的份额的差额,应当(　　)。

A. 确认为商誉

B. 直接计入当期损益

C. 直接调整未分配利润

D. 首先调整资本公积,资本公积不足以冲减的,冲减留存收益

6. 同一控制下企业合并的核算应以(　　)为计价基础。

A. 公允价值　　B. 账面价值　　C. 现值　　D. 重置价值

7. 甲公司和乙公司同为A集团的子公司。20×0年1月1日,甲公司以银行存款920万元取得乙公司80%的所有者权益,同日乙公司所有者权益的账面价值为1 000万元,公允价值为1 100万元。假定甲公司"资本公积——资本溢价"为100万元,20×0年1月1日,甲公司应调减的留存收益为(　　)万元。

A. 100　　B. 120　　C. 20　　D. 0

8. 20×0年1月1日,甲公司发行1 000万股普通股(每股面值1元,市价5元)作为合并对价取得乙企业100%的股权,涉及的合并各方均受同一母公司最终控制,合并日乙企业账面资产总额为5 000万元,账面负债总额为2 000万元,甲公司合并成本与长期股权投资初始确

认金额的差额为(　　)万元。

A. 商誉 3 000　　B. 资本公积 3 000　　C. 未分配利润 2 000　D. 资本公积 2 000

9. 20×0 年 1 月 1 日，甲公司发行 1 000 万股普通股(每股面值 1 元，市价 5 元)作为合并对价取得乙企业 100%的股权，涉及的合并各方均受同一母公司最终控制，合并日乙企业账面资产总额为 5 000 万元、账面负债总额为 2 000 万元，甲公司长期股权投资的入账价值为(　　)万元。

A. 1 000　　B. 3 000　　C. 5 000　　D. 2 000

10. 同一控制下企业合并过程中发生的各项直接相关费用，应于发生时借记(　　)科目。

A. “长期股权投资”　　B. “管理费用”

C. “财务费用”　　D. “资本公积”

(三) 多项选择题

1. 按照企业会计准则的规定，下列有关同一控制下企业合并的理解中，错误的有(　　)。

A. 合并各方合并前后只可能受同一方最终控制

B. 合并各方合并前后可能均受相同的多方最终控制

C. 合并各方在合并前后较长时间内受最终控制方控制，一般为 3 年以上(含 3 年)

D. 合并成本大于被合并方所有者权益份额的差额不能确认商誉

E. 企业合并发生的直接相关费用计入合并成本

2. 按企业会计准则规定，以下关于同一控制下企业合并的理解中，正确的有(　　)。

A. 既需要确认被合并方原有商誉，又需要确认新形成的商誉

B. 需要确认被合并方原有商誉

C. 不确认新的商誉

D. 不确认被合并方原有商誉

E. 需要确认新的商誉

3. 下列关于同一控制下企业合并发生的直接相关费用的说法中，正确的有(　　)。

A. 一般情况下应于发生时费用化，借记“管理费用”等科目，贷记“银行存款”等科目

B. 以发行债券方式进行的企业合并，与发行有关的佣金、手续费等应计入负债的初始计量金额。若折价发行，则增加折价金额；若溢价发行，则减少溢价金额

C. 以权益性证券作为合并对价的，与发行有关的佣金、手续费等，不管其与企业合并是否直接相关，均应从所发行权益性证券的发行溢价收入中扣除

D. 某部门为了寻找相关的并购机会并维持该部门日常运转的有关费用，属于与企业合并直接相关的费用

E. 为进行企业合并支付的审计费用、资产评估费用以及有关的法律咨询费用等增量费用，属于为进行企业合并发生的有关费用

4. 下列对同一控制下企业合并的说法中，正确的有(　　)。

A. 同一控制下企业合并过程中发生的各项直接相关费用，一般应于发生时费用化，计入当期损益

B. 合并中不产生新的资产和负债

C. 合并方在合并中取得的被合并方各项资产、负债，应维持其在被合并方的原账面价值不变

D. 合并方在合并中取得的净资产的入账价值与为进行企业合并支付的对价的账面价值

的差额,不作为资产的处置损益

E. 合并方在编制合并日的合并利润表时,应包含合并方及被合并方自合并当期期初至合并日实现的净利润

5. 以发行债券方式进行的企业合并,对与发行债券相关的佣金、手续费的处理,下列说法中正确的有(　　)。

A. 债券为溢价发行的,该部分费用应减少合并成本

B. 债券为折价发行的,该部分费用应增加合并成本

C. 债券为溢价发行的,该部分费用应减少溢价的金额

D. 债券为折价发行的,该部分费用应增加折价的金额

E. 债券为溢价发行的,该部分费用应减少管理费用

6. 在同一控制下的企业合并中,同时满足(　　)的,可认定为实现了控制权的转移。

A. 企业合并合同或协议已获股东大会通过

B. 企业合并事项需要经过国家有关主管部门审批的,已获批准

C. 参与合并各方已办理必要的财产交接手续

D. 合并方或购买方已支付合并价款的大部分(一般应超过 50%),并且有能力、有计划支付剩余款项

E. 合并方或购买方实际上已经控制被合并方或被购买方的财务和经营政策,并享有相应的利益,承担相应的风险

7. 20×0 年 6 月 30 日,A 公司以一项账面价值为 500 万元的固定资产(原价 600 万元,累计折旧 100 万元)和一项原价为 1 500 万元、累计摊销 1 000 万元的无形资产为对价,取得同一集团内另一家全资公司——B 公司 70%的股权。当日办理完股权转让相关手续。

A 公司为进行企业合并支付了审计费用、资产评估费用以及有关的法律咨询费用等共计 5 万元。

合并日,A 公司和 B 公司的所有者权益(已考虑 A 公司合并日相关处理)构成如表 2 - 1 所示。

表 2 - 1　　　　A 公司和 B 公司的所有者权益

20×0 年度　　　　单位:万元

项　　目	A 公司	B 公司
股本	3 600	200
资本公积(股本溢价)	500	600
盈余公积	800	300
未分配利润	2 000	900
合　计	6 900	2 000

注:B 公司所有者权益账面价值为相对于集团最终控制方而言的金额。

合并日,A 公司和 B 公司的利润构成如表 2 - 2 所示。

表 2-2　**A 公司和 B 公司的利润**

20×0 年 1 月 1 日至 6 月 30 日　　单位：万元

项　目	A 公司	B 公司
一、营业收入	4 250	1 200
减：营业成本	3 380	955
销售费用	80	25
管理费用	190	85
加：投资收益	30	10
二、营业利润	630	145
……		
三、净利润	630	145

(1) 下列有关 A 公司在 20×0 年 6 月 30 日的会计处理中，正确的有(　　)。

A. 长期股权投资初始确认金额为 1 400 万元

B. 作为对价的固定资产不确认处置损益

C. 作为对价的无形资产不确认处置损益

D. 确认的商誉为 400 万元

E. 确认的资本公积为 400 万元

(2) 下列有关 A 公司在 20×0 年 6 月 30 日合并财务报表的会计处理中，不正确的有(　　)。

A. 合并资产负债表中资本公积的列报金额为 0

B. 合并资产负债表中盈余公积的列报金额为 925 万元

C. 合并资产负债表中未分配利润的列报金额为 2 375 万元

D. 合并利润表中净利润的列报金额为 775 万元

E. 不编制合并利润表

8. 关于同一控制下的企业合并，下列说法中正确的有(　　)。

A. 合并方在企业合并中取得的资产和负债，应当按照合并日被合并方的公允价值计量

B. 合并方取得的净资产公允价值与支付的合并对价账面价值的差额，应当调整资本公积；资本公积不足以冲减的，调整留存收益

C. 合并方取得的净资产公允价值与支付的合并对价公允价值的差额，应当调整资本公积；资本公积不足以冲减的，调整留存收益

D. 合并方取得的净资产账面价值与支付的合并对价账面价值的差额，应当调整资本公积；资本公积不足以冲减的，调整留存收益

E. 合并方在企业合并中取得的资产和负债，应当按照合并日被合并方的账面价值计量

9. 关于同一控制下的企业合并，下列说法中正确的有(　　)。

A. 合并方为进行企业合并而发生的各项直接相关费用，应当于发生时计入当期损益

B. 合并方为进行企业合并而发生的各项直接相关费用,应当于发生时计入资本公积

C. 为企业合并而发行债券或承担其他负债支付的手续费、佣金等,应当计入所发行债券及其他债务的初始计量金额

D. 为企业合并发行债券或承担其他债务支付的手续费、佣金等,应当计入当期损益

E. 企业合并中发行权益性证券发生的手续费、佣金等费用,应当冲减权益性证券溢价收入;溢价收入不足以冲减的,冲减留存收益

(四) 计算分析题

练习一

1. 目的:练习同一控制下吸收合并和控股合并的会计处理。

2. 资料:20×0 年 7 月 31 日,A 公司以银行存款 960 万元取得同一集团内的 B 公司可辨认净资产份额的 100%。A 公司和 B 公司合并前有关资料如表 2-3 所示。

表 2-3　　A 公司和 B 公司合并前资产负债表资料

20×0 年 7 月 31 日　　单位:万元

项　目	A 公司	B 公司	
		账面价值	公允价值
货币资金	1 280	40	40
应收账款	200	360	360
存货	320	400	400
固定资产	1 800	600	700
资产合计	3 600	1 400	1 500
短期借款	380	100	100
应付账款	20	10	10
长期借款	600	290	290
负债合计	1 000	400	400
股本	1 600	500	
资本公积	500	150	
盈余公积	200	100	
未分配利润	300	250	
所有者权益(或股东权益)合计	2 600	1 000	1 100

3. 要求:

(1) 假设该合并为吸收合并,编制 A 公司的会计分录。

(2) 假设该合并为控股合并，编制 A 公司的会计分录。

练习二

1. 目的：练习同一控制下吸收合并和控股合并的会计处理。

2. 资料：20×0 年 6 月 30 日，甲公司向乙公司的股东定向增发 1 000 万股普通股(每股面值为 1 元，市价为每股 5.6 元)对乙公司进行合并，合并时产生相关费用 100 万元，用银行存款支付，并于当日取得乙公司 80%的股权。甲公司和乙公司在 20×0 年 6 月 30 日企业合并前，有关资产、负债情况如表 2-4 所示。

表 2-4　　甲公司和乙公司合并前资产负债表资料

20×0 年 6 月 30 日　　单位：万元

项目	甲公司	乙公司	
	账面价值	账面价值	公允价值
货币资金	2 000	200	200
应收账款	8 000	800	800
存货	10 000	4 000	5 000
长期股权投资	6 000	1 000	1 500
固定资产	15 000	8 000	9 500
无形资产	4 000	1 000	2 000
资产合计	45 000	15 000	19 000
短期借款	5 000	2 000	2 000
应付账款	3 000	1 000	1 000
其他负债	2 000	1 000	1 000
负债合计	10 000	4 000	4 000
实收资本(股本)	20 000	6 000	
资本公积	5 000	2 000	
盈余公积	1 000	300	
未分配利润	9 000	2 700	
所有者权益(或股东权益)合计	35 000	11 000	15 000

假定：甲公司和乙公司为同一集团内两家全资子公司。该项合并中，参与合并的企业在合并前及合并后均受丙公司最终控制。甲公司与乙公司在合并前未发生任何交易。

3. 要求：

(1) 编制甲公司对乙公司控股合并的会计分录。

(2) 若甲公司发行 1 000 万股普通股(每股面值为 1 元,市价为 12 元)对乙公司进行吸收合并,并于当日取得乙公司净资产,则编制甲公司对乙公司吸收合并的会计分录。

第三章
非同一控制下的企业合并

一、重点与难点

1. 非同一控制下吸收合并、新设合并和控股合并的业务处理。
2. 非同一控制下控股合并的核算。

二、练习题

(一) 判断题

1. 非同一控制下企业合并的会计处理原则是权益结合法。 ( )

2. 购买日是购买方获得对被购买方控制权的日期,即企业合并交易进行过程中,发生控制权转移的日期。 ( )

3. 非同一控制下企业合并中发生的与企业合并直接相关的费用,应当计入营业外支出。 ( )

4. 非同一控制下的企业合并中,企业合并成本小于合并中取得的被购买方可辨认净资产公允价值份额的差额,应当确认为商誉。 ( )

5. 非同一控制下的企业合并中,企业合并成本大于合并中取得的被购买方净资产公允价值份额的部分,应当计入合并当期损益。 ( )

6. 非同一控制是指参与合并的各方在合并前后不受同一方或相同多方最终控制。 ( )

7. 购买方是指在非同一控制下的企业合并中取得对另一方或多方控制权的一方。 ( )

8. 合并商誉与合并差价的计量是一致的。 ( )

9. 合并商誉产生的计量基础是公允价值。 ( )

10. 非同一控制下企业合并中的各项合并费用,应当计入合并成本。 ( )

(二) 单项选择题

1. 20×0 年 12 月 20 日,A 公司董事会做出决定,准备购买 B 公司股份;20×1 年 1 月 1 日,A 公司取得 B 公司 30%的股份,能够对 B 公司施加重大影响;20×2 年 1 月 1 日,A 公司又取得 B 公司 40%的股份,从而能够对 B 公司实施控制;20×3 年 1 月 1 日,A 公司再次取得 B 公司 20%的股份,持股比例达到 90%。在上述情况下,购买日为( )。

A. 20×1 年 1 月 1 日　　B. 20×2 年 1 月 1 日

C. 20×3 年 1 月 1 日　　D. 20×0 年 12 月 20 日

2. 关于非同一控制下一次交换交易实现的企业合并,其合并成本为( )。

A. 购买方在购买日为取得对被购买方的控制权而付出的资产、发生或承担的负债以及发

行的权益性证券的公允价值

B. 被合并方可辨认净资产公允价值

C. 被合并方可辨认净资产账面价值

D. 购买方在购买日为取得对被购买方的控制权而付出的资产、发生或承担的负债以及发行的权益性证券的账面价值

3. 甲公司于20×0年4月1日与乙公司原投资者A公司签订协议(已知甲公司和乙公司不属于同一控制下的公司),协议约定甲公司以库存商品和承担A公司的短期还贷义务换取A公司所持有的乙公司股权。假设20×0年7月1日(合并日)乙公司可辨认净资产公允价值为1 100万元,甲公司取得70%的份额。甲公司投出存货的公允价值为500万元,增值税为65万元,账面成本为400万元,承担归还贷款义务200万元。甲公司20×0年7月1日应确认的合并成本为(　　)万元。

A. 700　　B. 765　　C. 770　　D. 585

4. A公司于20×0年7月1日以账面价值7 000万元、公允价值8 800万元的资产交换甲公司对B公司100%的股权,使B公司成为A公司的全资子公司,另发生直接相关税费40万元,为控股合并,购买日B公司可辨认净资产公允价值为8 200万元。假如合并各方没有关联关系,A公司合并成本和“长期股权投资”科目的初始确认金额为(　　)万元。

A. 7 000,8 000　　B. 8 800,8 200　　C. 8 800,8 800　　D. 7 000,8 040

5. 20×0年2月1日,A公司向B公司的股东定向增发1 000万股普通股(每股面值为1元),对B公司进行合并,所发行股票每股市价4元,并于当日取得B公司70%的股权,B公司购买日可辨认净资产的公允价值为4 500万元。假定此合并为非同一控制下的企业合并,则A公司应确认的合并商誉为(　　)万元。

A. 1 000　　B. 750　　C. 850　　D. 960

6. 非同一控制下企业通过多次交换交易分步实现的企业合并,其合并成本为(　　)。

A. 被投资单位可辨认净资产的公允价值中享有的份额

B. 被投资单位可辨认净资产的账面价值中享有的份额

C. 每次支付对价的账面价值之和

D. 每一单项交换交易的成本之和

7. 甲公司和乙公司不属于同一控制下的公司,适用的增值税税率均为13%。20×1年1月1日,甲公司以一台生产用设备(20×0年1月1日取得)投资取得乙公司60%的所有者权益,该固定资产的公允价值为2 000万元,账面价值为1 800万元;同日,乙公司所有者权益的账面价值为3 100万元,公允价值为3 500万元。20×1年1月1日,甲公司应确认的合并成本为(　　)万元。

A. 1 860　　B. 2 060　　C. 2 260　　D. 2 100

8. 下列关于同一控制下的控股合并和非同一控制下的控股合并中产生的差额的处理中,正确的是(　　)。

A. 同一控制下,合并方在合并中将差额调整所有者权益相关项目,不影响企业合并当期的利润表;非同一控制下,合并方在合并中将差额计入商誉和当期损益,计入当期损益时影响企业合并当期的利润表

B. 同一控制下和非同一控制下,合并方在合并中都将差额调整所有者权益相关项目,不影响企业合并当期的利润表

C. 同一控制下和非同一控制下，合并方在合并中都将差额计入商誉和当期损益，影响企业合并当期的利润表

D. 同一控制下，合并方在合并中将差额计入商誉和当期损益，影响企业合并当期的利润表；非同一控制下，合并方在合并中将差额调整所有者权益相关项目，不影响企业合并当期的利润表

9. 甲公司发行 1 000 万股普通股(每股面值 1 元，市价 5 元)作为合并对价取得乙公司 100%的股权，合并后乙公司维持法人资格继续经营，合并双方在合并前无关联关系。合并日乙公司的可辨认资产公允价值总额为 5 000 万元，可辨认负债公允价值总额为 2 000 万元。甲公司的合并成本为( )万元。

A. 1 000　　B. 3 000　　C. 5 000　　D. 2 000

10. 非同一控制下企业合并的核算应以( )为计价基础。

A. 公允价值　　B. 账面价值　　C. 现值　　D. 重置价值

(三) 多项选择题

1. 对非同一控制下企业合并成本大于合并中取得的被购买方可辨认净资产公允价值份额的部分，正确的处理有( )。

A. 控股合并的情况下，购买方在其账簿及个别财务报表中应确认商誉

B. 吸收合并的情况下，购买方在合并财务报表中应列示商誉

C. 控股合并的情况下，购买方在其账簿及合并财务报表中应确认商誉

D. 吸收合并的情况下，购买方在其账簿及个别财务报表中应确认商誉

E. 控股合并的情况下，购买方在合并财务报表中应列示商誉

2. 关于购买方对企业合并成本与确认的可辨认净资产公允价值份额的差额的处理，下列表述中正确的有( )。

A. 企业合并成本大于合并中取得的被购买方可辨认净资产公允价值份额的差额，应计入当期损益

B. 企业合并成本大于合并中取得的被购买方可辨认净资产公允价值份额的差额，应确认为商誉

C. 企业合并成本小于合并中取得的被购买方可辨认净资产公允价值份额的差额，应确认为商誉

D. 企业合并成本小于合并中取得的被购买方可辨认净资产公允价值份额的差额，应计入当期损益

3. 对非同一控制下企业合并的合并成本，下列说法中正确的有( )。

A. 一次交换交易实现的企业合并，合并成本为购买方在购买日为取得对被购买方的控制权而付出的资产、发生或承担的负债以及发行的权益性证券的公允价值

B. 通过多次交换交易分步实现的企业合并，合并成本为所有单项交易的成本之和

C. 购买方为进行企业合并发生的各项直接相关费用，应当计入企业合并成本

D. 购买方为进行企业合并发生的各项直接相关费用，应当计入当期损益

E. 在合并合同或协议中对可能影响合并成本的未来事项做出约定的，购买日如果估计未来事项很可能发生并且对合并成本的影响金额能够可靠计量的，购买方应当将其计入合并成本

4. 关于购买方对合并成本与合并中取得的被购买方可辨认净资产公允价值份额的差额，

下列说法中正确的有( )。

A. 购买方对合并成本大于合并中取得的被购买方可辨认净资产公允价值份额的差额,应当确认为商誉

B. 购买方对合并成本大于合并中取得的被购买方可辨认净资产公允价值份额的差额,应当计入当期损益

C. 购买方对合并成本小于合并中取得的被购买方可辨认净资产公允价值份额的差额,应当确认为商誉

D. 购买方对合并成本小于合并中取得的被购买方可辨认净资产公允价值份额的差额,首先对取得的被购买方各项可辨认资产、负债及或有负债的公允价值以及合并成本的计量进行复核,经复核后合并成本仍小于合并中取得的被购买方可辨认净资产公允价值份额的,其差额应当计入当期损益

E. 购买方对合并成本小于合并中取得的被购买方可辨认净资产公允价值份额的差额,应当直接计入所有者权益

5. 确定非同一控制下企业合并的购买日,应同时满足的条件有( )。

A. 企业合并合同或协议已获股东大会等内部权力机构通过

B. 合并事项需要经过国家有关主管部门审批的,已获得相关部门的批文

C. 参与合并各方已办理必要的财产权交接手续

D. 购买方已支付购买价款的大部分,并且有能力支付剩余款项

E. 购买方实际上已经控制被购买方的财务和经营政策

6. 对非同一控制下企业合并成本小于合并中取得的被购买方可辨认净资产公允价值份额的部分,正确的会计处理有( )。

A. 在吸收合并的情况下,应记入购买方合并当期的个别利润表

B. 在控股合并的情况下,应体现在合并当期的合并利润表中

C. 在吸收合并的情况下,应体现在合并当期的合并利润表中

D. 在控股合并的情况下,应记入购买方合并当期的个别利润表

E. 在吸收合并的情况下,不记入购买方合并当期的个别利润表

7. 对确定非同一控制下企业合并的购买方,下列说法中正确的有( )。

A. 取得另一方半数以上表决权股份的一方为购买方

B. 按照协议规定有权主导被购买企业的财务和经营决策的一方为购买方

C. 通过与其他投资者达成协议,实质上拥有被购买企业半数以上表决权的一方为购买方

D. 有权任免被购买企业董事会绝大多数成员的一方为购买方

E. 在被购买企业董事会或类似权力机构中具有绝大多数投票权的一方为购买方

8. 对非同一控制下吸收合并在合并日的会计处理,下列说法中正确的有( )。

A. 合并方在企业合并中取得的资产和负债,按照合并日被合并方的公允价值计量

B. 合并方应以支付的现金或非现金资产的公允价值计入合并成本

C. 合并合同中约定的对合并成本产生影响的预计负债,应计入企业合并成本

D. 以支付的现金或非现金资产作为合并对价的,合并方的各项直接相关费用计入合并成本

E. 以支付的现金或非现金资产作为合并对价的,合并方的各项直接相关费用计入管理费用

9. 非同一控制下的企业合并中,购买方取得了对被购买方净资产的控制权,视合并方式的不同,应分别在合并财务报表或个别财务报表中确认合并中取得的各项可辨认资产和负债。

正确的处理方法有(　　)。

A. 购买方在企业合并中取得的被购买方各项可辨认资产和负债，在购买日满足资产、负债的确认条件的，应作为本企业的资产、负债(或合并财务报表中的资产、负债)确认

B. 合并中取得的被购买方的各项资产(无形资产除外)所带来的未来经济利益预期能够流入企业且公允价值能够可靠计量的，应单独作为资产确认

C. 合并中取得的被购买方的各项负债(或有负债除外)，履行有关的义务预期会导致经济利益流出企业且公允价值能够可靠计量的，应单独作为负债确认

D. 企业合并中取得的无形资产在其公允价值能够可靠计量的情况下，应单独确认

E. 对购买方在企业合并时可能需要代被购买方承担的或有负债，在其公允价值能够可靠计量的情况下，相关的或有事项导致经济利益流出企业的可能性较小，不能确认预计负债

10. 下列有关非同一控制下的企业合并的会计处理方法中，正确的有(　　)。

A. 非同一控制下的吸收合并，购买方在购买日应当按照合并中取得的被购买方各项可辨认资产、负债的公允价值确定其入账价值，确定的企业合并成本与取得被购买方可辨认净资产公允价值的差额，应确认为商誉或计入当期损益

B. 非同一控制下的控股合并，母公司在购买日编制合并资产负债表时，对被购买方可辨认净资产、负债，应当按照合并中确定的公允价值列示

C. 非同一控制下的控股合并，企业合并成本大于合并中取得的被购买方可辨认净资产公允价值份额的差额，应当确认为合并资产负债表中的商誉

D. 非同一控制下的控股合并，企业合并成本小于合并中取得的被购买方可辨认净资产公允价值份额的差额，应当在购买日合并资产负债表中调整盈余公积和未分配利润

E. 合并方为进行企业合并发生的各项直接相关费用，包括为进行企业合并而支付的审计费用、评估费用、法律服务费用等，应当于发生时计入管理费用

(四) 计算分析题

练习一

1. 目的：练习非同一控制下吸收合并和控股合并的会计处理。

2. 资料：甲公司与乙公司属于不同的企业集团，两者不存在关联关系。20×0 年 12 月 31 日，甲公司发行 1 000 万股股票(每股面值 1 元)作为对价取得乙公司的全部股权，该股票的公允价值为 4 000 万元。购买日，乙公司有关资产、负债情况如表 3－1 所示。

表 3－1　**乙公司资产、负债情况**

20×0 年 12 月 31 日　　单位：万元

项　　目	账面价值	公允价值
银行存款	1 000	1 000
固定资产	3 000	3 300
长期应付款	500	500
所有者权益(或股东权益)	3 500	3 800

3. 要求:

(1) 假设该合并为吸收合并,对甲公司进行会计处理。

(2) 假设该合并为控股合并,对甲公司进行会计处理。

练习二

1. 目的:练习非同一控制下吸收合并的会计处理。

2. 资料:20×0 年 1 月 2 日,A 企业以增发的本企业普通股 1 000 万股为对价购入 B 企业 100%的净资产,对 B 企业进行吸收合并。A 企业增发的股票面值为每股 1 元,公允价值为每股 12.5 元。合并前 A 企业与 B 企业不存在关联关系,所得税税率为 25%,假定该项合并符合税法规定的免税合并条件,购买日 B 企业各项可辨认资产、负债的公允价值如表 3-2 所示。

表 3-2　　B 企业可辨认资产、负债情况

20×0 年 1 月 2 日　　单位:万元

项目	B 企业	
	账面价值	公允价值
银行存款	8 000	8 000
应收账款	1 200	1 200
存货	200	300
长期股权投资	1 000	1 000
固定资产	5 000	7 000
无形资产	5 000	4 000
资产合计	20 400	21 500
短期借款	100	100
应付账款	5 000	5 000
其他应付款	4 000	4 000
预计负债	0	300
负债合计	9 100	9 400
实收资本(股本)	10 000	
资本公积	300	
盈余公积	100	
未分配利润	900	
所有者权益(或股东权益)合计	11 300	

3. 要求：

（1）计算合并日相关递延所得税资产和递延所得税负债。

（2）计算并确定购买日商誉。

（3）编制购买日相关会计分录。

第四章
合并财务报表概述

一、重点与难点

1. 合并财务报表的基本原理,合并财务报表的编制步骤。
2. 合并财务报表合并范围的确定。

二、练习题

(一) 判断题

1. 吸收合并和新设合并后财务报表的编制与一般企业相同。（　　）
2. 企业实现控股合并后,母公司和子公司各自仍然是独立的法律主体和会计主体。（　　）
3. 编制合并财务报表体现了实质重于形式的会计信息质量要求。（　　）
4. 合并财务报表是由子公司编制的。（　　）
5. 编制合并财务报表时,母公司应当将其全部子公司纳入合并财务报表的合并范围。（　　）
6. 在判断控制时,要求投资方有能力运用对被投资方的权力来影响其回报金额。（　　）
7. 编制合并资产负债表时,要求在“所有者权益(或股东权益)”项目下增加“归属于母公司所有者权益合计”项目用于反映非全资子公司的所有者权益中不属于母公司的份额。（　　）
8. “少数股东权益”项目反映的是企业集团的所有者权益中归属于母公司所有者权益的部分。（　　）
9. 在编制合并财务报表时,应先计算合并财务报表各项目的合并金额,然后编制调整分录和抵销分录。（　　）
10. 在编制合并财务报表时,可以不用统一母公司和子公司的会计政策。（　　）

(二) 单项选择题

1. 下列子公司中,要纳入母公司合并财务报表范围的是(　　)。

A. 持续经营的所有者权益为负数的子公司　B. 宣告破产的原子公司
C. 母公司不能控制的其他单位　D. 已宣告被清理整顿的原子公司

2. 下列各项中,不属于编制合并财务报表时必须做好的前提准备事项的是(　　)。

A. 统一会计报表决算日及会计期间　B. 统一会计政策
C. 统一经营业务　D. 对子公司股权投资采用权益法核算

3. 编制合并财务报表抵销分录的目的在于(　　)。

A. 将母公司和子公司个别财务报表各项目加总
B. 将个别财务报表各项目加总数据中集团内部经济业务的重复因素予以抵销
C. 代替设置账簿、登记账簿的核算程序
D. 反映全部内部投资、内部交易、内部债权债务等会计事项

4. 合并财务报表的会计主体是(　　)。

A. 母公司　　B. 子公司
C. 母公司的会计部门　　D. 母公司和子公司组成的企业集团

5. 企业合并的下列情形中，需要编制合并财务报表的是(　　)。

A. 吸收合并　　B. 新设合并
C. 控股合并　　D. B和C

6. 根据我国企业会计准则的规定，母公司日常对子公司的长期股权投资核算应采用(　　)，在编制合并财务报表时，应将其调整为(　　)。

A. 权益法，成本法　　B. 权益结合法，成本法
C. 权益结合法，购买法　　D. 成本法，权益法

7. 在合并资产负债表中，将少数股东权益视为普通负债处理的合并方法的理论基础是(　　)。

A. 主体理论　　B. 母公司理论
C. 所有权理论　　D. 权益结合法理论

8. 下列事项中，C公司必须纳入A公司合并范围的情况是(　　)。

A. A公司拥有B公司50%的权益性资本，B公司拥有C公司60%的权益性资本
B. A公司拥有C公司48%的权益性资本
C. A公司拥有B公司60%的权益性资本，B公司拥有C公司40%的权益性资本
D. A公司拥有B公司60%的权益性资本，B公司拥有C公司40%的权益性资本，同时A公司拥有C公司20%的权益性资本

9. 合并财务报表的编制原则不包括(　　)。

A. 以个别财务报表为基础　　B. 重要性原则
C. 一体性原则　　D. 一贯性原则

10. 甲公司拥有乙公司、丙公司和丁公司表决权资本的比例分别为70%、50%和40%，乙公司拥有戊公司和丁公司表决权资本的比例分别为60%和29%。若不考虑其他影响因素，则不应纳入甲公司合并财务报表范围的是(　　)。

A. 乙公司　　B. 丙公司　　C. 丁公司　　D. 戊公司

(三) 多项选择题

1. 20×1年1月1日，甲公司通过发行权益性证券的方式取得了乙公司80%的股权，甲、乙公司在该交易前不存在关联关系。

(1) 下列有关合并财务报表编制的表述中，正确的有(　　)。

A. 在合并资产负债表中“所有者权益(或股东权益)”项目下增加“归属于母公司所有者权益合计”项目，反映企业集团的所有者权益中归属于母公司所有者权益的部分
B. 编制当期合并利润表时，应在“净利润”项目下增加“其中：被合并方在合并前实现的净利润”项目
C. 购买成本与购买日甲公司占乙公司可辨认净资产公允价值份额的差额，需要确认为商

誉或负商誉

D. 少数股东权益在合并资产负债表中作为所有者权益的组成部分在“所有者权益(或股东权益)”项目下单独列示

E. 少数股东损益应在合并利润表中“净利润”项目的组成部分单独列示

(2) 下列有关年度合并财务报表编制的表述中,正确的有(　　)。

A. 在报告期内出售上一年已纳入合并范围的子公司时,应调整合并资产负债表的期初数

B. 甲公司在报告期内取得应纳入合并范围的乙公司时,合并现金流量表中只合并乙公司自购买(合并)日至年末的现金流量

C. 对子公司的少数股东依法抽回在子公司中的权益性投资,应在合并现金流量表的“支付其他与筹资活动有关的现金”项目中反映

D. 对子公司向少数股东支付现金股利或利润,应在合并现金流量表中“分配股利、利润或偿付利息支付的现金”项目下“其中:子公司支付给少数股东的股利、利润”项目中反映

E. 上一年已纳入合并范围的国外子公司在报告期内根据当地的法律要求改按新的会计政策核算后与母公司的会计政策不一致的,合并财务报表的期初数应按国外子公司新的会计政策予以调整

2. 甲公司和乙公司均为丙公司的子公司,20×1 年 6 月 1 日,甲公司以银行存款 1 000 万元和一项无形资产作为对价,取得丙公司持有的乙公司 60%的股权,能够对乙公司实施控制。合并过程中另发生法律咨询费用 10 万元。当日,该项无形资产的账面价值为 700 万元,公允价值为 800 万元;乙公司相对于丙公司而言的所有者权益(或股东权益)账面价值总额为2 400 万元,其中盈余公积为 80 万元、未分配利润为 320 万元、可辨认净资产公允价值为 2 500 万元。

(1) 下列对同一控制下企业合并的说法中,正确的有(　　)。

A. 同一控制下企业合并中发生的各项直接相关费用,一般应于发生时计入当期损益

B. 合并中不产生新的资产和负债

C. 合并方在合并中取得的被合并方各项资产、负债,应维持其在被合并方的原账面价值不变

D. 合并方在合并中取得的净资产的入账价值与为进行企业合并而支付的对价的账面价值的差额,不作为资产的处置损益

E. 合并方在编制合并利润表时,应包含合并方及被合并方从合并当期期初开始实现的净利润

(2) 有关甲公司对上述事项的处理,下列表述中正确的有(　　)。

A. 甲公司在合并财务报表中应确认商誉 300 万元

B. 编制合并财务报表时,甲公司应以其资本公积余额为限,将乙公司合并前实现的留存收益中归属于甲公司的部分予以恢复

C. 甲公司在合并日编制合并财务报表时,不需要编制合并利润表

D. 甲公司与乙公司在 20×1 年 6 月前发生的交易,应当按照合并财务报表的有关原则予以抵销

E. 合并过程中发生的法律咨询费用 10 万元,应计入管理费用

3.《企业会计准则第 20 号——企业合并》规定,合并方应当在合并当期的附注中披露与同一控制下企业合并有关的信息,包括(　　)。

A. 参与合并企业的基本情况

B. 属于同一控制下合并的判断依据

C. 以支付现金、转让非现金资产以及承担债务作为合并对价的，所支付对价在合并日的账面价值；以发行权益性证券作为合并对价的，合并中发行权益性证券的数量、定价原则以及参与合并各方交换有表决权股份的比例

D. 被合并方的资产、负债在上一会计期间资产负债表日及合并日的账面价值；被合并方自合并当期期初至合并日的收入、利润、现金流量等情况

E. 合并合同或协议约定将承担被合并方或有负债的情况

4.《企业会计准则第 20 号——企业合并》规定，合并方应当在合并当期的附注中披露与非同一控制下企业合并有关的信息，包括(　　)。

A. 合并成本的构成及其账面价值、公允价值的确定方法

B. 被购买方各项可辨认资产、负债在上一会计期间资产负债表日及购买日的账面价值和公允价值

C. 合并合同或协议约定将承担被购买方或有负债的情况

D. 被购买方自合并当期期初至购买日的收入、利润、现金流量等情况

E. 合并成本大于合并中取得的被购买方可辨认净资产公允价值的份额计入当期损益的金额

5. 下列被投资企业中，应当纳入甲公司合并财务报表合并范围的有(　　)。

A. 甲公司在报告年度购入其 57%股份的境外被投资企业

B. 甲公司持有其 40%股份且受托代管 B 公司持有其 30%股份的被投资企业，从而在被投资企业的股东会上有半数以上表决权

C. 甲公司持有其 43%股份，甲公司的子公司 A 公司持有其 8%股份的被投资企业

D. 甲公司持有其 40%股份，甲公司的母公司持有其 11%股份的被投资企业

E. 甲公司持有其 38%股份，且甲公司根据章程有权决定其财务和经营政策的被投资企业

6. 下列有关合并财务报表的表述中，不正确的有(　　)。

A. 在确定能否控制被投资单位时，应当考虑企业和其他企业持有的被投资单位的当期可转换公司债券、当期可执行的认股权证等潜在表决权因素

B. 母公司不应当将其全部子公司纳入合并财务报表的合并范围，如小规模的子公司、经营业务性质特殊的子公司

C. 在编制合并财务报表时，母公司应在合并工作底稿中按照权益法调整对子公司的长期股权投资，编制相关调整分录

D. 将内部交易固定资产原价中包含的未实现内部销售损益予以抵销

E. 因同一控制下企业合并增加的子公司，在合并当期编制合并利润表时，应当将该子公司购买日至报告期期末的收入、费用、利润纳入合并利润表

7. 甲公司拥有乙公司 60%有表决权的股份；乙公司拥有丙公司 52%有表决权的股份，拥有丁公司 31%有表决权的股份；甲公司直接拥有丁公司 22%有表决权的股份；甲公司接受戊公司的委托，向戊公司的子公司己公司提供经营管理服务，甲公司与戊公司和己公司之间没有直接或间接的投资关系。假定上述公司均以其所持表决权股份参与被投资企业的财务和经营决策。不考虑其他因素，应纳入甲公司合并财务报表范围的有(　　)。

A. 乙公司　B. 丙公司　C. 丁公司　D. 戊公司
E. 己公司

8. 下列说法中,正确的有(　　)。

A. 在多层控股的情况下,编制合并财务报表应当采用逐级合并的方法
B. 母公司长期股权投资的处理应当以子公司的合并财务报表为基础
C. 母公司编制合并财务报表时,应当以子公司的个别财务报表为基础
D. 合并财务报表具有利润分配功能
E. 母公司的利润分配应当以母公司的个别财务报表为基础

第五章 并购日合并财务报表的编制

一、重点与难点

1. 购买法下合并财务报表的编制方法,权益结合法下合并财务报表的编制方法。
2. 长期股权投资的确认和计量。

二、练习题

(一) 判断题

1. 在权益结合法下确认初始投资成本时,应以子公司净资产的账面价值入账。 ( )
2. 同一控制下采用权益结合法编制的合并财务报表不会产生商誉。 ( )
3. 非同一控制下的企业合并应采用权益结合法处理。 ( )
4. 在并购日编制合并资产负债表时,只需要统一子公司的会计政策和会计期间,不需要使子公司与母公司的会计政策和会计期间保持一致。 ( )
5. 同一控制和非同一控制下的企业合并在确认初始投资成本时,方法是一样的。 ( )
6. 同一控制下企业合并的基本处理原则是视同合并后形成的报告主体在合并日及以前期间一直存在。 ( )
7. 同一控制下被合并方在合并前实现的净利润,应列入合并利润表中的“被合并方在合并前实现的净利润”项目。 ( )
8. 在编制同一控制下合并日的合并现金流量表时,涉及合并双方当期发生内部交易产生的现金流量的,不用进行抵销。 ( )
9. 合并方与被合并方在合并日及以前期间发生的交易,应作为内部交易进行抵销。 ( )
10. 购买法以账面价值作为计量基础,权益结合法以公允价值作为计量基础。 ( )

(二) 单项选择题

1. 在合并财务报表工作底稿中,“合并数”一栏提供的数据将构成合并财务报表所填列的数据。在计算以下项目的“合并数”时,需用工作底稿中相关项目的“合计数”栏数据加上“抵销与调整分录”栏的借方数据(减去贷方数据)的项目是( )。

A. “营业收入” B. “应付账款”

C. “固定资产” D. “期初未分配利润”

2. 甲企业和乙企业合并前分属不同的主管单位。甲企业以账面价值 200 万元的库存商品(增值税税率为 13%、计税价格为 300 万元)和 300 万元的货币资金购入乙企业 80%的股权,从而成为乙企业的母公司。该项股权购买事项发生前,乙企业的股东权益为 800 万元,甲企业的股东权益为2 000万元。股权取得日的合并资产负债表中,股东权益总额应(　　)。

A. 大于2 800万元　　B. 等于2 800万元

C. 等于2 000万元　　D. 小于2 800万元且大于2 000万元

3. 20×1年年初,甲企业以460万元的合并成本购买非同一控制下的乙企业的全部股权,乙企业被并购时可辨认净资产的账面价值为400万元,公允价值为420万元。20×1年年末,甲企业各资产及资产组没有发生减值,则20×1年年末合并资产负债表中"商誉"的报告价值为(　　)万元。

A. 60　　B. 40　　C. 20　　D. 0

4. 20×1年年初,甲企业用银行存款460万元购买非同一控制下的乙企业的全部净资产,乙企业被吸收合并时可辨认净资产的账面价值为400万元,公允价值为420万元。20×1年年末,甲企业各资产及资产组没有发生减值,则20×1年年末个别资产负债表中"商誉"的报告价值为(　　)万元。

A. 60　　B. 40　　C. 20　　D. 0

5. 企业集团合并财务报表的编制者是(　　)。

A. 母公司　　B. 子公司　　C. 企业集团　　D. 以上答案均正确

6. 下列关于合并财务报表与企业合并方式之间的关系的表述中,不正确的是(　　)。

A. 合并财务报表的编制与企业合并必然相关

B. 控股合并的情况下,必须编制合并财务报表

C. 新设合并的情况下,不涉及合并财务报表的编制

D. 吸收合并的情况下,不涉及合并财务报表的编制

7. 根据我国现行会计准则,合并范围的确定应该以"控制"为基础。这里的"控制"(　　)。

A. 仅指投资公司对被投资公司的直接控制

B. 不包括投资各方对被投资公司的共同控制

C. 仅指投资公司有从被投资公司获取经济利益的权力

D. 仅指投资公司能够决定被投资公司的财务和经营政策

8. 根据我国企业会计准则,母公司应当将其全部子公司纳入合并财务报表的合并范围。这里的"全部子公司"(　　)。

A. 不包括小规模的子公司

B. 不包括与母公司经营性质不同的非同质子公司

C. 不包括母公司为特殊目的而设立的特殊目的实体

D. 应该涵盖所有被母公司控制的被投资单位

9. 下列被投资企业中,不应当纳入合并财务报表的合并范围的是(　　)。

A. 资不抵债的子公司

B. 处于特殊行业的子公司

C. 资产总额、营业收入和当期净利润在集团中所占份额较小的子公司

D. 投资企业拥有40%有表决权的股份,但对其没有控制权的被投资企业

10. 下列会计信息质量要求中,编制合并财务报表最能体现的是(　　)。

A. 实质重于形式　　B. 重要性　　C. 谨慎性　　D. 及时性

(三) 多项选择题

1. 对非同一控制下企业合并增加的子公司,在编制合并财务报表时,下列说法中正确的

有(　　)。

A. 编制合并利润表时,应将该子公司购买日至报告期期末的收入、费用、利润纳入合并利润表

B. 编制合并利润表时,应将该子公司合并当期期初至期末的收入、费用、利润纳入合并利润表

C. 编制合并资产负债表时,应当调整合并资产负债表的期初数

D. 编制合并资产负债表时,不应调整合并资产负债表的期初数

E. 对资产负债表年初数的调整,可以由企业自行确定

2. 合并财务报表与单独报表相比,两者的不同之处主要有(　　)。

A. 反映对象不同　　B. 编制主体不同

C. 编制基础不同　　D. 编制方法不同

E. 编制时间不同

3. 下列关于合并财务报表与投资之间关系的表述中,正确的有(　　)。

A. 投资与合并财务报表的编制必然相关

B. 交易性投资不涉及合并财务报表的编制

C. 持有至到期的债券投资不要求编制合并财务报表

D. 投资方对其长期股权投资采用成本法进行后续计量时,一律不编制合并财务报表

E. 合并财务报表编制与否,取决于股权投资方与被投资方是否存在控制与被控制关系

4. 根据我国企业会计准则,合并财务报表的种类包括(　　)。

A. 合并利润表　　B. 合并资产负债表　　C. 合并利润分配表　　D. 合并现金流量表

E. 合并所有者权益变动表

5. 非同一控制下的企业合并,控股合并的母公司在合并日应当编制的合并财务报表种类不包括(　　)。

A. 合并利润表　　B. 合并资产负债表　　C. 合并利润分配表　　D. 合并现金流量表

E. 合并所有者权益变动表

6. 下列关于股权取得日合并资产负债表的表述中,不正确的有(　　)。

A. 需要抵销合并前发生的成员企业之间的内部交易影响数

B. 合并财务报表工作底稿中一般只需编制一个抵销分录

C. 对非全资的子公司,可以部分抵销其股东权益

D. 对子公司的股东权益要全额抵销

E. 必然涉及对少数股东权益的确认

7. 在非同一控制下的控股合并条件下,编制合并工作底稿时,抵销母公司的长期股权投资和子公司相应的所有者权益可能涉及的项目有(　　)。

A. "少数股东净利润"　　B. "年初未分配利润"

C. "商誉"　　D. "长期股权投资"

E. "少数股东权益"

8. 在同一控制下的控股合并条件下,编制合并工作底稿时,抵销母公司的长期股权投资和子公司相应的所有者权益可能涉及的项目有(　　)。

A. "少数股东净利润"　　B. "年初未分配利润"

C. "商誉"　　D. "长期股权投资"

E. “少数股东权益”

9. 在非同一控制下的控股合并条件下，下列关于并购日的合并财务报表编报的表述中正确的有(　　)。

A. 合并资产负债表中被合并方的各项资产、负债按其账面价值计量

B. 合并资产负债表中被合并方的各项资产、负债按其公允价值计量

C. 合并留存收益为合并方自身和享有被合并方留存收益的合计数

D. 合并留存收益为合并方自身的留存收益

E. 被合并方合并前留存收益中归属合并方的部分应自资本公积转入留存收益

10. 下列情形中，在合并财务报表中会出现“商誉”项目的有(　　)。

A. 同一控制下的控股合并中，母公司长期股权投资的投资成本超过子公司可辨认净资产的公允价值的份额

B. 同一控制下的控股合并中，母公司长期股权投资的投资成本小于子公司可辨认净资产的公允价值的份额

C. 非同一控制下的控股合并中，母公司长期股权投资的投资成本超过子公司可辨认净资产的公允价值的份额

D. 非同一控制下的控股合并中，母公司长期股权投资的投资成本小于子公司可辨认净资产的公允价值的份额

E. 非同一控制下的控股合并中，合并方的合并成本高于被合并方可辨认净资产的公允价值的份额

(四) 计算分析题

练习一

1. 目的：练习同一控制下合并日资产负债表的编制。

2. 资料：A 公司和 B 公司是同一母公司下的两家子公司。20×1 年 1 月 1 日，合并前两家公司的资产负债表如表 5-1 所示。20×1 年 1 月 1 日，A 公司支付现金 450 000 元取得 B 公司全部股权。

表 5-1　　A 公司和 B 公司合并前资产负债表

20×1 年 1 月 1 日　　单位：元

项　　目	A 公司	B 公司
货币资金	525 000	140 000
应收账款	50 000	240 000
存货	175 000	220 000
固定资产	350 000	280 000
资产合计	1 100 000	880 000
短期借款	150 000	120 000
应付账款	200 000	160 000

续　表

项　　目	A公司	B公司
应交税费	35 000	28 000
长期借款	200 000	160 000
负债合计	585 000	468 000
股本	300 000	240 000
资本公积	100 000	120 000
盈余公积	80 000	24 000
未分配利润	35 000	28 000
所有者权益(或股东权益)合计	515 000	412 000

3. 要求：

(1) 编制A公司投资入账时的会计分录以及合并抵销分录。

(2) 编制A公司合并财务报表工作底稿。

练习二

1. 目的：练习同一控制下合并日资产负债表的编制。

2. 资料：A公司和B公司是同一母公司下的两家子公司。20×1年1月1日，合并前两家公司的资产负债表如表5-1所示。20×1年1月1日，A公司支付现金350 000元，取得B公司80%的股权。

3. 要求：

(1) 编制A公司投资入账时的会计分录和合并抵销分录。

(2) 编制A公司合并财务报表工作底稿。

练习三

1. 目的：练习非同一控制下购买日资产负债表的编制。

2. 资料：A公司和B公司进行非同一控制下的控股合并，合并前A公司和B公司的资产负债表如表5-2所示。假设20×1年1月1日，A公司发行200 000股普通股，每股面值为1元，市价为3.5元，换取B公司90%的股权。

表5-2　　A公司和B公司合并前资产负债表

20×1年1月1日　　单位：元

项　　目	A公司(账面价值)	B公司(账面价值)	B公司(公允价值)
货币资金	175 000	140 000	140 000
应收账款	300 000	240 000	240 000
存货	275 000	220 000	220 000

续 表

项　　目	A公司(账面价值)	B公司(账面价值)	B公司(公允价值)
固定资产	350 000	280 000	350 000
资产合计	1 100 000	880 000	950 000
短期借款	150 000	120 000	120 000
应付账款	200 000	160 000	160 000
应交税费	35 000	28 000	28 000
长期借款	200 000	160 000	160 000
负债合计	585 000	468 000	468 000
股本	300 000	240 000	240 000
资本公积	100 000	80 000	150 000
盈余公积	80 000	64 000	64 000
未分配利润	35 000	28 000	28 000
所有者权益(或股东权益)合计	515 000	412 000	482 000

3. 要求：

(1) 编制A公司投资入账时的会计分录、合并调整分录以及合并抵销分录。

(2) 编制A公司合并财务报表工作底稿。

第六章
并购日后合并财务报表的编制

一、重点与难点

1. 并购当年合并财务报表的编制，以后各期财务报表的编制。

2. 并购日后合并财务报表编制的基本原理。

二、练习题

(一) 判断题

1. 为了编制合并财务报表，如果子公司的会计期间与母公司的会计期间不一致，就应当按照母公司的会计期间对子公司的财务报表进行调整，或者要求子公司按照母公司的会计期间另行编报财务报表。 ( )

2. 为了编制合并财务报表，子公司除了向母公司提供本公司的财务报表外，还应提供编制合并财务报表所需要的相关资料。 ( )

3. 编制合并财务报表时需要对纳入合并财务报表范围的各成员企业之间的内部交易事项对单独财务报表的影响予以抵销，这是一体性原则的要求。 ( )

4. 在合并财务报表工作底稿中编制的有关抵销分录，并不能作为记账的依据。 ( )

5. 甲、乙两家企业均属同一主管单位。甲企业以560万元的货币资金取得乙企业80%的股权，股权取得日的合并资产负债表中，“固定资产原价”项目的合并数应为甲企业与乙企业合并当日“固定资产”账面余额之和。 ( )

6. 甲、乙两家企业分属不同的主管单位。甲企业以560万元的货币资金取得乙企业80%的股权，股权取得日的合并资产负债表中，“固定资产原价”项目的合并数必定等于甲企业与乙企业合并当日“固定资产”账面余额之和。 ( )

7. 甲企业以560万元的货币资金取得乙企业80%的股权，股权取得日的合并资产负债表中，“长期股权投资”项目的合并数应为甲企业与乙企业当日长期股权投资账面价值之和。

( )

8. 甲企业以560万元的货币资金取得乙企业80%的股权，股权取得日的合并资产负债表中，“货币资金”项目的合并数应为甲企业与乙企业当日个别资产负债表“货币资金”项目金额之和。 ( )

9. 甲企业与乙企业合并前分属不同的主管单位。甲企业以账面价值200万元的库存商品(增值税税率为13%，计税价格为300万元)和300万元的货币资金购入乙企业80%的股权，从而成为乙企业的母公司。该项股权购买事项发生前，乙企业的可辨认净资产账面价值为

800 万元,公允价值为 810 万元,甲企业的股东权益为 2 000 万元。股权取得日的合并资产负债表中,“少数股东权益”项目数额应为 160 万元。 ( )

10. 编制合并资产负债表时,不仅母公司与子公司之间的债权、债务要抵销,子公司之间的债权、债务也要抵销。 ( )

(二) 单项选择题

1. 甲公司和乙公司没有关联关系。20×1 年 1 月 1 日甲公司投资 500 万元购入乙公司 100%的股权。乙公司可辨认净资产的公允价值为 500 万元,账面价值为 400 万元,其差额为应在 5 年内摊销的无形资产。20×1 年乙公司实现净利润 100 万元。20×2 年乙公司分配现金股利 60 万元。20×2 年乙公司实现净利润 120 万元,所有者权益的其他项目不变。20×2 年期末甲公司编制合并抵销分录时,长期股权投资应调整为( )万元。

A. 600　　B. 720　　C. 660　　D. 620

2. 甲公司和乙公司没有关联关系。20×1 年 1 月 1 日甲公司投资 500 万元购入乙公司 80%的股权。乙公司可辨认净资产的公允价值为 500 万元,账面价值为 400 万元,其差额为应在 5 年内摊销的无形资产。20×1 年乙公司实现净利润 100 万元。20×2 年乙公司分配现金股利 60 万元。20×2 年乙公司又实现净利润 120 万元,资本公积增加 100 万元,所有者权益的其他项目不变。20×2 年期末甲公司编制合并抵销分录时,长期股权投资应调整为( )万元。

A. 596　　B. 676　　C. 660　　D. 620

3. A 公司与 B 公司在合并前不存在关联方关系,A 公司 20×1 年 1 月 1 日投资 1 000 万元购入 B 公司 70%的股权,合并当日 B 公司所有者权益的账面价值为 1 000 万元,可辨认净资产公允价值为 1 200 万元,差额为 B 公司一项无形资产的公允价值大于其账面价值引起的。不考虑所得税等其他因素,在 20×1 年年末 A 公司编制合并财务报表时,抵销分录中应确认的商誉为( )万元。

A. 200　　B. 160　　C. 100　　D. 90

4. 甲公司和乙公司没有关联关系。20×1 年 1 月 1 日甲公司投资 1 000 万元购入乙公司 100%的股权。乙公司可辨认净资产的公允价值为 1 000 万元,账面价值为 800 万元,其差额由一项无形资产造成,该无形资产的公允价值为 400 万元,账面价值为 200 万元,尚可摊销 5 年,无残值。20×2 年乙公司实现净利润 200 万元,所有者权益的其他项目不变。20×2 年期末甲公司编制合并抵销分录时,长期股权投资应调整为( )万元。

A. 1 200　　B. 1 440　　C. 1 160　　D. 1 080

5. 编制合并现金流量表时,下列各项中应予抵销的是( )。

A. 子公司的少数股东依法从子公司抽回投资性权益

B. 子公司向其少数股东支付的现金股利

C. 子公司吸收母公司投资收到的现金

D. 子公司吸收少数股东投资收到的现金

6. 甲公司持有乙公司 70%的股权并控制乙公司,甲公司 20×1 年度合并财务报表中的少数股东权益为 950 万元。20×2 年度,乙公司发生净亏损 3 500 万元,无其他所有者权益变动。除乙公司外,甲公司没有其他子公司。不考虑其他因素,下列关于甲公司在编制 20×2 年度合并财务报表的处理中,正确的是( )。

A. 母公司所有者权益减少 950 万元　　B. 少数股东承担乙公司亏损 950 万元

C. 母公司承担乙公司亏损 2 450 万元　　　　D. 少数股东权益的列报金额为 0

7. 在编制合并财务报表时，关于企业集团内部存货交易的下列说法中，正确的是(　　)。

A. 内部存货销售不必抵销

B. 内部存货销售产生的未实现利润应抵销

C. 该交易在合并利润表中没有相应的抵销分录

D. 该交易在合并现金流量表中没有相应的抵销分录

8. 同一控制下的合并财务报表编制中，关于长期股权投资和子公司所有者权益抵销的说法中错误的是(　　)。

A. 借方登记子公司的全部所有者权益

B. 抵销过程中借方确认新的商誉

C. 贷方登记长期股权投资和少数股东权益

D. 抵销的子公司所有者权益为持续计量的净资产账面价值

9. 并购日后非同一控制下的合并财务报表编制中，关于母公司对子公司的投资收益和子公司当年的利润分配抵销的会计分录中，在贷方登记的是(　　)。

A. 投资收益　　B. 少数股东损益　　C. 年初未分配利润　D. 年末未分配利润

10. 在连续编制合并财务报表时，上期存在未实现内部销售损益，则本期合并财务报表工作底稿中“未分配利润——年初”项目合计数与上期合并财务报表中“未分配利润”项目合并数(　　)。

A. 两者相等　　B. 前者大于后者　　C. 前者小于后者　　D. B、C 均有可能

(三) 多项选择题

1. 甲公司 20×1—20×2 年发生的有关事项如下：

20×1 年 1 月 1 日，甲公司以一项固定资产及银行存款 3 000 万元作为合并对价，取得乙公司 60%的股权，能够对乙公司实施控制。甲公司付出的该项固定资产的账面价值为1 200万元，公允价值为 1 500 万元。合并过程中发生审计、评估费用等共计 30 万元。当日，乙公司可辨认净资产的公允价值为 7 000 万元。甲公司与乙公司此前不存在关联方关系。

20×1 年 5 月 1 日，乙公司宣告发放现金股利 100 万元。

20×2 年 1 月 1 日，甲公司以银行存款 900 万元为对价取得乙公司 10%的股权。当日，乙公司资产、负债自购买日开始持续计算的金额为 8 000 万元。

假设甲公司有足够的资本公积，不考虑增值税等相关税费。

(1) 下列关于甲公司个别财务报表中有关会计处理的说法中，不正确的有(　　)。

A. 甲公司 20×1 年 1 月 1 日应确认资产处置收益 300 万元

B. 甲公司应将合并过程中发生的审计、评估费用计入合并成本

C. 20×2 年增资后，甲公司该项长期股权投资的账面余额为 5 400 万元

D. 甲公司应按分得的现金股利冲减投资成本 60 万元

E. 甲公司 20×1 年 1 月 1 日应确认的长期股权投资为 4 500 万元

(2) 下列关于甲公司合并财务报表中有关会计处理的说法中，正确的有(　　)。

A. 20×1 年 1 月 1 日合并资产负债表中应确认商誉 300 万元

B. 20×2 年增资后，甲公司在合并财务报表中反映的合并商誉金额为 400 万元

C. 20×2 年增资后，甲公司在合并财务报表中反映的合并商誉金额为 330 万元

D. 20×2 年对新增投资成本 900 万元与按新增持股比例享有的乙公司自购买日开始持

续计算的可辨认净资产份额 800 万元的差额,应调整资本公积

E. 20×2 年对新增投资成本 900 万元与按新增持股比例享有的乙公司自购买日开始持续计算的可辨认净资产份额 800 万元的差额,应调整投资收益

2. 甲公司 20×1 年 1 月 1 日购入乙公司 80%的股权,能够对乙公司的财务和经营政策实施控制。除乙公司外,甲公司无其他子公司。20×1 年度,乙公司以购买日可辨认净资产公允价值为基础计算实现的净利润为 2 000 万元,无其他所有者权益变动。20×1 年年末,甲公司合并财务报表中的少数股东权益为 825 万元。20×2 年度,乙公司以购买日可辨认净资产公允价值为基础计算的净亏损为 5 000 万元,无其他所有者权益变动。20×2 年年末,甲公司个别财务报表中的所有者权益总额为 8 500 万元。下列关于甲公司 20×1 年度和 20×2 年度合并财务报表列报的表述中,正确的有(　　)。

A. 20×2 年度少数股东损益为 0

B. 20×1 年度少数股东损益为 400 万元

C. 20×2 年 12 月 31 日少数股东权益为 0

D. 20×2 年 12 月 31 日股东权益总额为 5 925 万元

E. 20×2 年 12 月 31 日归属于母公司的股东权益为 6 100 万元

3. 按照我国企业会计准则的规定,编制合并现金流量表时,抵销处理包括的内容有(　　)。

A. 企业集团内部当期以现金投资或收购股权增加的投资所产生的现金流量的抵销处理

B. 企业集团内部当期取得投资收益收到的现金与分配股利、利润或偿付利息支付的现金的抵销处理

C. 企业集团内部以现金结算债权与债务所产生的现金流量的抵销处理

D. 企业集团内部当期销售商品所产生的现金流量的抵销处理

E. 企业集团内部当期处置固定资产收回的现金净额与购建固定资产支付的现金的抵销处理

4. 下列项目中,在编制合并利润表时应予以抵销的有(　　)。

A. 母公司与子公司间的权益性投资收益　　B. 母公司的债权投资收益

C. 母公司计提的坏账准备　　D. 子公司的利润分配项目

E. 子公司的财务费用

5. 在编制合并资产负债表时,合并财务报表工作底稿中编制的抵销分录中,将母公司权益性资本投资项目与子公司所有者权益项目相抵销时,有可能(　　)。

A. 借记或贷记"商誉"项目

B. 借记或贷记"少数股东权益"项目

C. 既不借记,也不贷记"商誉"项目

D. 既不借记,也不贷记"少数股东权益"项目

E. 将子公司所有者权益按母公司投资比例抵销

6. 甲公司 20×1—20×2 年发生的有关事项如下:

20×1 年 1 月 1 日,甲公司以银行存款 5 000 万元作为合并对价,取得乙公司 60%的股权,能够对乙公司实施控制。合并过程中发生审计、评估费用等共计 30 万元。当日,乙公司可辨认净资产的账面价值为 9 000 万元,其中,股本 1 000 万元、资本公积 5 000 万元、盈余公积 500 万元、未分配利润 2 500 万元。甲公司与乙公司合并前后同受 P 公司控制。

乙公司 20×1 年全年实现净利润 800 万元,提取盈余公积 80 万元。

20×2 年 4 月 20 日，乙公司宣告发放现金股利 200 万元。乙公司 20×2 年全年实现净利润 1 000 万元，提取盈余公积 100 万元。

假设甲公司有足够的资本公积，不考虑增值税等相关税费。

(1) 在 20×1 年 12 月 31 日编制合并财务报表工作底稿时，下列会计分录中正确的有(　　)。

A. 借：长期股权投资　5 400
　　贷：银行存款　5 000
　　　　资本公积　400

B. 借：长期股权投资　480
　　贷：投资收益　480

C. 借：投资收益　480
　　贷：长期股权投资　480

D. 借：资本公积　1 800
　　贷：盈余公积　300
　　　　未分配利润　1 500

E. 借：资本公积　3 000
　　贷：盈余公积　500
　　　　未分配利润　2 500

(2) 在 20×1 年 12 月 31 日编制合并财务报表工作底稿时，下列判断中不正确的有(　　)。

A. 按权益法调整后的长期股权投资的账面价值为 5 400 万元

B. 按权益法调整后的长期股权投资的账面价值为 5 880 万元

C. 与此次合并有关的合并商誉金额为 400 万元

D. 20×1 年应确认的少数股东损益为 320 万元

E. 20×1 年年末少数股东权益的账面金额为 3 920 万元

(3) 在 20×2 年 12 月 31 日编制合并财务报表工作底稿时，下列会计分录中正确的有(　　)。

A. 借：长期股权投资　480
　　贷：未分配利润——年初　480

B. 借：长期股权投资　5 400
　　贷：银行存款　5 000
　　　　资本公积　400

C. 借：长期股权投资　600
　　　投资收益　120
　　贷：投资收益　600
　　　　长期股权投资　120

D. 借：资本公积　1 800
　　贷：盈余公积　300
　　　　未分配利润　1 500

E. 借：资本公积　3 000
　　贷：盈余公积　500
　　　　未分配利润　2 500

(4) 在 20×2 年 12 月 31 日编制合并财务报表工作底稿时，下列判断中正确的有(　　)。

A. 按权益法调整后的长期股权投资的账面价值为 5 400 万元

B. 按权益法调整后的长期股权投资的账面价值为 6 360 万元

C. 与此次合并有关的合并商誉金额为 400 万元

D. 20×2 年应确认的少数股东损益为 400 万元

E. 20×2 年年末少数股东权益的账面金额为 4 240 万元

(四) 计算分析题

练习一

1. 目的：练习非同一控制下企业合并财务报表的编制。

2. 资料：20×2 年 1 月 1 日，A 公司以银行存款 4 375 万元取得 B 公司 70%的股权，该项控股合并为非同一控制下的控股合并。A公司以前不持有B公司的股份,并且A公司和B公司采用的会计政策一致。不考虑所得税的影响。20×1年12月31日,A公司和B公司的资产负债表如表6-1所示。20×2年发生的与合并财务报表相关的交易或事项如下:

(1) 3月5日,B公司宣告发放现金股利150万元。

(2) 3月9日,B公司用银行存款支付现金股利150万元。

(3) 20×2年,B公司实现净利润800万元,提取盈余公积80万元。

(4) B公司20×2年的年初固定资产按直线法计提折旧,剩余折旧年限为10年。

(5) B公司20×2年的年初无形资产按直线法摊销,剩余摊销年限为10年。

(6) A公司于20×2年年末为编制合并财务报表对购买B公司所记录的商誉进行了减值测试,发现没有发生减值。

(7) A公司和B公司20×2年没有发生集团内部交易。

表6-1 **A公司和B公司合并前资产负债表**

20×1年12月31日 单位:万元

项　目	A公司(账面价值)	B公司(账面价值)	B公司(公允价值)
货币资金	5 235	225	225
应收账款	600	1 000	1 000
存货	1 240	225	225
长期股权投资	625		
固定资产	3 900	2 480	4 650
无形资产	900	250	750
资产合计	12 500	4 180	6 850
短期借款	500	1 125	1 125
应付账款	750	150	150
应交税费	75	150	150
负债合计	1 325	1 425	1 425
股本	5 500	1 250	
资本公积	3 500	750	
盈余公积	1 000	250	
未分配利润	1 175	505	
所有者权益(或股东权益)合计	11 175	2 755	

3. 要求：

(1) 编制 20×2 年 A 公司对 B 公司长期股权投资的相关会计分录。

(2) 编制 20×2 年 1 月 1 日 A 公司合并财务报表工作底稿的调整分录和抵销分录。

(3) 编制 20×2 年度 A 公司合并财务报表工作底稿的调整分录和抵销分录。

练习二

1. 目的：练习合并现金流量表的抵销分录。

2. 资料：假设 A 公司与纳入合并范围的 B、C、D 三家子公司发生以下内部现金流量业务。

(1) C 公司收到 D 公司货款 20 000 元，D 公司将货物作为固定资产使用。

(2) A 公司收到 B 公司应付股利 50 000 元，收到 C 公司应付股利 60 000 元，收到 D 公司应付股利 70 000 元。

(3) B 公司收到 C 公司赔偿款 10 000 元。

(4) A 公司收到 D 公司所欠货款 80 000 元，D 公司将货物用于产品生产。

(5) A 公司追加对 B 公司的投资 100 000 元。

3. 要求：编制有关合并现金流量表的抵销分录。

第七章
集团公司内部交易事项的处理

一、重点与难点

1. 内部存货交易、固定资产交易、债权债务交易、无形资产交易的抵销。
2. 如何从企业集团整体视角看待内部交易?

二、练习题

(一) 判断题

1. 在企业集团母公司将存货出售给子公司的情况下，如果后者将该存货销售出企业集团，则年末编制合并财务报表时不需要编制抵销分录。 (　　)

2. 企业集团子公司将存货按成本价出售给母公司，后者将其作为固定资产使用，则年末编制合并财务报表时不需要编制抵销分录。 (　　)

3. 少数股东增加对子公司的权益性资本投资，在合并现金流量表中应在“投资活动产生的现金流量”部分报告。 (　　)

4. 在连续编制合并财务报表的情况下，对上一期内部购进商品全部实现对外销售的情况，本期不再涉及有关的抵销处理。 (　　)

5. 抵销内部交易的固定资产当期多计提的折旧费，实际上就是抵销该固定资产当期按内部固定资产交易的未实现利润计提的折旧费。 (　　)

6. 企业集团内部交易的固定资产，在超期使用的情况下，超期使用各期间和报废期间合并财务报表工作底稿中不需要编制有关的抵销分录。 (　　)

7. 企业集团内部交易固定资产业务发生后，内部交易的固定资产报废处理前每年合并财务报表中“固定资产原价”项目的合并数，应等于该固定资产内部交易的买方对该固定资产的购入成本。 (　　)

8. 企业集团固定资产内部交易业务发生当期及以后各期(至报废期)，每期合并财务报表工作底稿中都需要对该固定资产当期多提的折旧编制如下抵销分录：借记“累计折旧”科目，贷记“管理费用”科目。 (　　)

9. 子公司当年实现的净收益属于少数股东应享有的份额即少数股东收益的，必将增加企业集团的少数股东权益。 (　　)

10. 根据我国企业会计准则，合并利润表中的合并净利润包括少数股东收益。 (　　)

(二) 单项选择题

1. 甲公司拥有乙和丙两家子公司。20×1 年 6 月 15 日，乙公司将其产品以市场价格销售给丙公司，售价为100万元(不考虑相关税费)，销售成本为76万元。丙公司购入后作为管理用固定资产，按4年的期限采用直线法计提折旧，预计净残值为0。假定不考虑所得税影响，甲公司在编制20×2年年末合并资产负债表时，应调整“固定资产”项目的金额(　　)万元。

A. −15　　B. 6　　C. 9　　D. −24

2. 甲公司20×1年3月10日从其拥有80%股份的子公司购进设备一台，该设备为子公司所生产的产品，成本为1 850万元，售价为2 260万元(含增值税，增值税税率为13%)，另支付运输安装费8万元。甲公司已付款且该设备当月投入使用，预计使用年限为5年，净残值为0，采用年数总和法计提折旧。甲公司20×2年年末编制合并财务报表时应抵销的20×2年多计提的固定资产折旧额为(　　)万元。

A. 37.5　　B. 12.5　　C. 30　　D. 42.5

3. 将期初内部交易无形资产的多摊销额抵销时，应编制的抵销分录是(　　)。

A. 借记“未分配利润——年初”项目，贷记“管理费用” 项目

B. 借记“无形资产——累计摊销”项目，贷记“管理费用”项目

C. 借记“无形资产——累计摊销”项目，贷记“未分配利润——年初”项目

D. 借记“未分配利润——年初”项目，贷记“无形资产——累计摊销”项目

4. 以下关于母公司投资收益和子公司利润分配的抵销分录的表述中，不正确的是(　　)。

A. 抵销母公司投资收益和少数股东损益均按照调整后的净利润份额计算

B. 抵销子公司利润分配有关项目按照子公司实际提取和分配数计算

C. 抵销期末未分配利润按照期初和调整后的本期净利润减去实际分配后的余额计算

D. 抵销母公司投资收益按照调整后的净利润份额计算，计算少数股东损益的净利润不需调整

5. 甲公司和乙公司没有关联关系。甲公司按照净利润的10%提取盈余公积。20×1年1月1日，甲公司投资500万元购入乙公司100%的股权，乙公司可辨认净资产公允价值为500万元，账面价值为400万元，其差额为应在5年内摊销的无形资产。20×1年，乙公司实现净利润100万元，所有者权益的其他项目不变，期初未分配利润为0。20×1年年末甲公司编制投资收益和利润分配的抵销分录时，应抵销的投资收益是(　　)万元。

A. 100　　B. 80　　C. 60　　D. 120

6. 甲公司和乙公司没有关联关系。甲公司按照净利润的10%提取盈余公积。20×1年1月1日，甲公司投资500万元购入乙公司100%的股权，乙公司可辨认净资产公允价值为500万元，账面价值为400万元，其差额为应在5年内摊销的无形资产。20×1年，乙公司实现净利润100万元，期初未分配利润为0，20×2年分配60万元，20×2年实现净利润120万元。乙公司在20×2年期末甲公司编制投资收益和利润分配的抵销分录时，应抵销的期初和期末未分配利润分别是(　　)万元。

A. 0,60　　B. 0,120　　C. 70,108　　D. 70,98

7. 甲公司20×1年2月10日从其拥有80%股份的被投资企业A购进设备一台，该设备成本为70万元，售价为100万元，另支付运输安装费3万元。甲公司已付款且该设备当月投入使用，预计使用5年，净残值为0，采用直线法计提折旧。甲公司20×1年年末编制合并财务报表时，因该设备相关的未实现内部销售利润的抵销而影响合并净利润的金额是(　　)万元。

A. 5　　B. 30　　C. 25　　D. 15

8. 下列现金流量中,在合并现金流量表中不反映的是(　　)。

A. 子公司依法减资向少数股东支付的现金

B. 子公司向少数股东支付的现金股利

C. 子公司吸收母公司投资收到的现金

D. 子公司吸收少数股东投资收到的现金

9. 甲公司只有一家子公司——乙公司。20×1 年度,甲公司和乙公司个别现金流量表中"销售商品、提供劳务收到的现金"项目的金额分别为 2 000 万元和 1 000 万元,"购买商品、接受劳务支付的现金"项目的金额分别为 1 800 万元和 800 万元。20×1 年,甲公司向乙公司销售商品收到现金 100 万元,不考虑其他事项,合并现金流量表中"购买商品、接受劳务支付的现金"项目的金额为(　　)万元。

A. 3 000　　B. 2 600　　C. 2 500　　D. 2 900

10. 20×1 年 9 月,子公司从母公司购入的 150 万元存货,本年没有实现销售,期末该批存货的可变现净值为 105 万元,子公司计提了 45 万元存货跌价准备,母公司销售该批存货的成本为 120 万元。20×1 年年末母公司编制合并财务报表时,针对该准备项目所做的抵销处理为(　　)。

A. 借:存货——存货跌价准备 30
　　贷:资产减值损失 30

B. 借:资产减值损失 15
　　贷:存货——存货跌价准备 15

C. 借:存货——存货跌价准备 45
　　贷:资产减值损失 45

D. 借:未分配利润——年初 30
　　贷:存货——存货跌价准备 30

(三) 多项选择题

1. 按照我国企业会计准则的规定,以下关于合并资产负债表的抵销的表述中正确的有(　　)。

A. 母公司对子公司的长期股权投资与母公司在子公司所有者权益中享有的份额应当相互抵销

B. 非同一控制下的控股合并中,在购买日,母公司对子公司的长期股权投资大于母公司享有子公司可辨认净资产公允价值份额的差额,应当在"商誉"项目列示

C. 母公司与子公司、子公司相互之间的债权与债务项目应当相互抵销,同时抵销应收款项的坏账准备和债券投资的减值准备

D. 母公司与子公司、子公司相互之间的债券投资与应付债券相互抵销后,产生的差额应当计入投资收益项目

E. 母公司与子公司、子公司相互之间的债券投资与应付债券相互抵销后,产生的差额应当计入合并商誉

2. 以下各项中,属于母公司与子公司合并现金流量表应抵销的有(　　)。

A. 以现金投资或收购股权增加的投资产生的现金流量

B. 当期取得投资收益收到的现金与分配股利、利润或偿付利息支付的现金

C. 以现金结算债权与债务产生的现金流量

D. 当期销售商品产生的现金流量

E. 内部处置固定资产、无形资产和其他长期资产收回的现金净额与购建固定资产等支付的现金

3. 在连续编制合并财务报表时,需要通过"未分配利润——年初"项目予以抵销的经济业

务有(　　)。

A. 内部固定资产交易后未实现利润的抵销

B. 内部存货交易中期末存货未分配利润的抵销

C. 内部存货交易中期初存货未实现利润的抵销

D. 内部固定资产交易后多计提折旧的抵销

E. 内部期初应收账款计提的坏账准备的抵销

4. 乙公司和丙公司均为纳入甲公司合并范围的子公司。20×1 年 6 月 1 日,乙公司将其产品销售给丙公司作为管理用固定资产,售价为 25 万元(不含增值税),销售成本为 13 万元。丙公司购入后按 4 年的期限采用直线法计提折旧,预计净残值为 0。甲公司在编制 20×2 年度合并财务报表时,下列说法中正确的有(　　)。

A. 调减"未分配利润"项目 12 万元　　B. 调减"未分配利润"项目 10.5 万元

C. 调减"固定资产"项目 12 万元　　D. 调增"固定资产"项目 4.5 万元

E. 调减"固定资产"项目 7.5 万元

5. 子公司本期将其成本为 80 万元的一批产品销售给母公司,销售价格为 100 万元,母公司本期购入该产品都形成存货,并为该项存货计提 5 万元跌价准备。期末编制合并财务报表时,母公司应抵销的项目和金额有(　　)。

A. "存货跌价准备"5 万元　　B. "资产减值损失"5 万元

C. "营业收入"100 万元　　D. "营业成本"80 万元

E. "存货"20 万元

6. 编制合并利润表和合并所有者权益变动表时,需要调整抵销的项目有(　　)。

A. 内部收账款的资产减值损失　　B.内部投资收益

C. 内部销售收入和内部销售成本　　D.内部债权债务

E. 纳入合并范围的子公司利润分配

7. 下列关于内部交易固定资产清理期间的合并处理的表述中,错误的有(　　)。

A. 在使用期满清理当期编制合并财务报表时,不需要对该项固定资产编制任何抵销分录

B. 固定资产使用期满的会计期间仍然需要计提折旧,多计提的折旧费用应予以抵销

C. 清理超期使用的固定资产,本期计提折旧中包含的对超期使用固定资产多计提的折旧仍需抵销

D. 在编制对超期使用的内部交易固定资产进行清理的会计期间的合并财务报表时,不需要合并处理

E. 在使用期未满,提前进行清理期间,仍需对当期多计提的折旧予以抵销

8. 在编制合并财务报表时,下列关于合并财务报表工作底稿中抵销分录的说法中,不正确的有(　　)。

A. 应将纳入合并范围的子公司的所有者权益全数抵销

B. 应抵销母公司的应收账款及按该应收账款计提的坏账准备

C. 应抵销纳入合并范围的子公司对母公司的预付账款

D. 应抵销内部交易的固定资产价值

E. 应抵销母公司的投资收益

9. 甲企业拥有乙企业 60%的股权,从而将乙企业纳入合并财务报表的编制范围。20×1 年 9 月,甲企业将账面价值为 80 000 元、计税价格为 100 000 元、增值税税率为 13%、消费税税

率为10%的一批库存商品,以100 000元的价格出售给乙企业,后者将其作为库存材料核算。年末,该批存货尚有40%在库,另60%已经计入乙企业当年的销售成本。该在库存货的年末可变现净值为31 000元,乙企业因此计提存货跌价准备9 000元。甲企业和乙企业个别资产负债表中"存货"项目的年末数分别为900 000元和500 000元。根据现行企业会计准则,甲企业编制的合并财务报表中,与该业务有关的抵销分录涉及的报表项目包括(　　)。

A. 存货　　B. 营业收入　　C.营业成本　　D. 管理费用

E. 存货跌价准备

10. 在合并财务报表工作底稿中,"合并数"一栏提供的数据将构成合并财务报表所填列的数据。在计算以下项目的"合并数"时,需用工作底稿中相关项目的"合计数"栏数据加上"抵销与调整分录"栏的借方数据(减去贷方数据)的项目有(　　)。

A. 营业收入　　B. 应付账款

C. 固定资产原价　　D. 期初未分配利润

E. 持有至到期投资

(四) 计算分析题

练习一

1. 目的:练习内部固定资产交易的抵销。

2. 资料:A公司20×1年2月2日从其拥有80%股份的被投资企业——B公司购进设备一台。B公司销售该产品的销售成本为84万元,销售价款为120万元,销售毛利率为30%。A公司支付价款140.4万元(含增值税),另支付运杂费1万元、保险费0.6万元、安装调试费8万元,于20×1年5月20日竣工验收交付使用。A公司采用直线法计提折旧,该设备用于行政管理,使用年限为3年,预计净残值为原价的4%(抵销该固定资产包含的未实现内部销售利润时,不考虑净残值)。假定不考虑内部交易产生的递延所得税。

3. 要求:

(1) 编制A公司20×1年度合并财务报表的抵销分录。

(2) 编制A公司20×2年度合并财务报表的抵销分录。

(3) 假定该设备在使用期满时进行清理,编制A公司20×3年度、20×4年度合并财务报表的抵销分录。

练习二

1. 目的:练习内部交易抵销的处理。

2. 资料:甲公司自20×1年起拥有A公司60%的股份并自当年开始连续编制合并财务报表。甲公司合并财务报表的报出时间为报告年度次年的3月20日。甲公司和A公司均为增值税一般纳税企业,销售价格均为不含增值税价格。

(1) 20×1年度资料:

① 甲公司20×1年度资产负债表期末存货中包含从A公司购进的X产品1 600万元,A公司20×1年销售X产品的销售毛利率为15%。

② A公司20×1年度资产负债表期末应收账款中包含应收甲公司账款1 400万元,该应收账款累计计提的坏账准备余额为150万元,即应收甲公司账款净额为1 250万元。

③ 甲公司20×1年1月向A公司转让设备一台,转让价格为800万元,该设备系甲公司自行生产的,实际成本为680万元,A公司购入该设备发生安装等相关费用100万元,该设备于20×1年6月15日安装完毕并投入A公司管理部门使用。A公司对该设备采用年限平均

法计提折旧，预计净残值为0，预计使用年限为6年。

(2) 甲公司和A公司20×1年度按权益法调整后的财务报表有关项目金额如表7-1和表7-2所示：

表7-1　　资产负债表有关项目年末数

单位：万元

项　目	甲公司	A公司
长期股权投资——A公司	2 800	
股本	5 000	2 000
资本公积	1 000	700
盈余公积	3 000	800
未分配利润	2 800	500
所有者权益(或股东权益)合计	11 800	4 000

表7-2　　利润表及利润分配表有关项目本年发生数

单位：万元

项　目	甲公司	A公司
营业利润	5 900	2 200
投资收益	3 100	200
其中：对A公司投资收益	960	—
利润总额	9 000	2 400
所得税	2 800	800
净利润	6 200	1 600
未分配利润——年初	1 700	400
提取盈余公积	1 580	300
应付股利	3 520	1 200
未分配利润	2 800	500

(3) 20×2年度有关资料：

① 甲公司20×2年度从A公司购入X产品10 000万元，年末存货中包含从A公司购进的X产品2 000万元(均为20×1年购入的存货)，A公司20×1年销售X产品的销售毛利率为20%。

② A公司20×2年度资产负债表年末应收账款中包含应收甲公司账款1 800万元,该应收账款累计计提的坏账准备余额为200万元,即应收甲公司账款净额为1 600万元。

③ A公司20×2年年初盈余公积为500万元。税法规定,企业的存货以历史成本作为计税基础。

假定不考虑内部交易产生的递延所得税。

3. 要求:编制甲公司20×2年度合并财务报表相关的抵销分录。

第八章
信息披露

一、重点与难点

1. 上市公司信息披露的内容，分部报告、经营分部的概念。

2. 报告分部的确定，中期财务报告的确认与计量。

二、练习题

(一) 判断题

1. 资产负债表、利润表和附注是中期财务报告至少应当编制的法定内容，而对其他财务报表或相关信息，如现金流量表等，企业可以根据需要自行决定。（　　）

2. 上市公司的董事、监事、高级管理人员应当保证上市公司披露的信息真实、准确、完整。（　　）

3. 上市公司可以新闻发布或记者问答等形式代替公司的正式公告。（　　）

4. 分部报告是指在企业的财务报告中，按照确定的企业内部组成部分提供的有关各组成部分的收入、资产和负债等信息的报告。（　　）

5. 报告分部的对外交易收入合计额占合并总收入或企业总收入的比重未达到 75%的，应将其他的分部确定为报告分部(即使它们未满足上述规定的条件)，直至该比重达到 75%。（　　）

6. 我国上市公司进行信息披露主要采用自愿性信息披露的方式。（　　）

7.《中华人民共和国会计法》规定，会计年度是自农历一月一日至十二月三十一日。（　　）

8. 无论企业中期财务报告的频率是月度、季度还是半年度，企业中期会计计量的结果最终都应当与年度财务报告会计计量一致。（　　）

9. 企业在会计年度中不均匀发生的费用，应当在中期财务报表中予以预提或者待摊。（　　）

10. 上一年度财务报告包括了合并财务报表，但报告中期内处置了所有应纳入合并范围的子公司，中期财务报告只需要提供母公司财务报表。（　　）

(二) 单项选择题

1. 下列有关分部报告的表述中，符合现行规定的是(　　)。

A. 报告分部的收入必须是对外交易的收入

B. 作为报告分部，必须满足 10%的重要性标准

C. 在分部报告中应将递延所得税资产作为分部资产单独披露

D. 分部费用不包括所得税费用

2. 下列上市公司定期报告中，必须经注册会计师审计的是(　　)。

A. 月度报告　B. 季度报告　C. 中期报告　D. 年度报告

3. 上市公司年度报告应当在每个会计年度结束之日起(　　)个月内编制完成并披露。

A. 1　B. 2　C. 3　D. 4

4. 招股说明书的有效期为(　　)个月，自证监会下发核准通知前招股说明书最后一次签署之日起计算。

A. 1　B. 2　C. 3　D. 6

5. 已经纳入分部报告范围的各个分部的对外交易收入总额应达到企业总收入的 75%，否则(　　)。

A. 不再对外提供分部营业报告

B. 按已经纳入并低于营业收入总额的 75%提供分部报告

C. 将更多分部纳入分部报告编制范围

D. 无规定

6. 在应用 10%重要性标准确定报告分部时，以下关于“分部收入”内容的表述中，正确的是(　　)。

A. 仅指对外营业收入

B. 仅指对其他分部的营业收入

C. 包括对外营业收入和对其他分部的营业收入

D. 包括利息收入在内的全部收入

7.《企业会计准则解释第 3 号》规定，企业报告分部的数量通常不应超过(　　)个。

A. 3　B. 5　C. 10　D. 20

8. 在中期财务报告中，不应提供的前期比较财务报表是(　　)。

A. 本中期末和上一年度末的资产负债表

B. 年初至本中期末、上一年年初至可比本中期末的现金流量表

C. 本中期、年初至本中期末以及上一年度可比较期间的利润表

D. 本中期、年初至本中期末以及上一年度可比较期间的所有者权益变动表

9. 下列关于中期财务报告的表述中，正确的是(　　)。

A. 中期财务报告的附注应当以本中期为基础编制

B. 中期会计计量应当以年初至本中期末为基础

C. 中期财务报告的附注需要重复披露上一年度财务报告中已经披露的信息

D. 中期财务报告的附注应披露分部的所有信息

10. 对于会计年度中不均匀发生的费用，下列说法中错误的是(　　)。

A. 在会计年度末预提或待摊　B. 在中期财务报表中预提或待摊

C. 在费用发生时确认　D. 在费用发生时计量

(三) 多项选择题

1. 根据我国相关法律法规的规定，上市公司必须公开披露的信息内容主要有(　　)。

A. 定期报告　B. 临时报告　C. 公司章程　D. 上市公告书

E. 招股说明书

2. 上市公司应当披露的定期报告包括(　　)。

A. 月度报告　　B. 季度报告　　C. 半年度报告　　D. 年度报告

E. 临时报告

3. 根据上市公司信息披露的有关规定，下列各项中，应属于重大事件公告的有(　　)。

A. 公司对外提供重大担保

B. 公司发生重大亏损或损失

C. 公司发生重大投资行为

D. 持有公司5%以上股份的股东的持有股份情况发生变化

E. 公司的经营方针和经营范围的重大变化

4. 上市公司信息披露应遵循的原则包括(　　)。

A. 全面原则　　B. 真实原则　　C. 准确原则　　D. 完整原则

E. 及时原则

5. 下列各项中，属于确认企业报告分部重要性标准的条件有(　　)。

A. 该分部收入占所有分部收入合计的10%或者以上

B. 该分部的分部利润(亏损)的绝对额占所有盈利分部利润合计额或者亏损分部亏损合计额的绝对额两者中较大者的10%或者以上

C. 该分部的分部资产占所有分部资产合计额的10%或者以上

D. 该分部的分部负债占所有分部负债合计额的10%或者以上

E. 该分部的分部所有者权益占所有分部所有者权益合计额的10%或者以上

6. 下列关于分部报告的表述中，正确的有(　　)。

A. 企业应当以经营分部为基础确定报告分部

B. 企业披露分部信息时，无须提供前期比较数据

C. 企业披露的报告分部收入总额应当与企业收入总额相衔接

D. 企业披露分部信息时，应披露每一报告分部的利润总额及其组成项目的信息

E. 分部资产披露的金额应当按照扣除相关累计折旧或摊销额以及累计减值准备后的金额确定

7. 中期财务报告中的附注至少应包括(　　)。

A. 中期财务报表采用的会计政策与上一年度财务报表相一致的声明

B. 会计估计变更的内容、原因及其影响数

C. 企业经营的季节性或者周期性特征

D. 前期差错的性质及其更正金额

E. 合并财务报表的合并范围发生变化的情况

8. 在中期财务报告中，企业应当提供的比较财务报表有(　　)。

A. 上一年度末的资产负债表

B. 上一年度可比中期的利润表

C. 上一年度年初至上一年度可比中期末的利润表

D. 上一年度年初至上一年度可比本期末的现金流量表

E. 上一年度可比中期的现金流量表

9. 中期财务报告中至少应当包括(　　)。

A. 资产负债表　　B. 利润表　　C. 现金流量表　　D. 股东权益变动表

E. 附注

10. 下列关于上市公司中期报告的表述中,正确的有(　　)。
A. 中期报告仅是年度报告的节选,不是完整的报表
B. 中期会计计量应当以本中期末为基础
C. 中期报告中各会计要素的确认和计量标准应当与年度报告一致
D. 对中期报表项目进行重要性判断,应以预计年度数据为基础
E. 中期报告应同时提供合并财务报表和母公司报表

(四) 计算分析题

练习一

1. 目的:练习报告分部的确定。
2. 资料:甲铝业公司有四个独立可识别的经营分部,该公司20×4年各经营分部的对外交易收入及分部间交易收入情况如表8-1所示。

表8-1　　甲铝业公司各经营分部收入

单位:万元

经营分部	对外交易收入	分部间交易收入
氧化铝板块	1 800	660
原铝板块	10 800	1 500
贸易板块	7 500	600
能源板块	2 000	—
合　计	22 100	2 760

3. 要求:按收入10%的重要性标准判断哪些经营分部可以列为报告分部。

练习二

1. 目的:练习报告分部的确定。
2. 资料:红星服装公司有以下三个独立可识别的经营分部(男装分部、女装分部、童装分部),20×4年各分部收入、成本等财务信息如表8-2所示,其中各分部营业收入均为对外销售收入。

表8-2　　红星服装公司20×4年财务信息

单位:万元

项　目	男装分部	女装分部	童装分部
营业收入	300	860	520
营业成本	350	400	300

3. 要求:按利润10%的重要性标准判断哪些经营分部可以列为报告分部。

练习三

1. 目的:练习报告分部的确定。

2. 资料：爱华家电公司有四个独立可识别的经营分部，截至 20×4 年年底各经营分部的资产情况如表 8-3 所示。

表 8-3　　爱华家电公司各经营分部资产情况

单位：万元

项　　目	冰箱分部	冰柜分部	微波炉分部	销售分部
资产总额	1 300	1 200	1 000	1 250

3. 要求：按资产 10%的重要性标准判断哪些经营分部可以列为报告分部。

练习四

1. 目的：练习比较财务报表的编制。

2. 资料：甲公司是一家房地产上市公司，按照要求需要提供季度报告。

3. 要求：列示截至 20×4 年 3 月 31 日、6 月 30 日和 9 月 30 日提供的各季度财务报告中应当分别提供的财务报表。

练习五

1. 目的：练习中期财务报告的确认和计量。

2. 资料：南方公司为一家冷饮生产和销售公司，需要对外提供季度财务报告，该公司的冷饮销售主要集中在每年的第二季度和第三季度。20×4 年南方公司 1 月 1 日至 9 月 30 日累计实现净利润 300 万元，其中第一季度亏损 100 万元，第二季度和第三季度共盈利 400 万元。第三季度末该公司尚有存货 100 万元，由于已经错过销售旺季，因此该存货可变现净值为 90 万元。

3. 要求：试问该公司是否应在 20×4 年第三季度财务报告中确认存货跌价损失？为什么？

第二篇

其他特殊业务会计

第九章
公允价值会计

一、重点与难点

1. 公允价值的三种估值技术，公允价值的含义及其相关假设，以公允价值计量且其变动计入当期损益的金融资产、投资性房地产以及非货币性资产交换的会计处理过程。

2. 公允价值相关假设的理解和应用。

二、练习题

(一) 判断题

1. 公允价值是指资产或者负债的“脱手价格”，也就是“进入价格”。 (　　)

2. “出售”资产和“转移”负债仅是一项假定，并不需要真的出售资产或者转移负债。 (　　)

3. 公允价值指的是特定企业的公允价值。 (　　)

4. 所谓“最佳用途”，是指市场参与者实现一项非金融资产或其所属资产和负债组合的价值最大化时该非金融资产的用途。 (　　)

5. 公允价值，是指计量日的公允价值，也是交易日的公允价值。 (　　)

6. 清算价格一般适用于企业破产、抵押、停业清理等情况下的资产计量。 (　　)

7. 相关资产或负债交易量最大和交易活跃程度最高的市场，为主要市场。 (　　)

8. 最有利市场，是指在考虑交易费用后，能够以最高金额出售相关资产或者以最低金额转移相关负债的市场。 (　　)

9. 市场法、收益法和成本法分别是面向现在、面向未来、面向过去的评估方法。 (　　)

10. 在公允价值计量时，应该首先考虑第一层次的输入值。 (　　)

(二) 单项选择题

1. 关于计量单元，下列说法中正确的是(　　)。

A. 相关资产单独进行计量的最小单位

B. 相关负债单独进行计量的最小单位

C. 相关资产或负债以单独或者组合方式进行计量的最小单位

D. 相关资产和负债单独进行计量的最小单位

2. 关于输入值，下列说法中错误的是(　　)。

A. 企业可以使用出价计量资产头寸

B. 企业可以使用出价计量负债头寸

C. 企业可以使用要价计量负债头寸

D. 企业可以使用市场参与者在实务中使用的出价和要价之间的中间价或其他定价惯例计量相关资产或负债

3. 关于公允价值准则中的相关资产和负债,下列说法中正确的是(　　)。

A. 包括所有资产和负债

B. 包括部分资产和负债

C. 包括部分资产和负债,不包括企业自身权益工具

D. 其他相关会计准则要求或允许企业以公允价值计量的资产或负债,也包括企业自身权益工具

4. 下列项目中,不属于估值技术的是(　　)。

A. 市场法　　B. 收益法　　C. 售价法　　D. 成本法

5. 甲公司于20×1年12月1日购买某上市公司100万股普通股股票,划分为其他债权投资核算。12月1日,该上市公司股票价格为每股10元。甲公司共支付1 002万元,其中2万元用来支付交易费用。20×1年12月31日,每股股票的收盘价为12元,预计处置全部股票将发生交易费用2.4万元。甲公司的下列会计处理中,错误的是(　　)。

A. 20×1年12月31日,每股股票的公允价值是12元

B. 20×1年12月31日,每股股票的公允价值是10.02元

C. 20×1年12月31日,每股股票的公允价值是10元

D. 其他债权投资初始入账金额为1 002万元

6. 企业判断非金融资产的最佳用途,无须考虑(　　)。

A. 非金融资产的用途在法律上是否允许

B. 非金融资产的用途在法律上是否可能

C. 非金融资产的用途在法律上是否可行

D. 非金融资产的用途在法律上是否及时

7. 企业以公允价值计量相关资产或负债所使用的估值技术中,(　　)是反映当前要求重置相关资产服务能力所需要金额的估值技术。

A. 成本法　　B. 收益法　　C. 市场法　　D. 估价法

8. 有序交易,是指在计量日(　　)相关资产或负债具有惯常市场活动的交易。清算等被迫交易不属于有序交易。

A. 前十日　　B. 前一段时间内　　C. 前一个月　　D. 前三十日

9. 企业以公允价值计量负债,应当假定在计量日将该负债转移给其他市场参与者,而且该负债在转移后继续存在,并由作为(　　)的市场参与者履行义务。

A. 转让方　　B. 第三方　　C. 受让方　　D. 受让方与转让方

10. 下列说法中,不正确的是(　　)。

A. 以公允价值计量的相关资产或负债只能是单项资产或负债

B. 企业以公允价值计量相关资产或负债,应当假定市场参与者在计量日出售资产或转移负债的交易是在当前市场条件下的有序交易

C. 企业以公允价值计量相关资产或负债,应当采用市场参与者在对资产或负债定价时为实现其经济利益最大化所使用的假设

D. 企业以公允价值计量相关资产或负债,应当采用在当前情况下适用并且有足够可利用数据和其他信息支持的估值技术

(三) 多项选择题

1. 下列估值技术或方法中,属于收益法的有(　　)。

A. 现金流量折现法　　B. 现行重置成本法

C. 多期超额收益折现法　　D. 期权定价模型

2. 下列项目中,属于相关资产或负债特征的有(　　)。

A. 交易费用

B. 运输费用

C. 资产的地理位置和环境

D. 债务人在偿还借款前不能转让已抵押的长期股权投资

3. 下列项目中,适用公允价值计量准则确定其公允价值的有(　　)。

A. 采用公允价值模式进行后续计量的投资性房地产

B. 非同一控制下企业合并中取得的可辨认资产和负债以及作为合并对价发行的权益工具

C. 采用公允价值进行后续计量的生物资产

D. 存货准则中规范的可变现净值

4. 企业以公允价值对相关资产和负债进行初始计量的,不应将取得资产或者承担负债的交易价格作为该资产或负债的公允价值的有(　　)。

A. 关联方之间的交易

B. 被迫进行的交易

C. 交易价格所代表的计量单元不同于以公允价值计量的相关资产或负债的计量单元

D. 进行交易的市场不是该资产或负债的主要市场(或者在不存在主要市场情况下的最有利市场)

5. 下列项目中,相关资产或负债的交易活动通常不应作为有序交易的有(　　)。

A. 在当前市场情况下,市场在计量日之前的一段时间内不存在相关资产或负债的惯常市场交易活动

B. 在计量日之前,相关资产或负债存在惯常的市场交易,但资产出售方或负债转移方仅与单一的市场参与者进行交易

C. 资产出售方或负债转移方处于或者接近于破产或托管状态,即资产出售方或负债转移方已陷入财务困境

D. 资产出售方为满足法律或者监管规定而被要求出售资产,即被迫出售

6. 乙公司20×1年1月3日以吸收合并的方式取得甲公司全部净资产。其中有一批存货无法确定主要市场,可以在A市场出售,也可以在B市场出售。若在A市场出售,则销售价格为100万元,交易费用为5万元,运输费用为4万元;若在B市场出售,则销售价格为110万元,交易费用为8万元,运输费用为6万元。下列说法或会计处理中,正确的有(　　)。

A. A市场为最有利市场　　B. B市场为最有利市场

C. 该批存货的公允价值为104万元　　D. 该批存货的公允价值为96万元

7. 为避免重复计算或忽略风险因素的影响,折现率与现金流量应当保持一致,下列项目中正确的有(　　)。

A. 企业使用合同现金流量的,应当采用能够反映预期违约风险的折现率

B. 企业使用概率加权现金流量的,应当采用能够反映预期违约风险的折现率

C. 企业使用包含通货膨胀影响的现金流量的,应当采用名义折现率
D. 企业使用排除通货膨胀影响的现金流量的,应当采用名义折现率
8. 下列公允价值层次中,属于第三层输入值的有(　　)。
A. 股票投资期末收盘价　　　　B. 无风险利率
C. 股票波动率　　　　D. 期望股息率
9. 布莱克-斯科尔斯期权定价模型中的输入值包括(　　)。
A. 即期价格　　B. 行权价格　　C. 合同期限　　D. 无风险利率
10. 关于确定负债或企业自身权益工具公允价值的方法,下列说法中正确的有(　　)。
A. 如果存在相同或类似的负债或企业自身权益工具可观察市场报价,企业就应当以该报价为基础确定负债或企业自身权益工具的公允价值
B. 对于不存在相同或类似负债或企业自身权益工具报价但其他方将其作为资产持有的负债或企业自身权益工具,如果对应资产存在活跃市场报价,并且企业能够获得该报价,企业就应当以对应资产的报价为基础确定该负债或企业自身权益工具的公允价值
C. 对于不存在相同或类似负债或企业自身权益工具报价但其他方将其作为资产持有的负债或企业自身权益工具,如果对应资产不存在活跃市场报价,或者企业无法获得该报价,企业就可使用其他可观察的输入值
D. 不存在相同或类似负债或企业自身权益工具报价,并且其他方未将其作为资产持有的,企业应当从承担负债或者发行权益工具的市场参与者角度,采用估值技术确定该负债或企业自身权益工具的公允价值

(四) 计算分析题

练习一

1. 目的:掌握交易性金融资产公允价值应用的会计处理。

2. 资料:甲公司于20×1年12月20日自证券市场购入乙公司发行的股票100万股,共支付价款860万元,其中包括交易费用4万元,甲公司将购入的乙公司的股票作为交易性金融资产核算。20×1年12月31日,乙公司股票每股收盘价为9元。20×2年3月10日,乙公司宣告发放的现金股利为每股1元。20×2年3月20日,甲公司出售该项交易性金融资产,收到价款950万元。不考虑其他因素。

3. 要求:
(1) 计算甲公司20×1年12月20日取得该项交易性金融资产的入账价值。
(2) 计算甲公司从取得至出售该项交易性金融资产累计应确认的投资收益。
(3) 计算甲公司出售该项交易性金融资产时对利润总额的影响。

练习二

1. 目的:掌握投资性房地产在公允价值模式计量下的会计处理。

2. 资料:20×1年12月10日,甲公司与乙公司签订一项租赁协议,将一栋经营管理用写字楼出租给乙公司,租赁期为3年,租赁期开始日为20×1年12月31日,年租金为480万元,于次年起每年年初收取。相关资料如下:

(1) 20×1年12月31日,甲公司将该写字楼停止自用,准备出租给乙公司,拟采用成本模式进行后续计量。该写字楼于4年前的12月31日达到预定可使用状态时的账面原价为3 940万元,预计使用年限为50年,预计净残值为40万元,采用年限平均法计提折旧。

(2) 20×2年1月1日,预收当年租金480万元,款项已收存银行。甲公司按月将租金收

入确认为其他业务收入，并结转相关成本。

(3) 20×3 年 12 月 31 日，甲公司考虑到所在城市存在活跃的房地产市场，并且能够合理估计该写字楼的公允价值，为提供更相关的会计信息，将投资性房地产的后续计量从成本模式转为公允价值模式，当日，该写字楼的公允价值为 4 472 万元。

(4) 20×4 年 12 月 31 日，该写字楼的公允价值为 4 550 万元。

(5) 20×5 年 1 月 1 日，租赁合同到期，甲公司为解决资金周转困难，将该写字楼出售给丙企业，价款为 4 600 万元，款项已收存银行。

甲公司按净利润的 10%提取法定盈余公积，不考虑其他因素。

3. 要求：

(1) 编制甲公司 20×1 年 12 月 31 日将该写字楼转换为投资性房地产的会计分录。

(2) 编制甲公司 20×2 年 1 月 1 日收取租金、1 月 31 日确认租金收入和结转相关成本的会计分录。

(3) 编制甲公司 20×3 年 12 月 31 日将投资性房地产的后续计量由成本模式转换为公允价值模式的相关会计分录。

(4) 编制甲公司 20×4 年 12 月 31 日确认公允价值变动损益的相关会计分录。

(5) 编制甲公司 20×5 年 1 月 1 日处置该投资性房地产时的相关会计分录。

（采用公允价值模式进行后续计量的投资性房地产应写出必要的明细科目）

第十章 租赁会计

一、重点与难点

1. 承租人对租赁业务的会计处理。
2. 出租人对租赁业务的会计处理。
3. 售后租回交易的会计处理。

二、练习题

(一) 判断题

1. 租赁开始日是租赁协议日和租赁各方就主要租赁条款做出承诺日中的较早者，租赁期开始日是指承租人有权行使其使用租赁资产权利的开始日。 ( )

2. 对承租人在租赁谈判和签订租赁合同过程中发生的，可归属于租赁项目的手续费、律师费、差旅费、印花税等初始直接费用，应当直接计入当期损益。 ( )

3. 租赁期开始日，承租人应当对租赁确认使用权资产和租赁负债，短期租赁和低价值资产租赁除外。 ( )

4. 在租赁期开始日或之前支付的租赁付款额，存在租赁激励的，不扣除已享受的租赁激励相关金额。 ( )

5. 在租赁期开始日，出租人应当对融资租赁确认应收融资租赁款，并终止确认融资租赁资产。 ( )

6. 租赁变更时，承租人必须重新计量租赁负债，根据变更了的合同对未来应偿付金额进行调整。 ( )

7. 租入固定资产后，承租人要对相关固定资产计提折旧。 ( )

8. 如果租赁合同规定承租人有优惠续租选择权，即承租人续租的租金预计远低于行使优惠续租选择权日正常的租金，则在租赁开始日可以合理地确定承租人将会行使这种选择权，在这种情况下，租赁期就应包括优惠续租选择权所涉及的期间。 ( )

9. 最低租赁付款额是指在租赁期内，承租人应该支付或者可能被要求支付的各种款项，加上由承租人或者与承租人有关的第三方担保的资产余值。 ( )

10. 一项租赁合同，如果出租人将其界定为融资租赁，承租人就必然将其界定为融资租赁。 ( )

(二) 单项选择题

1. 担保余值，就承租人而言，是指( )。

A. 由承租人或与其有关的第三方担保的资产余值

B. 在租赁开始日估计的租赁期届满时租赁资产的公允价值

C. 就出租人而言的担保余值加上独立于承租人和出租人，但在财务上有能力担保的第三方担保的资产余值

D. 承租人担保的资产余值加上独立于承租人和出租人，但在财务上有能力担保的第三方担保的资产余值

2. 某项融资租赁合同，租赁期为 8 年，每年年末支付租金 100 万元，承租人担保的资产余值为 50 万元，与承租人有关的 A 公司担保余值为 20 万元。租赁期间，履约成本共 50 万元，或有租金 20 万元。就承租人而言，最低租赁付款额为(　　)万元。

A. 870　　B. 370　　C. 850　　D. 420

3. 甲公司于 20×2 年 1 月 1 日采用经营租赁方式从乙公司租入机器设备一台，租期为 4 年，设备价值为 200 万元，预计使用年限为 12 年。租赁合同规定：第一年免租金，第二年至第四年的租金分别为 36 万元、34 万元、26 万元；第二年至第四年的租金于每年年初支付。20×2 年甲公司应就此项租赁确认的租金费用为(　　)万元。

A. 0　　B. 24　　C. 32　　D. 50

4. 承租人在租赁期内为租赁资产支付的各种使用费用，如技术咨询和服务费、人员培训费、维修费、保险费等(　　)。

A. 属于初始直接费用　　B. 属于或有租金

C. 属于履约成本　　D. 计入租入资产的入账价值

5. 承租人在融资租赁谈判和签订租赁合同过程中发生的、可直接归属于租赁项目的初始直接费用，如印花税、佣金、律师费、差旅费等，应当(　　)。

A. 计入当期费用

B. 计入租入资产价值

C. 部分计入当期费用，部分计入租赁成本

D. 计入最低租赁付款额

6. 租赁双方对有关租赁进行初始确认的会计处理的日期是(　　)。

A. 租赁期　　B. 租赁开始日

C. 租赁期开始日　　D. B 或 C 择其一

7. 20×2 年 1 月 1 日，甲公司从乙公司经营租入办公室一套。租赁合同规定：租赁期为 5 年，第一年免租金，第二年和第三年各支付租金 10 万元，第四年和第五年各支付租金 20 万元，租金总额共计 60 万元。甲公司在租赁期的第一年和第二年应确认的租金费用分别为(　　)万元。

A. 0，10　　B. 0，15　　C. 12，10　　D. 12，12

8. 某项融资租赁，起租日为 20×1 年 12 月 31 日，最低租赁付款额现值为 700 万元，承租人另发生安装费 20 万元，设备于 20×2 年 6 月 20 日达到预定可使用状态并交付使用，承租人担保余值为 60 万元，未担保余值为 30 万元，租赁期为 6 年，设备尚可使用年限为 8 年。承租人对租入的设备采用年限平均法计提折旧。该设备 20×2 年应计提的折旧额为(　　)万元。

A. 60　　B. 44　　C. 65.45　　D. 48

9. 关于租赁，下列说法中正确的是(　　)。

A. 融资租赁是指实质上转移了与资产所有权有关的全部风险和报酬的租赁，其所有权最

终一定转移

B. 在租赁期届满时,租赁资产的所有权转移给承租人的租赁,一定是融资租赁

C. 租赁资产性质特殊,如果不做较大改造,则只有承租人才能使用的租赁也可能属于经营租赁

D. 在租赁期届满时,租赁资产的所有权未转移给承租人的租赁一定是经营租赁

10. 承租人融资租入一台设备,尚可使用 10 年,租赁期为 8 年,承租人租赁期届满时以 2 万元优惠购买该设备,该设备在租赁期届满时的公允价值为 30 万元,则该设备计提折旧的年限为(　　)年。

A. 10　　B. 9　　C. 8　　D. 5

(三) 多项选择题

1. 关于租赁期,下列表述中正确的有(　　)。

A. 租赁期是指承租人有权使用租赁资产且不可撤销的期间

B. 租赁期自租赁期开始日起计算,不包括出租人为承租人提供的免租期

C. 租赁的不可撤销期限越短,承租人不行使终止租赁选择权的可能性就越小

D. 承租人有续租选择权,即有权选择续租该资产,且合理确定将行使该选择权的租赁期应当包含续租选择权涵盖的期间

E. 租赁期可以撤销

2. 关于租赁相关概念,下列表述中正确的有(　　)。

A. 初始直接费用是指为达成租赁所发生的增量成本

B. 租赁负债应当按照租赁期开始日尚未支付的租赁付款额的现值进行初始计量

C. 担保余值,是指与出租人无关的一方向出租人提供担保,保证在租赁结束时租赁资产的价值至少为某指定的金额

D. 未担保余值,是指租赁资产余值中,出租人无法保证能够实现的部分,不含与出租人有关的一方予以担保的部分

E. 租赁期开始日是指出租人提供租赁资产使其可供承租人使用的起始日期

3. 最低租赁付款额包括(　　)。

A. 承租人行使优惠购买选择权时支付的款项

B. 履行成本

C. 承租人或与其有关的第三方担保的资产余值

D. 租金

E. 或有租金

4. 在计算租赁付款额的现值时,可采用的折现率有(　　)。

A. 租赁内含利率　　B. 租赁合同利率

C. 银行同期贷款利率　　D. 银行同期存款利率

E. 承租人增量借款利率

5. 按照与租赁资产所有权有关的风险和报酬是否转移来分类,租赁分为(　　)。

A. 融资租赁　　B. 经营租赁　　C. 动产租赁　　D. 不动产租赁

E. 杠杆租赁

6. 下列说法中,错误的有(　　)。

A. 最低租赁付款额不包括或有租金和履约成本

B. 融资租赁是指资产所有权发生转移的租赁
C. 经营租赁是指除融资租赁之外的其他租赁
D. 在融资租赁业务中，无论是出租人还是承租人，发生的初始直接费用均应直接计入损益
E. 当售后租回交易中的资产转让不属于销售时，出租人应确认被转让资产

7. 下列标准中，出租人认定为融资租赁应满足的有（　　）。
A. 在租赁期届满时，租赁资产的所有权转移给承租人
B. 承租人有购买租赁资产的廉价选择权，并且在租赁开始日可以合理确定承租人将行使这种选择权
C. 租赁期为资产使用年限的大部分
D. 租赁开始日最低租赁付款额的现值几乎相当于租赁开始日租赁资产的公允价值
E. 承租人在租赁开始日的最低租赁付款额现值，几乎相当于租赁开始日租赁资产的账面价值；出租人在租赁开始日的最低租赁收款额现值，几乎相当于租赁开始日租赁资产的账面价值

8. 关于短期租赁和低价值资产租赁，下列项目中正确的有（　　）。
A. 包含购买选择权的租赁不属于短期租赁
B. 低价值资产租赁的判定受承租人规模、性质的影响
C. 对短期租赁和低价值资产租赁，承租人可以选择不确认使用权资产和租赁负债
D. 承租人可以将短期租赁和低价值资产租赁的租赁付款额，在租赁期内各个期间按照直线法或其他系统合理的方法计入相关资产成本或当期损益
E. 承租人在判断是否为低价值资产租赁时，应基于租赁资产全新状态下的价值进行评估，不应考虑资产已被使用的年限

9. 关于售后租回交易的会计处理，下列说法中正确的有（　　）。
A. 售后租回交易中的资产转让属于销售的，承租人应当按原资产账面价值中与租回获得的使用权有关的部分，计量售后租回所形成的使用权资产，并仅就转让至出租人的权利确认相关利得或损失
B. 如果销售对价的公允价值与资产的公允价值不同，或者出租人未按市场价格收取租金，则企业应当将销售对价低于市场价格的款项作为预付租金进行会计处理，将高于市场价格的款项作为出租人向承租人提供的额外融资进行会计处理；同时，承租人按照公允价值调整相关销售利得或损失，出租人按市场价格调整租金收入
C. 售后租回交易中的资产转让不属于销售的，承租人应当继续确认被转让资产，同时确认一项与转让收入等额的金融负债，并按照《企业会计准则第 22 号——金融工具确认和计量》对该金融负债进行会计处理
D. 当售后租回交易中的资产转让不属于销售时，出租人应确认被转让资产
E. 当售后租回交易中的资产转让不属于销售时，出租人应不确认被转让资产

10. 下列项目中，属于租赁收款额的有（　　）。
A. 承租人需支付的固定付款额及实质的固定付款额，存在租赁激励的，扣除租赁激励相关金额
B. 购买选择权的行权价格，前提是合理确定承租人将行使该选择权
C. 承租人行使终止租赁选择权需支付的款项，前提是租赁期反映承租人将行使终止租赁

选择权

D. 由承租人、与承租人有关的一方以及有经济能力履行担保义务的独立第三方向出租人提供的担保余值

E. 与出租人有关的一方提供的担保余值

(四) 计算分析题

练习一

1. 目的：练习承租人有关租赁的会计处理。

2. 资料：A公司于20×4年12月10日与B租赁公司签订了一份设备租赁合同。合同主要条款如下：

(1) 租赁标的物：甲生产设备。

(2) 起租日：20×4年12月31日。

(3) 租赁期：20×4年12月31日至20×6年12月31日。

(4) 租金支付方式：20×5年和20×6年每年年末支付租金1 000万元。

(5) 租赁期满时，甲生产设备的估计余值为200万元，其中A公司担保的余值为100万元。

(6) 甲生产设备为全新设备，20×4年12月31日的公允价值为1 922.4万元，预计使用年限为3年。

(7) 租赁内含利率为6%。

(8) 20×6年12月31日，A公司将甲生产设备归还给B租赁公司。

甲生产设备于20×4年12月31日运抵A公司，当日投入使用。固定资产采用平均年限法计提折旧，与租赁有关的未确认融资费用均采用实际利率法摊销，并假定未确认融资费用在相关资产的折旧期限内摊销。

3. 要求：

(1) 从B租赁公司角度判断该租赁的类型，并说明理由。

(2) 编制A公司在起租日的有关会计分录。

(3) 编制A公司在20×5年年末和20×6年年末与租金支付以及其他与租赁事项有关的会计分录(假定相关事项均在年末进行账务处理)。

练习二

1. 目的：练习出租人有关租赁的会计处理。

2. 资料：20×3年12月28日，A公司与B公司签订了一份租赁合同。合同主要条款如下：

(1) 租赁标的物：程控生产线。

(2) 租赁期开始日：租赁物运抵A公司生产车间之日(20×4年1月1日)。

(3) 租赁期：从租赁期开始日算起36个月(20×4年1月1日—20×6年12月31日)。

(4) 租金支付方式：自租赁期开始日起每年年末支付租金1 000 000元。

(5) 该生产线在20×4年1月1日B公司的公允价值为2 600 000元。

(6) 出租人发生初始直接费用100 000元。

(7) 该生产线为全新设备，估计使用年限为5年。

(8) 担保余值和未担保余值为0。

提示：出租人的内含利率为5.46%，租赁收款额的现值为2 700 000元。

3. 要求：

(1) 判断租赁类型，并说明理由。

(2) 计算租赁收款额、租赁投资净额、未实现融资收益及租赁内含利率。

(3) 编制租赁开始日 B 公司的会计分录。

(4) 对租赁期内的利息收入进行会计处理。

练习三

1. 目的：练习承租人和出租人有关租赁的会计处理。

2. 资料：甲机械制造厂 20×4 年年初根据租约向乙公司出租设备一台，该设备账面原值为 150 000 元，预计可使用期限为 8 年，预计净残值为 1 500 元，规定租期为 2 年，每年租金为 30 000元，于租赁期内每年年末付讫。租赁期满，该设备交还甲机械制造厂。甲机械制造厂出租该设备过程中发生相关费用 1 500 元，向乙公司收取押金 10 000 元。租赁期内乙公司确定租赁内含利率为 6%。该设备采用直线法计提折旧。

3. 要求：判断租赁类型，并分别做出承租人和出租人的有关账务处理。

练习四

1. 目的：练习售后租回的会计处理。

2. 资料：A 公司 20×4 年 1 月 1 日采用售后租回方式将一套设备(A 公司自有的生产用固定资产)出售给某租赁公司，出售价格为 100 万元，该设备账面原值为 120 万元，已提折旧 30 万元。该设备租赁期为 6 年(全部剩余使用年限为 12 年)，每年年末支付租金 20 万元，租赁期届满时，A 公司将以 100 元购买此设备。A 公司采用平均年限法计提固定资产折旧。根据交易的条款和条件，甲公司转让设备不满足《企业会计准则第 14 号——收入》中关于销售成立的条件。假设不考虑初始直接费用和各项税费的影响。该设备在销售当日的公允价值为 150 万元。

3. 要求：编制 A 公司租赁开始日的会计分录。

第十一章 企业财务困境

一、重点与难点

1. 债务重组方式的确定。
2. 债务重组的会计处理。
3. 破产清算的会计处理。

二、练习题

(一) 判断题

1. 债务重组是指在不改变交易对手方的情况下,经债权人和债务人协定或法院裁定,就清偿债务的时间、金额或方式等重新达成协议的交易。 ( )

2. 以金融资产清偿债务的,债务人应当将所清偿债务的账面价值与偿债金融资产账面价值的差额,记入"投资收益"科目。 ( )

3. 将债务转为权益工具的,债务人应当将债权人放弃债权而享有股份的面值总额确认为股本,股份的公允价值总额与股本之间的差额,计入当期损益。 ( )

4. 在以非金融资产清偿债务方式下,如果债权人不向债务人另行支付增值税,则增值税进项税额不能作为冲减重组债权的账面余额处理。 ( )

5. 债务重组过程中债权人确认的重组损益不一定等于债务人确认的重组损益。 ( )

6. 破产清算会计应建立在持续经营假设的基础上。 ( )

7. 破产清算会计要遵循收付实现制原则。 ( )

8. 破产清算会计应以历史成本为计量属性。 ( )

9. "清算净损益"科目核算破产企业破产清算期间结转的各类清算损益科目余额。 ( )

10. 企业在破产清算过程中发生的各种费用,应划分为破产费用和非破产费用。 ( )

(二) 单项选择题

1. 甲公司因购货于20×0年1月1日产生应付乙公司账款1 000万元,货款偿还期限为3个月。20×0年4月1日,甲公司发生财务困难,无法偿还到期债务,经与乙公司协商,进行债务重组。双方同意以甲公司的一栋自用写字楼抵偿债务。该写字楼原值1 000万元,已计提累计折旧350万元,公允价值为800万元。处置写字楼应交增值税销项税额为88万元,不考虑其他因素。债务人甲公司计入重组损益的金额为( )万元。

A. 150　　B. 350　　C. 262　　D. 200

2. 将债务转为权益工具的，债务人应当将债权人放弃债权而享有股份的面值总额确认为股本（或者实收资本），重组债务的账面价值与股份的公允价值总额的差额，计入（　　）。

A. 投资收益　　B. 营业外支出　　C. 资本公积　　D. 资产减值损失

3. 甲公司欠乙公司700万元货款，到期日为20×0年10月30日。甲公司因财务困难，经协商于20×0年11月15日与乙公司签订债务重组协议，协议规定甲公司以公允价值550万元的商品抵偿欠乙公司的上述全部债务。20×0年11月20日，乙公司收到该商品并验收入库。20×0年11月22日，办理了有关债务解除手续。该债务重组的重组日为（　　）。

A. 20×0年10月30日　　B. 20×0年11月15日

C. 20×0年11月20日　　D. 20×0年11月22日

4. 正保公司应收大华公司账款的账面余额为585万元，由于大华公司财务困难，无法偿付应付账款，因此经双方协商同意，进行债务重组。已知正保公司已对该应收账款提取坏账准备50万元。债务重组内容如下：大华公司以90万元现金和200万股普通股偿还债务，大华公司普通股每股面值为1元，市价为2.2元，正保公司取得投资后将其分类为以公允价值计量且其变动计入其他综合收益的金融资产核算。正保公司因该项债务重组确认的债务重组损失为（　　）万元。

A. 5　　B. 55　　C. 100　　D. 145

5. 对采用修改其他条款的方式进行的债务重组，以下说法中正确的是（　　）。

A. 债权人必然确认重组债权

B. 债权人必然确认重组损失

C. 修改其他条款的方式就是指对债务进行展期

D. 债权人对重组债权应以公允价值为基础进行计量

6. 破产管理人应在（　　）编制破产清算资产负债表。

A. 破产申请时　　B. 破产宣告日

C. 破产解散日　　D. 破产结束日

7.（　　）在清算期间应向报表相关者报送会计报告。

A. 破产企业法定代表人　　B. 破产管理人

C. 债权人　　D. 破产主管部门

8. 破产清算开始后，破产企业不再设置（　　）。

A. 资产类科目　　B. 负债类科目　　C. 损益类科目　　D. 所有者权益类科目

9. 破产企业处置破产资产发生的各类评估、变价、拍卖等费用应作为（　　）处理。

A. 营业外支出　　B. 破产费用　　C. 清算收益　　D. 清算债务

10. 反映破产企业在破产清算期间发生的债务清偿情况的报表是（　　）。

A. 清算资产负债表　　B. 清算损益表　　C. 清算现金流量表　　D. 债务清偿表

（三）多项选择题

1. 债务重组的主要方式包括（　　）。

A. 以金融资产清偿债务　　B. 将债务转为权益工具

C. 修改其他债务条件　　D. 以上方式的组合

E. 以非金融资产清偿债务

2. 下列各项中，属于债务重组范围的有（　　）。

A. 银行免除某困难企业积欠贷款的利息，只收回本金

B. 企业A同意企业B推迟偿还货款的期限,并减少企业B偿还货款的金额

C. 债务人以非金融资产清偿债务,又与债权人签订了资产回购协议

D. 银行同意降低某困难企业的贷款利率

E. 银行同意债务人借新债偿旧债

3. 下列有关债务重组时债务人会计处理的表述中,正确的有(　　)。

A. 以金融资产清偿债务时,债务人实际支付的现金低于债务账面价值的差额,计入资本公积

B. 以非金融资产清偿债务时,转让的非金融资产公允价值低于重组债务账面价值的差额,计入资本公积

C. 以非金融资产清偿债务时,将所清偿债务账面价值与转让资产账面价值的差额,记入“其他收益——债务重组收益”科目

D. 以非金融资产清偿债务时,债务的账面价值与偿债金融资产账面价值的差额,记入“投资收益”科目

E. 以非金融资产清偿债务时,不需要区分资产处置损益和债务重组损益

4. 在债务重组的会计处理中,以下表述中正确的有(　　)。

A. 债务人应确认债务重组收益

B. 无论是债权人还是债务人,均不确认债务重组损失

C. 用固定资产清偿债务时,债务人应将应付债务的账面价值大于用于清偿债务的固定资产账面价值的差额,直接计入“其他收益——债务重组收益”科目

D. 用固定资产清偿债务时,债务人应将应付债务的账面价值大于用于清偿债务的固定资产公允价值的差额,计入当期损益

E. 用现金资产清偿债务时,债权人没有损失

5. 对以固定资产抵债的债务重组协议,下列各项目中会影响债权人受让固定资产的入账价值的有(　　)。

A. 该固定资产的公允价值　　B. 所放弃债权的公允价值

C. 固定资产的运杂费和安装费　　D. 所放弃债权曾经计提的减值准备

E. 该固定资产的账面价值

6. 下列选项中,属于清算会计基本原则的有(　　)。

A. 合法性原则　　B. 公正性原则

C. 收付实现制原则　　D. 可变现净值原则

E. 权责发生制原则

7. 下列各项中,构成清算财务报表组成内容的有(　　)。

A. 清算资产负债表　　B. 债务清偿表

C. 清算损益表　　D. 清算财务报表附注

E. 清算现金流量表

8. 破产清算中的破产报表日包括(　　)。

A. 破产宣告日　　B. 债权人会议确定的报表编报日

C. 破产终结申请日　　D. 破产结束日

E. 破产申请日

9. 根据清算原因和处理方式的不同,清算可分为(　　)。

A. 破产　　B. 解散　　C. 整顿　　D. 变卖

E. 注销

10. 导致企业解散清算的原因主要有(　　)。

A. 自动解散　　B. 请求解散　　C. 命令解散　　D. 破产解散

E. 并购

(四) 计算分析题

练习一

1. 目的：练习债务重组的会计处理。

2. 资料：20×4 年年末甲公司欠乙公司的货款共 2 150 000 元。双方签订的债务重组协议规定的债务重组方式如下：乙公司同意将甲公司的债务免除 150 000 元，重组债权(重组日的公允价值等于账面价值)的偿还日延至 20×5 年 12 月 31 日，并自债务重组日起以 2%的年利率(等于实际利率)支付利息。

3. 要求：编制债权人甲公司和债务人乙公司的会计分录。

练习二

1. 目的：练习债务重组的会计处理。

2. 资料：20×4 年 3 月，甲公司销售一批商品给乙公司，含税价款为 800 万元。乙公司到期无力支付款项，甲公司同意乙公司将其拥有的一批库存商品用于抵偿债务。

(1) 乙公司库存商品的账面余额为 650 万元，已计提存货跌价准备 10 万元，公允价值为 700 万元，增值税税率为 13%。

(2) 甲公司为该项应收账款计提 20 万元坏账准备，其公允价值为 770 万元。

(3) 交换前后不改变用途，假定不考虑其他相关税费。

3. 要求：编制甲公司和乙公司的会计分录。

练习三

1. 目的：练习债务重组的会计处理。

2. 资料：甲企业和乙企业为增值税一般纳税企业，增值税税率为 13%。20×4 年 3 月 6 日，甲企业因购买商品而欠乙企业购货款及税款合计 226 万元。甲企业发生财务困难，不能按照合同规定支付货款。20×5 年 3 月 5 日，双方经协商，甲企业以其一台设备偿还债务，该设备的原值为 250 万元，已计提折旧 50 万元。乙企业接受甲企业以该设备偿还债务，对该项应收账款计提了 6 万元的坏账准备，该应收账款的公允价值为 200 万元。

3. 要求：分别做出甲企业和乙企业债务重组时各自的账务处理。

练习四

1. 目的：练习破产清算的会计处理。

2. 资料：A 公司于 20×4 年 9 月 15 日经法院宣告破产，主要清算业务如下。

(1) 收回应收账款 325 000 元存入银行，应收账款的账面余额为 466 820 元。

(2) 变卖各种材料的收入计 150 000 元，收取的应交增值税为 19 500 元，一并存入银行，各种材料的账面价值为 193 000 元。

(3) 处置各项在建工程的收入计 432 000 元存入银行，在建工程的账面价值为480 000元。

(4) 处置无形资产的收入计 640 000 元存入银行，无形资产的账面价值为 500 000 元。

(5) 处置无形资产的应交增值税销项税额为 32 000 元。

3. 要求：编制 A 公司的会计分录。

练习五

1. 目的：练习破产清算的会计处理。

2. 资料：华夏公司为增值税一般纳税人，在 20×4 年 3 月 17 日申请破产清算阶段发生以下经济业务。

(1) 账面 300 000 元的应收账款中，实际收回 230 000 元，存入银行。

(2) 处置产成品获得价款 56 500 元(含增值税)，该批商品成本为 55 000 元，适用的增值税税率为 13%。

(3) 清算组支付财产评估费 10 000 元。

3. 要求：根据以上经济业务，编制相关会计分录。

第十二章 外币交易会计

一、重点与难点

1. 外汇的定义、汇率及汇率变动。
2. 汇兑损益、外币交易的会计处理。

二、练习题

(一) 判断题

1. 我国某企业记账本位币为美元，则该企业以人民币计价和结算的交易属于外币交易。（　　）
2. 记账本位币是指企业经营所处的主要经济环境中的货币。（　　）
3. 境外经营是指企业在境外的子公司、合营企业、联营企业、分支机构。在境内的子公司、合营企业、联营企业、分支机构，采用不同于企业记账本位币的，也属于境外经营。（　　）
4. 利润表中的收入和费用项目，应采用交易发生日的即期汇率折算。（　　）
5. 企业收到投资者外币出资的，合同约定汇率的，应采用合同约定汇率折算。（　　）
6. 企业收到投资者以外币投入的资本，应当采用合同约定汇率折算，外币投入资本与相应货币性项目的记账本位币金额之间产生的外币资本折算差额，记入“资本公积”项目。（　　）
7. 套算汇率包括基本汇率。（　　）
8. 售汇是指外汇指定银行将外汇卖给用汇单位或个人，按一定汇率收取本国货币的行为。（　　）
9. 两项交易观，也称两笔业务交易观，是指在外币交易的会计处理中，把企业销售或购买交易的发生和账款结算看作两项相对独立的交易。（　　）
10. 对外币货币性项目，因结算或采用资产负债表日的即期汇率折算而产生的汇兑差额，计入当期损益，同时调增或调减外币货币性项目的记账本位币金额。（　　）

(二) 单项选择题

1. 我国某企业的记账本位币为美元，下列说法中错误的是（　　）。

A. 该企业以人民币计价和结算的交易属于外币交易

B. 该企业以美元计价和结算的交易不属于外币交易

C. 该企业的编报货币为人民币

D. 该企业的编报货币为美元

2. 下列交易中，不属于外币交易的是（　　）。

A. 买入以外币计价和结算的商品

B. 借入外币资金

C. 接受外币捐赠

D. 向美国销售以美元计价和结算的商品(该企业以美元为记账本位币)

3. 按我国企业会计准则的规定,母公司编制合并财务报表时,应对子公司外币资产负债表进行折算,表中“实收资本”项目折算为母公司记账本位币所采用的汇率是(　　)。

A. 合并财务报表决算日的市场汇率　　B. 实收资本入账时的即期汇率

C. 本年度平均市场汇率　　D. 本年度年初市场汇率

4. 甲公司对外币业务采用发生当日的即期汇率进行折算,按月计算汇兑损益。20×1 年 4 月 30 日,市场汇率为 1 美元=6.28 元人民币,“银行存款——美元户”余额为 10 000 美元;5 月 10 日将 3 000 美元售给银行兑换人民币,当日即期汇率为 1 美元=6.27 元人民币,银行买入价为 1 美元=6.17 元人民币;5 月 31 日市场汇率为 1 美元=6.26 元人民币,无其他外币账户或业务。5 月份外币兑换和外币持有合计影响“财务费用——汇兑损益”项目的金额是(　　)元。

A. 300　　B. 170　　C. 470　　D. 200

5. 某股份有限公司对外币业务采用业务发生日的市场汇率进行核算,按月计算汇兑差额。20×1 年 4 月 10 日,从境外购买原材料一批,价款总额为 1 000 万美元,价款尚未支付,当日的市场汇率为 1 美元=6.2 元人民币,4 月 30 日的市场汇率为 1 美元=6.15 元人民币,5 月 31 日的市场汇率为 1 美元=6.1 元人民币。该外币债务 5 月份发生的汇兑损失是(　　)元。

A. 100　　B. −100　　C. 50　　D. −50

(三) 多项选择题

1. 企业对境外经营的财务报表进行折算时,应采用发生时的即期汇率折算的有(　　)。

A. 递延所得税资产　　B. 管理费用　　C. 实收资本　　D. 投资性房地产

2. 企业对境外经营的财务报表进行折算时,应采用资产负债表日即期汇率折算的有(　　)。

A. 应收及预付款项　　B. 银行存款　　C. 资本公积　　D. 盈余公积

3. 企业选定记账本位币,应当考虑的因素有(　　)。

A. 该货币主要影响商品和劳务的销售价格,通常以该货币进行上述费用的计价和结算

B. 该货币主要影响商品和劳务所需人工、材料和其他费用,通常以该货币进行上述费用的计价和结算

C. 融资活动获得的货币

D. 保存从经营活动中收取款项所使用的货币

4. 外币交易应当在初始确认时将外币金额折算为记账本位币,可采用的汇率有(　　)。

A. 交易发生日的即期汇率

B. 期初汇率

C. 按照系统合理的方法确定的、与交易发生日即期汇率近似的汇率

D. 年初汇率

5. 企业对处于恶性通货膨胀经济中的境外经营财务报表进行折算时,下列说法中不正确的有(　　)。

A. 对资产负债表项目按照最近资产负债表日的即期汇率进行折算

B. 在境外经营不再处于恶性通货膨胀经济中时，停止重述，按照停止之日的价格水平重述的财务报表进行折算

C. 对资产负债表项目按照一般物价指数变动予以重述，再按照最近资产负债表日的即期汇率进行折算

D. 对利润表项目运用一般物价指数予以重述，不按照最近资产负债表日的即期汇率进行重述

6. 企业在选择境外经营的记账本位币时，应考虑的因素包括（　　）。

A. 境外经营对其所从事的活动是否拥有很强的自主性

B. 境外经营活动中与企业的交易是否在境外经营活动中占有较大比重

C. 境外经营产生的现金流量是否直接影响企业的现金流量，是否可以随时汇回

D. 境外经营活动产生的现金流量是否足以偿还其现有债务和可预期的债务

7. 企业在资产负债表日，应当按照我国企业会计准则的规定对外币货币性项目和外币非货币性项目进行处理，下列说法中正确的有（　　）。

A. 外币货币性项目，采用资产负债表日即期汇率折算

B. 外币货币性项目，因资产负债表日即期汇率与初始确认时或者前一资产负债表日即期汇率不同而产生的汇兑差额，计入当期损益

C. 外币货币性项目，因资产负债表日即期汇率与初始确认时或者前一资产负债表日即期汇率不同而产生的汇兑差额，计入递延损益

D. 以历史成本计量的外币非货币性项目，仍采用交易发生日的即期汇率折算，不改变其记账本位币金额

8. 企业在资产负债表日，应当对外币货币性项目和外币非货币性项目进行折算，下列说法中正确的有（　　）。

A. 外币货币性项目，采用资产负债表日即期汇率折算

B. 以历史成本计量的外币非货币性项目，采用资产负债表日即期汇率折算

C. 以历史成本计量的外币非货币性项目，仍采用交易发生日即期汇率折算

D. 对以公允价值计量的股票，期末按照公允价值确定当日的即期汇率折算

9. 下列各项中，属于外币货币性项目的有（　　）。

A. 银行存款　　B. 应收账款　　C. 短期借款　　D. 应付账款

10. 下列各项中，属于汇兑损益的有（　　）。

A. 交易汇兑损益　　B. 兑换汇兑损益　　C. 调整汇兑损益　　D. 折算汇兑损益

第十三章 外币报表折算

一、重点与难点

1. 汇率及其定义。
2. 外币报表折算的主要方法。

二、练习题

(一) 判断题

1. 期末,对境外经营的财务报表进行折算时,资产负债表项目采用资产负债表日即期汇率折算,利润表中的收入和费用项目采用交易发生日的即期汇率或即期汇率的近似汇率折算。 ( )

2. 企业选择的记账本位币一经确定,不得改变。 ( )

3. 我国外币报表折算所采用的方法是现行汇率法。采用该种方法进行外币报表折算时,应先折算资产负债表,再折算利润表;其中,资产负债表的各个项目均应采用编报日的即期汇率折算。 ( )

4. 资产负债表日,对企业的外币非货币性项目都应以历史成本计量,不改变其入账时的记账本位币金额。 ( )

5. 货币性与非货币性项目法并不是为了改进流动性与非流动性项目法而提出的。 ( )

6. 我国企业会计准则规定基本采用现行汇率法。 ( )

7. 现行汇率法是指对外币财务报表中的所有资产、负债项目都使用资产负债表日的汇率折算。 ( )

8. 利润表中的收入、成本、费用理论上应按某项业务被确认时的汇率折算,但由于这样操作过于烦琐,经常表现出缺乏可操作性,因此一般按平均汇率或加权平均汇率折算。 ( )

9. 采用现行汇率法进行外币报表折算,其折算损益列示于资产负债表的所有者权益项下。 ( )

10. 非货币性项目在汇率变动时,其价值随当地通货膨胀的变动贬值或升值,因此,采用历史汇率折算比较合理。 ( )

(二) 单项选择题

1. 下列项目中,不属于境外经营的是( )。

A. 企业在境外的子公司

B. 采用相同于企业记账本位币的、在境外的子公司

C. 采用相同于企业记账本位币的、在境内的子公司

D. 采用不同于企业记账本位币的、在境内的子公司

2. 某外商投资企业收到外商作为实收资本投入的固定资产一台，协议作价 20 万美元，当日的市场汇率为 1 美元＝6.25 元人民币。投资合同约定的汇率为 1 美元＝6.20 元人民币。另发生运杂费 2 万元人民币，进口关税 5 万元人民币，安装调试费 3 万元人民币。收到投资时，实收资本的入账价值为（　　）万元人民币。

A. 125　　B. 170　　C. 164　　D. 175

3. 某中外合资经营企业的注册资本为 400 万美元，合同约定分两次投入，约定折算汇率为 1∶6.20。中外投资者分别于 20×2 年 1 月 1 日和 3 月 1 日投入 300 万美元和 100 万美元。20×2年 1 月 1 日、3 月 1 日、3 月 31 日和 12 月 31 日，美元对人民币的汇率分别为 1∶6.20、1∶6.25、1∶6.24 和 1∶6.30。假定该企业采用人民币作为记账本位币，外币业务采用业务发生日的汇率折算。该企业 20×2 年年末资产负债表中“实收资本”项目的金额为（　　）万元人民币。

A. 2 280　　B. 2 296　　C. 2 485　　D. 2 320

4. 甲投资公司的记账本位币为人民币。20×2 年 12 月 6 日，甲投资公司以每股 10 美元的价格购入乙公司 B 股 10 000 股作为交易性金融资产，当日即期汇率为 1 美元＝6.5 元人民币。20×2 年 12 月 31 日，乙公司股票市价为每股 9 美元，当日即期汇率为 1 美元＝6.8 元人民币。假定不考虑相关税费。20×2 年 12 月 31 日，甲投资公司应确认的公允价值变动损益金额为（　　）元人民币。

A. －38 000　　B. 48 000　　C. －78 000　　D. 78 000

5. 甲股份有限公司属于增值税一般纳税企业，选择确定的记账本位币为人民币，其外币交易采用交易日即期汇率折算。20×2 年 3 月 12 日，从美国乙公司购入某种工业原料 500 吨，每吨价格为 4 000 美元，当日的即期汇率为 1 美元＝7.6 元人民币，进口关税为 1 520 000 元人民币，支付进口增值税 2 842 400 元人民币，货款尚未支付，进口关税及增值税用银行存款支付。甲公司原材料成本为（　　）元人民币。

A. 16 720 000　　B. 14 362 400　　C. 15 200 000　　D. 17 200 000

（三）多项选择题

1. 不管采用哪一种外币报表折算方法，所采用的汇率都主要有（　　）。

A. 现时汇率　　B. 历史汇率　　C. 平均汇率　　D. 加权平均汇率

2. 资产负债表日，下列有关外币业务的会计处理中正确的有（　　）。

A. 对外币货币性项目，因汇率变动而产生的汇兑差额属于经营活动的，计入财务费用

B. 对以历史成本计量的外币非货币性项目，由于采用交易发生日即期汇率折算，因此不产生汇兑差额

C. 存货在资产负债表日采用成本与可变现净值孰低计量，在以外币购入存货、计提存货跌价准备时，应考虑汇率变动的影响

D. 对以公允价值计量的股票，期末将该外币资产按照公允价值确定当日的即期汇率折算的金额与原记账本位币金额的差额，计入当期损益

3. 外币报表折算损益处理的方法一般有（　　）。

A. 在当期利润表中作为非常项目列报

B. 在资产负债表中作为折算调整额列报

C. 在利润分配表中作为折算调整额列报

D. 在资产负债表中作为递延项目处理

4. 企业对处于恶性通货膨胀经济中的境外经营子公司的财务报表,应当按照下列规定进行折算(　　)。

A. 对资产负债表项目运用一般物价指数予以重述,对利润表项目运用一般物价指数变动予以重述,再按照最近资产负债表日的即期汇率进行折算

B. 在境外经营不再处于恶性通货膨胀经济中时,停止重述,按照停止日的价格水平重述的财务报表进行折算

C. 对资产负债表项目运用一般物价指数予以重述,不需要对利润表项目运用一般物价指数变动予以重述,并按照即期汇率进行折算

D. 在境外经营不再处于恶性通货膨胀经济中时,按照停止日的价格水平重述的财务报表进行折算

5. 时态法要求按照外币财务报表中资产和负债项目的计价时间,分别采用现行汇率和历史汇率进行折算。下列描述中正确的有(　　)。

A. 对货币性项目,按现行汇率(资产负债表日汇率)折算

B. 对其他非货币性资产项目,可以按历史汇率或现行汇率折算

C. 对负债项目,按现行汇率(资产负债表日汇率)折算

D. 对净资产项目,可以按历史汇率或现行汇率折算

参考答案

第一章　企业合并会计概述

二、练习题

(一) 判断题

1. √　2. √　3. ×　4. √　5. ×　6. √　7. √　8. √　9. √　10. √

(二) 单项选择题

1. B　2. B　3. D　4. A　5. A

(三) 多项选择题

1. ABD　2. BCE　3. ABDE　4. ABC　5. ABC

第二章　同一控制下的企业合并

二、练习题

(一) 判断题

1. ×　2. √　3. ×　4. ×　5. √　6. ×　7. √　8. √　9. √　10. √

(二) 单项选择题

1. D　2. A　3. C　4. C　5. D　6. B　7. C　8. D　9. B　10. B

(三) 多项选择题

1. ACE　2. BC　3. ABCE　4. ABCDE　5. CD　6. ABCDE
7. (1) ABCE　(2) ABCD　8. DE　9. ACE

(四) 计算分析题

练习一

(1) 吸收合并下 A 公司的会计分录如下(单位：万元)：

借：货币资金	40
应收账款	360
存货	400

固定资产	600	
贷：短期借款		100
应付账款		10
长期借款		290
银行存款		960
资本公积——股本溢价		40

(2) 控股合并下 A 公司的会计分录如下(单位：万元)：

借：长期股权投资	1 000	
贷：银行存款		960
资本公积——股本溢价		40

练习二

(1) 甲公司对乙公司控股合并的会计分录如下(单位：万元)：

借：长期股权投资(11 000×80%)	8 800	
管理费用	100	
贷：股本		1 000
资本公积		7 800
银行存款		100

(2) 甲公司对乙公司吸收合并的会计分录如下(单位：万元)：

借：银行存款	200	
应收账款	800	
存货	4 000	
长期股权投资	1 000	
固定资产	8 000	
无形资产	1 000	
贷：短期借款		2 000
应付账款		1 000
其他负债		1 000
股本		1 000
资本公积		10 000
借：管理费用	100	
贷：银行存款		100

第三章　非同一控制下的企业合并

二、练习题

(一) 判断题

1. ×　2. √　3. ×　4. ×　5. ×　6. √　7. √　8. ×　9. √　10. ×

(二) 单项选择题

1. B　2. A　3. B　4. C　5. C　6. D　7. C　8. A　9. C　10. A

(三) 多项选择题

1. DE　2. BD　3. ABDE　4. AD　5. ABCDE　6. AB
7. ABCDE　8. ABCE　9. ABCD　10. ABCDE

(四) 计算分析题

练习一

(1) 吸收合并下甲公司的会计处理如下(单位：万元)：

借：银行存款　1 000
　　固定资产　3 300
　　商誉　200
　　贷：长期应付款　500
　　　　股本　1 000
　　　　资本公积——股本溢价　3 000

(2) 控股合并下甲公司的会计处理如下(单位：万元)：

借：长期股权投资　4 000
　　贷：股本　1 000
　　　　资本公积——股本溢价　3 000

练习二

企业合并产生的暂时性差异如下表所示：

企业合并日产生的暂时性差异

单位：万元

项　目	公允价值	计税基础	暂时性差异	
			可抵扣差异	应纳税差异
银行存款	8 000	8 000		
应收账款	1 200	1 200		
存货	300	200		100
长期股权投资	1 000	1 000		
固定资产	7 000	5 000		2 000
无形资产	4 000	5 000	1 000	
短期借款	(100)	(100)		
应付账款	(5 000)	(5 000)		
其他应付款	(4 000)	(4 000)		
预计负债	(300)	0	300	
不包括递延所得税的可辨认资产、负债的公允价值	12 100	11 300	1 300	2 100

(1) 计算合并日相关递延所得税资产和递延所得税负债:
递延所得税资产=1 300×25%=325(万元)
递延所得税负债=2 100×25%=525(万元)
(2) 计算购买日商誉:
可辨认净资产公允价值=12 100(万元)
考虑递延所得税后可辨认资产、负债的公允价值=12 100+325−525=11 900(万元)
企业合并成本=12 500(万元)
购买日商誉=12 500−11 900=600(万元)
(3) 购买日相关会计分录如下(单位:万元):

借:银行存款	8 000	
应收账款	1 200	
存货	300	
长期股权投资	1 000	
固定资产	7 000	
无形资产	4 000	
递延所得税资产	325	
商誉	600	
贷:短期借款		100
应付账款		5 000
其他应付款		4 000
预计负债		300
递延所得税负债		525
股本		1 000
资本公积——股本溢价		11 500

第四章 合并财务报表概述

二、练习题

(一) 判断题

1. √ 2. √ 3. √ 4. × 5. √ 6. √ 7. × 8. × 9. × 10. ×

(二) 单项选择题

1. A 2. C 3. B 4. D 5. C 6. D 7. B 8. D 9. D 10. B

(三) 多项选择题

1. (1) ACDE (2) BCD 2. (1) ABCD (2) DE 3. ABCDE 4. ABC
5. ABCE 6. BE 7. ABC 8. AE

第五章　并购日合并财务报表的编制

二、练习题

(一) 判断题

1. √　2. √　3. ×　4. ×　5. ×　6. √　7. √　8. ×　9. √　10. ×

(二) 单项选择题

1. C　2. D　3. B　4. B　5. A　6. A　7. B　8. D　9. D　10. A

(三) 多项选择题

1. AD　2. ABCD　3. BCE　4. ABDE　5. ACDE　6. ACE
7. BCDE　8. BDE　9. BD　10. CE

(四) 计算分析题

练习一

(1) A公司投资入账时,应编制会计分录如下:

借:长期股权投资——B公司　412 000
　　资本公积　38 000
　　贷:银行存款　450 000

合并财务报表时的抵销分录如下:

借:股本　240 000
　　资本公积　120 000
　　盈余公积　24 000
　　未分配利润　28 000
　　贷:长期股权投资——B公司　412 000

恢复子公司留存收益中属于母公司的份额:

借:资本公积　52 000
　　贷:盈余公积　24 000
　　　　未分配利润　28 000

(2) 编制A公司合并财务报表工作底稿。

A公司合并财务报表工作底稿

20×1年1月1日　　单位:元

项　　目	A公司	B公司	抵销分录		合并资产负债表
			借　方	贷　方	
货币资金	75 000	140 000			215 000
应收账款	50 000	240 000			290 000
存货	175 000	220 000			395 000

续 表

项　　目	A公司	B公司	抵销分录		合并资产负债表
			借　方	贷　方	
长期股权投资——B公司	412 000			412 000	0
固定资产	350 000	280 000			630 000
资产合计	1 062 000	880 000			1 530 000
短期借款	150 000	120 000			270 000
应付账款	200 000	160 000			360 000
应交税费	35 000	28 000			63 000
长期借款	200 000	160 000			360 000
负债合计	585 000	468 000			1 053 000
股本	300 000	240 000	240 000		300 000
资本公积	62 000	120 000	172 000		10 000
盈余公积	80 000	24 000	24 000	24 000	104 000
未分配利润	35 000	28 000	28 000	28 000	63 000
所有者权益(或股东权益)合计	477 000	412 000			477 000

练习二

(1) A公司投资入账时,应编制会计分录如下:

借:长期股权投资——B公司　329 600
　　资本公积　20 400
　　贷:银行存款　350 000

将A公司的长期股权投资与B公司的所有者权益相抵销,应在合并财务报表工作底稿中编制抵销分录如下:

借:股本　240 000
　　资本公积　120 000
　　盈余公积　24 000
　　未分配利润　28 000
　　贷:长期股权投资——B公司　329 600
　　　　少数股东权益　82 400

恢复子公司留存收益中属于母公司的份额:

借:资本公积　41 600
　　贷:盈余公积(24 000×80%)　19 200
　　　　未分配利润(28 000×80%)　22 400

（2）编制A公司合并财务报表工作底稿。

A公司合并财务报表工作底稿

20×1年1月1日　　　　单位：元

项　　目	A公司	B公司	抵销分录		合并资产负债表
			借　方	贷　方	
货币资金	175 000	140 000			315 000
应收账款	50 000	240 000			290 000
存货	175 000	220 000			395 000
长期股权投资——B公司	329 600			329 600	0
固定资产	350 000	280 000			630 000
资产合计	1 079 600	880 000			1 630 000
短期借款	150 000	120 000			270 000
应付账款	200 000	160 000			360 000
应交税费	35 000	28 000			63 000
长期借款	200 000	160 000			360 000
负债合计	585 000	468 000			1 053 000
股本	300 000	240 000	240 000		300 000
资本公积	79 600	120 000	161 600		38 000
盈余公积	80 000	24 000	24 000	19 200	99 200
未分配利润	35 000	28 000	28 000	22 400	57 400
少数股东权益				82 400	82 400
所有者权益(或股东权益)合计	494 600	412 000			577 000

练习三

（1）A公司投资入账时，应编制会计分录如下：

借：长期股权投资——B公司　　700 000

　　贷：股本　　200 000

　　　　资本公积　　500 000

调整分录如下：

借：固定资产　　70 000

　　贷：资本公积　　70 000

抵销分录如下：

借：股本　240 000
　　资本公积　150 000
　　盈余公积　64 000
　　未分配利润　28 000
　　商誉　266 200
　　贷：长期股权投资——B公司　700 000
　　　　少数股东权益　48 200

其中：少数股东权益＝B公司可辨认净资产公允价值×少数股东权益持股比例
＝482 000×10%
＝48 200(元)

商誉＝企业合并成本－合并中取得的被购买方可辨认净资产公允价值份额
＝700 000－482 000×90%
＝266 200(元)

(2) 编制A公司合并财务报表工作底稿。

A公司合并财务报表工作底稿

20×1年1月1日　　单位：元

项　目	A公司	B公司	调整与抵销分录		合并资产负债表
			借　方	贷　方	
货币资金	175 000	140 000			315 000
应收账款	300 000	240 000			540 000
存货	275 000	220 000			495 000
长期股权投资——B公司	700 000			700 000	
固定资产	350 000	280 000	70 000		700 000
商誉			266 200		266 200
资产合计	1 800 000	880 000			2 316 200
短期借款	150 000	120 000			270 000
应付账款	200 000	160 000			360 000
应交税费	35 000	28 000			63 000
长期借款	200 000	160 000			360 000
负债合计	585 000	468 000			1 053 000
股本	500 000	240 000	240 000		500 000
资本公积	600 000	80 000	150 000	70 000	600 000
盈余公积	80 000	64 000	64 000		80 000
未分配利润	35 000	28 000	28 000		35 000

续 表

项　　目	A公司	B公司	调整与抵销分录		合并资产负债表
			借　方	贷　方	
少数股东权益				48 200	48 200
所有者权益(或股东权益)合计	1 215 000	412 000			1 263 200

第六章　并购日后合并财务报表的编制

二、练习题

(一) 判断题

1. ✓　2. ✓　3. ✓　4. ✓　5. ✓　6. ×　7. ×　8. ✓　9. ×　10. ✓

(二) 单项选择题

1. D　2. B　3. B　4. C　5. C　6. C　7. B　8. B　9. D　10. D

(三) 多项选择题

1. (1) BD　(2) AD　2. BDE　3. ABCDE　4. AD　5. CDE
6. (1) BD　(2) AC　(3) ACD　(4) BDE

(四) 计算分析题

练习一

(1) 相关会计分录如下(单位：万元)：

20×2年1月1日，A公司对B公司进行投资时：

借：长期股权投资——B公司　4 375
　　贷：银行存款　4 375

20×2年3月5日，B公司宣告发放现金股利时：

借：应收股利　105
　　贷：投资收益　105

20×2年3月9日，实际收到现金股利时：

借：银行存款　105
　　贷：应收股利　105

(2) 购买日B公司可辨认净资产的公允价值＝6 850－1 425＝5 425(万元)

购买日A公司应在合并资产负债表中确认的商誉＝4 375－5 425×70%＝577.5(万元)

购买日A公司应在合并资产负债表中确认的少数股东权益＝5 425×30%＝1 627.5(万元)

A公司的调整分录如下(单位：万元)：

借：固定资产　2 170
　　无形资产　500
　　贷：资本公积　2 670

A公司的抵销分录如下(单位：万元)：

借：股本　　1 250
　　资本公积　　3 420
　　盈余公积　　250
　　未分配利润　　505
　　商誉　　577.5
　　贷：长期股权投资——B公司　　4 375
　　　　少数股东权益　　1 627.5

(3) B公司固定资产折旧费用少计金额＝(4 650－2 480)÷10＝217(万元)

B公司无形资产摊销少计金额＝(750－250)÷10＝50(万元)

B公司调整后的净利润＝800－217－50＝533(万元)

A公司占B公司调整后净利润的份额＝533×70%＝373.1(万元)

归属于少数股东的净利润＝533×30%＝159.9(万元)

权益法下A公司长期股权投资的余额＝4 375－105＋373.1＝4 643.1(万元)

成本法下A公司长期股权投资的余额＝4 375(万元)

应调整增加的长期股权投资余额＝4 643.1－4 375＝268.1(万元)

合并工作底稿中应编制A公司调整分录和抵销分录如下(单位：万元)：

借：长期股权投资——B公司　　268.1
　　贷：投资收益　　268.1

基于购买日的公允价值对B公司各资产和负债的账面价值进行调整(单位：万元)：

借：固定资产　　2 170
　　无形资产　　500
　　贷：资本公积　　2 670

调整资产和负债高估数与低估数对20×2年度的影响(单位：万元)：

借：管理费用　　217
　　贷：固定资产　　217

借：管理费用　　50
　　贷：无形资产　　50

将A公司对B公司的长期股权投资的年末余额与B公司所有者权益的年末余额抵销，确认少数股东权益和商誉(单位：万元)：

借：股本　　1 250
　　资本公积　　3 420
　　盈余公积　　330
　　未分配利润——年末　　808
　　商誉　　577.5
　　贷：长期股权投资——B公司　　4 643.1
　　　　少数股东权益　　1 742.4

抵销A公司对B公司的投资收益与B公司的利润分配，确认少数股东净利润(单位：万元)：

借：投资收益 373.1
　　少数股东净利润 159.9
　　未分配利润——年初 505
　　贷：提取盈余公积 80
　　　　对股东的分配 150
　　　　未分配利润——年末 808

练习二

（1）借：投资活动现金流量——购买固定资产等长期资产支付的现金 20 000
　　　贷：经营活动现金流量——销售商品、提供劳务收到的现金 20 000
（2）借：筹资活动现金流量——分配股利、利润或偿付利息支付的现金 180 000
　　　贷：投资活动现金流量——取得投资收益收到的现金 180 000
（3）借：经营活动现金流量——支付其他与经营活动有关的现金 10 000
　　　贷：经营活动现金流量——收到其他与经营活动有关的现金 10 000
（4）借：经营活动现金流量——购买商品、接受劳务支付的现金 80 000
　　　贷：经营活动现金流量——销售商品、提供劳务收到的现金 80 000
（5）借：投资活动现金流量——投资支付的现金 100 000
　　　贷：筹资活动现金流量——吸收投资收到的现金 100 000

第七章　集团公司内部交易事项的处理

二、练习题

（一）判断题

1. × 2. × 3. × 4. × 5. √ 6. × 7. × 8. × 9. √ 10. √

（二）单项选择题

1. A 2. D 3. C 4. D 5. B 6. D 7. C 8. C 9. C 10. A

（三）多项选择题

1. ABCD 2. ABCDE 3. ACDE 4. BE 5. ABCDE 6. ABCE
7. AC 8. BDE 9. ABC 10. CE

（四）计算分析题

练习一

（1）A 公司 20×1 年度抵销分录如下（单位：万元）：

借：营业收入 120
　　贷：营业成本 84
　　　　固定资产 36
借：固定资产——累计折旧 7
　　贷：管理费用 7

固定资产从20×1年6月起计提折旧。

(2) A公司20×2年度抵销分录如下(单位：万元)：

借：未分配利润——年初	36	
贷：固定资产		36
借：固定资产——累计折旧	7	
贷：未分配利润——年初		7
借：固定资产——累计折旧	12	
贷：管理费用		12

(3) A公司20×3年度抵销分录如下(单位：万元)：

借：未分配利润——年初	36	
贷：固定资产		36
借：固定资产——累计折旧	19	
贷：未分配利润——年初		19
借：固定资产——累计折旧	12	
贷：管理费用		12

A公司20×4年度抵销分录如下(单位：万元)：

借：未分配利润——年初	5	
贷：管理费用		5

练习二

(1) 甲公司长期股权投资和A公司所有者权益抵销分录如下(单位：万元)：

借：股本	2 000	
资本公积	700	
盈余公积——年初	500	
——本年	300	
未分配利润	500	
商誉	400	
贷：长期股权投资		2 800
少数股东权益(4 000×40%)		1 600

(2) 甲公司投资收益和A公司利润分配抵销分录如下(单位：万元)：

借：投资收益	960	
少数股东损益(1 600×40%)	640	
未分配利润——年初	400	
贷：提取盈余公积		300
对所有者(或股东)的分配		1 200
未分配利润——年末		500

(3) 内部债权、债务的抵销分录如下(单位：万元)：

借：应收账款——坏账准备	150	
贷：未分配利润——年初		150
借：应付账款	1 800	
贷：应收账款		1 800

借：应收账款——坏账准备　　50
　　贷：信用减值损失　　50

(4) 内部商品销售业务的抵销分录如下(单位：万元)：

借：未分配利润——年初(1 600×15%)　　240
　　贷：营业成本　　240
借：营业收入　　10 000
　　贷：营业成本　　10 000
借：营业成本(2 000×20%)　　400
　　贷：存货　　400

(5) 内部固定资产交易的抵销分录如下(单位：万元)：

借：未分配利润——年初(800－680)　　120
　　贷：固定资产　　120
借：固定资产——累计折旧[(800－680)÷6×6÷12]　　10
　　贷：未分配利润——年初　　10
借：固定资产——累计折旧　　20
　　贷：管理费用　　20

第八章　信息披露

二、练习题

(一) 判断题

1. ×　2. √　3. ×　4. √　5. √　6. √　7. ×　8. √　9. ×　10. √

(二) 单项选择题

1. D　2. D　3. D　4. D　5. C　6. C　7. C　8. D　9. B　10. B

(三) 多项选择题

1. ABDE　2. BCD　3. ABCDE　4. BCDE　5. ABC　6. ACDE
7. ABCDE　8. ABCD　9. ABCE　10. CE

(四) 计算分析题

练习一

甲铝业公司各经营分部对外交易收入均超过其分部收入的50%(见下表)，满足大部分收入为对外交易收入的条件。

甲铝业公司对外交易收入占各分部收入的比重

单位：万元

经营分部	对外交易收入	分部间交易收入	合　计	对外交易收入占该分部收入比重(%)
氧化铝板块	1 800	660	2 460	73
原铝板块	10 800	1 500	12 300	88

续 表

经营分部	对外交易收入	分部间交易收入	合 计	对外交易收入占该分部收入比重(%)
贸易板块	7 500	600	8 100	93
能源板块	2 000	—	2 000	100
合 计	22 100	2 760	24 860	

所有分部收入之和为 24 860 万元,判断标准为所有分部收入合计额的 10%,即 2 486 万元。根据收入判断标准,原铝板块和贸易板块应作为报告分部在报表附注中披露,而氧化铝板块和能源板块不纳入报告分部。具体判断过程如下表所示:

报告分部的判定:10%收入标准

单位:万元

经 营 分 部	分部收入	比 较	判 断 标 准	是否确认为报告分部
氧化铝板块	2 460	≤	2 486	否
原铝板块	12 300	≥	2 486	是
贸易板块	8 100	≥	2 486	是
能源板块	2 000	≤	2 486	否

练习二

由下表可知,红星服装公司盈利分部的利润合计额为 480 万元,亏损分部合计额的绝对额为 50 万元,因此,应取两者中的较大者 480 万元的 10%确定是否为报告分部,判断值为 48 万元(480×10%)。

红星服装公司各经营分部盈利情况

单位:万元

项 目	男装分部	女装分部	童装分部
营业收入	300	860	520
营业成本	350	400	300
营业利润	—50	260	220

根据利润判断标准,男装分部、女装分部和童装分部均应作为报告分部在报表附注中披露。具体判断过程如下表所示:

报告分部的判定：10%利润标准

单位：万元

经营分部	利润绝对额	亏损绝对额	比较	判断标准	是否确认为报告分部
男装分部		50	≥	48	是
女装分部	260		≥	48	是
童装分部	220		≥	48	是

练习三

爱华家电公司资产总额为4 750万元，根据资产判断标准，判断值为475万元(4 750×10%)，所有分部均应作为报告分部在报表附注中披露。具体判断标准如下表所示：

报告分部的判定：10%资产标准

单位：万元

分　部	分部资产	比较	判断标准	是否确认为报告分部
冰箱分部	1 300	≥	475	是
冰柜分部	1 200	≥	475	是
微波炉分部	1 000	≥	475	是
销售分部	1 250	≥	475	是

练习四

甲公司截至20×4年3月31日、6月30日和9月30日分别提供的各季度财务报告中应当分别提供的财务报表如下表所示：

20×4年第一季度应提供的财务报表

报表类别	本年度 中期财务报表时间(或期间)	上一年度 比较财务报表时间(或期间)
资产负债表	20×4年3月31日	20×3年12月31日
利润表	20×4年1月1日—3月31日	20×3年1月1日—3月31日
现金流量表	20×4年1月1日—3月31日	20×3年1月1日—3月31日

20×4年第二季度应提供的财务报表

报表类别	本年度 中期财务报表时间(或期间)	上一年度 比较财务报表时间(或期间)
资产负债表	20×4年6月30日	20×3年12月31日
利润表(本中期)	20×4年4月1日—6月30日	20×3年4月1日—6月30日

续　表

报表类别	本年度 中期财务报表时间(或期间)	上一年度 比较财务报表时间(或期间)
利润表(年初至本中期末)	20×4 年 1 月 1 日—6 月 30 日	20×3 年 1 月 1 日—6 月 30 日
现金流量表	20×4 年 1 月 1 日—6 月 30 日	20×3 年 1 月 1 日—6 月 30 日

20×4 年第三季度应提供的财务报表

报表类别	本年度 中期财务报表时间(或期间)	上一年度 比较财务报表时间(或期间)
资产负债表	20×4 年 9 月 30 日	20×3 年 12 月 31 日
利润表(本中期)	20×4 年 7 月 1 日—9 月 30 日	20×3 年 7 月 1 日—9 月 30 日
利润表(年初至本中期末)	20×4 年 1 月 1 日—9 月 30 日	20×3 年 1 月 1 日—9 月 30 日
现金流量表	20×4 年 1 月 1 日—9 月 30 日	20×3 年 1 月 1 日—9 月 30 日

练习五

南方公司应在 20×4 年第三季度财务报告中确认 10 万元存货跌价损失。

中期会计要素的确认和计量应当与年度报告一致，中期会计计量应当以年初至本中期末为基础。《企业会计准则第 1 号——存货》规定，资产负债表日，存货应当按照成本与可变现净值孰低计量。存货成本高于其可变现净值的，应当计提存货跌价准备，计入当期损益。

第九章　公允价值会计

二、练习题

(一) 判断题

1. ×　2. √　3. ×　4. √　5. ×　6. √　7. √　8. √　9. √　10. √

(二) 单项选择题

1. C　2. B　3. D　4. C　5. B　6. D　7. A　8. B　9. C　10. A

(三) 多项选择题

1. ACD　2. BC　3. ABC　4. ABCD　5. ABCD　6. BC
7. ACD　8. CD　9. ABCD　10. ABCD

(四) 计算分析题

练习一

(1) 20×1 年 12 月 20 日取得该项交易性金融资产的入账价值＝860－4＝856(万元)

(2) 取得时确认的投资收益＝－4(万元)

收到现金股利时确认的投资收益＝100×1＝100(万元)

出售时确认的投资收益＝950－(860－4)＝94(万元)

甲公司从取得至出售该项交易性金融资产累计应确认的投资收益＝－4＋100＋94
＝190(万元)

(3) 出售前公允价值变动损益与投资收益是损益类内部科目结转，不影响出售利润，影响利润总额的金额为出售价款与出售时资产账面价值的差额，即甲公司出售该项交易性金融资产时影响利润总额的金额＝950－100×9＝50(万元)。

练习二

(1) 20×1 年 12 月 31 日(单位：万元)：

借：投资性房地产　　3 940
　　累计折旧　　312
　　贷：固定资产　　3 940
　　　　投资性房地产累计折旧[(3 940－40)÷50×4]　　312

(2) 20×1 年 1 月 1 日(单位：万元)：

借：银行存款　　480
　　贷：预收账款　　480

20×2 年 1 月 31 日(单位：万元)：

每月确认的租金收入＝480÷12＝40(万元)

每月计提的折旧额＝(3 940－40)÷50÷12＝6.5(万元)

借：预收账款　　40
　　贷：其他业务收入　　40
借：其他业务成本　　6.5
　　贷：投资性房地产累计折旧　　6.5

(3) 20×3 年 12 月 31 日(单位：万元)：

借：投资性房地产——成本　　4 472
　　投资性房地产累计折旧[(3 940－40)÷50×6]　　468
　　贷：投资性房地产　　3 940
　　　　盈余公积　　100
　　　　利润分配——未分配利润　　900

(4) 20×4 年 12 月 31 日(单位：万元)：

借：投资性房地产——公允价值变动(4 550－4 472)　　78
　　贷：公允价值变动损益　　78

(5) 20×5 年 1 月 1 日(单位：万元)：

借：银行存款　　4 600
　　贷：其他业务收入　　4 600
借：其他业务成本　　4 550
　　贷：投资性房地产——成本　　4 472
　　　　　　　　　　——公允价值变动　　78
借：公允价值变动损益　　78
　　贷：其他业务成本　　78

第十章　租 赁 会 计

二、练习题

(一) 判断题

1. ✓　2. ×　3. ✓　4. ×　5. ✓　6. ×　7. ×　8. ✓　9. ✓　10. ×

(二) 单项选择题

1. A　2. A　3. B　4. C　5. B　6. C　7. D　8. A　9. B　10. A

(三) 多项选择题

1. AD　2. ABCE　3. ACD　4. AE　5. AB　6. BDE
7. ABCD　8. ACDE　9. ABCE　10. ABCD

(四) 计算分析题

练习一

(1) 本租赁属于融资租赁。

理由：该租赁收款额的现值$=\frac{1\,000}{1+6\%}+\frac{1\,000}{(1+6\%)^2}+\frac{100}{(1+6\%)^2}=1\,922.4$(万元)

占租赁资产公允价值的90%以上,符合融资租赁的判断标准。

(2) A公司起租日的会计分录如下(单位：万元)：

计算租赁期开始日租赁付款额的现值,并确认租赁负债和使用权资产。

租赁付款额=1 000×2+100=2 100(万元)

租赁负债$=\frac{1\,000}{1+6\%}+\frac{1\,000}{(1+6\%)^2}+\frac{100}{(1+6\%)^2}=1\,922.4$(万元)

未确认的融资费用=2 100－1 922.4=177.6(万元)

借：使用权资产	1 922.4	
租赁负债——未确认融资费用	177.6	
贷：租赁负债——租赁付款额		2 100

(3) 20×5年12月31日的会计分录如下(单位：万元)：

支付租金时：

借：租赁负债——租赁付款额	1 000	
贷：银行存款		1 000

确认当年应分摊的融资费用时：

当年应分摊的融资费用=1 922.4×6%=115.344(万元)

借：财务费用	115.344	
贷：租赁负债——未确认融资费用		115.344

计提折旧时：

计提折旧=(1 922.4－100)÷2=911.2(万元)

借：制造费用	911.2	
贷：使用权资产累计折旧		911.2

20×6年12月31日的会计分录如下：

支付租金时：

借：租赁负债——租赁付款额 1 000

贷：银行存款 1 000

确认当年应分摊的融资费用时：

当年应分摊的融资费用＝177.6－115.34＝62.26(万元)

借：财务费用 62.26

贷：租赁负债——未确认融资费用 62.26

计提折旧时：

计提折旧＝(1 922.4－100)÷2＝911.2(万元)

借：制造费用 911.2

贷：使用权资产累计折旧 911.2

归还设备时：

借：租赁负债——租赁付款额 100

使用权资产累计折旧 1 822.4

贷：使用权资产 1 922.4

练习二

(1) 本租赁属于融资租赁。

理由：租赁收款额的现值为 2 700 000 元，大于租赁资产公允价值的 90%，即 2 340 000 元(2 600 000×90%)，满足融资租赁的标准。

(2) 租赁收款额＝1 000 000×3＝3 000 000(元)

租赁投资总额＝在融资租赁下出租人应收的租赁收款＋未担保余值

＝3 000 000＋0

＝3 000 000(元)

租赁投资净额＝租赁资产在租赁期开始日公允价值＋出租人发生的租赁初始直接费用

＝2 600 000 ＋100 000

＝2 700 000(元)

未实现融资收益＝租赁投资总额－租赁投资净额

＝3 000 000－2 700 000

＝300 000(元)

租赁内含利率，是指使出租人的租赁收款额的现值与未担保余值的现值之和等于租赁资产公允价值与出租人的初始直接费用之和的利率。

1 000 000×$(P/A,r,3)$＝2 700 000(元)，可知租赁内含利率为 5.46%。

(3) B 公司的账务处理如下：

20×4 年 1 月 1 日，租出程控生产线，发生初始直接费用时：

借：应收融资租赁款——租赁收款额 3 000 000

贷：融资租赁资产 2 600 000

银行存款 100 000

应收融资租赁款——未实现融资收益 300 000

(4) 租赁期内的利息收入的账务处理。

第一步，计算租赁期内各租金收取期应分配的未实现融资收益。

未实现融资收益分配表

20×4 年 1 月 1 日　　单位：元

日　期 ①	租　金 ②	确认的利息收入 ③=期初⑤×5.46%	租赁投资净额减少额 ④=②-③	租赁投资净额余额 期末⑤=期初⑤-④
20×4 年 1 月 1 日				2 700 000
20×4 年 12 月 31 日	1 000 000	147 420	852 580	1 847 420
20×5 年 12 月 31 日	1 000 000	100 869.13	899 130.87	948 289.13
20×6 年 12 月 31 日	1 000 000	51 710.87	948 289.13	0
合　计	3 000 000	300 000	2 700 000	

第二步，账务处理如下：

20×4 年 12 月 31 日，收到第一期租金时：

借：银行存款　1 000 000

　贷：应收融资租赁款——租赁收款额　1 000 000

借：应收融资租赁款——未实现融资收益　147 420

　贷：租赁收入　147 420

20×5 年 12 月 31 日，收到第二期租金时：

借：银行存款　1 000 000

　贷：应收融资租赁款——租赁收款额　1 000 000

借：应收融资租赁款——未实现融资收益　100 869.13

　贷：租赁收入　100 869.13

20×6 年 12 月 31 日，收到第三期租金时：

借：银行存款　1 000 000

　贷：应收融资租赁款——租赁收款额　1 000 000

借：应收融资租赁款——未实现融资收益　51 710.87

　贷：租赁收入　51 710.87

练习三

(1) 该项租赁属于经营租赁。

(2) 承租人的账务处理如下：

支付押金时：

借：其他应收款　10 000

　贷：银行存款　10 000

租赁付款额=30 000×2=60 000(元)

租赁负债=30 000×(P/A,6%,2)=55 002(元)

未确认融资费用=60 000-55 002=4 998(元)

借：使用权资产　55 002

　租赁负债——未确认融资费用　4 998

　贷：租赁负债——租赁付款额　60 000

20×4 年年末支付租金时：

借：租赁负债——租赁付款额　　30 000

　　贷：银行存款　　30 000

确认当年应分摊的融资费用时：

当年应分摊的融资费用＝55 002×6%＝3 300.12(元)

借：财务费用　　3 300.12

　　贷：租赁负债——未确认融资费用　　3 300.12

20×4 年计提折旧额＝55 002÷2＝27 501(元)

借：制造费用　　27 501

　　贷：使用权资产——累计折旧　　27 501

20×5 年年末支付租金时：

借：租赁负债——租赁付款额　　30 000

　　贷：银行存款　　30 000

确认当年应分摊的融资费用时：

借：财务费用　　1 698

　　贷：租赁负债——未确认融资费用　　1 698

交还设备时，注销备查簿的登记，同时收回押金。

借：银行存款　　10 000

　　贷：其他应收款　　10 000

(3) 出租人的账务处理如下：

租出资产时：

借：固定资产——租出固定资产　　150 000

　　贷：固定资产——不需用固定资产　　150 000

收到押金时：

借：银行存款　　10 000

　　贷：其他应付款　　10 000

出租设备发生相关费用时：

借：其他业务成本　　1 500

　　贷：银行存款　　1 500

按月确认租金收入时：

借：其他应收款　　2 500

　　贷：其他业务收入　　2 500

按月计提折旧时：

每月应提折旧额＝(150 000－1 500)÷8÷12＝1 546.875(元)

借：其他业务成本　　1 546.875

　　贷：累计折旧　　1 546.875

每年年末收到租金时：

借：银行存款　　30 000

　　贷：其他应收款　　30 000

退还押金时：

借：其他应付款　　10 000

　　贷：银行存款　　10 000

期满收回设备时：

借：固定资产——不需用固定资产　　150 000

　　贷：固定资产——租出固定资产　　150 000

练习四

售后回购交易中的资产转让不属于销售，在租赁期开始日，A 公司对该交易的会计分录如下(单位：万元)：

借：银行存款　　100

　　贷：长期应付款　　100

第十一章　企业财务困境

二、练习题

(一) 判断题

1. ✓　2. ✓　3. ×　4. ×　5. ✓　6. ×　7. ✓　8. ×　9. ✓　10. ✓

(二) 单项选择题

1. C　2. A　3. D　4. A　5. D　6. B　7. B　8. D　9. B　10. D

(三) 多项选择题

1. ABCDE　2. ABD　3. CDE　4. AC　5. BC　6. ABCD
7. ABCDE　8. ABC　9. AB　10. ABC

(四) 计算分析题

练习一

(1) 甲公司的会计分录如下：

重组债务的公允价值为 2 000 000 元，债务重组日终止确认相关债务并确认重组债务：

借：应付账款　　2 150 000

　　贷：重组债务　　2 000 000

　　　　投资收益　　150 000

20×5 年 12 月 31 日偿还重组债务：

借：财务费用　　40 000

　　重组债务　　2 000 000

　　贷：银行存款　　2 040 000

(2) 乙企业的会计分录如下：

债务重组日终止确认相关债权并确认重组债权：

借：重组债权　　2 000 000

　　投资收益　　150 000

　　贷：应收账款　　2 150 000

20×5 年 12 月 31 日终止确认重组债权：

借：银行存款	2 040 000	
贷：财务费用		40 000
重组债权		2 000 000

练习二

(1) 乙公司(债务人)的会计分录如下(单位：万元)：

借：应付账款	800	
存货跌价准备	10	
贷：库存商品		650
应交税费——应交增值税(销项税额)		91
其他收益——债务重组收益		69

(2) 甲公司(债权人)的会计分录如下(单位：万元)：

借：库存商品	700	
应交税费——应交增值税(进项税额)	91	
坏账准备	20	
贷：应收账款		800
投资收益		11

练习三

(1) 甲企业的账务处理如下(单位：万元)：

借：固定资产清理	200	
累计折旧	50	
贷：固定资产		250
借：应付账款	226	
贷：固定资产清理		200
其他收益——债务重组收益		26

(2) 乙企业的账务处理如下(单位：万元)：

借：固定资产	200	
坏账准备	6	
投资收益	20	
贷：应收账款——甲企业		226

练习四

(1) 借：银行存款	325 000	
资产处置净损益	141 820	
贷：应收账款		466 820
(2) 借：银行存款	175 500	
资产处置净损益	37 000	
贷：原材料		193 000
应交税费——应交增值税(销项税额)		19 500
(3) 借：银行存款	432 000	
资产处置净损益	48 000	
贷：在建工程		480 000

(4) 借:银行存款	640 000	
贷:无形资产		500 000
资产处置净损益		140 000
(5) 借:资产处置净损益	32 000	
贷:应交税费——应交增值税(销项税额)		32 000

练习五

(1) 借:银行存款	230 000	
资产处置净损益	70 000	
贷:应收账款		300 000
(2) 借:银行存款	56 500	
资产处置净损益	5 000	
贷:库存商品		55 000
应交税费——应交增值税(销项税额)		6 500
(3) 借:破产费用	10 000	
贷:银行存款		10 000

第十二章 外币交易会计

二、练习题

(一) 判断题

1. √ 2. √ 3. √ 4. × 5. × 6. × 7. × 8. √ 9. × 10. √

(二) 单项选择题

1. D 2. D 3. B 4. C 5. D

(三) 多项选择题

1. BC 2. AB 3. ABCD 4. AC 5. ACD 6. ABCD
7. ABD 8. ACD 9. ABCD 10. ABCD

第十三章 外币报表折算

二、练习题

(一) 判断题

1. × 2. × 3. × 4. × 5. × 6. √ 7. √ 8. √ 9. √ 10. √

(二) 单项选择题

1. C 2. A 3. C 4. A 5. A

(三) 多项选择题

1. ABCD 2. ABCD 3. ABD 4. AB 5. AB